Völkerrecht und Außenpolitik

Herausgegeben von
Prof. Dr. Oliver Dörr
Prof. Dr. Jörn Axel Kämmerer
Prof. Dr. Markus Krajewski

Band 85

Marco Athen

Der Tatbestand des völkerrechtlichen Interventionsverbots

Nomos

Gedruckt mit Unterstützung des Förderungs- und Beihilfefonds Wissenschaft der VG WORT.

Die Deutsche Nationalbibliothek verzeichnet diese Publikation in der Deutschen Nationalbibliografie; detaillierte bibliografische Daten sind im Internet über http://dnb.d-nb.de abrufbar.

Zugl.: Osnabrück, Univ., Diss., 2017

ISBN 978-3-8487-4082-6 (Print)
ISBN 978-3-8452-8391-3 (ePDF)

1. Auflage 2017

Vorwort

Die vorliegende Untersuchung wurde vom Fachbereich Rechtswissenschaften der Universität Osnabrück im Wintersemester 2016/17 als Dissertation angenommen. Rechtsprechung, Schrifttum und Staatenpraxis konnten bis einschließlich Dezember 2016 berücksichtigt werden.

Über die gesamte Zeit der Entstehung dieser Arbeit haben mich viele Menschen begleitet, denen ich zu großem Dank verpflichtet bin:

Meinem akademischen Lehrer, Herrn Prof. Dr. Oliver Dörr, LL.M., danke ich für die herausragende Betreuung, die unzähligen Gespräche und die stete Gewährleistung eines „interventionsfreien Eigenbereichs". In den fast sechs Jahren, die ich an seinem Lehrstuhl verbracht habe, durfte ich fachlich und persönlich sehr viel von ihm lernen. Auch hierfür und für das in dieser Zeit entgegengebrachte Vertrauen bedanke ich mich herzlich. Ich werde die gemeinsame Zeit in guter Erinnerung behalten. Herrn Prof. Dr. Thomas Groß danke ich für die außergewöhnlich zügige Erstellung des Zweitgutachtens.

Mein herzlicher Dank gilt auch den zahlreichen Kollegen, die meine Zeit am European Legal Studies Institute begleitet und maßgeblich zum Gelingen dieser Arbeit beigetragen haben. Stellvertretend seien Carina Behre, Dr. Daniela Heinemann, Christian Hillen, Christina Kamm, Dr. Anna-Katharina Kraemer, Dr. Lisa-Karen Mannefeld, Dr. Jan Urban, Dr. Jan-Bernd Seeger, Dr. Markus Stuke und Marja Villmer genannt.

Meinen Eltern danke ich von Herzen, dass sie mir meine Ausbildung ermöglicht und mich auf meinem bisherigen Lebensweg vorbehaltlos unterstützt, gefördert und gefordert haben. Ihre Zuneigung und ihr steter Rückhalt waren und sind mir eine wichtige Stütze. Ebenso danke ich meinem Bruder für die vielen unbeschwerten Momente fernab des Elfenbeinturms und seine bemerkenswerte Großzügigkeit.

Der größte Dank gebührt allerdings meiner wunderbaren Frau, die mich über die gesamte Promotionsphase mit nahezu stoischer Gelassenheit begleitet und ertragen hat. Sie hat mir stets Halt gegeben und mich wenn nötig angespornt. Vor allem aber ist es ihr Verdienst, dass ich die wahrhaft wichtigen Dinge im Leben nicht aus den Augen verloren habe. Ich freue mich unglaublich auf die anstehenden „Abenteuer".

Der Wert einer solchen Familie ist unermesslich. Den ihr zugehörigen Personen ist dieses Buch daher gewidmet.

Osnabrück, März 2017

Inhaltsverzeichnis

Abkürzungsverzeichnis

Abs.	Absatz
AEUV	Vertrag über die Arbeitsweise der Europäischen Union
AHRLJ	African Human Rights Law Journal
AJIL	American Journal of International Law
AöR	Archiv des öffentlichen Rechts
Art.	Artikel
AU	Afrikanische Union
AVR	Archiv des Völkerrechts
Bd.	Band
bearb.	bearbeitet
Beschl.	Beschluss
BGB	Bürgerliches Gesetzbuch
BGBl.	Bundesgesetzblatt
BGH	Bundesgerichtshof
BGHSt	Entscheidungen des Bundesgerichtshofs in Strafsachen
BostonUIntLJ	Boston University International Law Journal
BRD	Bundesrepublik Deutschland
BVerfG	Bundesverfassungsgericht
BVerfGE	Entscheidungen des Bundesverfassungsgerichts
BYbIL	British Yearbook of International Law
bzw.	beziehungsweise
Cal. WILJ	California Western International Law Journal
Chinese JIL	Chinese Journal of International Law
Colum. JTL	Columbia Journal of Transnational Law
Conn. L. Rev.	Connecticut Law Review
d.h.	das heißt
DDR	Deutsche Demokratische Republik
Ders.	Derselbe
DGVR	Deutsche Gesellschaft für Völkerrecht
Dies.	Dieselbe
DSU	Dispute Settlement Understanding
EA	Europa Archiv
ECOWAS	Treaty of Economic Community of West African States
EGMR	Europäischer Gerichtshof für Menschenrechte
EJIL	European Journal of International Law

EMRK	Europäische Menschenrechtskonvention bzw. Konvention zum Schutz der Menschenrechte und Grundfreiheiten
EU	Europäische Union
EuGH	Europäischer Gerichtshof
EuR	Europarecht
EUV	Vertrag über die Europäische Union
EuZW	Europäische Zeitschrift für Wirtschaftsrecht
f.	folgende
FAZ	Frankfurter Allgemeine Zeitung
Fn.	Fußnote
Fordham ILJ	Fordham International Law Journal
FS	Festschrift
G. Washington JIL & Economy	George Washington Journal of International Law and Economy
GA	General Assembly
GAOR	General Assembly Official Records
GATT	General Agreement on Tariffs and Trade
gem.	gemäß
Georgetown JIL	Georgetown Journal of International Law
GRURInt	Gewerblicher Rechtsschutz und Urheberrecht Internationaler Teil
GWB	Gesetz gegen Wettbewerbsbeschränkungen
GYbIL	German Yearbook of International Law
Hrsg.	Herausgeber
HStR	Handbuch des Staatsrechts
HuV-I	Humanitäres Völkerrecht – Informationsschriften
IAEA	International Atomic Energy Agency
ICAO	International Civil Aviation Organization
ICJ	International Court of Justice
ICJ Rep	International Court of Justice Reports of Judgments, Advisory Opinions and Orders
ICLQ	International Comparative Law Quarterly
ICTY	International Criminal Tribunal for the Former Yugoslawia
IGH	Internationaler Gerichtshof
IKRK	Internationales Komitee vom Roten Kreuz
ILC	International Law Commission
ILM	International Legal Materials
ILR	International Law Reports
insb.	insbesondere
Int'l L & Econ	Journal of International Law and Economics

IPbürgR	Internationaler Pakt über bürgerliche und politische Rechte
IPwskR	Internationaler Pakt über wirtschaftliche, soziale und kulturelle Rechte
IStGH	Internationaler Strafgerichtshof
ITLOS	International Tribunal for the Law of the Sea
J. Land Resources & Envtl. Law	Journal of Land, Resources, and Environmental Law
JIR	Jahrbuch für Internationales Recht
JR	Juristische Rundschau
JRP	Journal für Rechtspolitik
Jura	Juristische Ausbildung
JZ	Juristenzeitung
Kap.	Kapitel
KSZE	Konferenz für Sicherheit und Zusammenarbeit in Europa
Leiden JIL	Leiden Journal of International Law
lit.	litera
LNTS	League of Nations Treaty Series
m.w.N.	mit weiteren Nachweisen
Maine LR	Maine Law Review
McGill LJ	Mc Gill Law Journal
Mich. LR	Michigan Law Review
Mil. L. & L. War Rev	Military Law and Law of War Review
MJIL	Michigan Journal of International Law
MPEPIL	Max Planck Encyclopedia of Public International Law
NATO	North Atlantic Treaty Organization
NC JIL & Com. Reg	North Carolina Journal of International Law and Commercial Regulation
NILR	Netherlands International Law Review
NJW	Neue Juristische Wochenschrift
No.	Number
Nr.	Nummer
NVwZ	Neue Zeitschrift für Verwaltungsrecht
NZZ	Neue Züricher Zeitung
OAS	Organization of American States
para.	Paragraf
PCIJ	Permanent Court of International Justice
RdC	Recueil de Cours
Rdnr.	Randnummer
Rdnrn.	Randnummern
Res.	Resolution

RGBl.	Reichsgesetzblatt
RGDIP	Revue générale de droit international public
RIAA	Reports of International Arbitral Awards
RIW/AWD	Recht der internationalen Wirtschaft
RMC	Revue du Marché Commun et de l'Union européenne
Rs.	Rechtssache
S.	Satz; Seite
Slg.	Amtliche Sammlung der Entscheidungen des Europäischen Gerichtshofs
StGB	Strafgesetzbuch
StIGH	Ständiger Internationaler Gerichtshof
Suppl.	Supplement
Sw. LJ	Southwestern Law Journal
Tex. ILJ	Texas International Law Journal
u.a.	unter anderem; und andere
UN	United Nations
UN-Charta	Charta der Vereinten Nationen
UNTS	United Nations Treaty Series
Urt.	Urteil
USA	United States of America
USSR	Union of Soviet Socialist Republics
VG	Verwaltungsgericht
vgl.	vergleiche
VJIL	Virginia Journal of International Law
VN	Zeitschrift für die Vereinte Nationen
Vol.	Volume
VStGB	Völkerstrafgesetzbuch
WHO	World Health Organization
WTO	World Trade Organization
WÜD	Wiener Übereinkommen über diplomatische Beziehungen
WÜK	Wiener Übereinkommen über konsularische Beziehungen
WVK	Wiener Übereinkommen über das Recht der Verträge
Yale JIL	Yale Journal of International Law
YBILC	Yearbook of the International Law Commission
z.B.	zum Beispiel
ZaöRV	Zeitschrift für ausländisches öffentliches Recht und Völkerrecht
Ziff.	Ziffer
ZIS	Zeitschrift für Internationale Strafrechtsdogmatik

ZÖR	Österreichische Zeitschrift für öffentliches Recht
ZP	Zusatzprotokoll
ZSR NF	Zeitschrift für Schweizerisches Recht, Neue Folge

A. Einleitung

I. Das Interventionsverbot im 21. Jahrhundert

Der Vorwurf der rechtswidrigen Einmischung in die Angelegenheiten eines anderen Staates hat (wieder) Konjunktur. Allein seit der Jahrtausendwende haben sich unterschiedlichste Staaten die – aus ihrer Perspektive unzulässige – Einmischung in ihre Angelegenheiten verbeten. Das prominenteste Beispiel lieferte sicherlich die wechselseitige Bezichtigung der unzulässigen Einmischung westlicher und russischer Staatenvertreter im Zusammenhang mit der ausbrechenden Ukraine-Krise Ende 2013.[1]

Die Reputation des Interventionsverbots hat in den vergangenen Jahrzehnten indes gelitten. In gewisser Regelmäßigkeit wurde der Rekurs auf die unzulässige Einmischung durch die insoweit üblichen Verdächtigen, wie etwa Russland oder China, als typisches Verhaltensmuster solcher Staaten deklariert, in denen die Gewährleistung von Menschenrechten zu-

---

1 Vgl. z.B. den entsprechenden Vorwurf des russischen Ministerpräsidenten Medwedew gegenüber dem deutschen Außenminister Westerwelle, nachdem dieser sich mit Demonstranten in Kiew getroffen hatte. Das Auswärtige Amt in Berlin wies den Vorwurf der Einmischung damit zurück, dass es sich nicht um eine Einmischung, sondern einen Besuch „eines Europäers bei Europäern" gehandelt habe (FAZ.NET v. 6.12.2013, „Ukraine wird zur Belastung im deutsch-russischen Verhältnis"). Auch die grundsätzlichen Bemühungen westlicher Staatenvertreter um eine Deeskalation des Konflikts wurden vom russischen Parlament mit dem pauschalen Vorwurf der Einmischung in die inneren Angelegenheiten verurteilt (FAZ.NET v. 10.12.2013, „Russisches Parlament wirft Westen Einmischung vor"). Nachdem die Ukraine unter Verweis auf den von Russland ausgeübten wirtschaftlichen Druck die Vorbereitungen für die Unterzeichnung eines Assozierungsabkommens abgebrochen hatte, kritisierten zunächst westliche Staatenvertreter die unzulässige russische Einschüchterung. Russlands Außenminister Lawrow entgegnete der Kritik wiederum mit dem Vorwurf der Einmischung in die inneren Angelegenheiten (vgl. z.B. FAZ v. 16.12.2013, S. 1). Im weiteren Verlauf der Auseinandersetzung warfen auch Vertreter der ukrainischen Übergangsregierung Russland eine „unverschämte Einmischung in die inneren Angelegenheiten" und Erpressung vor, nachdem der russische Präsident Putin die Übergangsregierung vor dem Einsatz ukrainischer Sicherheitskräfte gegen prorussische Separatisten unter dem Verweis darauf, dass sich Moskau das Recht eines militärischen Eingriffs vorbehalte, warnte (NZZ v. 25.4.2014, S. 1; FAZ v. 25.4.2014, S. 1).

mindest problematisch ist. Sehr deutlich äußerte sich beispielsweise der ehemalige deutsche Außenminister Joschka Fischer in seiner Rede vor der 54. Generalversammlung der Vereinten Nationen kurz vor der Jahrtausendwende:

> „[...] Keine Regierung hat [...] das Recht, sich hinter dem Prinzip der staatlichen Souveränität zu verstecken, um die Menschenrechte zu verletzen. Die Nichteinmischung in ‚innere Angelegenheiten' darf nicht länger als Schutzschild für Diktatoren mißbraucht werden."[2]

Die von westlichen Staatenvertretern regelmäßig hergestellte Verbindung zwischen dem Vorwurf der unzulässigen Einmischung und menschenrechtlichen Missständen erfasst allerdings nur einen Teil der in der Staatenpraxis auffindbaren Vorwürfe der Einmischung in innere Angelegenheiten, denn diese werden mitnichten ausschließlich im Zusammenhang mit der Rüge von Menschenrechtsverletzungen erhoben. 2007 entgegnete beispielsweise Estlands Außenminister Urmas Paet der Aufforderung Russlands, die estnische Regierung möge, nachdem in Tallinn zuvor ein Denkmal für sowjetische Soldaten entfernt wurde, zurücktreten, mit dem Vorwurf der Einmischung in die inneren Angelegenheiten. 2004 warfen die USA dem belgischen Verteidigungsminister Flahaut eine inakzeptable Einmischung vor, nachdem dieser sich im Vorfeld der US-Präsidentschaftswahl für eine Wahl des demokratischen Kandidaten John Kerry aussprach.[3] Aber auch Sachverhalte betreffend die außenpolitische Ausrichtung, die Begünstigung von Aufständen oder Aufwiegelungen, Territorialstreitigkeiten oder die Verknüpfung von wirtschaftlicher Unterstützung mit politischen Konditionalitäten haben den Vorwurf der unzulässigen Einmischung hervorgerufen.[4]

---

2 Bulletin der Bundesregierung 57 (1999), S. 592; in Auszügen ebenfalls abgedruckt bei *Vöneky/Rau*, ZaöRV 61 (2001), S. 877 (1094). Diese Haltung zumeist westlicher Staatenvertreter deckt sich zumindest in gewisser Weise mit dem Empfinden der deutschen Bevölkerung. In einer 2014 im Auftrag der Körber-Stiftung durchgeführten Umfrage wurde der weltweite Schutz von Menschenrechten als die wichtigste Aufgabe deutscher Außenpolitik eingestuft. Zugleich sprachen sich allerdings 60 % der Befragten dafür aus, dass sich Deutschland außenpolitisch weiterhin zurückhaltend verhalten solle. Im Vergleich dazu wünschten sich 1994 noch 62 % der Befragten für ein stärkeres Engagement deutscher Außenpolitik (Körber-Stiftung, Einmischen oder Zurückhalten?, S. 3 f.).

3 NZZ v. 31.1.2004, S. 3.

4 Zahlreiche Beispiele unten D., IV.

Zur schon traditionellen Anforderung an eine sich mit dem völkerrechtlichen Interventionsverbot befassende Untersuchung zählt der einleitende Hinweis auf die insgesamt verworrene Staatenpraxis. Durch diese wird die völkerrechtliche Analyse des Interventionsverbots erheblich erschwert, was zur Folge hat, das der Tatbestand zu einem der am wenigsten geklärten Bereiche des Völkerrechts zu zählen ist.[5] Denn einerseits bestehen an der Geltung des Interventionsverbots in Anbetracht seiner Aufnahme in zahlreiche Satzungen und Resolutionen Internationaler Organisationen und dem Bekenntnis zum Interventionsverbot in nahezu jedem bilateralen Freundschafts- und Kooperationsvertrag keine Zweifel; andererseits wurde eine Debatte um die Struktur des Tatbestandes, dessen Tatbestandsmerkmale sowie deren Ausfüllung zuletzt in den 70er und 80er Jahren des vergangenen Jahrhunderts geführt, ohne dass dabei eine zufriedenstellende Klärung herbeigeführt wurde. Die jüngere Staatenpraxis beschränkt sich hingegen im Wesentlichen auf den bloßen Vorwurf der rechtswidrigen Einmischung. Auch im völkerrechtlichen Schrifttum wird – im Gegensatz zum vergleichsweise häufigen Vorwurf der unzulässigen Einmischung in der Staatenpraxis – die völkerrechtliche Validität der erhobenen Behauptungen nur in Ausnahmefällen überprüft. Die jüngste sich mit dem Interventionsverbot befassende (deutschsprachige) Monografie stammt aus dem Jahr 1999.[6] Den Höhepunkt des wissenschaftlichen Diskurses hat der Tatbestand in Parallele zu den Kodifikationsbemühungen in der Staatenpraxis in den 1970er und 80er Jahren erfahren.[7] In der jüngeren Vergangenheit finden sich nur vereinzelte, vor allem anlassbezogene Beiträge.[8]

---

5 Vgl. nur *Berstermann*, Das Einmischungsverbot im Völkerrecht, S. 19; *Kunig*, Das völkerrechtliche Nichteinmischungsprinzip, S. 25 (31); *Wehser*, Die Intervention im gegenwärtigen Völkerrecht, in: Simma/Blenk-Knocke, Zwischen Intervention und Zusammenarbeit, S. 23 (23); *Dahm*, Völkerrecht, Bd. 1, S. 208; *Oppermann*, AVR 14 (1969/70), S. 321 (327); *Wengler*, Völkerrecht, Bd. II, S. 1038.

6 *Trautner*, Die Einmischung in innere Angelegenheiten und die Intervention als eigenständige Verbotstatbestände im Völkerrecht.

7 Hingewiesen sei hier insbesondere auf die Monographien von *Dicke* (Intervention mit wirtschaftlichen Mitteln, 1978), *Kunig* (Das völkerrechtliche Nichteinmischungsprinzip, 1981) und *Bockslaff* (Das völkerrechtliche Interventionsverbot, 1987).

8 Siehe z.B. die Beiträge von *Odendahl* zu den Regimewechseln in der Elfenbeinküste und Libyen in AVR 50 (2012), S. 318-347 sowie in *Ruffert*, FS Schröder, S. 57-72 oder den Beitrag von *Hillgruber* zu den Sanktionen der 14 EU-Mitgliedstaaten gegen Österreich in JRP 8 (2000), S. 288-297.

Die eingangs behauptete Konjunktur des Vorwurfs unzulässiger Einmischungen in die inneren Angelegenheiten ist wohl vorrangig auf eine immer weiter zusammenwachsende Staatengemeinschaft zurückzuführen. Es mag auf den ersten Blick paradox anmuten, dass sich gerade näher zusammenrückende Staaten eine Einmischung in ihre Angelegenheiten verbitten. Aber gerade in einer Staatengemeinschaft, in der eigene Interessen – und dies zeigt nicht zuletzt das Beispiel der Ukraine – aufgrund mannigfaltiger Interdepenzen häufig von Handlungen dritter Staaten berührt werden, steigt das eigene Interesse an der Einflussnahme auf die Willensbildung dritter Staaten. Die einleitenden Worte sollen daher zugleich in der ersten These dieser Untersuchung münden: Das Interventionsverbot hat den Zenit seiner praktischen Bedeutung noch nicht erreicht. Das stetige Zusammenwachsen der Staatengemeinschaft lädt gerade zur Einmischung in die Angelegenheiten von Drittstaaten ein. Nicht nur, um beispielsweise auf etwaige fremde Missstände einzuwirken, sondern vielmehr, um Interessen zu verwirklichen, die zum Teil erst in einer globalisierten Welt zu eigenen werden.

II. Methodische Vorüberlegung

Ziel der Untersuchung ist es, den Tatbestand des völkerrechtlichen Interventionsverbots dogmatisch zu erfassen und damit die Beantwortung der Frage, wo das gegenwärtige Völkerrecht die Grenze zwischen erlaubter und unerlaubter Einflussnahme im zwischenstaatlichen Verkehr zieht. Dazu soll der Tatbestand systematisch in das gegenwärtige Völkerrecht eingeordnet, die Normstruktur nachgezeichnet und die Tatbestandsmerkmale inhaltlich bestimmt werden. Es ist dabei selbstredend nicht das Anliegen der vorliegenden Bearbeitung, allen bisherigen Untersuchungen, nur um die Notwendigkeit einer weiteren wissenschaftlichen Befassung zu belegen, ihr Scheitern in Bezug auf die dogmatische Erfassung des Tatbestandes zu attestieren. Gerade im Hinblick auf die Ausfüllung der Tatbestandsmerkmale haben sich im Schrifttum durchaus gleichförmige und der Staatenpraxis belegbare Lösungsansätze entwickelt, die es im Lichte jüngerer Entwicklungen vielmehr fortzuentwickeln bzw. zu präzisieren gilt.

Da das Völkerrecht weiterhin überwiegend im Konsens seiner Subjekte verwurzelt ist, kann die primäre Aufgabe einer Untersuchung, die einen Rechtssatz des Völkerrechts betrachtet, nur sein, eben diesen Konsens herauszuarbeiten. Eine möglichst detaillierte Betrachtung der relevanten Staatenpraxis ist hierfür unerlässlich. Dazu zählt selbstverständlich auch die Berücksichtigung der Entstehungsgeschichte des zu untersuchenden Rechtssatzes. Letztere vermag – dies gilt im besonderen Maße, wenn sich die Entstehungsgeschichte anhand der zugänglichen Staatenpraxis detailliert nachzeichnen lässt – erhellende Hinweise in Hinblick auf Normstruktur und –inhalt zu geben.

In Ansehung der elementaren Bedeutung der Staatenpraxis für die dogmatische Erfassung eines Tatbestandes ist vorab darzulegen, welche staatlichen Handlungsformen als für die völkerrechtliche Untersuchung relevante Staatenpraxis heranzuziehen sind. Die bisher vertretenen Auffassungen zur berücksichtigungsfähigen Staatenpraxis reichen von der ausschließlichen Relevanz staatlichen Handelns[9] über die Betrachtung von Aktionen und Reaktion auch unter Beachtung von „words and inaction"[10] bis zur Berücksichtigung sämtlicher Handlungen und Stellungnahmen. Eine umfassende begriffliche Klärung würde über den Rahmen einer als einleitenden Bemerkung angelegten Vorüberlegung deutlich hinausgehen. Daher sollen diese Ausführungen allein als Positionierung für die vorliegende Arbeit verstanden werden.

Der folgenden Untersuchung liegt ein weites Verständnis des Begriffs Staatenpraxis zugrunde. Als Staatenpraxis soll daher die Summe dessen verstanden werden, was Staaten (bzw. ihre Organe) sagen, wie sie handeln und wie sie ihre Handlungen kommentieren, soweit sie damit ihre rechtliche Überzeugung darlegen.[11] Dabei kommen Äußerungen und Handlungen aller Teilbereiche staatlicher Gewalt, also sowohl der Exekutive, wie auch der Legislative oder Judikative in Betracht. Die Berücksichtigungsfähigkeit verbaler Äußerungen wurde im Schrifttum breit diskutiert und soll an dieser Stelle nicht im Detail thematisiert werden.[12] In Anbetracht des-

---

9 Vgl. *D'Amato*, The concept of custom in international law, S. 51: „[...] a State may say many things; it speaks with many voices, some reflection devisions within top governmental circles [...] But a State can act only in one way at one time, and its unique actions, recorded in history, speak eloquently and decisively".

10 So etwa *Skubiszewski*, ZaöRV 31 (1971), S. 810 (812).

11 *Wood*, State Practice, in: Wolfrum, MPEPIL IX, S. 509 (Rdnr. 6); *Stein/von Buttlar*, Völkerrecht, Rdnr. 126; *Villiger*, Customary International Law and Treaties, S. 4; *Akehurst*, BYBIL 47 (1974/75), S. 1 (10).

12 Vgl. dazu z.B. die ausführliche Darstellung bei *Villiger*, Customary International Law and Treaties, S. 4-10.

sen, dass auch der IGH verbalen Äußerungen für die Bestimmung völkergewohnheitsrechtlicher Normen Bedeutung zugemessen hat[13] und gerade
die in den *Official Records* der Generalversammlung und anderer Konferenzen festgehaltenen Stellungnahmen erst einen tatsächlichen Zugang zu
staatlichen Rechtsauffassungen ermöglichen, die sich nicht auf den Vorwurf des völkerrechtswidrigen Verhaltens beschränken, sollen (und dürfen) gerade diese Stellungnahmen für eine dogmatische Erfassung nicht
unberücksichtigt bleiben.

Auch wenn der Begriff der Staatenpraxis allein auf Handlungen von
Staaten rekurriert, schließt ein modernes Verständnis völkerrechtlich rele-
vante Handlungen anderer Völkerrechtssubjekte, insbesondere solche von
Internationalen Organisationen, ein.[14] Staatenpraxis kann also die unter-
schiedlichsten Formen annehmen und etwa in Gestalt von diplomatischen
Korrespondenzen, Regierungs- oder Presseerklärungen sowie öffentlichen
Äußerungen von Staatenvertretern, Militärhandbüchern[15], Beschlüssen
oder Praxis der Exekutive, Äußerungen zu Entwürfen der ILC, nationaler

---

13 Der IGH hat beispielsweise in seinem *Nicaragua*-Urteil in Bezug auf die gewohn-
heitsrechtliche Geltung von Gewalt- und Interventionsverbot maßgeblich auf Stellungnahmen von Staatenvertretern abgestellt; *Case concerning Military and Paramilitary Activities in and against Nicaragua*, Urt. v. 27.6. 1986, ICJ Rep. 1986,
S. 14 (z.B. 100, § 190); vgl. dazu aus der jüngeren Rechtsprechung etwa IGH, *Jurisdictional Immunities of the State*, Urt. v. 3.2.2012, ICJ Rep. 2012, S. 99 (122 f.,
§ 55) sowie aus dem Schrifttum *Zemanek*, What Is „State Practice" and who
Makes It?, in: FS Bernhardt, S. 289 (289).
14 So auch die ständige Praxis des IGH (vgl. nur die wiederholte Hinzuziehung der
UN-Prinzipiendeklaration in *Case concerning Military and Paramilitary Activities
in and against Nicaragua*, Urt. v. 27. 6. 1986, ICJ Rep. 1986, S. 14). Mit zahlreichen Nachweisen *Janik*, Die Bindung internationaler Organisationen an internationale Menschenrechtsstandards, S. 449-451; siehe auch *von Arnauld*, Völkerrecht,
Rdnr. 259; für eine ausschließliche Berücksichtigung von staatlicher Praxis hingegen *Villiger*, Customary International Law and Treaties, S. 4.
15 Der Rückgriff auf nationale Militärhandbücher ist (wie der Rückgriff auf die innerstaatliche Praxis im Allgemeinen) nicht unumstritten. Die Rechtsberater des
Außen- und Verteidigungsministeriums der USA haben z.B. in einem gemeinsamen Brief an den Präsidenten des IKRK kritisiert, dass das IKRK in seiner Studie
zum gewohnheitsrechtlich geltenden humanitären Völkerrecht (2005) auch auf nationale Militärhandbücher zurückgegriffen hat, obwohl diese einen rein innerstaatlichen Charakter haben. Das Schreiben ist abgedruckt in ILM 46 (2007), S. 511.

Gesetzgebung[16] oder gerichtlichen Entscheidungen[17] in Erscheinung treten.[18]

Wenn in Bezug auf die detaillierte inhaltliche Bestimmung einer Norm keine unmittelbare bzw. ausreichende Staatenpraxis auszumachen ist, bleibt der Rückgriff auf parallel gelagerte Problemstellungen und systematische Erwägungen. In diesem Zusammenhang wurde bereits zutreffend darauf hingewiesen, dass die systematische Lösung völkerrechtlicher Problemstellungen zwar von großem Nutzen sein kann, in Hinblick auf die konsensgeprägte Völkerrechtsordnung aber zugleich Vorsicht geboten ist: Die Plausibilität deduzierter Ergebnisse bedarf nämlich ihrerseits der beispielhaften Illustration anhand der Staatenpraxis,[19] um so den Mangel an unmittelbar hinzuzuziehender Staatenpraxis durch eine belastbare Antizipation staatlichen Verhaltens zumindest teilweise aufzufangen.

Die existentielle Abhängigkeit einer völkerrechtlichen Untersuchung von der Staatenpraxis kann – und dies gilt insbesondere für Normen wie dem Interventionsverbot, die eine unmittelbare Verknüpfung zur Außenpolitik aufweisen – eine Untersuchung vor erhebliche Probleme stellen. *Kunig* hat einleitend zu seiner Untersuchung des Interventionsverbots bereits auf die vielschichtige Verwendung des Begriffs der Einmischung hingewiesen. So ist der Gebrauch der Vokabel nicht auf den völkerrechtlichen Verkehr beschränkt, sondern zählt gleichermaßen zum Repertoire der die internationalen Beziehungen beschreibenden Wissenschaften.[20] Zugleich ist die Vokabel der Einmischung auch im nicht-wissenschaftlichen Bereich, insbesondere in der journalistischen Bewertung internationaler Sachverhalte, überaus beliebt. Aus der dargestellten Vielschichtigkeit folgt zwangsläufig eine gewisse Ungenauigkeit: Soweit auf die einschlägige

---

16 Vgl. nur *Zemanek*, What Is „State Practice" and who Makes It?, in: FS Bernhardt, S. 289 (294 f.).

17 IGH, *Jurisdictional Immunities of the State*, Urt. v. 3.2.2012, ICJ Rep. 2012, S. 99 (122 f., § 55); *Arrest Warrant of 11 April 2000 (Democratic Republic of the Congo v. Belgium)*, Urt. v. 12.2.2002, ICJ Rep. 2002, S. 3 (25, § 58); zurückhaltend in Bezug auf die Berücksichtigung nationaler Gerichtsentscheidungen etwa *von Arnauld*, Völkerrecht, Rdnr. 259; kritisch *Skubiszewski*, ZaöRV 31 (1971), S. 810 (814-818).

18 Siehe etwa die mit Einzelnachweisen versehene Auflistung bei *Brownlie*, Principles of Public International Law, S. 6; vgl. auch *Doehring,* Völkerrecht, Rdnr. 287; *Villiger*, Customary International Law and Treaties, S. 4 f.

19 *Kunig*, Das völkerrechtliche Nichteinmischungsprinzip, S. 65.

20 *Kunig*, Das völkerrechtliche Nichteinmischungsprinzip, S. 19-23.

Staatenpraxis rekurriert wird, ist, soweit allein die Vokabel der Einmischung Verwendung findet, nicht immer mit absoluter Sicherheit zu ermitteln, welche Qualität des Vorwurfs damit verbunden wird. Handelt es sich ausschließlich um einen Vorwurf des politisch ungebührlichen Verhaltens oder tatsächlich um die Rüge einer Völkerrechtsverletzung? Unabhängig von der Zuordnung zu einer bestimmten Qualität des erhobenen Vorwurfs ist der Verwendung des Begriffs aber zumindest immer ein Vorwurf impliziert.[21] Oder mit *Kunigs* Worten:

> „Auf internationaler Ebene tadelt stets, wer fremdes Verhalten als Einmischung bezeichnet: Es bekennt sich kein Staat oder auch sonstiger Akteur dazu, sich in fremde Angelegenheiten eingemischt zu haben [...]."

Schließlich – und hier liegt ein weiteres Problem – ist immer nur ein Teil der rechtsetzenden Staatenpraxis tatsächlich zugänglich. Soweit die in der Staatengemeinschaft vorherrschende *opinio iuris* nicht durch Kodifikation oder die Dokumentation des Kodifikationsprozesses sichtbar gemacht wird, verbleibt im Wesentlichen der Rückgriff auf öffentliche Stellungnahmen von Staatenvertretern und den tatsächlichen Umgang mit einer Norm im zwischenstaatlichen Verkehr. Werden nun Äußerungen herangezogen, die Staatenvertreter öffentlich in Ausübung ihres Amtes tätigen, stellt sich ferner das Problem, dass diese überwiegend der Presse zu entnehmen sind und insoweit schon einen journalistischen Filterungsprozess durchlaufen haben. Dennoch sind es gerade diese Aussagen – im Hinblick auf die vorliegende Untersuchung vor allem der öffentliche Vorwurf der rechtswidrigen Einmischung – welche die Plausibilität der zunächst deduzierten Ergebnisse beispielhaft illustrieren können.

Bei der für die folgende Untersuchung ausgewählten und dargestellten Staatenpraxis handelt es sich selbstverständlich nur um eine Auswahl des nahezu unüberschaubaren einschlägigen Materials. Auch wenn sich die Auswahl an den objektiven Kriterien der Relevanz und des wiederholten Aufretens bestimmter Auffassungen orientiert, wohnt dem für die Darstellung notwendigen Auswahlprozess – insbesondere in Bezug auf die Wahrnehmung der einschlägigen Staatenpraxis – zwangsläufig eine gewisse Subjektivität inne. Um letztere zumindest auf das unausweichliche Min-

---

21 Vgl. dazu auch *Oppermann*, AVR 14 (1969/70), S. 321 (331), der in der Abgrenzung zwischen der Eimischung als „Vokabel der auswärtigen Politik" und einer damit verbundenen Rechtsbehauptung eine spekulative Abschätzung sieht.

destmaß zu reduzieren, wird, wenn eine solche auszumachen ist, auf eine dem dargestellten Material gegenläufige Staatenpraxis hingewiesen.

B. Die historische Entstehung des Interventionstatbestandes

Bevor der gegenwärtige Entwicklungsstand des völkerrechtlichen Interventionsverbots betrachtet wird, soll die Entstehungsgeschichte des Tatbestandes in gedrängter Darstellung nachgezeichnet (I.) und somit der Ausgangspunkt für die vorliegende Untersuchung bestimmt werden. Von besonderem Interesse ist dabei die Entwicklung des Interventionsverbots seit der Gründung der Vereinten Nationen (II.). Hier gilt das Augenmerk vor allem den weitgehend dokumentierten Verhandlungen zur UN-Prinzipiendeklaration (1.) und der Kodifikation des Tatbestandes in anderen internationalen Organisationen sowie bi- und multilateralen Verträgen (2.).

I. Entwicklungen bis zum Zweiten Weltkrieg

Die Frage nach der rechtlichen Zulässigkeit der Intervention stellte sich nicht, solange im Altertum und im Mittelalter das Nebeneinander selbständiger und gleichberechtigter Staaten nicht akzeptiert war.[22] Das Streben nach hegemonialer Herrschaftsgewalt einzelner Staatengebilde schloss es aus, die Einmischung als Rechtsfrage zu erfassen und zu bewerten. Erst die Entstehung des Souveränitätsbegriffs führte zu dem Problem der rechtlichen Bewertung staatlicher Interventionen in die Angelegenheiten eines anderen Staates. Somit bedurfte es zunächst der Einführung des staatlichen Souveränitätsbegriffs in den wissenschaftlichen Diskurs durch *Jean Bodin* (1530–1596) in seiner Schrift vom Staate (De la république, 1576)[23], bevor das Problem der Intervention als eines der Rechtswissenschaft erfasst werden konnte.[24] Der Westfälische Friede von Münster und

---

22 *Hettlage*, Niemeyer's Zeitschrift für Internationales Recht 37 (1927), 11 (27); *Gerlach*, Die Intervention, S. 8; *Wehser*, Die Intervention nach gegenwärtigem Völkerrecht, in: Simma/Blenk-Knocke, Zwischen Intervention und Zusammenarbeit, S. 23 (28).

23 *Bodin* definiert den Begriff der Souveränität wie folgt: „Summus is dicitur, qui nec superiorem, nec eiusdem imperii socium habet", De republica libri sex (1576), S. 234.

24 Vgl. z.B. *Gerlach*, Die Intervention, S. 9; *Hettlage*, Niemeyer's Zeitschrift für Internationales Recht 37 (1927), 11 (27); *Thomas/Thomas*, Non-Intervention, S. 4.

Osnabrück fixierte das System staatlicher Souveränität erstmals in einer Urkunde[25] – begünstigte dadurch die europaweite Entstehung formal gleicher Mächte, indem er der Reichsidee endgültig jeden Universalitätsanspruch nahm[26] – und soll daher als zeitlicher Ausgangspunkt für die weiteren Betrachtungen gewählt werden.

1. Vom Westfälischen Frieden bis zu den Napoleonischen Kriegen

Die Staatenpraxis in der Epoche zwischen dem Westfälischen Frieden und den Napoleonischen Kriegen war nur sehr bedingt grundsatzorientiert. Primäres Ziel staatlichen Handelns war die Erhaltung des Gleichgewichts der Kräfte[27], sodass die Staatenpraxis selbst aus heutiger Sicht weniger von Interesse ist als die Schriften der Gelehrten[28].

a. Wissenschaft

Hugo Grotius (1583–1645) personifiziert den Übergang von den hegemonialen Strukturen des Mittelalters hin zu einer modernen vielfältigen Staatenwelt.[29] Nachdem die Völkerrechtswissenschaft, soweit die Bezeichnung für die vorgrotianischen Schriftsteller überhaupt zutreffend ist, sich lediglich mit einzelnen Problemen befasste, präsentiert *Grotius* eine erste systematische Darstellung des *ius gentium*.[30] Der Begriff der Intervention ist ihm allerdings noch unbekannt, da für *Grotius* nur zwei Zustände existieren: Krieg und Frieden.[31] Soweit innerhalb des Kriegsbegriffes differen-

---

25 Vgl. z.B. *Schliesky*, Souveränität und Legitimität von Herrschaftsgewalt, S. 87; *Seiler*, Der souveräne Verfassungsstaat zwischen demokratischer Rückbindung und überstaatlicher Einordnung, S. 25.

26 Siehe z.B. *Scheuner*, Die großen Friedensschlüsse als Grundlage der europäischen Staatenordnung zwischen 1648 und 1815, in: ders., Schriften zum Völkerrecht, S. 349-371.

27 *Grewe*, Epochen der Völkerrechtsgeschichte, S. 388-399.

28 *Nolte*, Eingreifen auf Einladung, S. 30.

29 Siehe z.B. *Nolte*, Eingreifen auf Einladung, S. 30; *Haggenmacher*, Grotius et la doctrine de la guerre juste, 615–629; *Thomas/Thomas*, Non-Intervention, S. 5.

30 *Hettlage*, Niemeyer's Zeitschrift für Internationales Recht 37 (1927), 11 (28); *Stadtmüller*, Geschichte des Völkerrechts, Bd. 1, S. 117.

31 Mit Verweis auf *Cicero* schreibt er: »Inter bellum et pacem nihil est medium«, *Grotius*, De Jure Belli ac Pacis, Lib. 3, Cap. XXI, I.

ziert wird, erfolgt keine Abgrenzung zwischen Krieg und Intervention, sondern die Unterscheidung zwischen 'gerechtem' Krieg und Barbaren- bzw. Räuberkriegen.[32] Die Nichtexistenz eines Status zwischen Krieg und Frieden machte eine Beschäftigung mit der Intervention obsolet. Eine Verletzung staatlicher Souveränität war für *Grotius* konsequenterweise nur durch den Krieg denkbar. Gleiches gilt für die auf *Grotius* folgenden Völkerrechtler, wie z.B. *Samuel Pufendorf, Gottfried Wilhelm Leibniz* oder *Christian Wolff*[33], die den Begriff der Intervention ebenfalls noch nicht verwenden. Auch wenn von ihnen dargestellte staatliche Maßnahmen eigentlich nicht unter den von den Autoren beschriebenen Kriegsbegriff passten, so wurden sie dennoch unter diesen subsumiert.[34]

Emer de Vattel führte den Begriff der Intervention in die Völkerrechtswissenschaft ein und kann durchaus als Vater der Lehre von der Intervention bezeichnet werden.[35] In seinem Werk *Le droit des gens* (1758) finden sich an diversen Stellen Ausführungen zum Interventionsverbot. Die Souveränität eines Staates, so *Vattel*, sei das kostbarste unter den Rechten, die einer Nation zustünden.[36] Aus dieser außergewöhnlichen Stellung der staatlichen Souveränität leitete er ab, dass keine andere Nation „auch nur das geringste Recht hat, sich in die [affaires domestiques] einer anderen einzumischen"[37]. Der Feststellung wird sodann der bis heute geltende Grundsatz *par in parem non habet imperium* entnommen. Demnach stehe es keinem Souverän zu, über das Verhalten eines anderen zu richten.[38] Zugleich unternahm *Vattel* den Versuch einer allgemein gültigen Abgrenzung zwischen erlaubter und nicht erlaubter Einmischung.[39] So sei es

---

32 *Gerlach*, Die Intervention, S. 11.

33 Im Gegensatz zu anderen Autoren deutet *Wolff* eine Kategorie staatlicher Maßnahmen unterhalb der Kriegsschwelle aber zumindest an, indem er von Einmischungen in die privaten Angelegenheiten anderer Staaten spricht; *Wolff*, Jus Gentium Methodo Scientifica Pertractatum, § 275, zitiert aus *Thomann*, Christian Wolff – Gesammelte Werke.

34 *Gerlach*, Die Intervention, S. 12.

35 *Gerlach*, Die Intervention, S. 8/13.

36 *Vattel*, Le droit des gens, Buch II, Kap. IV, § 54.

37 *Ebenda*. Die zitierte deutsche Übersetzung ist übernommen aus *Schätzel*, Die Klassiker des Völkerrechts, Bd. III, S. 209.

38 *Vattel*, Le droit de gens, Buch II, Kap. IV, § 55.

39 Siehe auch *Dicke*, Intervention mit wirtschaftlichen Mitteln, S. 165.

> „eine Frage kluger Vorsicht, die Gelegenheit zu offiziösen und freundschaftlichen Gegenvorstellungen wahrzunehmen"[40],

ohne die Schwelle der verbotenen Einmischung zu überschreiten. Zur Festlegung der Interventionsschwelle wurde bereits zuvor der Zwangscharakter einer Maßnahme als Abgrenzungskriterium genannt, um zwischen grundsätzlich zulässigen *bons offices*[41] und unzulässigen Einwirkungen auf die Entschließungsfreiheit zu differenzieren.[42] Außerhalb der *bons offices* sei eine Einmischung nur dann statthaft, wenn sie auf Einladung[43] erfolge oder „besondere Gründe" sie legitimiere.[44] Aus dem Vorherigen folgerte *Vattel*, dass jedem souveränen Staat ein Anspruch auf Unterlassen unzulässiger Einmischungen in die inneren Angelegenheiten zukommt. Erfolgt die Einmischung dennoch, so könne der intervenierende Staat als Feind behandelt werden.[45]

Die Ausführungen *Vattels* deuten in vielerlei Hinsicht die Grundstrukturen des modernen Interventionstatbestandes zumindest an. So wird ein Eingriff in die *affaires domestiques* ebenso vorausgesetzt wie die Anwendung von Zwang. Darüber hinaus scheint bereits *Vattel* zwischen dem Schutzgut der staatlichen Souveränität und dem Tatbestandsmerkmal der inneren Angelegenheiten zu differenzieren.[46] Dennoch ist *Gerlach* beizupflichten, wenn dieser feststellt, dass eine systematische Darstellung der

---

40 *Schätzel*, Die Klassiker des Völkerrechts, Bd. III, S. 209.

41 Zu dem von *Vattel* benutzten Begriff *bons offices* führt *Dicke* zutreffend aus, dass dieser nicht wie der heute im Völkerrecht gebräuchliche Ausdruck *Gute Dienste* zu verstehen sei. *Vattel* verstehe die *bons offices* als Hilfsangebot im bilateralen Verhältnis (Intervention mit wirtschaftlichen Mitteln, S. 165). Als *Gute Dienste* werden heute allgemein Hilfsangebote von dritten, nicht an dem Streit beteiligten Staaten bzw. Internationalen Organisationen verstanden (vgl. z.B. *Schweisfurth*, Völkerrecht, 8 Rdnr. 9). Beispiele aus der Staatenpraxis sind zu finden bei *Shaw*, International Law, S. 1018 f.

42 *Vattel*, Le droit de gens, Buch I, Kap. III, § 37.

43 Eine Zusammenfassung zu *Vattels* Ausführungen zur Intervention auf Einladung findet sich bei *Nolte*, Eingreifen auf Einladung, S. 35-37.

44 *Vattel*, Le droit de gens, Buch I, Kap. III, § 37.

45 *Vattel*, Le droit de gens, Buch II, Kap. IV, § 57.

46 Nicht nachvollziehbar ist insoweit die Schlussfolgerung *Gerlachs*, der davon ausgeht, dass *Vattel* das durch die Intervention verletzte Rechtsgut "*affaires domestiques*" nennt (Die Intervention, S. 13 f.). *Vattel* betont die enorme Bedeutung staatlicher Souveränität und die Notwendigkeit, diese zu schützen (z.B. in § 54) und deklariert somit die Souveränität als das zu schützende Rechtsgut. Soweit er sich mit der verbotenen Einmischung – also dem Verbots*tatbestand* – auseinandersetzt, greift er auf den Begriff der "*affaires domestiques*" zurück.

Intervention, insbesondere aufgrund der zersplitterten Ausführungen in unterschiedlichen Zusammenhängen, nicht vorgenommen wird.[47] Die Wirkung von *Vattels* Gedanken zur Intervention war daher auch zunächst gering – eine Adaption in Politik und Rechtswissenschaft erfuhr die Theorie von der Intervention erst im 19. Jahrhundert.[48]

b. Staatenpraxis

Das bedeutendste Ereignis dieser Zeit, die Französische Revolution, ereignete sich innerhalb der Grenzen eines Landes. Dennoch eröffnete sie eine neue Ära der Rechtsentwicklung in Frankreich und solchen Ländern, die unter französischen Einfluss kamen und berührte letztendlich, getragen von der Ideologie einer Weltrevolution, auch das Völkerrecht.[49] Die revolutionären Begriffe fanden ihren Niederschlag z.B. in der Erklärung des Rechts der Völker (*Déclaration du droit des gens*[50]) die dem französischen Konvent 1795 von »Abbé« *Grégoire* unterbreitet wurde[51], wobei dieser seine Thesen fast ausschließlich *Vattels* Abhandlungen entnommen hatte[52]. *Grégoire* betonte den Naturzustand, der unter den Nationen bestehe, und das universelle moralische Band, das sie miteinander verbinde (Art. 1).[53] Die in 20 Artikeln daraus gezogenen Schlussfolgerungen beschreiben etwa die Unabdingbarkeit der Souveränität einer jeden Nation (Art. 2)[54], das Recht einer jeden Nation, ihre Regierung selbst zu bestimmen (Art. 6)[55], und die Anerkennung der Verletzung der Freiheit einer Na-

---

47 *Gerlach*, Die Intervention, S. 15; kritisch zu Vattel *Thomas/Thomas*, Non-Intervention, S. 5-7; *Dicke*, Intervention mit wirtschaftlichen Mitteln, S. 165.

48 *Gerlach*, Die Intervention, S. 15.

49 *Nussbaum*, Geschichte des Völkerrechts, S. 132.

50 Abgedruckt in: *Grewe*, Fontes Historiae Iuris Gentium, Bd. II, S. 660 f.

51 *Grewe*, Epochen der Völkerrechtsgeschichte, S. 487-489; *Nussbaum*, Geschichte des Völkerrechts, S. 132.

52 *Nussbaum*, Geschichte des Völkerrechts, S. 175.

53 „Les peuples sont entre eux dans l'état de nature, ils ont pour lien la morale universelle." - *Grewe*, Fontes Historiae Iuris Gentium, Bd. II, 2, S. 660.

54 „Les peuples sont respectivement indépendants et souverains, quelque soit le nombre d'individus qui les composent et l'étendue du territoire qu'ils occupent. Cette souveraineté est inaliénable." - *Grewe*, Fontes Historiae Iuris Gentium, Bd. II, S. 660.

55 „Chaque peuple a droit d'organiser et de changer les formes de son gouvernement" - *Grewe*, Fontes Historiae Iuris Gentium, Bd. II, S. 660.

tion als eine Verletzung des Rechts aller Nationen (Art. 16)[56]. Der Konvent nahm die Deklaration zwar nicht an; sowohl die Nationalversammlung von 1789 wie auch später der Konvent verkündeten jedoch ihrerseits einige umfassende naturrechtlich geprägte Grundsätze, die auch bei *Grégoire* zu finden waren.[57] Neben dem Verzicht auf Eroberungskriege und Angriffe auf die Freiheit anderer Völker[58] ist für die vorliegende Untersuchung insbesondere das Bekenntnis zum Grundsatz der Nichteinmischung[59] zu nennen. Das ausdrückliche Bekenntnis zur Nichteinmischung stand allerdings in einem unauflösbaren Widerspruch zu anderen Verlautbarungen des Konvents. So erklärte dieser, dass Frankreich Freund und zugleich Verbündeter aller freien Völker sei.[60] Diese selbst auferlegte Verbündung wog im Zweifelsfall schwerer als das Bekenntnis zur Nichteinmischung.[61]

2. Vom Wiener Kongress bis zum Ersten Weltkrieg

In der Zeit zwischen dem Wiener Kongress und dem Ersten Weltkrieg erlangte der völkerrechtliche Positivismus ebenso seinen vorläufigen Höhepunkt, wie die Übersteigerung des Souveränitätsbegriffs.[62] Die Epoche

---

56 „Les ligues qui ont pour objet une guerre offensive, les traités ou les alliances qui peuvent nuire à l'intérêt d'un peuple, sont un attentat contre la famille humaine." - *Grewe*, Fontes Historiae Iuris Gentium, Bd. II, S. 661.

57 *Nussbaum*, Geschichte des Völkerrechts, S. 133.

58 Verordnung der Nationalversammlung v. 22.5.1790, in die Verfassung von 1971 eingefügt unter Titel VI; vgl. *Anderson*, Constitutions and Other selected Documents Illustrative of the History of France, 1789 – 1907, S. 58.

59 Verordnung des Konvents vom 22.5.1793, in die Verfassung von 1793 aufgenommen (Art. 119: Il ne s'immisce point dans le gouvernement des autres nations; il ne souffre pas que les autres nations s'immiscent dans le sien.), aber auf unbestimmte Zeit suspendiert; vgl. *Anderson*, Constitutions and Other selected Documents Illustrative of the History of France, 1789-1907, S. 212.

60 Verordnung der Nationalversammlung v. 19.11.1792, der die Verfassung von 1793 gefolgt ist; vgl. *Anderson*, Constitutions and Other selected Documents Illustrative of the History of France, 1789-1907, S. 183.

61 *Nussbaum*, Geschichte des Völkerrechts, S. 133; vgl. zum widersprüchlichen Verhalten Frankreichs auch *Neuhold*, Internationale Konflikte, S. 277 f.

62 *Grewe*, Epochen der Völkerrechtsgeschichte, S. 591-601; *Nussbaum*, Geschichte des Völkerrechts, S. 257-262, 307.

war für die Entwicklung des Interventionsverbots daher von wesentlich größerer Bedeutung als die vorangegangene Zeit[63].

a. Wissenschaft

Nachdem sich die Völkerrechtslehre zu Beginn des 19. Jahrhunderts zunächst kaum mit der Intervention beschäftigte, entwickelte sich in der zweiten Hälfte des Jahrhunderts die heute als „klassischer Interventionsbegriff" deklarierte Definition der Intervention. Stellte *Johann Caspar Bluntschli* in der ersten Auflage seines Lehrbuchs zum Völkerrecht[64] noch ohne nähere Definition der Intervention fest, dass Staaten in der Regel[65] nicht ermächtigt seien, sich in die Verfassungsstreitigkeiten eines unabhängigen Staates einzumischen[66], konkretisierte er seine Ausführungen 1878 dahingehend, dass er die Intervention als „autorative Einmischung eines fremden Stats in die Angelegenheiten eines anderen unabhängigen Stats"[67] definierte und somit ausdrücklich das gewählte Mittel der Einmischung für die Abgrenzung von zulässiger und unzulässiger Intervention heranzog. Ähnlich formulierte *Alphons Rivier* 1889 seine Definition der Intervention, indem er sie als „autoritäres, gebieterisches Eingreifen in die inneren Angelegenheiten eines fremden Staates" beschrieb. In aller Deutlichkeit betont er insbesondere das Regel-Ausnahme-Verhältnis der Zulässigkeit von Einmischungen, welches unbedingt zu wahren sei.[68] Ein Recht zur Intervention[69] sei danach nur in eng begrenzten Ausnahmefällen gegeben, wobei Zweifelsfälle zugunsten staatlicher Unabhängigkeit zu entscheiden seien.[70] Den Ausnahmecharakter der zulässigen Intervention betonte auch

---

63 *Gerlach*, Die Intervention, S. 15.
64 *Bluntschli*, Das moderne Völkerrecht der civilisierten Staaten (1868).
65 Als Ausnahmen nennt *Bluntschli*: Das freiwillige Anrufen eines befreundeten Staates bzw. das erklärte Einverständnis mit einer Intervention (S. 267) soweit die ersuchende Regierung „vollberechtigtes Organ des Statswillens" ist (S. 268) sowie die Verletzung „nothwendig anerkannter Menschenrecht[e]", des Völkerrechts oder „überhaupt bei gemeingefährlichen Rechtsverletzungen" (S. 268).
66 *Bluntschli*, Das moderne Völkerrecht der civilisierten Staaten (1868), S. 265.
67 *Bluntschli*, Das moderne Völkerrecht der civilisierten Staaten (1878), S. 269.
68 *Rivier*, Lehrbuch des Völkerrechts, S. 231.
69 Eine Intervention sei hingegen zulässig, wenn das Recht zu dieser vom betroffenen Staat vertraglich erteilt wurde oder aufgrund eines staatlichen Selbsterhaltungsrechts, also wenn die Rechte eines Staates gefährdet sind (S. 231 f.).
70 *Rivier*, Lehrbuch des Völkerrechts, S. 231/232.

August Wilhelm Heffter (1881), indem er das „Prinzip der Nicht-Intervention" zur Regel erhob.[71] Insbesondere mit Verweis auf die Interventionspraxis der Heiligen Allianz charakterisierte *Emanuel Ullmann* (1908) die Intervention als

> „die spontane Anwendung kompulsiven Zwangs seitens eines Staates in den wechselseitigen Beziehungen zweier Staaten oder in den inneren Angelegenheiten eines Staates, um ein dem Interesse des intervenierenden Staates entsprechendes Verhalten des anderen Staates [...] herbeizuführen."[72]

Auch hier wurde auf die lediglich „exzeptionelle Zulässigkeit" der Einmischung hingewiesen, sodass der „Kreis zulässiger Interventionen sehr eng gezogen werden muss".[73] Dies betonte auch *Friedrich v. Martens* indem er feststellte, dass die Einmischung nur in schwerwiegenden Fällen durch "singuläre Umstände" gerechtfertigt werden kann.[74] *Friedrich Heinrich Geffcken* setzte für die unzulässige Intervention ebenfalls ein „gebieterisches Eingreifen" voraus.[75] Wie andere Autoren[76] unterschied er zwischen Eingriffen in die Beziehungen zweier Staaten und Eingriffen in die inneren Angelegenheiten eines Staates. Im Gegensatz zu anderen konkretisierte *Geffcken* die Anforderungen an die gebieterische Einmischung, indem er für die Grenzziehung zur unzulässigen Intervention den Erhalt des freien Willens eines Staates zumindest andeutete.[77] Das Recht auf den Erhalt des freien Willens wurde aus dem Recht eines jeden Staates auf Autonomie abgeleitet, welches „im internationalen Leben ein so fundamentales

---

71 *Heffter*, Das europäische Völkerrecht auf den bisherigen Grundlagen, S. 97.

72 *Ullmann*, Völkerrecht, S. 460.

73 *Ullmann*, Völkerrecht, S. 461/462; Zulässig seien Interventionen nur im „Hinblick auf die Gefährdung der wichtigsten Interessen" (S. 462). Zum Versuch der objektiven Bestimmung des Begriffs „wichtigste Interessen" siehe S. 462 f.

74 *Martens*, Völkerrecht, Bd. 1, S. 299.

75 *Geffcken*, Das Recht der Intervention, in: von Holtzendorff, Handbuch des Völkerrechts, Bd. 4, S. 131.

76 Siehe z.B. auch *Martens*, Völkerrecht, Bd. 1, S. 299 f.; *Ullmann*, Völkerrecht, S. 459 f., *Geffcken*, Das Recht der Intervention, in: von Holtzendorff, Handbuch des Völkerrechts, Bd. 4, S. 131 (131); *Kohler*, Grundlagen des Völkerrechts, S. 128; anders hingegen z.B. *Rivier*, Lehrbuch des Völkerrechts, S. 231 f. (welcher lediglich die Einmischung in die inneren Angelegenheiten eines Staates nennt) sowie *Bluntschli*, Das moderne Völkerrecht der civilisierten Staaten (1868), S. 265 f.

77 *Geffcken*, Das Recht der Intervention, in: von Holtzendorff, Handbuch des Völkerrechts, Bd. 4, S. 131 (131).

[ist]"[78], dass eine Einmischung nur dann statthaft sei, wenn ein noch höheres Recht verletzt werde[79], wodurch das „Interventionsrecht" lediglich ein Ausnahmerecht sein könne[80].

Dicke hat zutreffend festgestellt, dass den Ausführungen der Autoren jener Epoche mindestens zwei Dinge gemein waren.[81] Einerseits setzten sie eine Intervention in „fremde Angelegenheiten" voraus, wobei häufig zwischen der Einmischung in die inneren Angelegenheiten eines Staates und der Einmischung in die Beziehungen zweier anderer Staaten unterschieden wurde.[82] Andererseits nannten alle dargestellten Autoren[83] ein Mittel der Intervention und zogen dieses für die Abgrenzung von zulässiger und unzulässiger Intervention heran. So unterschiedlich dabei die Bezeichnung des Mittels war („autoritative Einmischung", „gebieterisches Eingreifen", „kompulsiver Zwang" oder auch „Gewalt"[84]), rekurrierten die Darstellungen doch fast ausschließlich auf das markanteste Beispiel der Epoche: die Intervention unter Anwendung von Waffengewalt.[85] Lediglich *Martens* nannte als Beispiel die Intervention mit diplomatischen Noten[86], wobei darunter aber ebenfalls die Androhung von Gewalt mittels dieser zu verstehen war[87]. Die vereinzelt vorgebrachte Kritik, dass ein grundsätzlicher Verweis „auf das Mittel der (militärischen) Gewalt" – insbesondere in Gegenüberstellung zu einem modernen, weiten Interventionsbegriff – nicht haltbar sei und somit die Autoren des 19. Jahrhunderts

---

78 *Geffcken*, Das Recht der Intervention, in: von Holtzendorff, Handbuch des Völkerrechts, Bd. 4, S. 131 (134).

79 *Ebenda.* Dies gelte insbesondere, wenn die Sicherheit eines Staates bedroht sei und bei schweren Verletzungen des Völkerrechts. Bei Letzteren habe jeder Staat das Recht, diese zu verhindern, soweit dies in seiner Macht steht. In derartigen Situationen existiere daher ein Recht zur Intervention.

80 *Geffcken*, Das Recht der Intervention, in: von Holtzendorff, Handbuch des Völkerrechts, Bd. 4, S. 131 (135).

81 *Dicke*, Intervention mit wirtschaftlichen Mitteln, S. 167 f.

82 *Gerlach*, Die Intervention, S. 25; *Dicke*, Intervention mit wirtschaftlichen Mitteln, S. 168; für Beispiele siehe Fn. 76.

83 Mit der Ausnahme von *Kohler*, Grundlagen des Völkerrechts, S. 128, welcher kein Mittel der Intervention nennt.

84 So z.B. bei *Heffter*, Das europäische Völkerrecht auf den bisherigen Grundlagen, S. 106.

85 *Gerlach*, Die Intervention, S. 26.

86 *Martens*, Völkerrecht, Bd. 1, S. 299.

87 So auch *Gerlach*, Die Intervention, S. 26; *Dicke*, Intervention mit wirtschaftlichen Mitteln, S. 168.

auch Einmischungen unterhalb der Gewaltschwelle in ihre Darstellungen aufgenommen hätten[88], lässt sich somit nicht belegen.

Gemeinsam ist allen Darstellungen schließlich, dass sie trotz ihrer teilweise ausführlichen Auseinandersetzungen mit dem Interventionstatbestand keine allgemeingültigen Definitionen für die Begriffe der "inneren Angelegenheiten" und das jeweilige Mittel der Intervention nannten. Fokus der Betrachtungen war vielmehr das Problem des Verbots der Einmischung[89] und die Betonung eines Regel-Ausnahme-Verhältnisses, also des grundsätzlichen Rechtfertigungsbedürfnisses der Intervention, wobei sich die Autoren in der Darstellung im Wesentlichen auf die Aufzählung von Beispielen beschränkten. Eine dogmatische Begründung war hingegen nicht zu finden.

b. Staatenpraxis

Weit weniger stringent als die Darstellung des Interventionsverbots im Schrifttum ging die Staatenpraxis mit dem Problem zulässiger Einmischungen um.

In der Quadrupelallianz vom 20. November 1815[90] begründeten die Wiener Siegermächte mit dem Ziel, eine Wiederholung der Französischen Revolution zu verhindern, das später sog. Europäische Konzert. Der Gründungsvertrag sah eine Interventionsbefugnis vor[91], welche schon bald Gegenstand von Kontroversen wurde.[92] Dies galt insbesondere für die engere – durch Proklamationen der Monarchen Österreichs, Preußens und Russlands begründete[93] – Heilige Allianz.[94] Das Interventionsprinzip wurde

---

88 So z.B. *Bryde*, Die Intervention mit wirtschaftlichen Mitteln, in: FS Schlochauer, S. 229.

89 *Gerlach*, Die Intervention, S. 26

90 Abgedruckt in: *Grewe*, Fontes Historiae Iuris Gentium, Bd. III/1, S. 100-106.

91 Art. VI des Vertrages sah vor, in regelmäßigen Abständen Zusammenkünfte abzuhalten, „die den großen gemeinsamen Interessen und der Prüfung von Maßnahmen gewidmet sind, die [...] für die Ruhe und das Wohlergehen der Völker und für den Frieden Europas am ersprießlichsten erachtet werden" – *Grewe*, Fontes Historiae Iuris Gentium, Bd. III/1, S. 103/104.

92 *Nolte*, Eingreifen auf Einladung, S. 41.

93 Proklamationen vom 14./26.9.1815; abgedruckt in *Grewe*, Fontes Historiae Iuris Gentium, Bd. III/1, 107 f.

94 Zur Interventionspraxis der Heiligen Allianz siehe z.B. *Thomas/Thomas*, Non-Intervention, S. 8-10; *Nolte*, Eingreifen auf Einladung, S. 41-46.

von den Wortführern der Heiligen Allianz in unmissverständlicher Weise im sog. Troppauer Protokoll[95] formuliert. Demnach hörten Staaten, die Regierungsveränderungen durch innere Aufruhr erlitten, von selbst auf, Mitglieder des Bündnisses zu sein. Sollten aus dem inneren Aufruhr Gefahren für dritte Staaten erwachsen, waren die Mächte der Heiligen Allianz verpflichtet, gegen die Veränderungen zunächst mit diplomatischen, notfalls aber auch mit militärischen Mitteln vorzugehen. Zu Beginn des Jahres 1821 intervenierte daraufhin die österreichische Armee im Königreich Neapel und Piemont. Auf dem Veroneser Kongress (1822)[96] wurde trotz des Einspruchs Englands die Intervention in Spanien zur Wiederherstellung der Herrschaft der spanischen Könige beschlossen. Am 27. September 1822 instruierte der neue Premierminister Großbritanniens, *George Canning*, den britischen Delegierten in Verona, *Herzog von Wellington*, den Kongress zu unterrichten, „that his Majesty, whatever may happen, will not participate in such an intervention."[97] *Canning* trat damit ausdrücklich für die Nichteinmischung in die inneren Angelegenheiten Spaniens ein. Er konnte die an Frankreich übertragene Intervention in Spanien zwar nicht abwenden, verhinderte aber zumindest eine Ausdehnung der Interventionshandlungen auf Portugal.[98] Der gegen den Einspruch gefasste Beschluss führte zunächst zum Ende des Kongress-Systems[99] und schließlich zur Lossagung Englands von der Heiligen Allianz sowie zur britischen Anerkennung der von Spanien abgefallenen Staaten in Südamerika[100]. Insbesondere aber markierte der britische Widerspruch gegen die Interventionspolitik der Heiligen Allianz den Beginn der modernen Staatenpraxis zum Interventionsverbot.[101]

---

95 Abgedruckt in: *Grewe*, Fontes Historiae Iuris Gentium, Bd. III/1, S. 110–113.

96 Protokoll des Veroneser Kongresses vom 19./25.11.1922, abgedruckt in: *Grewe*, Fontes Historiae Iuris Gentium, Bd. III/1, S. 123–125.

97 *Grewe*, Epochen der Völkerrechtsgeschichte, S. 506.

98 *Grewe*, Epochen der Völkerrechtsgeschichte, S. 506.

99 *Nussbaum*, Geschichte des Völkerrechts, S. 208.

100 Vgl. z.B. *von Liszt/Fleischmann*, Das Völkerrecht, S. 120; zur Anerkennung Uruguays (gefördert und ausdrücklich genehmigt durch Großbritannien) vgl. den Vertrag von Montevideo v. 27.8.1828; zu den durch die Anerkennung verfolgten wirtschaftlichen Interessen Großbritanniens: *Alvarez*, Le Droit International Américain, S. 30 f.; *Wendt*, Vom Kolonialismus zur Globalisierung, S. 180.

101 *Nolte*, Eingreifen auf Einladung, S. 42; *Scheuner*, Die Haltung dritter Staaten im Bürgerkrieg, in: FS von der Heydte, S. 515 (519); vgl. auch *Ziegler*, Völkerrechtsgeschichte, S. 169 f.; *Nolte* (a.a.O., S. 43) weist allerdings auch zu Recht darauf hin, dass „[d]ie britische Beteiligung an der kollektiven Intervention zur

Im Zuge der geplanten Intervention in Spanien hatten die Mächte der Heiligen Allianz auch eine Intervention in den früheren spanischen Kolonien ins Auge gefasst. Diesen Plänen trat der amerikanische Präsident *Monroe* mit einer Botschaft an den Kongress mit der Erklärung der unbedingten Opposition entgegen – der sog. Monroe-Doktrin[102]. Die Doktrin traf im Kern zwei Aussagen: (1.) Einerseits verkündete sie eine Politik der Nichteinmischung der Vereinigten Staaten in europäische Konflikte, (2.) andererseits, dass die Vereinigten Staaten eine Ausweitung des Systems der Mitglieder der Heiligen Allianz auf die westliche Hemisphäre als eine Gefahr für die Vereinigten Staaten angesehen hätten.[103] Jede auf die Unterdrückung amerikanischer Staaten oder den Gewinn von Kontrolle gerichtete Einmischung einer europäischen Macht war daher zu verstehen, „as the manifestation of an unfriendly disposition towards the United States"[104]. Die Doktrin verfehlte ihre Wirkung nicht. Der einzige Fall, in dem sich eine europäische Nation über sie hinwegzusetzen versuchte, war die militärische Intervention Napoleons III. in Mexiko (1861–1867)[105]. Die Vereinigten Staaten befanden sich in dieser Zeitpanne selbst im Bürgerkrieg (Sezessionskrieg, 1861–1865). Als dieser beendet war, zeigte sich allerdings die Wirksamkeit der Doktrin[106]: Unter dem Druck der Vereinigten Staaten zog Frankreich seine Truppen aus Mexiko ab. Das selbst auferlegte Gebot der Nichteinmischung stand allerdings schon bald im Wider-

---

Unterstützung des griechischen Aufstandes gegen die türkische Oberheit [...] die Grenzen des von britischer Seite formulierten Prinzips [...] wieder zweifelhaft werden [ließ]."; Ebenso beteiligte sich das Vereinigte Königreich 1834 an der Quadruppelallianz zur Bekämpfung von Aufständen in Spanien und Portugal, siehe z.B. *Dahm/Delbrück/Wolfrum*, Völkerrecht, Bd. I/3, S. 797; *Neuhold* verweist hinsichtlich des anschließenden widersprüchlichen britischen Verhaltens auf die Eingriffe Großbritanniens 1830 in Belgien, 1939 in der Türkei und 1848 in Neapel (Internationale Konflikte, S. 278).

102 Abgedruckt in: *Grewe*, Fontes Historiae Iuris Gentium, Bd. III/1, S. 212–214; Auslöser für die Erklärung Monroes am 2.12.1823 waren der Streit mit Russland um die Grenze von Alaska sowie die drohende Einmischung europäischer Mächte zugunsten Spaniens gegenüber dem Abfall südamerikanischer Kolonien, vgl. *von Liszt/Fleischmann*, Das Völkerrecht, S. 120.

103 *Nussbaum*, Geschichte des Völkerrechts, S. 209.

104 *Grewe*, Fontes Historiae Iuris Gentium, Bd. III/1, S. 213.

105 Die Konservativen waren im vorangegangenen Bürgerkrieg unterlegen. Frankreich verfolgte mit der Intervention das Ziel, ihnen nachträglich zur Macht zu verhelfen und damit einhergehend eine Monarchie in französischer Abhängigkeit zu errichten.

106 Vgl. schon *von Liszt/Fleischmann*, Das Völkerrecht, S. 120.

spruch zur Wahrung der Weltmachtstellung der Vereinigten Staaten, die ihren Ausdruck z.B. in den Verträgen mit Panama[107] sowie der Kolonialisierung der Philippinen fand und den Grundsatz der Doktrin preisgab.[108] Trotz der Postulation eines Prinzips der Nichteinmischung durch das Vereinigte Königreich und die Vereinigten Staaten, setzte sich im 19. Jahrhundert insbesondere aufgrund der inkongruenten Staatenpraxis[109] die Auffassung der grundsätzlichen Rechtmäßigkeit von Interventionshandlungen durch.[110]

Zur Weiterentwicklung des dennoch nunmehr in Ansätzen existenten Interventionsverbots trugen die Doktrinen des argentinischen Publizisten *Carlos Calvo* sowie des argentinischen Juristen und Außenministers (1902–1903) *Luis María Drago* bei. In Ansehung der Zunahme internationaler finanzieller Streitigkeiten zwischen europäischen Gläubigerstaaten und zumeist südamerikanischen Schuldnerstaaten, in denen die Durchsetzung staatlicher und auch privater Ansprüche regelmäßig gewaltsam erfolgte, vertrat *Calvo* die Ansicht, dass bei Zahlungsunfähigkeit eines Schuldnerstaates die ausländischen Gläubiger nicht mehr Schutz verlangen könnten, als die inländischen. In diesem Zusammenhang wies er auch darauf hin, dass die gewaltsame Durchsetzung finanzieller Ansprüche häufig nur als Vorwand für Eroberungen und somit machtpolitischer Ziele, wie z.B. im Fall der bereits erwähnten Intervention Frankreichs in Mexiko, gedient hätte.[111] Auch Frankreich rechtfertigte seine militärischen Handlungen mit der ausstehenden Rückzahlung von Anleihen und anderen Schulden der mexikanischen Regierung bei französischen Bürgern. Dem Standpunkt *Calvos* folgend nahmen lateinamerikanische Regierungen in Konzessionsverträge und andere Abkommen mit Ausländern die sog. Calvo-Klausel auf, die einen Verzicht des Ausländers auf eine diplomatische

---

107 Vgl. z.B. Hay-Bunau-Varilla-Vertrag vom 18.11.1903, abgedruckt in: *Grewe*, Fontes III/1, S. 488-492; dazu z.B. *von Liszt/Fleischmann*, Das Völkerrecht, S. 307; *Marquardt*, Staat, Verfassung und Demokratie in Hispano-Amerika seit 1810, Bd. 1, S. 318 f.

108 *von Liszt/Fleischmann*, Das Völkerrecht, S. 120; Zum Widerspruch der Proklamation eines Nichteinmischungsprinzips und der amerikanischen Außenpolitik vgl. auch *Neuhold*, Internationale Konflikte, S. 281 f.

109 Die Divergenz zwischen Proklamation und Handeln beschrieb bereits *Rivier* 1889 (Lehrbuch des Völkerrechts, S. 231, Beispiele dort in Fn. 2).

110 *Dahm/Delbrück/Wolfrum*, Völkerrecht, Bd. I/3, S. 797.

111 *Nussbaum*, Geschichte des Völkerrechts, S. 240.

Einmischung seines Heimatstaates hinsichtlich der durch den Vertrag begründeten Rechte vorsah.

Unter Berufung auf die Lehren *Calvos* vertrat *Drago* die Auffassung, dass eine gewaltsame Intervention zur Eintreibung öffentlicher Schulden grundsätzlich nicht erlaubt sei (Drago-Doktrin).[112] Den Standpunkt *Dragos* griff wiederum der amerikanische Delegierte *General Porter*, nachdem *Drago* bereits 1902 durch seinen in Washington stationierten Botschafter die Möglichkeit amerikanischer Unterstützung für seine Doktrin hatte auskundschaften lassen[113], im Rahmen der Zweiten Haager Friedenskonferenz auf. Art. 1 des II. Haager Abkommens vom 18. Oktober 1907[114], der als *Drago-Porter-Konvention* bekannt wurde, sah als Kompromiss zwischen der die gewaltsame Intervention zur Durchsetzung finanzieller Schulden gänzlich ablehnenden Drago-Doktrin und dem Interesse der Gläubigerstaaten nunmehr zumindest eine Beschränkung für den Einsatz militärischer Mittel vor.[115] Die Vertragsparteien[116] kamen überein, dass sie bei der Eintreibung von Vertragsschulden grundsätzlich nicht zur Waffengewalt schreiten (Art. 1 Abs. 1). Die Bestimmung sah in ihrem zweiten Absatz allerdings eine Ausnahme für solche Schuldnerstaaten vor, die sich im Streitfall der Unterwerfung unter ein Schiedsgericht bzw. der Beugung des Schiedsspruches verweigerten.

Der Widerspruch Englands sowie die Doktrinen von *Monroe*, *Calvo* und *Drago* waren die Eckpfeiler der Entwicklung von der Inanspruchnahme eines Interventionsrechts zu einer Ablehnung der Einmischung in die inneren Angelegenheiten eines souveränen Staates. Gemeinsam war ihnen einerseits der Widerstand gegen die Interventionspraxis, andererseits aber auch, dass sie die Intervention ebenso wie die Lehre für unzulässig erklär-

---

112 *Nussbaum*, Geschichte des Völkerrechts, S. 240.
113 *Benedek*, Drago-Porter Convention, in: Wolfrum, MPEPIL III, S. 234 (Rdnr. 1).
114 II. Haager Abkommen über die Beschränkung der Anwendung von Gewalt bei der Eintreibung von Vertragsschulden v. 18.10.1907, RGBl. 1910, S. 59.
115 *Hobe*, Einführung in das Völkerrecht, S. 250; *Benedek*, Drago-Porter Convention, in: Wolfrum, MPEPIL III, S. 234 (Rdnr. 9); *Ziegler*, AVR 42 (2004), S. 271 (290).
116 Die *Drago-Porter Konvention* wurde zwischen 1909 und 1911 von immerhin 17 Staaten ratifiziert: Dänemark, Deutschland, El Salvador, Großbritannien, Mexiko, Niederlande, Österreich-Ungarn, Russland, USA (alle am 27.11.1909), Nicaragua (16.12.1909), China (15.1.1910), Haiti (2.2.1910), Frankreich (07.10.1910), Norwegen (19.11.1910), Guatemala (15.3.1911), Portugal (13.4.1911) und Panama (11.11.1911).

ten, ohne eine nähere Bestimmung der unzulässigen Intervention und somit eine Abgrenzung zur zulässigen Einmischung anzubieten.[117]

Gerlach stellt darüber hinaus zutreffend fest, dass die Intervention in der Staatenpraxis bis zum Beginn des Ersten Weltkrieges mit der Anwendung bzw. zumindest der Androhung von Waffengewalt gleichgesetzt wurde. Diese Kongruenz von Intervention und Waffengewalt ist in der zu dieser Zeit noch immer existierenden Akzeptanz des Krieges in internationalen Auseinandersetzungen begründet, wodurch eine Verschleierung machtpolitischer Interessen unnötig war.[118]

Bryde führt aus, dass es den historischen Zusammenhang falsch wiedergäbe, wenn behauptet würde, „dass vor der völkerrechtlichen Fixierung eines Gewaltverbots Interventionen unterhalb der Gewaltschwelle selbstverständlich erst recht erlaubt waren, oder wenn generell die Frage nichtmilitärischer Interventionen als moderne Ausweitung des Interventionsverbots gesehen wird." Es existierte zwar kein Gewaltverbot, mit Verweis auf die Ausführungen *Vattels* behauptet *Bryde* hingegen bereits die Existenz eines Interventionsverbots als "konstitutives Grundprinzip der Völkerrechtsordnung".[119] Dieser These kann insoweit zugestimmt werden, als die Autoren seit *Vattel* sehr wohl zwischen Krieg und Intervention unterschieden. Die von ihm vorgenommene Differenzierung lässt sich in der historischen Staatenpraxis allerdings nicht nachweisen, da es ob der grundsätzlichen Akzeptanz kriegerischer Auseinandersetzungen für Staaten kaum Gründe für eine Intervention unterhalb der Gewaltschwelle gab.[120] Die Ausweitung des Interventionsverbots auf Handlungen unterhalb der Gewaltschwelle wurde in der Staatenpraxis, also der geltenden Völkerrechtsordnung, erst mit der Manifestation des Gewaltverbots und somit der machtpolitischen Notwendigkeit alternativer Formen der Einflussnahme von Interesse.

---

117 Vgl. z.B. *Gerlach*, Die Intervention, S. 19.

118 *Gerlach*, Die Intervention, S. 19/25 f.

119 *Bryde*, Die Intervention mit wirtschaftlichen Mitteln, in: FS Schlochauer, S. 227 (228).

120 Ähnlich *Abi-Saab*, Some Thoughts on the Principle of Non-Intervention, in: FS Suy, S. 225 (226).

3. Vom Ersten Weltkrieg zum weiten Interventionsbegriff

a. Wissenschaft

Auch nach dem Ersten Weltkrieg verharrten die meisten Autoren zunächst beim klassischen oder auch engen Interventionsbegriff. Um eine vollständige Wiederholung der ausführlichen Darstellungen des wissenschaftlichen „Diskurses" dieser Epoche, wie sie z.B. bei *Gerlach*[121] und *Dicke*[122] zu finden sind, zu vermeiden, soll im Weiteren nur exemplarisch auf einige Autoren eingegangen werden.

Besonders deutlich wurde der Verbleib beim klassischen Interventionsbegriff bei den anglo-amerikanischen Autoren. Genannt seien insbesondere *Oppenheim* und *Lauterpacht*, welche die Intervention 1955 als

> „dictatorial interference by a state in the affairs of another state for the purpose of maintaining or altering the actual condition of things"[123] definierten, wobei „intervention is always dictatorial interference, not intervention small and simple".[124]

Die Intervention bedurfte demnach mehr als nur der bloßen Einflussnahme – insbesondere die im Zuge der Darstellung gewählten Beispiele zeigen, dass mit „dictatorial" die Anwendung von militärischer Gewalt gemeint war.[125] Noch deutlicher postulierte *Lawrence* das Gewalterfordernis, indem er formulierte: „The essence of intervention is force or, the threat of force [...]".[126] Ebenso deutlich ist *Charles Cheney Hyde*, der die „military force" als maßgebliches Kriterium für die Abgrenzung zur bloßen „interposition" heranzog[127]. *James Brierly* stellte deutlich heraus, dass die Einmischung unterhalb der Gewaltschwelle bzw. der Androhung von Gewalt, keine Intervention sei. Um die Grenze zur Intervention zu überschreiten, musste die Maßnahme „either forcible or backed by the threat of force"

---

121 *Gerlach*, Die Intervention, S. 52-66.
122 *Dicke*, Intervention mit wirtschaftlichen Mitteln, S. 167-174.
123 *Oppenheim/Lauterpacht*, International Law, Bd. 1, S. 305; Der Begriff „dictatorial interference" ist bereits bei *Hershy* zu finden (The Essential of International Public Law, S. 147 f.).
124 *Ebenda*; ähnlich auch *Starke*, An Introduction to International Law, S. 94.
125 *Gerlach*, Die Intervention, 53 f.; *Dicke*, Intervention mit wirtschaftlichen Mitteln, S. 170.
126 *Lawrence*, The Principles of International Law, S. 120.
127 *Hyde*, International Law, Bd. 1, S. 245-258 (insb. 246 (Anm. 2)).

sein. Die schärfste Form der Intervention war für *Brierly* der Krieg.[128] Deutlich wird die faktische Gleichsetzung von Gewalt und Intervention schließlich bei den von *Fawcett* ausführlich besprochenen „recent cases" zur Intervention im Völkerrecht.[129] Für *Fawcett* war der Einsatz militärischer Gewalt ebenfalls notwendige Voraussetzung der Intervention.[130]

Auch im deutschsprachigen Schrifttum wurde das Gewalterfordernis zunächst weiterhin betont. So begrenzte *Wilhelm Sauer* den Begriff der Intervention beispielsweise ausdrücklich auf die Anwendung von Gewalt.[131] *Franz von Liszt* und *Max Fleischmann* definierten die Intervention als „die autoritative Einmischung in die äußeren oder inneren Angelegenheiten eines anderen Staates". Grundsätzlich unterscheide sich die Intervention von zulässigen Einmischungen dadurch, dass sie „Befolgung heischt und ihre, wenn nötig, gewaltsame Durchsetzung in Aussicht stellt."[132] *Hans Kelsen* übernahm die „dictatorial interference"[133] der anglo-amerikanischen Völkerrechtslehre.[134] *Karl Strupp* definierte die Intervention als eine „gewaltsame oder von Zwangsandrohung unterstützte Einmischung in […] Angelegenheiten eines anderen Staates".[135] Ebenso eindeutig formulierte *Ernst Wolgast*, der eine gewaltsame Einmischung oder deren Androhung voraussetzte.[136]

---

128 *Brierly*, The Law of Nations, S. 308.
129 *Fawcett*, Intervention in International Law, RdC 103 (1961-II), 343 (373-421); genannt werden z.B. die Intervention in Guatemala 1954 (S. 372-383), die russische Intervention in Ungarn 1956 (S. 383-391), die chinesische Besetzung Tibets 1950–1959 (S. 409-417) und der Korea-Krieg 1950–1953 (S. 417-421); so wird *Fawcett* richtigerweise auch von anderen Autoren als Vertreter des klassischen Interventionsbegriffs eingeordnet, vgl. z.B. *Neuhold*, Internationale Konflikte, S. 290 (Fn. 80).
130 *Fawcett*, RdC 103 (1961-II), 343 (348); vgl. zu *Fawcett* auch *Gerlach*, Die Intervention, S. 56.
131 *Sauer*, System des Völkerrechts, S. 464.
132 *von Liszt/Fleischmann*, Das Völkerrecht, S. 119.
133 *Kelsen*, Principles of International Law, S. 63 f.; ebenfalls auf *Oppenheim/Lauterpacht* verweist *Menzel*, Völkerrecht, S. 212-218.
134 Siehe schon *Dicke*, Intervention mit wirtschaftlichen Mitteln, S. 168.
135 *Strupp*, Grundzüge des positiven Völkerrechts, S. 98.
136 *Wolgast*, Völkerrecht, S. 755; ähnliche Formulierungen finden sich darüber hinaus bei *Strisower*, Intervention, in: Strupp, Wörterbuch des Völkerrechts und der Diplomatie, Bd. 1, S. 581 (582); *Hold-Ferneck*, Lehrbuch des Völkerrechts, 2. Teil, S. 215; *von Waldkirch*, Das Völkerrecht, S. 330.

Die Ausübung bzw. Androhung von Gewalt zur Kategorisierung der Intervention fand sich ebenfalls in der französischen Völkerrechtslehre. Bei *Paul Fauchille* heißt es:

> „L'intervention est une mesure de violence ou la menace de violence de pareil acte à la fin de peser sur la décision d'un Etat."[137]

Charles Rousseau stellte zunächst fest, dass „L'Etat intervenant agit par voie d'autorité"[138], bevor er die Intervention als Manifestation der Politik der Gewalt deklarierte[139]. Der Begriff „par voie d'autorité" fand sich bei zahlreichen französischen Autoren[140] und ist das kongruente Gegenstück zur „dictatorial interference".[141] Bezüglich der iberischen (bzw. ibero-amerikanischen) Völkerrechtslehre nennt *Dicke* u.a. die „Déclaration sur les bases fondamentales et sur les grands principes du Droit international moderne" von *Alejandro Alvarez*, welcher in Art. 22 der Deklaration ausführt:

> „Faute d'un titre juridique spécial, aucun Etat n'a le droit d'intervenir, particulièrement par la force, dans les affaires intérieures ou extérieures d'un autre Etat, sans le consentement de celui-ci, même lorsque les personnes au les bien de ses sujets se trouvent menacés".[142]

Des Weiteren zog z.B. *Podesta Costa* die Gewaltausübung als entscheidendes Kriterium der Intervention heran.[143] Schließlich verweist *Dicke*

---

137 *Fauchille*, Traité de droit international public, Bd. 1, Teil 1, S. 508.
138 *Rousseau*, Droit international public, S. 321/326.
139 *Rousseau*, Droit international public, S. 326.
140 Siehe insbesondere *Sibert*, Traité de droit international public, Bd. 1, S. 341 f. Auch für *Sibert* ist die Anwendung bzw. Androhung von Gewalt notwendige Voraussetzung für das Vorliegen einer Intervention.
141 *Dicke*, Intervention mit wirtschaftlichen Mitteln, S. 171.
142 *Alvarez*, La Reconstrucción del Derecho de Gentes. El Nuevo Orden y la Renovación Social, S. 89.
143 *Costa*, Manual de Derecho Internacional Público, S. 51 ff. (zitiert nach: *Fabela*, Intervention, S. 117/*Dicke,* Intervention mit wirtschaftlichen Mitteln, S. 173); dort heißt es u.a.: "Mais il est impossible d'admettre la pression diplomatique, c'est-à-dire la menace de la force, comme procédé normal et encore moins l'intervention armée qui, en fait, est la guerre sans les restrictions de la guerre international."

u.a. noch auf die italienischen Völkerrechtslehrer *Arrigo Cavaglieri*[144] und *Walter Zannini*[145].[146]

Die dargelegten Beispiele zeigen deutlich, dass ein Großteil der Wissenschaft auch bis zum Ende des Zweiten Weltkrieges, bzw. sogar bis weit in die Ära der Vereinten Nationen hinein, bei einem klassischen Interventionsverständnis verharrte, sodass *Gerlach* den engen Interventionsbegriff noch im Jahr 1967 richtigerweise als „eindeutig vorherrschend" bezeichnete.[147] Dennoch steht diese Epoche auch für die Entwicklung einer modernen, weiten Interpretation der Intervention, die insbesondere zwischen der Anwendung von Gewalt und der Intervention unterschied. Im deutschsprachigen Schrifttum personifiziert *Georg Dahm* (1958) den Übergang zum weiten Interventionsbegriff.[148] *Dahm* differenzierte gleich zu Beginn seiner Ausführungen zum Interventionsverbot zwischen der Anwendung von Waffengewalt und Eingriffen mit anderen Mitteln. An die Stelle der Gewaltausübung tritt die Ausübung von „Druck und Zwang".[149] Die militärische Intervention sei lediglich die schärfste Form „autorativer Einmischung" und somit (wohl) ein Spezialfall des Interventionsverbots.[150] Bereits 1949 erweiterte der Amerikaner *Philip C. Jessup* die Definition der Intervention, indem er feststellte, dass die Intervention die Anwendung von Gewalt einschließen könne, aber nicht müsse. Als Beispiele nannte er die Lockerung von Waffenembargos gegenüber revolutionären Gruppen sowie die Verweigerung der Anerkennung einer neuen Regierung verbunden mit wirtschaftlichem und finanziellem Druck.[151] Eine frühe weite Interpretation des Interventionsbegriffs lieferten insbesondere die russischen Autoren.[152] *Evgenij A. Korovin*, der das universell geltende Völkerrecht

---

144 *Cavaglieri*, L'intervento: nella sua definizione giuridica; saggio di diritto internazionale.

145 *Zannini*, Dell' intervento.

146 *Dicke*, Intervention mit wirtschaftlichen Mitteln, S. 172.

147 *Gerlach*, Die Intervention, S. 52.

148 So auch *Dicke*, Intervention mit wirtschaftlichen Mitteln, S. 178.

149 *Dahm*, Völkerrecht, Bd. 1, S. 201.

150 *Dahm*, Völkerrecht, Bd. 1, S. 202; Die Ausführungen *Dahms* zum Verhältnis von Gewalt- und Interventionsverbot sind allerdings zum Teil widersprüchlich. Einerseits wird die militärische Intervention als schärfste Form der Einmischung bezeichnet; andererseits führt *Dahm* aus, dass das „Verbot der Anwendung von Gewalt zugleich ein Verbot der Intervention" umfasse.

151 *Jessup*, Modernes Völkerrecht, S. 239 (Übersetzt von *Zeppelin*. Originaltitel: A modern Law of Nations, 2. Aufl., New York 1949, S. 223).

152 Vgl. dazu *Oppermann*, AVR 14 (1969/70), S. 321 (332 f.).

nur als Übergang bis zum Heranwachsen des „Intersowjetischen Recht[s]" als weltweit geltendes Rechtssystem verstand, leitete das Interventionsverbot aus dem staatlichen Selbstbestimmungsrecht ab.[153] Eine grundsätzlich unzulässige Intervention läge immer dann vor, wenn ein Staat seine staatliche Herrschaftsgewalt an die Stelle eines anderen setzen wolle, um ein für den Opferstaat unerwünschtes Ziel zu erreichen.[154] Dieses Verbot der Intervention nach *Korovin* galt jedoch nur für die Einmischung imperialistischer Staaten in die sowjetische Staatsgewalt, nicht aber reziprok.[155] Exemplarisch sei noch auf das sehr weite Interventionsverständnis bei *Serge B. Krylov* verwiesen, wonach jede politische oder wirtschaftliche Angelegenheit eines Staates Gegenstand der Einmischung sein konnte.[156]

b. Staatenpraxis (insb. die Enstehung des universellen Gewaltverbots)

Die überwiegende faktische Gleichsetzung von Interventions- und Gewaltverbot war insbesondere in der grundsätzlichen Akzeptanz der Gewaltausübung in den zwischenstaatlichen Beziehungen begründet. Daher bedurfte es zu einem weiterreichenden Verständnis der Intervention zunächst der Manifestation der Gewaltächtung in der Staatenpraxis.

Nach der zuvor erwähnten *Drago-Porter-Konvention* ist die Satzung des Völkerbundes (VBS)[157] das erste Zeugnis auf dem Weg zu einem universellen Gewaltverbot.[158] So hieß es bereits in der Präambel der Satzung, dass die Signatarstaaten „bestimmte Verpflichtungen [...] übernehmen, nicht zum Kriege zu schreiten". Die weiteren Bestimmungen der VBS, die der Umsetzung der in der Präambel auferlegten Verpflichtungen dienten, wurden im Schrifttum alsbald als „Kriegsverhütungsrecht" deklariert.[159] Von besonderem Interesse ist im hiesigen Kontext Art. 11 Abs. 1 der Satzung, welcher jeden Krieg und jede Bedrohung zu einer Angelegenheit des ganzen Bundes und somit die Friedenssicherung zur Aufgabe der Organisation machte. Allerdings enthielt die VBS weder in Art. 11 noch in

---

153 *Korovin*, Das Völkerrecht der Übergangszeit, S. 2.
154 *Korovin*, Das Völkerrecht der Übergangszeit, S. 50.
155 So schon *Gerlach*, Die Intervention, S. 78.
156 *Krylov*, RdC 70 (1947-I), S. 407 (428).
157 Abgedruckt in: RGBl. 1919 II, S. 717.
158 Zum Gewaltverbot in der VBS siehe z.B. *Dörr*, Die Inkorporation als Tatbestand der Staatensukzession, S. 59.
159 *Hobe*, Einführung in das Völkerrecht, S. 47.

anderen Vorschriften ein generelles Gewaltverbot.[160] Sie unterwarf die Bundesmitglieder lediglich bestimmten Verfahren, bevor sie „zum Kriege schreiten" (Art. 11 ff. VBS)[161] und ließ somit das Recht zur Kriegsführung als *ultima ratio* unangetastet[162]. Dennoch entzog der Völkerbund das bisher nur politischen Erwägungen unterworfene *ius ad bellum* der ausschließlichen Zuständigkeit der Staaten und brachte damit einen Grundpfeiler des klassischen Völkerrechts zu Fall.[163]

Schon zu Beginn der Völkerbundära wurde der Versuch unternommen, das Recht der Staaten auf Kriegsführung weitergehender zu beschränken. So sah das Genfer Protokoll vom 2.10.1924[164] ein umfassendes Kriegsverbot vor, das die Kriegsführung nur in engen Ausnahmen[165] zuließ. Aufgrund britischer Bedenken, insbesondere hinsichtlich der vorgesehenen weitreichenden Verpflichtung zur Durchführung von Sanktionen und der Unterwerfung unter eine obligatorische Schiedsgerichtsbarkeit, trat das Protokoll aber nicht in Kraft.[166] Ein grundsätzliches Kriegsverbot wurde zunächst nur auf regionaler Ebene bindend. Der Locarno-Vertrag vom 16.10.1925[167] verpflichtete die Parteien[168] „in keinem Falle zu einem Angriff oder zu einem Einfall oder zum Kriege gegeneinander zu schreiten" (Art. 2 Abs. 1). Der Vertrag verlor allerdings 1935 seine Bindungswirkung.[169]

---

160 Vgl. z.B. *Bothe*, in: Graf Vitzthum/Proelß, Völkerrecht, VIII Rdnr. 5; *Hobe*, Einführung in das Völkerrecht, S. 46; *Stein/von Buttlar*, Völkerrecht, Rdnr. 770; *Schweisfurth*, Völkerrecht, 9 Rdnr. 268; *Dahm/Delbrück/Wolfrum*, Völkerrecht, Bd. I/3, S. 819.

161 *Schweisfurth*, Völkerrecht, 9 Rdnr. 268.

162 *Dörr*, Die Inkorporation als Tatbestand der Staatensukzession, S. 59.

163 *Hobe*, Einführung in das Völkerrecht, S. 50; vgl. auch *Stein/von Buttlar*, Völkerrecht, Rdnr. 770.

164 Protokoll über die friedliche Erledigung internationaler Streitigkeiten; abgedruckt in: AJIL 19 (1925) Suppl., S. 9.

165 Als Ausnahme wurde einerseits der Verteidigungkrieg, andererseits der durch den Völkerbund autorisierte Krieg genannt, vgl. *Dahm/Delbrück/Wolfrum*, Völkerrecht, Bd. I/3, S. 819.

166 *Hobe*, Einführung in das Völkerrecht, S. 49 f.; *Heintschel von Heinegg*, in: Ipsen, Völkerrecht, § 51 Rdnr. 12.

167 Abgedruckt in: RGBl. 1925 II, S. 975.

168 Deutschland, Belgien, Frankreich, Großbritannien und Italien.

169 *Dörr*, Die Inkorporation als Tatbestand der Staatensukzession, S. 60; *Randelzhofer/Dörr*, in: Simma/Khan/Nolte/Paulus, The Charter of the United Nations, Article 2(4) Rdnr. 9.

Einen wichtigen Schritt in Richtung eines umfassenden Gewaltverbots machte der *Briand-Kellogg-Pakt*[170] vom 27.8.1928.[171] Die Vertragsparteien – die meisten Staaten der Welt[172] – verurteilten den Krieg als Mittel der Politik ausdrücklich, womit grundsätzlich ein weltweit geltendes vertragliches Kriegsverbot etabliert wurde.[173] Da sich der Verbotstatbestand des Paktes allerdings nur auf den (nicht näher definierten) „Krieg" bezog, die militärische Repressalie und somit die Gewaltanwendung weiterhin duldete[174], wurden kriegerische Angriffshandlungen in der Staatenpraxis anderweitig benannt und so dem Anwendungsbereich des Vertrages entzogen.[175] Die spätere Interpretation des Paktes durch die International Law Association („Budapest Articles")[176], die eine Erweiterung des reinen Kriegsbegriffs auf den grundsätzlichen Einsatz militärischer Mittel vorsah, wurde nicht geltendes Völkerrecht.[177] Darüber hinaus sah der Pakt für den Verstoß gegen das Verbot keine Sanktionen, d.h. keine Durchsetzungsmechanismen, vor.[178] Das generelle Verbot der Gewaltanwendung sowie die Bereitstellung von völkerrechtlichen Instituten zur Durchsetzung des Verbots brachte erst die Charta der Vereinten Nationen. Die (wohl) überwiegende Meinung im Schrifttum schließt dennoch aus dem Dargelegten,

---

170 Abgedruckt in: RGBl. 1929 II, S. 97; siehe dazu z.B. *Lesaffer*, Kellog-Briand-Pact, in: Wolfrum, MPEPIL VI, S. 579-584.

171 *Heintschel von Heinegg*, in: Ipsen, Völkerrecht, § 51 Rdnr. 14; *Schweisfurth*, Völkerrecht, 9 Rdnr. 269; *Randelzhofer/Dörr*, in: Simma/Khan/Nolte/Paulus, The Charter of the United Nations, Article 2(4) Rdnr. 10.

172 Insgesamt traten dem Briand-Kellogg-Pakt 63 Staaten bei (Auflistung in AJIL 33 (1939) Suppl., S. 865). Nur vier südamerikanische Mitgliedstaaten des Völkerbundes fehlten. Diese unterzeichneten aber am 10.10.1933 den Saavedra-Lamas-Vertrag (abgedruckt in: LNTS 163, S. 394–413), welcher nahezu identische Verpflichtungen enthielt.

173 *Bothe*, in: Graf Vitzthum/Proelß, Völkerrecht, VIII Rdnr. 6.

174 *Verdross/Simma*, Universelles Völkerrecht, § 88; *Schweisfurth*, Völkerrecht, 9 Rdnr. 269; *Shaw*, International Law, S. 1122; *Dörr*, Die Inkorporation als Tatbestand der Staatensukzession, S. 60.

175 *Stein/von Buttlar*, Völkerrecht, Rdnr. 772; *Heintschel von Heinegg*, in: Ipsen, Völkerrecht, § 51 Rdnr. 15; *Bothe* nennt als Beispiel die japanischen Übergriffe gegen China in den 1930er Jahren, in: Graf Vitzthum/Proelß, Völkerrecht, VIII Rdnr. 6; näher dazu *Nussbaum*, Geschichte des Völkerrechts, S. 281 f.

176 Abgedruckt in: *Grewe*, Fontes Historiae Iuris Gentium, Bd. III/2, S. 967.

177 *Dörr*, Die Inkorporation als Tatbestand der Staatensukzession, S. 60 f.

178 Siehe z.B. *Randelzhofer/Dörr*, in: Simma/Khan/Nolte/Paulus, The Charter of the United Nations, Article 2(4) Rdnr. 11; *Lesaffer*, Kellog-Briand-Pact, in: Wolfrum, MPEPIL VI, S. 579 (Rdnr. 15 f.); *Schweisfurth*, Völkerrecht, 9 Rdnr. 269.

dass das Verbot des Krieges bereits vor dem Ausbruch des Zweiten Weltkrieges Völkergewohnheitsrecht war.[179] Der zugesprochene völkergewohnheitsrechtliche Charakter der Norm ist zu dieser Zeit allerdings nicht belegbar. Vielmehr spricht die Staatenpraxis explizit dagegen.[180] So beschrieb der amerikanische Senat den *Briand-Kellogg-Pakt* als „nothing more than an international kiss" sowie einen nutzlosen, aber harmlosen Friedensvertrag, woraus *Menk* folgert, es habe sich lediglich um eine „Kodifikation des guten Willens" gehandelt[181]. *Dörr* verweist darüber hinaus einerseits auf die „Atlantik-Charta" vom 14.8.1941, die eine auf die Zukunft gerichtete Forderung hinsichtlich eines allgemeinen Gewaltverzichts enthält[182], andererseits auf die territoriale Gewinnerzielung in der Staatengemeinschaft durch die Anwendung bzw. Androhung von Gewalt[183]. Die amerikanische Delegation hatte 1933 in Bezug auf das Kriegsverbot dem *Saavedra-Lamas-Vertrag* von Rio de Janeiro schließlich den Vorbehalt beigefügt, dass die Verpflichtungen des Vertrages die Rechte der Vereinigten Staaten aus anderen Verträgen nicht berühren[184], wodurch der Universalitätsanspruch des vertraglichen Kriegsverbots ebenfalls erhebliche Einschränkungen erfuhr. Soweit Autoren auf den völkergewohnheitsrechtlichen Charakter des Kriegsverbots vor dem Zweiten Weltkrieg verweisen, bleiben sie den Nachweis einer von der *opinio iuris* getragenen, kongruenten Staatenpraxis schuldig. Allein aus der Bindung der meisten Staaten der

---

179 So z.B. *Hobe*, Einführung in das Völkerrecht, S. 50 f.; *Dahm/Delbrück/Wolfrum*, Völkerrecht, Bd. I/3, S. 821; m.w.N. *Randelzhofer/Dörr*, in: Simma/Khan/Nolte/ Paulus, The Charter of the United Nations, Article 2(4) Rdnr. 10; anders *Schweisfurth*, Völkerrecht, 9 Rdnr. 269 f. sowie *Fischer*, in: Ipsen, Völkerrecht (2004), § 59 Rdnr. 8, welcher zumindest auf die fehlende *opinio iuris* der Staatengemeinschaft verweist.

180 So insbesondere *Dörr*, Die Inkorporation als Tatbestand der Staatensukzession, S. 61 f.

181 *Menk*, Gewalt für den Frieden, S. 55.

182 *Dörr*, Die Inkorporation als Tatbestand der Staatensuksession, S. 62; Ziff. 8 der Erklärung lautet: „Eighth, they believe that all of the nations of the world, for realistic as well as spiritual reasons must come to the abandonment of the use of force [...]", abgedruckt in *Grewe*, Fontes Historiae Iuris Gentium, Bd. III/2, S. 1285; AJIL 35 (1941) Suppl., S. 191 f.

183 *Dörr*, Die Inkorporation als Tatbestand der Staatensukzession, S. 64; hingewiesen wird auf Japan 1931/32, Italien 1936, Deutschland 1938/39, Italien 1939, Sowjetunion 1940.

184 "In adhering to this Treaty the United States does not thereby waive any rights it may have under other treaties or conventions or under international law."

Welt an den *Briand-Kellogg-Pakt* lässt sich die Entstehung von Völkergewohnheitsrecht, insbesondere in Anbetracht der diametral entgegenstehenden Staatenpraxis gewichtiger Staaten, nicht entnehmen.

Einhergehend mit der dennoch zumindest vertraglichen Manifestation des Kriegsverbots als Norm des Völkerrechts finden sich allerdings erste Hinweise auf die Loslösung des Interventionsverbots von diesem. Einen wesentlich ausführlicher begründeten Vorbehalt, der aber zugleich ein amerikanisches Plädoyer für ein umfassendes Interventionsverbot enthält, äußerten die Vereinigten Staaten Ende 1933 bezüglich der auf der siebten Internationalen Konferenz der amerikanischen Staaten beschlossenen *Convention on Rights and Duties of States*[185]. Die Konvention sah in Art. 8 ein Verbot jeder Einmischung in die Angelegenheiten fremder Staaten vor. Der Vorbehalt beginnt mit dem Statement, dass

> „[e]very observing person must by this time thoroughly understand that under the Roosevelt Administration the United States Government is as much opposed as any other Government to interference with the freedom, the sovereignty, or other internal affairs or processes of the Governments of other nations".[186]

Allerdings behielten sich die Vereinigten Staaten mangels näherer Bestimmung der niedergelegten "doctrines and principles" vor, im Falle unterschiedlicher Interpretationen ihre Staatenpraxis im Sinne der vorherigen Verlautbarungen des Präsidenten fortzusetzen. Die grundsätzliche Existenz der vereinbarten Prinzipien wird also nicht bestritten – der Vorbehalt bezieht sich vielmehr auf die Interpretation bzw. Definition der Konvention. Trotz des Vorbehalts markiert die grundsätzliche Zustimmung der USA eine Neuorientierung der amerikanischen Außenpolitk zu Beginn des 20. Jahrhunderts. Noch auf der sechsten panamerikanischen Konferenz von Havanna (1928) hatte der ehemalige amerikanische Außenminister *Charles E. Hughes* die Annahme einer das Interventionsverbot manifestierenden Deklaration abgelehnt.[187]

Ein der *Convention on Rights and Duties of States* beigefügter vergleichbarer Vorbehalt wurde auf der Konferenz von Buenos Aires (1936) hinsichtlich des „Additional Protocol Relative to Non-Intervention"[188] nicht erklärt. Das Protokoll stellt ebenso wie die *Convention on Rights and*

---

185 Abgedruckt in: LNTS 165 (1936), S. 21.
186 Der Vorbehalt ist abgedruckt in: LNTS 165 (1936), S. 29.
187 *Neuhold*, Internationale Konflikte, S. 382.
188 Abgedruckt in: ZaöRV 7 (1937), S. 425 f.

Duties of States nicht mehr, wie noch der *Saavedra-Lamas-Vertrag*, ausdrücklich auf den Krieg („wars of aggression"), sondern vielmehr auf das „fundamental principle" ab, dass kein Staat das Recht habe, sich in die inneren oder äußeren Angelegenheiten eines anderen Staates einzumischen. Wurde also 1933 im *Saavedra-Lamas-Vertrag* noch das Mittel der Intervention allein geächtet, ist es in der Konvention aus dem gleichen Jahr sowie im Protokoll von 1936 die Einmischung in innerstaatliche Angelegenheiten. Gerade die Behandlung des Kriegsverbots und des Interventionsverbots in voneinander unabhängigen Vertragswerken deutet eine zumindest regional existierende Differenzierung zwischen dem Verbot der Gewaltanwendung und der unzulässigen Einmischung unterhalb der Gewaltschwelle an. Bemerkenswert ist darüber hinaus, dass sich die Formulierung des Protokolls nahezu wortgleich im Entwurf der Erklärung bezüglich der Rechte und Pflichten der amerikanischen Staaten, die am 17. Juli 1946 vom Kuratorium der Panamerikanischen Union genehmigt wurde, wiederholt.

Hinweise auf eine universelle Geltung der Differenzierung von Gewalt- und Interventionsverbot über die Grenzen des amerikanischen Kontinents hinaus sind hingegen nicht ersichtlich. Insoweit regte *Jessup* im Jahr 1950 mit Verweis auf die Entwicklungs- und Kodifikationsverpflichtung der Vereinten Nationen (Art. 13 UN-Charta) an, dass eine der ersten Aufgaben der Vollversammlung darin liegen solle, „die Universalität [des] interamerikanischen Abkommens zustande zu bringen".[189]

II. Entwicklungen seit der Gründung der Vereinten Nationen

1. Die Vereinten Nationen

Aus dem bisher Gesagten folgt, dass sich die Anerkennung der Bedrohung staatlicher Souveränität durch Einmischungen unterhalb der Gewaltschwelle, zumindest mit dem Anspruch der Universalität, erst nach Gründung der Vereinten Nationen durchsetzte.[190]

---

189 *Jessup*, Modernes Völkerrecht, S. 240.
190 *Stein/von Buttlar*, Völkerrecht, Rdnr. 633.

a. Das Interventionsverbot in der Charta

Die Charta der Vereinten Nationen enthält zunächst in Art. 2 Abs. 7 ein ausdrückliches Verbot der Einmischung in die innerstaatlichen Angelegenheiten im Verhältnis der Vereinten Nationen zu ihren Mitgliedstaaten, welches später einer näheren Betrachtung unterworfen wird.[191] Betont werden soll an dieser Stelle aber bereits die Notwendigkeit der Differenzierung zwischen dem Interventionsverbot im benannten Verhältnis und dem der Mitgliedstaaten untereinander.[192] Das Letztere hat in der Charta keine ausdrückliche Regelung erfahren; insbesondere kann aus Art. 2 Abs. 7 UN-Charta kein zwischenstaatliches Interventionsverbot hergeleitet werden.[193] Die Frage, inwieweit der Charta daher selbst ein Interventionsverbot im zwischenstaatlichen Verkehr entnommen werden kann und welche Vorschrift als normative Grundlage heranzuziehen ist, wurde im Schrifttum und insbesondere in den Beratungen des *Special Committee on Principles of International Law concerning Friendly Relations and Co-operation among States in Accordance with the Charter of the United Nations* – hierzu sogleich ausführlich – uneinheitlich beantwortet. Neben Art. 2 Abs. 1 UN-Charta wurde ebenso auf die Charta in ihrer Gänze, auf Art. 2 Abs. 4 UN-Charta[194] sowie auf Art. 2 Abs. 3 UN-Charta verwiesen.[195] Heute wird das Interventionsverbot allerdings, soweit ersichtlich, einhellig im Prinzip der Gleichheit souveräner Staaten und somit in Art. 2 Abs. 1 UN-Charta verortet.[196] Diese Einordnung fußt im Wesentlichen auf der mittlerweile

---

191 Siehe hierzu unten C., VI., 3.
192 Zur Differenzierung siehe z.B. *Dahm/Delbrück/Wolfrum*, Völkerrecht, Bd. I/3, S. 797 f.; *Kunig*, Das völkerrechtliche Nichteinmischungsprinzip, S. 194; *ders.*, Intervention (Prohibition of), in: Wolfrum, MPEPIL VI, S. 289 (Rdnr. 9-13); *Dicke*, Intervention mit wirtschaftlichen Mitteln, S. 34 f.; *Verdross/Simma*, Universelles Völkerrecht, § 491; *Bockslaff*, Das völkerrechtliche Interventionsverbot, S. 46-51.
193 *Kunig*, Das völkerrechtliche Nichteinmischungsprinzip, S. 194; *Verdross/Simma*, Universelles Völkerrecht, § 491; *Stein/von Buttlar*, Völkerrecht, Rdnr. 634; *Fischer*, in: Ipsen, Völkerrecht (2004), § 59 Rdnr. 51.
194 So wohl *Fawcett*, RdC 103 (1961-II), 343 (353-359); sowie die Vereinigten Staaten in den Beratungen zur *Friendly Relations Declaration*; vgl. z.B. *Neuhold*, Internationale Konflikte, S. 314.
195 *Kunig*, Prohibition of Intervention, in: Wolfrum, MPEPIL VI, S. 289 (Rdnr. 10).
196 Siehe z.B. BVerfG, Beschl. v. 12.12.2000, 2 BvR 1290/99 = NJW 2001, S. 1848 (1852); *Stein/von Buttlar*, Völkerrecht, Rdnr. 635; *Schweisfurth*, Völkerrecht, 9 Rdnr. 258; *Dahm/Delbrück/Wolfrum*, Völkerrecht, Bd. I/3, S. 798; *Nolte*, Eingrei-

ebenso einträchtigen Auffassung, dass das Schutzgut des Interventionsverbots die staatliche Souveränität sei.[197]

b. Das Interventionsverbot in den Deklarationen der Vereinten Nationen

Die mit der Gründung der Vereinten Nationen eingetretene Entwicklung in Richtung einer universellen Anerkennung des Interventionsverbots fand ihren Niederschlag hauptsächlich in den zahlreichen Resolutionen der Generalversammlung.[198] Bereits 1965 nahm die UN-Generalversammlung die *Declaration on the Inadmissibility of Intervention in the Domestic Affairs of States and the Protection of Their Independence and Sovereignty*[199] an, in der sie feststellte, dass jede Form der Intervention gegen die grundlegenden Prinzipien der UN-Charta verstößt. Deshalb habe kein Staat das Recht, sich direkt oder indirekt und aus welchem Grund auch immer in die inneren oder äußeren Angelegenheiten eines anderen Staates einzumischen.

1970 folgte die Annahme der *Friendly Relations Declaration*[200], die das Interventionsverbot selbst ausdrücklich zu einem Grundsatz des Völkerrechts erhob. Neben einer im Wesentlichen im Wortlaut identischen Wiederholung der Erklärung von 1965[201] heißt es weiter, dass „bewaffnete Interventionen und alle anderen Formen der Einmischung oder Drohversu-

---

fen auf Einladung, S. 167 f.; *Kunig*, Das völkerrechtliche Nichteinmischungsprinzip, S. 194; *Verlage*, Responsibility to Protect, S. 174; *Hobe*, Einführung in das Völkerrecht, S. 290 f.; *Heintschel von Heinegg*, in: Ipsen, Völkerrecht, § 51 Rdnr. 42.

197 Zum Schutzgut des Interventionsverbots siehe unten C., III.; ausführlich zur „Souveränität als Grundlage des Interventionsverbots", *Dicke*, Intervention mit wirtschaftlichen Mitteln, S. 53-164.

198 *Stein/von Buttlar*, Völkerrecht, Rdnr. 635; *Dahm/Delbrück/Wolfrum*, Völkerrecht, Bd. I/3, S. 799.

199 GA Res. 2131 (XX) v. 21.12.1965; Die GA Resolution 2131 war nicht die erste Resolution der Vereinten Nationen, die sich mit der Intervention befasst. Zuvor bereits „Essentials of Peace Resolution", GA Res. 290 (IV) v. 1.12.1949; der Entwurf der International Law Commission „On Rights and Duties of States", GA Res. 375 (IV) v. 6.12.1949; „Peace Through Deeds Resolution", GA Res. 380 (V) v. 17.11.1950 sowie die „Declaration Concerning the Peaceful Coexistence of States", GA Res. 1236 (XII) v. 14.12.1957.

200 GA Res. 2625 (XXV) v. 24.10.1970.

201 *Bockslaff*, Das völkerrechtliche Interventionsverbot, S. 57.

che gegen die Rechtspersönlichkeit eines Staates oder gegen seine politischen, wirtschaftlichen und kulturellen Teilelemente völkerrechtswidrig" sind.

Wegen der besonders ergiebigen *Reports* des *Special Committee*, und der teilweise konträr vertretenen Auffassungen der Staatenvertreter zum Interventionsverbot, eignen sich insbesondere die Beratungen im Vorfeld der *Friendly Relations Declaration* für eine eingehende Betrachtung der divergierenden Ansichten in der staatlichen Praxis.

aa. Die Beratungen des Special Committee zur Friendly Relations
    Declaration

Das *Special Committee on Principles of International Law concerning Friendly Relations and Co-operation among States in Accordance with the Charter of the United Nations* wurde 1963 von der Generalversammlung der Vereinten Nationen eingesetzt und instruiert, sich mit grundlegenden Prinzipien des Völkerrechts zu beschäftigen.[202] Das Komitee hielt zwischen 1964 und 1970 sechs Sitzungsperioden ab und beendete die Arbeiten an dem Deklarationsentwurf am letzten Tag der 1970er Sitzung. Das Interventionsverbot war bei den ersten drei Sitzungsperioden Bestandteil der Tagesordnung. In der Bewertung der Beratung stellt *Robert Rosenstock* fest, dass die Entwicklung des das Interventionsverbot betreffenden Textes als ein

> „paradigm of one of the ways in which legal norms are conceived, incubated, and born in the United Nations"[203]

betrachtet werden könne.

Bereits die einleitenden Statements der Staatenvertreter verdeutlichen die teils grundlegend unterschiedlichen Auffassungen in Hinblick auf das Interventionsverbot. Die Vertreter sozialistischer Staaten hoben insbesondere die Bedeutung des Prinzips für die staatliche Unabhängigkeit[204] und die freie Entfaltung und Entwicklung der Mitglieder der Staatengemein-

---

202 GA Res. 1966 (XVIII) v. 16.12.1963; vgl. auch *Rosenstock*, AJIL 65 (1971), S. 713 (713); dort findet sich auch eine Liste der zu behandelnden Prinzipien.
203 *Rosenstock*, AJIL 65 (1971), S. 713 (726).
204 So z.B. *Bierzanek* (Polen), U.N. Doc. A/AC.119/SR.25, S. 10.

schaft[205] hervor.[206] Besondere Bedeutung habe das „Prinzip der Nichtintervention" dabei für kleinere, insbesondere für die gerade aus der Dekolonialisierung hervorgegangenen, Staaten.[207] Für diese sei das Interventionsverbot die Garantie ihrer Souveränität und somit ihrer unabhängigen Entwicklung – die Anerkennung des Interventionsverbots also das notwendige Gegenstück zum Selbstbestimmungsrecht.[208] Westliche Staatenvertreter hingegen erwähnten die Bedeutung des Tatbestandes für die Entwicklung von Staatlichkeit nicht[209], sondern stellten vielmehr auf dessen grundsätzliche Bedeutung für die Sicherung des Friedens und der Sicherheit ab.

(1) Normative Grundlage des Interventionsverbots

Unterschiedliche Auffassungen wurden schon in Bezug auf die normative Grundlage des Prinzips vertreten. Mit Verweis auf die bereits dargestellten inter-amerikanischen Deklarationen versuchten einige Delegierte, eine völkergewohnheitsrechtliche Verankerung des Interventionsverbots nachzuweisen.[210] Über die Erwähnung der genannten Verträge hinaus wurde aber insbesondere der Versuch unternommen, das Interventionsverbot direkt aus der UN-Charta abzuleiten. Einigkeit bestand diesbezüglich nur dahingehend, dass die Charta keine ausdrückliche Kodifizierung des Tatbestandes enthält.

Insbesondere die Vertreter sozialistischer Staaten beriefen sich auf Art. 2 Abs. 7 UN-Charta. So argumentierte der rumänische Vertreter *Critescu*[211], dass das kodifizierte Einmischungsverbot, welches an die Vereinten Nationen gerichtet sei, *a maiore ad minus* auch in den zwischenstaatlichen Beziehungen gelten müsse.[212] Schließlich dienten die Vereinten Nationen der Friedenssicherung und handelten somit im Interesse der Staa-

---

205 So z.B. *Vilfan* (Jugoslawien), U.N. Doc. A/AC.119/SR.25, S. 7.
206 *Dohna*, Die Grundprinzipien des Völkerrechts, S. 104 f.
207 GAOR, XX, Annexes, agenda item 90 and 94, S. 117.
208 GAOR, XX, Annexes, agenda item 90 and 94, S. 117.
209 *Dohna*, Die Grundprinzipien des Völkerrechts, S. 105.
210 Mit Nachweisen zu den Anmerkungen der Staatenvertreter *Kubrycht* (Tschecheslowakei), *Katzantsev* (USSR), *Mishra* (Indien), *Vanderpuye* (Ghana), *Colombo* (Argentinien), *Castaneda* (Mexiko), *Dohna*, Die Grundprinzipien des Völkerrechts, S. 105.
211 *Critescu* (Rumänien), A/AC.119/SR.26, S. 7.
212 *Neuhold*, Internationale Konflikte, S. 313.

tengemeinschaft.[213] Soweit eine Intervention durch die besonders legiti-
mierte Organisation untersagt wäre, müsse dies ebenso für die Mitgliedstaaten gelten. Dem widersprach die amerikanische Delegation und machte im Zuge der Diskussion deutlich, dass

> „ [...] in the United States delegation's view Article 2 (7) of the Chapter ap-
> plied only to intervention by the United Nations, and the intervention by one
> State in the affairs of another was illicit under the Charter only when it was
> accompanied by the threat or use of force. Article 2 (7) was the only provi-
> sion in the Charter which made express reference to non-intervention, and the
> scope of State intervention was defined only in Article 2 (4)."[214]

Die Vereinigten Staaten verwiesen also für die zwischenstaatliche Intervention allein auf Art. 2 Abs. 4 der Charta, mit der sie eine Beschränkung
des Interventionsverbots auf militärische Maßnahmen, also eine Beibehaltung des klassischen Interventionsbegriffs, wahren wollten.[215] So scheiterte auch die von den Entwicklungsländern bis in die letzte Sitzungsperiode
gestellte Forderung, wirtschaftlichen und politischen Druck in das Gewaltverbot des Art. 2 Abs. 4 der UN-Charta aufzunehmen.[216] Für die restriktive Position bezüglich des Interventionsverbots erhielten die Vereinigten
Staaten nur vereinzelt Unterstützung. Kritisiert wurde die amerikanische
Delegation vor allem dafür, dass sie mit den unterzeichneten inter-amerikanischen Abkommen weitreichendere Verpflichtungen eingegangen waren, die den Interventionsbegriff über die Anwendung von Gewalt hinaus
ausdehnten.[217] Der indische Delegierte *Mishra* brachte die Kritik auf den
Punkt, indem er den amerikanischen Vertretern vorwarf, sie seien nicht bereit den Schutz, „den sie den Mitgliedstaaten der OAS gem. Art. [18] und
[19] der Bogotá Chart[a] gewährten, den übrigen Staaten einzuräumen".[218]

Für die Begründung der engen Auslegung des Interventionstatbestandes
wird häufig die zu diesem Zeitpunkt noch immer weite Verbreitung des
klassischen Interventionsbegriffs angeführt.[219] Dafür lassen sich in den
Beiträgen der amerikanischen Delegation allerdings keinerlei Anhaltspunkte finden. Vielmehr begründeten die Vereinigten Staaten ihre restrikti-

---

213 *Dohna*, Die Grundprinzipien des Völkerrechts, S. 107.
214 U.N. Doc. A/AC.119/SR.32.
215 *Neuhold*, Internationale Konflikte, S. 314.
216 Mit Nachweisen *Bockslaff*, Das völkerrechtliche Interventionsverbot, S. 53.
217 *Rosenstock*, AJIL 65 (1971), S. 713 (726).
218 *Neuhold*, Internationale Konflikte, S. 314 (Fn. 53).
219 Vgl. z.B. *Dohna*, Die Grundprinzipien des Völkerrechts, S. 108-111.

ve Haltung mit der Nichtexistenz einer Verbotsnorm in der Charta und dem eng umrissenen Auftrag an das *Special Committee*[220] zur Konkretisierung der in der Charta niedergelegten Prinzipien.[221] Die grundsätzliche Existenz einer völkerrechtlichen Verbotsnorm, die über die Ächtung gewaltsamer Maßnahmen hinausgeht, wurde auch von den westlichen Staatenvertretern nicht bestritten, sondern nur deren Verankerung in der Charta.

In den Beratungen zum Interventionsverbot rückten die Entwicklungsländer hingegen früh davon ab, Art. 2 Abs. 4 UN-Charta als normative Grundlage des Interventionsverbots heranzuziehen. Sie sahen in dem Verbot der Intervention eine vom Gewaltverbot unabhängige Rechtsgrundlage.[222] So beriefen sich zahlreiche Staaten von Beginn an auf Art. 2 Abs. 1 UN-Charta. Das Verbot der zwischenstaatlichen Intervention folge zwangsläufig aus der Proklamation des völkergewohnheitsrechtlichen Prinzips der Gleichheit souveräner Staaten. Es verbiete jede Einmischung in die Angelegenheiten fremder Staaten und schütze den Drittstaat zugleich vor diesen. Die souveräne Staatengleichheit wäre bedeutungslos, wenn die Einmischung in die inneren Angelegenheiten in Einklang mit der Völkerrechtsordnung stünde.[223]

Die schließlich in der endgültigen Fassung der Deklaration grundsätzlich vorgenommene Trennung zwischen Gewaltverbot und einem davon unabhängigen Interventionsverbot wird von einigen Autoren als inhaltliche Kompromisslösung dargestellt, die einerseits eine aus westlicher Sicht befürchtete Ausuferung des Gewaltverbots, andererseits die von den Entwicklungsländern geforderte Überwindung des klassischen Interventionsbegriffs mit sich brachte.[224] Der gefundene Kompromiss, soweit die Bezeichnung überhaupt zutreffend ist, bezog sich aber vielmehr auf die grundsätzliche Akzeptanz, dass die Charta auch ein zwischenstaatliches Nichteinmischungsverbot umfasst. Die Existenz eines wie auch immer gearteten völkerrechtlichen Interventionsverbots außerhalb der Charta wurde

---

220 GA Res. 1966 (XVIII) v. 16.12.1963.
221 So auch *Bockslaff*, Das völkerrechtliche Interventionsverbot, S. 53 f.
222 *Bockslaff*, Das völkerrechtliche Interventionsverbot, S. 53; *Dohna*, Die Grundprinzipien des Völkerrechts, S. 110.
223 GAOR, XX, Annexes, agenda item 90 and 94, S. 118.
224 So auch *Bockslaff*, Das völkerrechtliche Interventionsverbot, S. 54. Als Kompromiss bezeichnet wird die endgültige Formulierung z.B. von *Dohna*, Die Grundprinzipien des Völkerrechts, S. 111; *Stemberg*, Die Charta der wirtschaftlichen Rechte und Pflichten der Staaten, S. 65.

hingegen nicht mehr ernstlich bestritten. Trotz der sich in den Beratungen entwickelten Trennung zwischen Interventions- und Gewaltverbot weist *Dohna* richtigerweise darauf hin, dass der Deklarationstext, der in seinem zweiten Absatz unter anderem auch von bewaffneten Aktivitäten spricht, „noch gewisse ‚Überschneidungen' [mit dem] Gewaltverbot [...] enthält"[225].

(2) Kodifikation des Interventionsverbots

Ausgangspunkt der Diskussion um die Kodifikation des Interventionsverbots waren im Wesentlichen fünf von verschiedenen Staaten eingebrachte Textvorschläge.[226]

Der Vorschlag des Vereinigten Königreichs nahm von einem abstrakten Definitionsversuch des Interventionsbegriffs vollständig Abstand. Nach der Postulation des Rechts eines jeden Staates auf politische Unabhängigkeit und territoriale Integrität heißt es im zweiten Absatz des *„Statement of principles"*:

> „Every state has the duty to respect the rights enjoyed by other States in accordance with International Law, and to refrain from intervention in matters within the domestic jurisdiction of any other State."[227]

In dem Kommentar, der dem britischen Entwurf beigefügt wurde, begründet das Vereinigte Königreich seinen Verzicht auf eine abschließende Definition damit, dass in einer zunehmend von internationalen Interdependenzen geprägten Welt die zwischenstaatliche Einflussnahme zwangsläufig zunähme und sich dabei Mittel wie auch Ziele der Einmischung verän-

---

225 *Dohna*, Die Grundprinzipien des Völkerrechts, S. 112.
226 Proposal by Czechoslovakia (U.N. Doc. A/AC.119/L.6), in: GAOR, XX, Annexes, agenda item 90 and 94, S. 115; Proposal by Yugoslavia (U.N. Doc. A/AC.119/L.7), in: GAOR, XX, Annexes, agenda item 90 and 94, S. 115; Proposal by United Kingdom (U.N. Doc. A/AC.119/L.8), in: GAOR, XX, Annexes, agenda item 90 and 94, S. 116; Proposal by Mexico (U.N. Doc. A/AC.119/L.24), in: GAOR, XX, Annexes, agenda item 90 and 94, S. 117; Proposal by Ghana, India and Yugoslavia (U.N. Doc. A/AC.119/L.27), in: GAOR, XX, Annexes, agenda item 90 and 94, S. 117.
227 Proposal by United Kingdom (U.N. Doc. A/AC.119/L.8), in: GAOR, XX, Annexes, agenda item 90 and 94, S. 116.

dern würden, weswegen eine Definition nicht möglich sei.[228] Als „histori-
sches" Beispiel nennt der Kommentar die Absorption der Intervention mit
gewaltsamen Mitteln durch das Gewaltverbot in Art. 2 Abs. 4 der Charta.
Dennoch (oder gerade aus diesem Grund) könne innerhalb der Charta nur
Art. 2 Abs. 4 UN-Charta die Rechtsgrundlage für ein Interventionsverbot
bilden, wodurch unter Intervention grundsätzlich „forcible or dictatorial
interference" zu verstehen sei.[229] Die ablehnende Haltung Großbritanniens
hinsichtlich der Definitionsfähigkeit der Intervention fand zumindest vereinzelt Unterstützung.[230] Betont wurden insbesondere die möglichen nega-
tiven Auswirkungen einer nicht gelungenen Definition.[231] Verwiesen wurde neben der bereits angeführten Unmöglichkeit der umfassenden Aufnahme möglicher zukünftiger Interventionsformen darauf, dass schwächere
Staaten ohne Schutz gegen Interventionen seien, wenn diese nicht von der
Definition umfasst wären.[232] Andererseits würde eine zu umfassende Definition „die internationale Zusammenarbeit verhängnisvoll beeinträchtigen".[233]

Der mexikanische Entwurf nannte hingegen – neben einer Definition –
zahlreiche Handlungen, die als verbotene Interventionen zu charakterisie-
ren seien. Demnach handele es sich grundsätzlich um eine verbotene Einmischung in die inneren Angelegenheiten, wenn sich eine Einmischung
oder Drohung gegen die „personality of the State" oder gegen „political,
economic and cultural elements" richte.[234] Als Beispiele für eine unzulässige Einmischung wurde zunächst die Anwendung von wirtschaftlichem
oder politischem Zwang mit dem Ziel, dem Opferstaat eine gegen seinen
Willen gerichtete Handlung abzuringen, welche dem intervenierenden

---

228 Proposal by United Kingdom (U.N. Doc. A/AC.119/L.8, Commentary), in:
GAOR, XX, Annexes, agenda item 90 and 94, S. 116; vgl. zum britischen Entwurf auch *Dohna*, Die Grundprinzipien des Völkerrechts, S. 113; *Neuhold*, Internationale Konflikte, S. 300 f.

229 Proposal by United Kingdom (U.N. Doc. A/AC.119/L.8, Commentary), in:
GAOR, XX, Annexes, agenda item 90 and 94, S. 116.

230 So z.B. *von Monod* (Frankreich) und *Schwebel* (USA); Nachweise bei *Neuhold*,
Internationale Konflikte, S. 315.

231 *Neuhold*, Internationale Konflikte, S. 315.

232 *Sinclair* (Großbritannien), U.N. Doc. A/AC.119/SR.26, S. 5 und U.N. Doc. A/
AC.119/SR.32, S. 18 f.

233 M.w.N. *Neuhold*, Internationale Konflikte, S. 315.

234 Proposal by Mexico (U.N. Doc. A/AC.119/L.24), in: GAOR, XX, Annexes,
agenda item 90 and 94, S. 117; eine vollständige Übersetzung des Entwurfs findet
sich bei *Neuhold*, Internationale Konflikte, S. 303 f.

Staat zum Vorteil gereicht, angeführt. Darüber hinaus nannte der Entwurf u.a. die Organisation subversiver oder terroristischer Aktivitäten, die staatliche Anerkennung nur in Abhängigkeit bestimmter Vorteilserlangung sowie den Versuch bzw. das Vorschreiben einer bestimmten staatlichen Organisationsform. Eine ähnliche Struktur wies auch der gemeinsame Vorschlag Ghanas, Indiens und Jugoslawiens auf, der neben einer im Vergleich zum Entwurf Mexikos teilweise wortgleichen allgemeinen Definition ebenfalls über eine, wenn auch etwas weiter gefasste Aufzählung von Interventionshandlungen verfügte.[235] Gleiches galt für die Entwürfe Jugoslawiens[236] und der Tschechoslowakei[237].

Angesichts der diametral entgegenstehenden Vorstellungen über die Kodifikation des Interventionsverbots ist es wenig verwunderlich, dass in der ersten Sitzungsperiode kein Konsens erzielt wurde.[238] Zu Beginn der zweiten Sitzungsperiode wurden sodann neue Kodifikationsentwürfe in die Diskussion eingebracht, die an der grundsätzlichen Divergenz in der Kodifikationsvorstellung allerdings nichts veränderten. Während Australien, Frankreich, Großbritannien, Italien, Kanada und die Vereinigten Staaten ihren sog. 6-Staatenentwurf[239] vorlegten, sprach sich die Mehrheit der Delegierten für eine Adaption der zwischenzeitlich von der Generalversammlung angenommenen *Declaration on the Inadmissibility of Intervention in the Domestic Affairs of States and the Protection of Their Independence and Sovereignty*[240] aus. Der 6-Staatenentwurf entsprach im Wesentlichen dem um den beigefügten Kommentar angereicherten britischen Entwurf der ersten Sitzungsperiode.[241] Allerdings lässt sich dem Vorschlag

---

235 Proposal by Ghana, India and Yugoslavia (U.N. Doc. A/AC.119/L.27), in: GAOR, XX, Annexes, agenda item 90 and 94, S. 117; vgl. auch *Neuhold*, Internationale Konflikte, S. 302.

236 Proposal by Yugoslavia (U.N. Doc. A/AC.119/L.7), in: GAOR, XX, Annexes, agenda item 90 and 94, S. 115; vgl. auch *Neuhold*, Internationale Konflikte, S. 302.

237 Proposal by Czechoslovakia (U.N. Doc. A/AC.119/L.6), in: GAOR, XX, Annexes, agenda item 90 and 94, S. 115; vgl. auch *Neuhold*, Internationale Konflikte, S. 300.

238 So auch *Neuhold*, Internationale Konflikte, S. 322; *Dohna*, Die Grundprinzipien des Völkerrechts, S. 115.

239 Proposal by Australia, Canada, France, Italy, the United Kingdom of Great Britain and Northern Ireland and the United States of America (U.N. Doc. A/AC.125/L.13), in: GAOR, XXI, Annexes, agenda item 87, S. 65.

240 GA Res. 2131 (XX) v. 21.12.1965.

241 *Dohna*, Die Grundprinzipien des Völkerrechts, S. 115.

zumindest eine kleinere Annäherung an die Forderungen der Mehrheit der Delegierten entnehmen. Beschränkte sich der erste britische Entwurf, insbesondere mit dem unmissverständlichen Verweis auf Art. 2 Abs. 4 UN-Charta als Rechtsgrundlage, noch ausdrücklich auf die gewaltsame Intervention, so kann dem 6-Staatenentwurf doch eine Tendenz zur Akzeptanz eines durch die Charta geregelten Interventionsverbots unterhalb der Gewaltschwelle entnommen werden.[242] Die annähernde Tendenz änderte nichts an der Schärfe der Kritik, die dem Entwurf entgegengebracht wurde. Diese richtete sich einerseits gegen die inhaltliche Ausgestaltung des Entwurfs, die noch immer weitestgehend der Gleichsetzung mit dem Gewaltverbot verhaftet war, andererseits (und insbesondere) aber gegen die Ignoranz, die der von der Generalversammlung angenommenen Resolution entgegengebracht wurde.[243]

Die Befürworter wiesen unter anderem auf die nahezu einstimmige Annahme der Deklaration hin. Da die Resolution der Generalversammlung von 109 Staaten unterstützt wurde, handele es sich bei dem Interventionsverbot in der Gestalt der Resolution 2131 (XX) um einen allgemeinen Rechtsgrundsatz i.S.d. Art 38 Abs. 1 lit. c) des IGH-Statuts.[244] Die Generalversammlung sei mit der Annahme der Resolution ihrem Kodifikationsauftrag aus Art. 13 UN-Charta nachgekommen. Eine Abweichung von der Resolution der Generalversammlung durch ein dieser untergeordnetes Komitee verböte sich daher.[245] Dem wurde durch die Vertreter Großbritanniens und der Vereinigten Staaten entgegengehalten, dass die Resolution zwar ein Meilenstein in der politischen Entwicklung der Generalversammlung, aber eben nicht als juristisches Dokument, sondern als politisches Statement einzuordnen sei und somit nicht den Auftrag der Generalversammlung an das *Special Committee* zur Konkretisierung des Prinzips ersetze.[246] Wenn darüber hinaus der Auftrag an das Komitee laute, die unklare Deklaration völkerrechtlicher Prinzipien in der Charta durch seine

---

242 *Dohna* verweist diesbezüglich auf Art. 2 des Entwurfs: „No State shall take action of such design and effect as to impair or destroy the political independence or territorial integrity of another State." Aus der Formulierung entnimmt er, dass auch „unmittelbar unterhalb der Gewaltschwelle" einzuordnende Interventionen erfasst werden sollen; *Dohna*, Die Grundprinzipien des Völkerrechts, S. 115.

243 Vgl. dazu auch *Dohna*, Die Grundprinzipien des Völkerrechts, S. 116 f.

244 GAOR, XXI, Annexes, agenda item 87, S. 67.

245 GAOR, XXI, Annexes, agenda item 87, S. 67.

246 *Sinclair* (Vereinigtes Königreich), A/AC.125/SR.8, S. 6; SR.9, S. 8; *Hargrove* (USA), A/AC.125/SR.8, S. 6 f.; SR. 11, S. 15; Zusammenfassung in: GAOR,

Arbeit zu konkretisieren, so müsse dies *a fortiori* auch eine Konkretisierung der Resolutionen der Generalversammlung zulassen.[247] Vielmehr würde eine ausschließliche Adaption sogar gegen den Kern des Auftrags des Komitees verstoßen.[248]

Der Mehrheitswille, die Resolution der Generalversammlung zu übernehmen, schlug sich in einem gemeinsamen Kodifikationsentwurf der Vereinigten Arabischen Republik (VAR) und Chiles nieder.[249] Dieser forderte den Redaktionsausschuss auf, sich bei der Kodifikation des Interventionsverbots unmittelbar an die Resolution 2131 (XX) zu halten und die „dort erreichte Übereinstimmung noch zu erweitern".[250] 22 Staaten stimmten schließlich für die gemeinsame Entschließung der VAR und Chiles, acht Staaten gegen sie.[251] Die Annahme des Resolutionsvorschlags durch eine einfache Mehrheitsentscheidung widersprach, wie insbesondere die westlichen Staatenvertreter betonten[252], der Aufforderung in der das *Special Committee* einsetzenden Resolution 2103 (XX), in Kodifikationsfragen Einstimmigkeit zu erzielen. Das Abweichen von dieser grundsätzlichen Aufforderung wog im Fall des Interventionsverbots besonders schwer und führte zu einem paradoxen Ergebnis. Obzwar kaum ein Kodifikationsentwurf derart umstritten war, propagierte die gemeinsame Entschließung der VAR und Chiles eine universale Rechtsüberzeugung.[253]

XXI, Annexes, agenda item 87, S. 68; Die französischen Vertreter merkten darüber hinaus an, dass aufgrund der sehr kurzfristigen Erarbeitung und Annahme der Resolution die Zustimmung in der Generalversammlung nur unter dem Vorbehalt des ausschließlichen politischen Charakters erteilt wurde (*Monod* (Frankreich), A/AC.125/SR.12, S. 5; vgl. auch, *Dohna*, Die Grundprinzipien des Völkerrechts, S. 117; *Neuhold*, Internationale Konflikte, S. 324 f.).

247 GAOR, XXI, Annexes, agenda item 87, S. 68.

248 GAOR, XXI, Annexes, agenda item 87, S. 68.

249 Proposal by Chile and the United Arab Republic (U.N. Doc. A/AC.125/L.17), in: GAOR, XXI, Annexes, agenda item 87, S. 66; Übersetzung bei *Neuhold*, Internationale Konflikte, S. 328 f.

250 *Dohna*, Die Grundprinzipien des Völkerrechts, S. 118.

251 *Rosenstock*, AJIL 65 (1971), S. 713 (728).

252 Vgl z.B. *Blix* (Schweden), A/AC.125/SR.18, S. 9; *Sir Bailey* (Australien), A/AC.125/SR. 18, S. 9; *Monod* (Frankreich), A/AC.125/SR.18, S. 4; dazu auch *Neuhold*, Internationale Konflikte, S. 329.

253 So heißt es in der Präambel: „The Special Committee, Bearing in mind that, … (c) The General Assembly, by its resolution 1966 (XVIII) of 21 December 1965, adopted a Declaration on the inadmissibility of intervention which, by virtue of the number of States which voted in its favour, the scope and profundity, of its contents and, in particular, *the absence of opposition reflects a universal legal*

Die dritte Sitzungsperiode im Jahr 1967 beschäftigte sich letztmalig mit dem Interventionsverbot, wobei die nur kurz geführte Debatte zwar kaum neue Aspekte und Argumente brachte[254], aber zu einer Annäherung bezüglich des Interventionsverständnisses führte. Während die Mehrheit der Staatenvertreter weiter an dem in der zweiten Sitzungsperiode angenommenen Entwurf festhielt, brachte die britische Delegation einen davon abweichenden Entwurf[255] ein, der die Unterstützung der westlichen Staaten erhielt und dennoch erstmals tatsächlich vom klassischen Interventionsbegriff[256] Abstand nahm.[257] So lautete Absatz 2 (b) des Entwurfs:

> „ … (b) Intervention in order to coerce another State, whether involving measures of an economic, political or other character, is a violation of international law and the Charter. The encouragement of such coercive measures by another State is likewise illegal."[258]

Trotz der Annäherung in Gestalt der ausdrücklichen Erweiterung des Interventionstatbestandes über den Einsatz gewaltsamer Mittel hinaus war der britische Entwurf wiederum breiter Kritik ausgesetzt.[259] In Verbindung mit konkret benannten Kritikpunkten, wie z.B. der nicht berücksichtigten Einmischung in die äußeren Angelegenheiten[260], wurde erneut der grundsätzliche Umgang mit der Resolution 2131 (XX) gerügt. Beachtung hat in diesem Zusammenhang im Schrifttum vor allem die Kritik des polnischen Delegierten *Zdrojowy*[261] gefunden, welcher darauf hinwies, dass gerade

---

conviction which qualifies it to be regarded as an authentic and definite principle of international law, …"; siehe zur Abstimmung *Neuhold*, Internationale Konflikte, S. 328; *Dohna*, Die Grundprinzipien des Völkerrechts, S. 118 f.; *Rosenstock*, AJIL 65 (1971), S. 713 (728).

254 *Neuhold*, Internationale Konflikte, S. 329.
255 Proposal by United Kingdom (U.N. Doc. A/AC.125/L.44, part III), in: GAOR, XXII, Annexes, agenda item 87, S. 45.
256 Dennoch subsumierte der Vorschlag die gewaltsame Einmischung (Abs. 2 (a): „threat or use of force") kumulativ unter den Interventionstatbestand. Eine abschließende Trennung zwischen Gewalt- und Interventionsverbot wurde also nicht vorgenommen.
257 *Dohna*, Die Grundprinzipien des Völkerrechts, S. 118.
258 Proposal by United Kingdom (U.N. Doc. A/AC.125 /L.44, part III), in: GAOR, XXII, Annexes, agenda item 87, S. 45.
259 *Dohna*, Die Grundprinzipien des Völkerrechts, S. 119.
260 Siehe z.B. *Glaser* (Rumänien), A/AC.125/SR.73, S. 5 und *Krishnan* (Indien), A/AC.125/SR.72, S. 11; Zusammenfassung in: GAOR, XXII, Annexes, agenda item 87, S. 50.
261 *Zdrojowy* (Polen), A/AC.125/SR.72, S. 20.

die Staaten die Übernahme der Resolution 2131 (XX) ablehnen würden, die bezeichnenderweise selbst Kolonialmächte waren bzw. eine Politik der Intervention betreiben oder unterstützen würden.[262]

Wie in den vorherigen Sitzungen konnte keine einstimmige Einigung erreicht werden, woraufhin 13 afro-asiatische, sozialistische und latein-amerikanische Staaten den Vorschlag[263] einbrachten, den operativen Teil der Resolution 2131 (XX) in den Deklarationsentwurf aufzunehmen.[264] Dieser Vorschlag stieß wiederum auf den Widerstand der westlichen Staaten, welche damit drohten, ihre Zustimmung hinsichtlich der bereits her-ausgearbeiteten Konsenstexte über die Prinzipien der Zusammenarbeit und des guten Glaubens nicht zu erteilen, „wenn die andere Seite sie vor ein mehrheitlich beschlossenes *fait accompli* zu stellen versuche".[265] Die Dro-hung führte zwar dazu, dass der eingebrachte Entwurf zunächst zurückge-zogen wurde, der Vertreter Kenias machte aber dennoch deutlich, dass eine Aufnahme der Resolution 2131 (XX) in die endgültige Textfassung weiterhin verfolgt würde.[266] Die Beharrlichkeit der Mehrheit der Staaten-vertreter[267] brachte schließlich den gewünschten Erfolg. Inoffizielle Ver-handlungen am Rande der letzten Sitzungsperiode führten letztendlich zu einer Einigung auf die grundsätzliche Übernahme der Resolution 2131 (XX) mit geringfügigen redaktionellen Änderungen und dem Verzicht auf den Verweis auf das Selbstbestimmungsrecht.[268]

Die Verhandlungen über die Kodifikation des Interventionsverbots spie-geln dessen Geschichte im Zeitraffer wider und markieren zugleich den endgültigen Übergang vom klassischen zum modernen Interventionsver-ständnis. Vertraten die westlichen Staaten noch zu Beginn der Verhandlun-gen, dass zumindest hinsichtlich der in der Charta aufzufindenden Rechts-

---

262 So z.B. *Dohna*, Die Grundprinzipien des Völkerrechts, S. 119.
263 Proposal by Argentina, Cameroon, Chile, Czecheslovakia, Ghana, Guatemala, In-dia, Kenya, Mexico, Nigeria, Poland, Union of Soviet Socialist Republics and Venezuela (U.N. Doc. A/AC.125 /L.54), in: GAOR, XXII, Annexes, agenda item 87, S. 45.
264 *Neuhold*, Internationale Konflikte, S. 329.
265 M.w.N. zu den Statements einzelner Staatenvertreter, *Neuhold*, Internationale Konflikte, S. 331.
266 Vgl. GAOR, XXII, Annexes, agenda item 87, S. 66; siehe auch *Dohna*, Die Grundprinzipien des Völkerrechts, S. 120; *Neuhold*, Internationale Konflikte, S. 331.
267 So auch *Rosenstock*, AJIL 65 (1971), S. 713 (729).
268 *Dohna*, Die Grundprinzipien des Völkerrechts, S. 120.

grundlagen nur Art. 2 Abs. 4 UN-Charta in Betracht käme, nahmen die entsprechenden Staaten doch im Verlauf der Verhandlungen von ihrem Standpunkt Abstand. Die Entwicklung lässt sich insbesondere an den sich verändernden Entschließungen mit Beteiligung des Vereinigten Königreichs nachvollziehen. Der in der ersten Sitzungsperiode eingebrachte Vorschlag[269] stand vollkommen in der Tradition des klassischen Interventionsverständnisses und setzte den Begriff der Intervention mit der gewaltsamen Einmischung gleich. Nachdem dem 6-Staatenentwurf[270] der zweiten Sitzungsperiode bereits eine erste Annäherung an den modernen Interventionsbegriff entnommen werden konnte, da dieser wohl auch Handlungen unmittelbar unterhalb der Gewaltschwelle umfasste, rückte der als Alternativvorschlag zur Übernahme der Resolution 2131 (XX) in der dritten Sitzungsperiode präsentierte britische Entwurf[271], der auch die Zustimmung der anderen von der Mehrheitsmeinung abweichenden westlichen Staaten erhielt[272], ausdrücklich von der Gleichsetzung rechtswidriger Einmischung mit der Anwendung gewaltsamer Mittel ab. Letztendlich „beugten" sich die abweichenden Staaten dem Mehrheitswillen der Vertreter im *Special Committee* und stimmten einer grundsätzlichen Übernahme der Resolution 2131 (XX) zu. Der schwer errungene Konsens der Verhandlungen am Rande der letzten Sitzungsperiode im Jahr 1970 manifestiert die universelle Akzeptanz eines weiten Interventionsverständnisses in der Staatenpraxis auch unter der Charta der Vereinten Nationen. Die aus den Verhandlungen gezogenen Schlussfolgerungen korrelieren mit der zuvor dargestellten Diskussion des Interventionsbegriffs im Schrifttum. Bis in die 60er Jahre des 20. Jahrhunderts war die Gleichsetzung von Interventions- und Gewaltverbot noch durchaus verbreitet. Danach finden sich, soweit ersichtlich, keine Vertreter des klassischen Interventionsbegriffs mehr. Die tatsächliche, universelle Loslösung des Interventions- vom Gewaltverbot und somit die „Geburtsstunde" des Tatbestands mit eigenem Regelungsgehalt ist demzufolge um das Jahr 1970 zu datieren.

---

269 Proposal by United Kingdom (U.N. Doc. A/AC.119/L.8), in: GAOR, XX, Annexes, agenda item 90 and 94, S. 116.

270 Proposal by Australia, Canada, France, Italy, the United Kingdom of Great Britain and Northern Ireland and the United States of America (U.N. Doc. A/AC.125/L.13), in: GAOR, XXI, Annexes, agenda item 87, S. 65.

271 Proposal by United Kingdom (U.N. Doc. A/AC.125/L.44, part III), in: GAOR, XXII, Annexes, agenda item 87, S. 45.

272 *Dohna*, Die Grundprinzipien des Völkerrechts, S. 118.

(3) Der Interventionstatbestand der Deklaration

Der das Interventionsverbot betreffende Text der *Friendly Relations Declaration* umfasst fünf Absätze[273], wobei für die tatbestandliche Struktur des Interventionsverbots vor allem der erste Absatz von Interesse ist.

(a) Eingriff in die inneren oder äußeren Angelegenheiten

Der erste Satz des ersten Absatzes verbietet jeden unmittelbaren oder mittelbaren Eingriff in die inneren oder äußeren Angelegenheiten eines Staates. Die Benennung des Einmischungsobjektes war bereits in der ersten Sitzungsperiode umstritten. Einige Staatenvertreter betonten die Notwendigkeit, neben dem Eingriff in die inneren Angelegenheiten auch die Einmischung in die äußeren Angelegenheiten in den Deklarationstext aufzunehmen.[274] Zur Begründung wurde neben dem Verweis auf die wortgleiche Formulierung in Art. 19 der Charta der Organisation Amerikanischer Staaten (OAS)[275] betont, dass die äußere Unabhängigkeit genauso Bestandteil der staatlichen Souveränität sei wie die innere Unabhängigkeit und dass eine Einmischung in die äußeren Angelegenheiten auch auf eine, mittelbare oder unmittelbare, Einmischung in die inneren Angelegenheiten

---

273 „No State or group of States has the right to intervene, directly or indirectly, for any reason whatever, in the internal or external affairs of any other State. Consequently, armed intervention and all other forms of interference or attempted threats against the personality of the State or against its political, economic and cultural elements, are in violation of international law.

No State may use or encourage the use of economic political or any other type of measures to coerce another State in order to obtain from it the subordination of the exercise of its sovereign rights and to secure from it advantages of any kind. Also, no State shall organize, assist, foment, finance, incite or tolerate subversive, terrorist or armed activities directed towards the violent overthrow of the regime of another State, or interfere in civil strife in another State.

The use of force to deprive peoples of their national identity constitutes a violation of their inalienable rights and of the principle of non-intervention.

Every State has an inalienable right to choose its political, economic, social and cultural systems, without interference in any form by another State.

Nothing in the foregoing paragraphs shall be construed as reflecting the relevant provisions of the Charter relating to the maintenance of international peace and security."

274 GAOR, XX, Annexes, agenda items 90 and 94, S. 119.

275 *Arangio-Ruiz*, RdC 157 (1977), S. 195 (269).

hinauslaufen könne.[276] Andere Delegationen kritisierten die Differenzierung zwischen inneren und äußeren Angelegenheiten mit dem Hinweis auf die in der Praxis kaum vornehmbare Unterscheidung. Viele Fälle der Intervention würden von vornherein interne und externe Aspekte der staatlichen Souveränität betreffen.[277] Darüber hinaus wurde vor allem in der zweiten Sitzungsperiode eine ersatzlose Streichung der äußeren Angelegenheiten gefordert. Eine Einmischung in die äußeren Angelegenheiten eines Staates könne nicht den gleichen Beschränkungen unterliegen wie eine Einmischung in die inneren Angelegenheiten, da die äußeren Angelegenheiten eines Staates durch Völkerrecht begrenzt werden, soweit ein berechtigtes Interesse der Staatengemeinschaft bestehe. Aufgrund der Begrenzung der Souveränität durch das Völkerrecht in den äußeren Angelegenheiten, plädierten die Staatenvertreter dafür, den Begriff der „inneren und äußeren Angelegenheiten" durch die Formulierung „matters within the domestic jurisdiction" zu ersetzen, die eben nur solche Angelegenheiten umfasse, die nicht dem Völkerrecht unterworfen sind.[278] Trotz der vorgebrachten Kritik und einem von einer lateinamerikanischen Delegation 1964 eingebrachten Kompromissvorschlag unter der Verwendung der Formulierung „domestic jurisdiction"[279], wurde der Begriff der „inneren und äußeren Angelegenheiten" jedoch in den Text der Deklaration aufgenommen. *Dohna* stellte diesbezüglich fest, dass der Deklarationstext dem geltenden Völkerrecht in diesem Punkt nicht Rechnung trage. Er weist darauf hin, dass der fortschreitende Integrationsprozess in der internationalen Staatengemeinschaft die Einwirkung in die äußeren Beziehungen notwendig mache und führt als Beispiel den mit der europäischen Integration verbundenen „Entstaatlichungsprozess" an.[280] Dieser kritischen Betrachtung kann zumindest hinsichtlich der vorliegend in Rede stehenden Formulierung nur schwerlich beigepflichtet werden. Das durch die Formulierung „innere und äußere Angelegenheiten" umschriebene Eingriffsobjekt, also die Bestimmung des grundsätzlichen Anwendungsbereichs des Interventionsverbots, ist nicht der Grund für den im Ergebnis wohl zu weit geratenen Interventionstatbestand. Problematisch ist vielmehr, dass die Deklara-

---

276 GAOR, XX, Annexes, agenda items 90 and 94, S. 119; GAOR, XXI, Annexes, agenda item 87, S. 69; GAOR, XXII, Annexes, agenda item 87, S. 51.
277 GAOR, XX, Annexes, agenda items 90 and 94, S. 119.
278 GAOR, XXI, Annexes, agenda item 87, S. 69.
279 Vgl. dazu *Neuhold*, Internationale Konflikte, S. 334.
280 *Dohna*, Die Grundprinzipien des Völkerrechts, S. 122.

tion keine eindeutige Regelung für die notwendige Qualität der Einmischung liefert, somit allein die Einmischung für die Einordnung als völkerrechtswidriges Handeln genügt, und dadurch den Anwendungsbereich schrankenlos scheinen lässt.[281]

(b) Qualität des Eingriffs

Hinsichtlich der nahezu wortgleichen Formulierung des Interventionsverbots[282] in der Charta der OAS stellt *Gerlach* fest, dass sich aus der Aufnahme indirekter Maßnahmen in das Interventionsverbot ergäbe, dass es keines Zwangscharakters einer Maßnahme bedürfe um diese als völkerrechtswidrige Einmischung einzustufen. Diese Schrankenlosigkeit des Interventionstatbestandes führe zu einer Entwertung desselben.[283] Ähnlich formuliert *Schwarzenberger*, wenn er feststellt, dass „the prohibition of intervention is so wide as to be in danger of defeating its own ends".[284]

Tatsächlich stellt die Formulierung der Deklaration zumindest im ersten Absatz keinerlei Anspruch an die Qualität des Eingriffs und weitet den Anwendungsbereich auf jede, wie auch immer geartete, Einmischung in die inneren oder äußeren Angelegenheiten aus. *Rosenstock* weist darum darauf hin, dass die tatsächliche Akzeptanz der endgültigen Textfassung durch die westlichen Staaten in Verbindung mit den in den Verhandlungen geäußerten Vorbehalten zu verstehen sei.[285] Die Übernahme der Formulierung des politischen Kompromisses der Generalversammlung manifestiert

---

281 Ähnlich auch *Arangio-Ruiz*, RdC 157 (1977), S. 207 (270).
282 *Rosenstock*, AJIL 65 (1971), S. 713 (729); *Dahm/Delbrück/Wolfrum*, Völkerrecht, Bd. I/3, S. 799; *Bockslaff*, Das völkerrechtliche Interventionsverbot, S. 56-64.
283 *Gerlach*, Die Intervention, S. 48.
284 *Schwarzenberger*, RdC 87 (1955-I), S. 191 (224).
285 *Rosenstock*, AJIL 65 (1971), S. 713 (729); verwiesen wird diesbezüglich vor allem auf die Anmerkungen des britischen Delegierten *Sinclair* (S. 729, Fn. 39): „In considering the scope of 'intervention', it should be recognized that in an interdependent world, it is inevitable and desirable that States will be concerned with and will seek to influence the actions and policies of other States, and that the objective of international law is not to prevent such activity but rather to ensure that it is compatible with the sovereign equality of States and self-determination of their peoples." „The United Kingdom delegation wished to state its understanding that the concept of intervention in the 'external affairs' of States was to be construed in the light of that commentary.", U.N. Doc. A/AC.125/SR.114.

somit zwar einerseits die grundsätzliche Akzeptanz der Staatengemeinschaft bezüglich eines eigenen, über den des Gewaltverbots hinausgehenden Regelungsgehalts des Interventionsverbots. Die Uferlosigkeit und das damit einhergehende Versäumnis, dem Interventionsverbot eine klare tatbestandliche Struktur zu geben, reduziert den praktischen Nutzen der Deklaration hingegen immens. Darüber hinaus bleibt das Verhältnis des Interventionsverbots zum Gewaltverbot weiterhin unklar, da die bewaffnete Intervention in den Absätzen 1 und 3 explizit erfasst wird.

Verkannt werden darf bei aller Kritik aber nicht, dass der zweite Absatz des Deklarationstextes zum Interventionsverbot durchaus eine, wenn auch nicht *expressis verbis* dargelegte Konkretisierung des ersten Absatzes versucht.[286] Demnach dürfen Staaten keine wirtschaftlichen, politischen oder sonstigen Maßnahmen gegen einen anderen Staat mit dem Ziel ergreifen, die Unterordnung bei der Ausübung der souveränen Rechte oder Vorteile irgendwelcher Art zu erlangen. Die Formulierung deutet an, dass es für die Rechtswidrigkeit einer Einmischung zumindest eines zielgerichteten staatlichen Handelns bedarf. Dennoch handelt es sich, wie *Dohna* anhand der Verhandlungen und unter Hinzuziehung des dritten Absatzes belegt, bei der Aufnahme des „politischen Drucks" in den Deklarationstext hauptsächlich um den politisch motivierten Versuch, die Nichtanerkennungspolitik der Bundesrepublik gegenüber der DDR zu beenden[287], und ist somit Ausfluss der besonderen Umstände des Kalten Krieges. Nach dem Dargelegten kann daher davon ausgegangen werden, dass die angedeutete Einschränkung des Interventionstatbestandes tatsächlich ausschließlich auf politische Motive zurückzuführen und somit nicht von einer *opinio iuris* getragen wurde.

---

286 So auch *Dohna*, Die Grundprinzipien des Völkerrechts, S. 124; *Neuhold*, Internationale Konflikte, S. 336.

287 *Dohna*, Die Grundprinzipien des Völkerrechts, S. 124 f.; Die Bewertung der Hallstein-Doktrin führte im Ausschuss zu heftigen Diskussionen. Insbesondere die Ausübung von Druck auf dritte Staaten, die DDR (bzw. jeden anderen Staat) nicht als Staat anzuerkennen, wurde von den Vertretern sozialistischer (vgl. *Bierzanek* [Polen], A/AC.119.SR.25, S. 10 f. und *Katzantsev* [USSR], A/AC.119/SR.28, S. 17] und afrikanischer Staaten (vgl. *Agoro* [Nigeria], A/AC.119/SR.28, S. 19; *Shitta-Bey* [Nigeria], A/AC.125/SR.72, S. 17; *Mwendwa* [Kenia], A/AC.125/SR.72, S. 18) als völkerrechtswidrige Einmischung in die äußeren Angelegenheiten bezeichnet. Dementgegen sahen die USA in dem Verhalten der BRD einen Akt ausschließlich politischer Natur (*Schwebel* [USA], A/AC.119/SR.29, S. 11).

(c) Ausnahmen und Rechtfertigung

Für die zwischenstaatliche Intervention sieht der Deklarationstext keine Ausnahme vom umfassenden Interventionsverbot vor. Auch mögliche Rechtfertigungsgründe werden nicht genannt.

Die Aufnahme ausdrücklicher Ausnahmen wurde hingegen in den Beratungen zumindest ansatzweise diskutiert. So sah der überarbeitete gemeinsame Entwurf Indiens, des Libanons, der VAR, Syriens und Jugoslawiens zur zweiten Sitzungsperiode beispielsweise vor, dass

> „ … Aid or assistance given to peoples under any form of colonial domination does not constitute Intervention."[288]

Insbesondere lateinamerikanische Delegierte widersprachen der Aufnahme von Ausnahme- bzw. Rechtfertigungstatbeständen hingegen grundsätzlich.[289] Der generelle Widerspruch der Staaten wurde von der Überzeugung getragen, dass nur eine mandatierte, kollektive Intervention rechtmäßig sei, da nur eine solche gewähren könne, dass mit einer Intervention keine einzelstaatlichen Interessen verfolgt würden.[290] Demzufolge sah schon der Großteil der frühen Kodifikationsentwürfe keine Aufnahme von Ausnahmetatbeständen vor.

(d) Rechtsfolgen

Der Deklarationstext äußert sich nicht zu den Rechtsfolgen, die durch eine rechtswidrige Intervention ausgelöst werden.

In einigen Staatenentwürfen haben diese hingegen durchaus eine Rolle gespielt. Der beigefügte Kommentar zum ersten britischen Entwurf setzt sich beispielsweise relativ ausführlich mit den Rechtsfolgen auseinander. Demnach habe der Opferstaat das Recht, Hilfe und Unterstützung von Drittstaaten zu erbitten.[291] Kommt es durch subversive Aktivitäten zu zivi-

---

288 Revised joint Proposal by India, Lebanon, the United Arab Republic, Syria and Yugoslavia (U.N. Doc. A/AC.125/L.12/Rev. 1 and Corr. 1), in: GAOR, XXI, Annexes, agenda item 87, S. 65.
289 Siehe z.B. *Colombo* (Argentinien), A.AC.119/SR.28, S. 6, *Castaneda* (Mexiko), A/AC.119/SR.30, S. 4; *Dohna*, Die Grundprinzipien des Völkerrechts, S. 114.
290 *Dohna*, Die Grundprinzipien des Völkerrechts, S. 114.
291 Proposal by United Kingdom (U.N. Doc. A/AC.119/L.8, Commentary), in: GAOR, XX, Annexes, agenda items 90 and 94, S. 116.

len Unruhen, bei denen die Dissidenten auswärtige Unterstützung erhalten, so könne zur Wiederherstellung der vorherigen Umstände auch um militärische Hilfe gebeten werden.[292] Der britische Entwurf zur ersten Sitzungsperiode ist allerdings noch im Lichte des klassischen Interventionsverständnisses zu lesen und somit gerade hinsichtlich der ausdrücklich zugestandenen militärischen Unterstützung wenig aussagekräftig. Andere Entwürfe, wie z.B. der gemeinsame Entwurf Australiens und Italiens zur zweiten Sitzungsperiode[293], betonen ebenfalls das Selbstverteidigungsrecht des Opferstaats. Demnach sei es das Recht eines jeden Staates, individuelle oder kollektive Maßnahmen zu seiner Verteidigung zu ergreifen, soweit diese verhältnismäßig seien und im Einklang mit der Charta der Vereinten Nationen stünden.[294]

Eine ausführliche Debatte über die durch eine rechtswidrige Intervention ausgelösten Rechtsfolgen blieb aus, sodass die Beratungen des Komitees in diesem Punkt unfruchtbar sind. Soweit der britische Entwurf auf die Möglichkeit der militärischen Selbstverteidigung verweist, entspricht dies aufgrund des dem Entwurf zugrundeliegenden klassischen Interventionsverständnisses dem in Art. 51 UN-Charta verankerten Selbstverteidigungsrecht bei bewaffneten Angriffen. Nach der grundsätzlichen Einigung auf ein weites Interventionsverständnis, wurde die Möglichkeit der Verteidigung mit militärischen Mitteln, soweit ersichtlich, nicht mehr diskutiert. Für die Praktikabilität der Deklaration wäre es ein großer Gewinn gewesen, wenn sich die Delegierten differenziert mit den weiteren Vorschlägen zur Rechtsfolgenseite des Interventionstatbestandes beschäftigt hätten. Auf die Fragen, welche Gegenmaßnahmen tatsächlich getroffen werden können und ob neben dem Opferstaat möglicherweise auch Drittstaaten autonom zu Abwehrmaßnahmen zugunsten des Opferstaates greifen kön-

---

292 Proposal by United Kingdom (U.N. Doc. A/AC.119/L.8, Commentary), in: GAOR, XX, Annexes, agenda items 90 and 94, S. 116.
293 Joint Proposal by Australia and Italy (U.N. Doc. A/AC.125/L.36), in: GAOR, XXI, Annexes, agenda item 87, S. 65.
294 Joint Proposal by Australia and Italy (U.N. Doc. A/AC.125/L.36), in: GAOR, XXI, Annexes, agenda item 87, S. 65; Das Selbstverteidigungsrecht ebenfalls betonend: Proposal by Australia, Canada, France, Italy, the United Kingdom of Great Britain and Northern Ireland and the United States of America (U.N. Doc. A/AC.125/L.13), in: GAOR, XXI, Annexes, agenda item 87, S. 65: „[…] D. The right of States in accordance with international law to take appropriate measures to defend themselves individually or collectively against intervention is a fundamental element of the inherent right of self-defence."

nen, präsentiert die Deklaration, wie die Debatten im Komitee, keine Antworten.

(4) Zur Bedeutung der Deklaration

Die Bedeutung der Deklaration für das Interventionsverbot ist differenziert zu betrachten. Einerseits kann die Bedeutung vor allem wegen der zahlreichen Äußerungen der Staatenvertreter im Zuge der ersten drei Sitzungsperioden nicht hoch genug bewertet werden. Der ausführliche Diskurs, anfangs von scheinbar unüberwindbaren inhaltlichen Barrieren bestimmt, führte letztendlich zur tatsächlichen Geburtsstunde der universellen Geltung eines weiten Interventionsverständnisses[295] und damit einhergehend zum endgültigen Abschied vom „klassischen Interventionsbegriff".[296]

Andererseits wirft der Deklarationstext zahlreiche Fragen auf. Aufgrund seiner politischen Natur eignet sich der Text nur sehr bedingt für eine detaillierte juristische Betrachtung. Eine tatbestandliche Struktur des Interventionsverbots lässt sich der Deklaration nur in Ansätzen entnehmen. Zu den ausgelösten Rechtsfolgen eines Verstoßes gegen das Interventionsverbot äußert sich die Deklaration überhaupt nicht. Der Text fasst das Interventionsverbot im Ergebnis so weit, dass er sich aufgrund seiner mangelnden Praktikabilität selbst seiner Bedeutung beraubt. Der Aufgabenstellung der Generalversammlung, die in der Charta der Vereinten Nationen enthaltenen Prinzipien zu konkretisieren, wird der Deklarationstext daher nur partiell gerecht.[297]

---

295 Ähnlich *Neuhold*, Internationale Konflikte, S. 341.
296 Diesbezüglich ist die eingangs zitierte Einschätzung *Rosenstocks* (AJIL 65 (1971), S. 713 (726)) zutreffend. Die Verhandlungen des Komitees sind tatsächlich ein Beispiel für die „Geburt" einer (universellen) völkerrechtlichen Norm in der Obhut der Vereinten Nationen.
297 Ähnlich *Berstermann*, Das Einmischungsverbot im Völkerrecht, S. 66.

bb. Weitere Deklarationen

(1) Charta of Economic Rights and Duties of States

Die Formulierung des Interventionsverbots in der *Friendly Relations De-claration* wirkte sich zunächst auf die *Charta of Economic Rights and Du-ties of States* [298] aus.[299] Die Charta nennt in ihrem ersten Kapitel das Inter-ventionsverbot als ein allgemeines Prinzip, welches die wirtschaftlichen, politischen und sonstigen Beziehungen zwischen den Staaten bestimme.[300] Die grundsätzliche Trennung zwischen Gewalt- und Interventionsverbot wird durch die separate Nennung der Verbotstatbestände bestätigt. Das In-terventionsverbot selbst ist in der Charta in Art. 32 wie folgt normiert:

> „No State may use or encourage the use of economic, political or any other type of measures to coerce another State to obtain from it the subordination of the exercise of its sovereign rights."

Wortgleich zum zweiten Absatz der Kodifikation des Interventionsverbots in der Prinzipiendeklaration nennt die Charta eine qualitative Anforderung an den Eingriff. Bei einer staatlichen Maßnahme handele es sich danach erst dann um eine unter den Interventionstatbestand zu subsumierende Handlung, wenn diese einen Zwangscharakter aufweise. Inwieweit die Zwangsmaßnahme ein bestimmtes Ziel verfolgen bzw. einen bestimmten Erfolg nach sich ziehen muss, war in den Beratungen der *Working Group on the Charter of Economic Rights and Duties of States* umstritten. Die Diskussion drehte sich vor allem um die Aufnahme einer zweiten Alterna-tive bzw. einer zweiten, kumulativen Anforderung.[301] So sah der der Char-ta zugrundeliegende Mehrheitsentwurf[302] noch die Formulierung „... to obtain from it the subordination of the exercise of its sovereign rights *or* to secure from it advantages of any kind." vor. Insbesondere die Entwick-

---

298 GA Res. 3281 (XXIX) v. 12.12.1974.

299 *Bockslaff*, Das völkerrechtliche Interventionsverbot, S. 66.

300 *Dahm/Delbrück/Wolfrum*, Völkerrecht, Bd. I/3, S. 800; vgl. zu den der Charta zu-grundeliegenden Prinzipien *Tiewul*, Int'l L & Econ. 10 (1975), S. 645 (661-666).

301 Zusammenfassungen der Verhandlungen finden sich bei *Stemberg*, Die Charta der wirtschaftlichen Rechte und Pflichten der Staaten, S. 38-40; *Bockslaff*, Das völkerrechtliche Interventionsverbot, S. 67 f. sowie (nahezu wortgleich) bei *Bers-termann*, Das Einmischungsverbot im Völkerrecht, S. 67 f.; siehe zu den Ver-handlungen u.a. auch *Rozental*, VJIL 16 (1975-1976), S. 309-322.

302 A/C.2/L.1386.

lungsländer drängten auf die Aufnahme der zweiten Alternative.[303] Hingegen sah die westliche Staatengruppe den Interventionstatbestand erst dann als erfüllt an, wenn die von den Entwicklungsländern geforderte zweite Alternative der Vorteilserlangung kumulativ hinzuträte (*... and to secure ...*).[304] Eine tatsächliche Auseinandersetzung wurde im Ergebnis aber durch die vollständige Streichung des letzten Teilsatzes vermieden.[305] Der Verzicht auf den Satzteil war dabei nicht das Ergebnis eines erlangten Kompromisses, sondern sollte allein eine anhaltende Kontroverse in den Verhandlungen vermeiden.[306]

Obwohl die westlichen Staatenvertreter durch die Streichung ihre Bedenken bezüglich der Formulierung des Art. 32 weitestgehend ausgeräumt sahen, wurde die Annahme des Artikels damit verbunden, „da[ss] Art. 32 keine Rechtspflicht zu entnehmen sei, sondern nur von einem niedergelegten Ziel gesprochen wurde".[307] *Stemberg* stellt daher in seiner abschließenden Betrachtung der Vorarbeiten zu Art. 32 fest, dass sich diesem insgesamt „eine übereinstimmende Auffassung zur Reichweite eines Interventionsverbots und über dessen Rechtscharakter nicht entnehmen" lasse.[308] Dennoch folgt die Charta, nicht zuletzt aufgrund der Streichung und des damit einhergehenden Verzichts auf die Aufnahme einer zweiten Alternative, der Tendenz der *Friendly Relations Declaration* im Sinne eines grundsätzlich sehr weiten Interventionsverständnisses.[309]

---

303 *Stemberg*, Die Charta der wirtschaftlichen Rechte und Pflichten der Staaten, S. 39.

304 M.w.N. *Bockslaff*, Das völkerrechtliche Interventionsverbot, S. 67 f.; *Stemberg*, Die Charta der wirtschaftlichen Rechte und Pflichten der Staaten, S. 39.

305 *Berstermann*, Das Einmischungsverbot im Völkerrecht, S. 68; *Bockslaff*, Das völkerrechtliche Interventionsverbot, S. 67; *Stemberg*, Die Charta der wirtschaftlichen Rechte und Pflichten der Staaten, S. 39; dazu auch *Tomuschat*, ZaöRV 36 (1976), S. 444 (456 f.).

306 *Stemberg*, Die Charta der wirtschaftlichen Rechte und Pflichten der Staaten, S. 39.

307 *Ebenda. Stemberg* verweist zur Bestätigung dieser Haltung auf den Wortlaut „may", aus dem sich keine Pflicht, sondern vielmehr ein „Wunsch" ergäbe.

308 *Stemberg*, Die Charta der wirtschaftlichen Rechte und Pflichten der Staaten, S. 40; kritisch zur Charta insgesamt z.B. *Seidl-Hohenveldern*, RIW/AWD 21 (1975), S. 237-239.

309 *Tomuschat*, ZaöRV 36 (1976), S. 444 (456 f.); *Bockslaff* führt bezüglich der Formulierung des Interventionsverbots (insbesondere hinsichtlich der Anforderungen an die Interventionshandlung) aus, dass diese für sich genommen die Diskussion um das Interventionsverbot nicht weiter führe (Das völkerrechtliche Interventionsverbot, S. 67). Soweit er damit lediglich auf die Beratungen der *Working*

In der Einzelabstimmung im zweiten Ausschuss stimmten schließlich 119 Staaten für den Art. 32 in der oben zitierten Gestalt; 11 Staaten enthielten sich ihrer Stimme.[310]

(2) Declaration on the Inadmissibility of Intervention and Interference in the Internal Affairs of States

In der *Declaration on the Inadmissibility of Intervention and Interference in the Internal Affairs of States* aus dem Jahr 1981[311], die bis heute letztmalig den Versuch unternahm, das Interventionsverbot zu konkretisieren[312], finden sich neben einer allgemeinen Fassung des Interventionsverbots in drei Abschnitten zusammengefasst zahlreiche Einzelbestimmungen, die u.a. die Stärkung bestehender Militärblöcke, die Schaffung neuer Militärbündnisse, die Errichtung neuer Militärstützpunkte und die Ausbildung, Finanzierung und Rekrutierung von Söldnern als verbotene Einmischung in die inneren Angelegenheiten nennen.[313] Der Inhalt der Resolution entfaltet sich lediglich in der Vielzahl dieser Einzelbestimmungen, die auch das Gewaltverbot des Art. 2 Abs. 4 UN-Charta voll in den Interventi-

---

Group verweist, die selbstverständlich eine differenziertere Betrachtung der Entwicklung des Prinzips ermöglichen und bei der Interpretation der Charta zumindest berücksichtigt werden sollte, verdient diese Aussage Zustimmung. Verkannt werden sollte hingegen nicht, dass das in der Charta formulierte Interventionsverbot durch seine ausdrücklichen Anforderungen an die Interventionshandlung und den gleichzeitigen Verzicht auf eine vorangestellte, grenzenlose Definition, enger gefasst ist als der Interventionstatbestand der UN-Prinzipiendeklaration und somit auch für sich eine verwertbare, wenn vielleicht auch nur bekräftigende, Aussage trifft.

310 UN Doc. A/9946; abgedruckt in: ILM 14 (1975), S. 251 (Abstimmungsergebnisse S. 263-265); *Stemberg*, Die Charta der wirtschaftlichen Rechte und Pflichten der Staaten, S. 217; Enthaltungen: Die USA, die damaligen Mitgliedstaaten der EG (mit der Ausnahme der Niederlande), Israel und Japan (GAOR, XXIX, Annexes, Agenda item 48, S. 25). Australien und Kanada stimmten, obwohl sie zunächst den Änderungsantrag der westlichen Staaten unterstützten, nach der Streichung des letzten Halbsatzes für die Annahme des Art. 32 (*Stemberg*, Die Charta der wirtschaftlichen Rechte und Pflichten der Staaten, S. 68, Fn. 151).

311 GA Res. 36/103 v. 9.12.1981.

312 *Nolte*, Eingreifen auf Einladung, S. 181.

313 *Bockslaff*, Das völkerrechtliche Interventionsverbot, S. 69; *Verdross/Simma*, Universelles Völkerrecht, § 498.

onstatbestand einbeziehen.[314] Die den zahlreichen Einzelbestimmungen vorangestellte Formulierung des Interventionsverbots ist dabei noch weiter gefasst als in den vorangegangenen Deklarationen[315] und verwischt die Konturen des Interventionsverbots vollkommen[316]. Insbesondere „fehlt das Kernwort [„coerce"], das in der Resolution 2625 (XXV) ein richtungsweisendes restriktives Regulativ bildet".[317]

Nicht nur aufgrund der weiten Fassung ist die *Declaration on the Inadmissibility of Intervention and Interference in the Internal Affairs of States* die wohl umstrittenste der sich mit dem Interventionsverbot befassenden Deklarationen. Die Debatte, die sich eigentlich mit dem stellvertretend für die blockfreien Staaten durch Guyana eingebrachten Entwurf beschäftigen sollte, wurde von allgemeinen Debatten zur weltpolitischen Lage beherrscht.[318] Darüber hinaus erfolgte ihre Verabschiedung ohne die Unterstützung der meisten westlichen Staaten[319], sodass nicht davon auszugehen ist, dass sie die Staatenpraxis und somit geltendes Völkergewohnheitsrecht wiedergab oder tatsächlich zu dessen Entwicklung beigetragen hat.[320] *Tomuschat* ist in seiner Bewertung der Deklaration noch deutlicher und bescheinigt ihr den „völlige[n] Fehlschlag".[321]

---

314 *Tomuschat*, EA 23 (1983), S. 729 (732/733).
315 "No State or group of States has the right to intervene or interfere in any form or for any reason whatsoever in the internal and external affairs of other States."
316 *Verdross/Simma*, Universelles Völkerrecht, § 498.
317 *Tomuschat*, EA 23 (1983), S. 729 (733).
318 *Bockslaff*, Das völkerrechtliche Interventionsverbot, S. 68 f.
319 Die Resolution vereinigte insgesamt 22 Nein-Stimmen auf sich. Sechs Staaten enthielten sich überdies.
320 *Dahm/Delbrück/Wolfrum*, Völkerrecht, Bd. I/3, S. 800; ebenso *Nolte*, Eingreifen auf Einladung, S. 181.
321 *Tomuschat*, EA 23 (1983), S. 729 (732); Darüber hinaus „verteidigt" *Tomuschat* das Verhalten der westlichen Staatenvertreter, welche die Mitarbeit an der Resolution weitestgehend verweigerten (insbesondere da sie richtigerweise nicht den ersten, sondern den sechsten Ausschuss der Generalversammlung für zuständig erachteten). „Ein Entwurf mit derart ausgeprägter ideologischer Schlagseite" so *Tomuschat*, „konnte auch auf dem Wege kleiner Nachbesserungen nicht akzeptabel werden." (S. 734).

(3) Jüngere Praxis

Die *Declaration on the Enhancement of the Effectiveness of the Principle of Refraining from the Threat or Use of Force in International Relations*[322] aus dem Jahr 1987 beschäftigt sich vorwiegend mit der Durchsetzung des Gewaltverbots und tangiert das Interventionsverbot lediglich peripher.[323] Nach dem Ende des Kalten Krieges ließen die Bemühungen der Generalversammlung um eine Konkretisierung des Interventionsverbots sodann (vollständig) nach.[324] Dies ist in Anbetracht der Tatsache, dass die Initiative zur weiteren Kodifikation maßgeblich von der Sowjetunion getragen wurde, nicht weiter verwunderlich. Der Drang zur Konkretisierung auf der Seite der westlichen Staaten war hingegen von jeher gering. 1995 wurde der Tatbestand der Intervention schließlich von der *International Law Commission* aus dem Entwurf eines Kodex zu den Verbrechen gegen den Frieden und die Sicherheit der Menschheit gestrichen.[325]

Die *Friendly Relations Declaration* und die *Declaration on the Inadmissibility of Intervention and Interference in the Internal Affairs of States* wurden, soweit ersichtlich, letztmalig 1988 ausdrücklich bestätigt[326]. Anschließend beschränkten sich die Resolutionen der Generalversammlung entweder auf den pauschalen Verweis[327] oder nahmen überhaupt keinen

---

322 GA Res. 42/22 v. 18.11.1987.
323 Vgl. *Dahm/Delbrück/Wolfrum*, Völkerrecht, Bd. I/3, S. 800.
324 *Nolte*, Eingreifen auf Einladung, S. 183.
325 M.w.N. zur Diskussion um die Streichung *Nolte*, Eingreifen auf Einladung, S. 184; Auch der bis dato verhandelte Entwurf des Interventionstatbestandes hätte allerdings nicht zur weiteren Konkretisierung beigetragen. Einerseits weil von einem Straftatbestand nicht ohne weiteres auf dessen Gehalt für den zwischenstaatlichen Verkehr geschlossen werden kann, andererseits aber auch weil seine Formulierung keinerlei Erkenntnisgewinn mit sich gebracht hätte. Art. 17 des Entwurfs lautete: „Intervention in the internal or external affairs of a State consists of fomenting [armed] subversive or terrorist activities or of organizing, assisting or financing such activities, or supplying arms for the purpose of such activities, thereby seriously undermining the free exercise by that State of its sovereign rights", Report of the International Law Commission on the Work of its Forty-seventh Session, 2 May – 21 July 1995, GAOR, L, Suppl. No. 10, 40.
326 GA Res. 43/88 v. 7.12.1988.
327 So z.B. GA Res. 48/83 v. 16.12.1993 und GA Res. 47/83 v. 16.12.1992; GA Res. 55/2 v. 18.9.2000; GA Res. 55/25 v. 8.1.2001 (diese wiederum bestätigt in: GA Res. 58/4 v. 21.11.2003).

Bezug[328].[329] Beachtlich ist insbesondere, dass sich gegen diese restriktive Auseinandersetzung mit dem Interventionsverbot nur vereinzelter Widerstand regte.[330] Mit Blick auf die bisher unzureichenden Kodifikationsversuche des Interventionsverbots durch die Vereinten Nationen ist die neuere Entwicklung, in der das Interventionsverbot als „Grundprinzip des Völkerrechts" immer wieder Bestätigung gefunden hat und die Bedeutung des Interventionsverbots in regelmäßigen Abständen betont wurde – die tatbestandliche Struktur und die praktikable Abgrenzung aber ein Schattendasein führt –, vollkommen unbefriedigend. Dies gilt insbesondere in Anbetracht der Beendigung des Kalten Krieges und der damit einhergehenden Möglichkeit, Resolutionen zu verabschieden, welche weit weniger vom Kampf diametral entgegenstehender ideologischer Grundsätze geprägt sind. In Anbetracht dieser heute viel günstigeren Ausgangssituation ist zu konstatieren, dass die Generalversammlung ihrer aus Art. 13 Abs. 1 lit. a) UN-Charta folgenden Aufgabe[331] in Bezug auf das Interventionsverbot nicht gerecht geworden ist.

---

328 Z.B. die Resolution zur „prevention of the violent disintegration of States", GA Res. 51/55 v. 9.1.1997.

329 GA Res. 48/83 v. 16.12.1993; so auch *Nolte*, Eingreifen auf Einladung, S. 183.

330 *Nolte*, Eingreifen auf Einladung, S. 183; zu den wenigen Ausnahmen zählt die Anmerkung des mexikanischen Staatenvertreters zum Resolutionsentwurf der GA Res. 51/55: UN Press Release GA/DIS/3074 v. 15.11.1996 (Mexico), „The representative of Mexico said that his country could not accept the primacy accorded in the draft to territorial integrity, as against the principle, dear to Mexico, of non-intervention. Mexico would therefore abstain on the draft, and sought a recorded vote."

331 Zur Rolle der Generalversammlung für die Entwicklung des Völkerrechts, insbesondere zu Art. 13 Abs. 1 lit. a) UN-Charta, siehe z.B. *Schröder*, Völkerrechtsentwicklung im Rahmen der UN, in: Wolfrum, Handbuch Vereinte Nationen, S. 1020 (1022 f.); *Hafner*, Kodifikation und Weiterentwicklung des Völkerrechts, in: Cede/Sucharipa-Behrmann, Die Vereinten Nationen, S. 131-142; *Klein*, Die Vereinten Nationen und die Entwicklung des Völkerrechts, in: Volger, Grundlagen und Strukturen der Vereinten Nationen, S. 21-66; *von Schorlemer*, Die Vereinten Nationen und die Entwicklung des Völkerrechts, in: Opitz, Die Vereinten Nationen, S. 199-222.

2. Das Interventionsverbot außerhalb der Vereinten Nationen

a. Regionale Organisationen

Neben den Vereinten Nationen haben auch einige regionale internationale Organisationen das Interventionsverbot in ihre Satzungen aufgenommen.

aa. KSZE/OSZE

Im Rahmen der OSZE, bei der es sich zwar nicht um eine internationale Organisation, sondern um eine verstetigte Staatenkonferenz handelt, war das Interventionsverbot Gegenstand kontroverser Debatten. Die Formulierung des Interventionsverbots als eines der sechs grundlegenden Prinzipien in der Schlussakte der Konferenz über Sicherheit und Zusammenarbeit in Europa von Helsinki[332] gehörte zu den umstrittensten Punkten der Akte.[333] Die Struktur des letztlich kodifizierten Interventionsverbots entspricht dabei im Wesentlichen der Formulierung des Interventionsverbots in den vorangegangenen Deklarationen der Vereinten Nationen.[334]

Der erste Absatz des sechsten Prinzips[335] gibt zunächst die Verpflichtung der Mitgliedstaaten wieder, sich nicht direkt oder indirekt in die inneren oder äußeren Angelegenheiten eines anderen Teilnehmerstaates einzumischen. Eine Begrenzung des Interventionstatbestandes ist insoweit nicht vorgesehen. Der zweite Absatz beschäftigt sich ausschließlich mit der bewaffneten Intervention bzw. mit der Androhung einer solchen. Das Verbot der bewaffneten Intervention wird dabei durch die Verknüpfung „dementsprechend" grundsätzlich als Fall des Interventionsverbots – und damit auch das Gewaltverbot als Spezialfall des Interventionsverbots – eingeordnet.[336] Dennoch hat das Gewaltverbot auch als selbständiger Tatbestand seinen Niederschlag in der Schlussakte gefunden, sodass diese hinsichtlich

---

332 Abgedruckt in: ILM 14 (1975), S. 1292.
333 *Arrangio-Ruiz*, RdC 157 (1977), S. 199 (274).
334 *Arrangio-Ruiz*, RdC 157 (1977), S. 199 (276); *Berstermann*, Das Einmischungsverbot im Völkerrecht, S. 76; *Neuhold*, Die Prinzipien des „KSZE-Dekalogs" und „Friendly Relations Declaration" der UNO-Generalversammlung, in: Simma/Blenk-Knocke, Zwischen Intervention und Zusammenarbeit, S. 441 (472).
335 ILM 14 (1975), S. 1294 f.
336 So bezeichnet *Arrangio-Ruiz* die gewaltsame Intervention im Hinblick auf die Schlussakte von Helsinki als schlimmste Form der Intervention; Human Rights

des Verhältnisses beider Verbotsnormen zueinander keine eindeutige Aussage trifft. Der dritte Absatz bestätigt schließlich den seit der Prinzipiendeklaration (zumindest im Schrifttum) erkennbaren Trend eines erhöhten qualitativen Anspruchs an die staatliche Interventionshandlung.[337] Demnach ist jede militärische wie auch politische, wirtschaftliche oder sonstige Zwangsmaßnahme untersagt, die darauf gerichtet ist, den eigenen Interessen die Ausübung der Rechte eines anderen Teilnehmerstaates unterzuordnen und sich damit Vorteile irgendwelcher Art zu verschaffen. Neben dem Zwangscharakter der Maßnahme[338] fordert die Formulierung der Schlussakte damit kumulativ, dass die Handlung sowohl auf die Unterordnung der Souveränität wie auch auf die eigene Vorteilserlangung gerichtet ist, und zieht für die Abgrenzung zur erlaubten Einmischung auch Ziel und Zweck der Maßnahme heran.[339]

Im Wesentlichen bestätigte die Schlussakte somit die bisherigen Formulierungen des Interventionsverbots sowie die Tendenz hinsichtlich der erhöhten qualitativen Anforderung an die Interventionshandlung.

---

and Non-Intervention in the Helsinki Final Act, RdC 157 (1977), S. 199 (275); kritisch zur Aufnahme gewaltsamer Interventionen in die Formulierung *Neuhold*, Die Prinzipien des „KSZE-Dekalogs" und „Friendly Relations Declaration" der UNO-Generalversammlung, S. 441 (473).

337 *Berstermann*, Das Einmischungsverbot im Völkerrecht, S. 77.

338 Dass die Aufnahme des Zwangscharakters der Interventionshandlung in die Kodifikationen des Interventionsverbots schon 1975 als „klassische" Formulierung bezeichnet werden konnte, zeigt sich auch an den zur Diskussion eingebrachten Staatenentwürfen. Dementsprechend sahen beispielsweise auch die Entwürfe Jugoslawiens und Frankreichs den Zwangscharakter als Abgrenzungskriterium vor (vgl. *Arrangio-Ruiz*, RdC 157 (1977), S. 199 (325, Fn. 130).

339 *Berstermann,* Das Einmischungsverbot im Völkerrecht, S. 78; dazu wiederum kritisch *Neuhold*, Die Prinzipien des „KSZE-Dekalogs" und „Friendly Relations Declaration" der UNO-Generalversammlung, S. 441 (473 f.). *Neuhold* sieht durch die Aufnahme des Ziels der Vorteilserlangung die Gefahr, dass jede zwischenstaatliche Handlung als Intervention angefochten werden könne. Dafür setzt er allerdings voraus, dass der Versuch der Vorteilserlangung eines Staates schlechthin mit der Ausübung von Zwang einhergehe. Warum allerdings Staaten Vorteile nur durch Zwangsmaßnahmen erlangen können, ist nicht plausibel und im Ergebnis unzutreffend, sodass die Kritik, insbesondere in Anbetracht der kumulativ geforderten Anforderungen, fehlgeht.

bb. Organisation Amerikanischer Staaten

In der Charta der Organisation der Amerikanischen Staaten[340] (OAS) ist das Interventionsverbot in den Art. 19 bis 21 niedergelegt. Wie bereits zuvor angedeutet, wurde die Charta der OAS als prägende Vorlage für die Formulierung des Interventionsverbots der UN-Prinzipiendeklaration herangezogen und praktisch wortgleich übernommen[341], sodass für die OAS-Charta im Wesentlichen das für die Prinzipiendeklaration Gesagte gilt.[342]

cc. Arabische Liga

Der Pakt der Arabischen Liga[343] verbietet in Art. 8 speziell Maßnahmen, die auf eine Änderung der Regierungsform eines Staates abzielen.[344] Schutzgut dieser von den übrigen Kodifikationen abweichenden Formulierung ist weniger die staatliche Souveränität in ihrer Gänze, sondern vielmehr ausschließlich die autonome Wahl der Regierungsform.[345] Der

---

340 Abgedruckt in: UNTS 119 (1952), S. 48, zuletzt geändert durch das Protokoll von Managua, ILM 33 (1994) S. 1009.

341 Vgl. die Nachweise in Fn. 282.

342 Wie der Resolution 2131 (XX) wurde auch der OAS-Charta die Uferlosigkeit ihres Interventionstatbestandes bescheinigt. *Bockslaff* weist diesbezüglich darauf hin, dass die OAS-Charta in ihrem Anwendungsbereich enger sei als die Resolution 2131 (XX), da sie das kumulative Vorliegen zweier Elemente („in order to force the sovereign will of another State *and* obtain from it advantages of any kind") fordert, während die Resolution beide Elemente mit „or" verknüpft, diese in ein Alternativverhältnis stellt und somit den Anwendungsbereich deutlich erweitert (Das völkerrechtliche Interventionsverbot, S. 59 f.). In die Prinzipiendeklaration wurde die ursprüngliche, kumulative Anforderung der OAS-Charter aufgenommen, die im Ergebnis aber nicht zu einer tatsächlichen Begrenzung des Anwendungsbereichs führte; vgl. B., II., 1., b., aa., (3), (b).

343 Abgedruckt in: UNTS 70 (1950), S. 237; Darüber hinaus erwähnt auch die am 28.2.1978 in Kraft getretene „Charter of the Islamic Conference" (abgedruckt in: UNTS 914 (1974), S. 111) das Interventionsverbot. Die Charta beschränkt sich aber auf einen Verweis auf das Interventionsverbot (Art. II lit. b) Ziff. 2); eine nähere Ausgestaltung erfolgt nicht; vgl. *Bockslaff*, Das völkerrechtliche Interventionsverbot, S. 41 (Fn. 53).

344 *Dahm/Delbrück/Wolfrum*, Völkerrecht, Bd. I/3, S. 798.

345 *Berstermann*, Das Einmischungsverbot im Völkerrecht, S. 53; *Bockslaff*, Das völkerrechtliche Interventionsverbot, S. 42; *Dahm/Delbrück/Wolfrum*, Völkerrecht, Bd. I/3, S. 798.

Schutz der Regierungsform solle dabei aber nur gewährleistet werden, soweit diese mit dem pan-arabischen Gedanken in Einklang steht.[346] Aufgrund des sehr engen und ideologisch geprägten Anwendungsbereichs leistet Art. 8 des Paktes der Arabischen Liga keinen Beitrag zur näheren Bestimmung des Interventionsverbots.

dd. Afrikanische Union

Auch die Charta der Organisation für Afrikanische Einheit (OAU)[347] sowie der insoweit identische *constitutive act* der Afrikanischen Union (AU)[348] bieten keinerlei Hinweis für eine Konkretisierung. Der *constitutive act* beschränkt sich auf eine allgemeine Benennung des Interventionsverbots in Art. 4 lit. g), ohne eine nähere Begriffsbestimmung anzuführen.[349] Bemerkenswert ist hingegen, dass in den *constitutive act* ausschließlich ein zwischenstaatliches Einmischungsverbot aufgenommen wurde. Anders als Art. III Nr. 2 OAE-Charta und Art. 2 Abs. 7 UN-Charta kennt der Gründungsakt der AU kein Einmischungsverbot im Verhältnis der AU zu ihren Mitgliedstaaten.[350] Vielmehr wurde ein von bestimmten Voraussetzungen abhängiges Einmischungsrecht der Organisation aufgenommen.[351]

---

346 *Boutros-Ghali*, RdC 137 (1972), S. 1 (26); *Dahm/Delbrück/Wolfrum*, Völkerrecht, Bd. I/3, S. 798; Diese Einschränkung ist nicht dem Text des Paktes, sondern der hinter diesem stehenden Ideologie der „beschränkten Souveränität arabischer Staaten" zu entnehmen; *Bockslaff*, Das völkerrechtliche Interventionsverbot, S. 42; dennoch von einem umfassenden Schutz staatlicher Souveränität ausgehend *Schmolinsky*, Friedenssicherung durch regionale Systeme kollektiver Sicherheit, S. 144 f.

347 Abgedruckt in: UNTS 479 (1965), S. 39.

348 Abgedruckt in: UNTS 2158 (2003), S. 3.

349 *Dahm/Delbrück/Wolfrum*, Völkerrecht, Bd. I/3, S. 798.

350 *Barthel*, Die neue Sicherheitsarchitektur der Afrikanischen Union, S. 117; *Kindiki*, AHRLJ 3 (2003), S. 97 (106); *Maluwa*, NILR 51 (2004), S. 195 (219 f.).

351 *Barthel*, Die neue Sicherheitsarchitektur der Afrikanischen Union, S. 117; *Abass/Baderin*, NILR 49 (2002), S. 1 (15); vgl. auch *Meyns*, Afrikanische Lösungen für afrikanische Probleme?, in: FS Tetzlaff, S. 112 (115 f.). Zum Einmischungsverbot im Verhältnis Internationaler Organisationen zu ihren Mitgliedstaaten siehe C., VI., 3.

ee. ASEAN

Schließlich hat das Interventionsverbot auch in den Vertragswerken der ASEAN seinen Niederschlag gefunden. Sowohl der *Treaty of Amity and Cooperation in Southeast Asia*[352] (TAC, Art. 2 lit. e), wie auch die Guidelines zur *ASEAN Declaration of a Zone of Peace, Free and Neutrality*[353] (Art. 2 lit. d) bezeichnen die „non-interference in the internal affairs" als „fundamental principle". Über die Bekräftigung des Interventionsverbots hinaus finden sich allerdings ebenfalls keine Definitionen oder nähere Umschreibungen des Tatbestandes, sodass auch die ASEAN-Dokumente keine über die Geltung des Interventionsverbots hinausgehenden Hinweise für die tatbestandliche Struktur liefern.[354] Interessant ist hingegen die jüngere Beitrittsgeschichte: Schon in den 80er Jahren bekräftigten die ASEAN-Staaten den Wunsch, dass auch Staaten, die selbst nicht Mitglieder der ASEAN sind, dem TAC beitreten. Diesem Desiderat haben u.a. Australien (10.12.2005) und die USA (22.7.2009) Folge geleistet. Während des Beitrittsprozesses haben beide Staaten gewisse Vorbehalte gegen die offene Formulierung des Interventionsverbots im TAC geäußert. Während der australische Außenminister insbesondere deshalb Vorbehalte gegen einen Beitritt ausdrückte, weil er für Australien das Recht in Anspruch nimmt, andere Staaten zumindest kritisieren zu dürfen, fügten die USA eine „interpretative position" bei, welche u.a. die fortgeltende Möglichkeit der Wahrnehmung amerikanischer Interessen betont.[355] Die Äußerungen beider Staaten zeigen, dass offene Formulierungen des Interventionsverbots in der jüngeren Staatenpraxis weiterhin mit entsprechender Vorsicht behandelt werden. Akzeptanz findet das Interventionsverbot erst dann, wenn der Anwendungsbereich zumindest ansatzweise konturiert, also zumindest klargestellt wird, dass nicht jede Befassung mit den Angelegenheiten eines Drittstaates den Tatbestand des Interventionsverbots erfüllt.

---

352 Treaty of Amity and Cooperation in Southeast Asia v. 24.2.1976, UNTS 1025, S. 15063.
353 Guidelines that would constitute a code of conduct covering relations among States within the Zone and with States outside the Zone.
354 Ähnlich *Seah*, Chinese JIL 11 (2012), S. 785 (798).
355 Mit entsprechenden Nachweisen *Seah*, Chinese JIL 11 (2012), S. 785 (800-812).

b. Sonstige internationale Organisationen

Von einigen Autoren[356] wird auch die Satzung der Weltbank[357] im Zuge der näheren Bestimmung des Interventionstatbestandes herangezogen. Dies ist einerseits in Anbetracht der tatsächlichen Existenz eines Einmischungsverbots in Art. IV Abschnitt 10 der Satzung der Weltbank nachvollziehbar. Andererseits verschwimmt dabei die Trennung zweier differenziert zu betrachtender Normenkomplexe. Die Satzung der Weltbank kodifiziert, ähnlich wie Art. 2 Abs. 7 UN-Charta, ein Einmischungsverbot im Verhältnis der Bank und ihrer Beamter – und somit der Organisation – zu den Mitgliedstaaten und keineswegs ein zwischenstaatliches Verbot der Intervention.[358] Auch soweit die Satzung zur näheren Bestimmung des Interventionsbegriffs herangezogen wird, liefert sie in Ermangelung eines Abgrenzungskriteriums zur rechtmäßigen Einmischung (aus sich heraus) für den vorliegenden Kontext keine weiteren Hinweise.[359] Gleiches gilt für das von den Autoren ebenso untersuchte GATT[360] sowie Art. III lit. d) der Satzung der IAEA[361].

c. Bi- und multialterale Verträge

Auch außerhalb der Tätigkeit internationaler Organisationen finden sich Kodifikationen des Interventionsverbots.

---

356 So z.B. *Berstermann*, Das Einmischungsverbot im Völkerrecht, S. 71-74; *Bockslaff*, Das völkerrechtliche Interventionsverbot, S. 72-76.

357 Articles of Agreement of the International Bank for Reconstruction and Development, abgedruckt in: UNTS 2 (1947), S. 134.

358 Zum Einmischungsverbot im Verhältnis Internationaler Organisationen zu ihren Mitgliedstaaten siehe C., VI., 3.

359 So im Ergebnis auch *Berstermann*, Das Einmischungsverbot im Völkerrecht, S. 73 f.; *Bockslaff*, Das völkerrechtliche Interventionsverbot, S. 76.

360 General Agreement on Tariffs and Trade, abgedruckt in: UNTS 1867 (1994), S. 187.

361 International Atomic Energy Agency; Satzung abgedruckt in: UNTS 276 (1957), S. 3.

aa. Art. 41 Abs. 1 WÜD

Art. 41 Abs. 1 des Wiener Übereinkommens über diplomatische Beziehungen vom 18.4.1961 (WÜD)[362] verpflichtet alle Personen, die Vorrechte und Befreiungen genießen, sich nicht in die inneren Angelegenheiten des Empfangsstaates einzumischen.[363] Die Natur der aus dieser Vorschrift entstehenden Verpflichtung wurde in der ILC ausführlich diskutiert.[364] Dabei ging es auch um die Frage, ob Art. 41 Abs. 1 WÜD tatsächlich eine Kodifikation des Interventionsverbots in dem Sinne darstellen soll, dass die Vorschrift die Verpflichtung des Entsendestaates, sich nicht in die inneren Angelegenheiten einzumischen, wiedergibt oder vielmehr eine persönliche Pflicht des Diplomaten in Bezug auf die Nichteinmischung begründet wird.[365] Die Debatte wurde vor allem anhand der Formulierung der Norm geführt: So bestanden Staatenvertreter darauf, nicht das auf das Interventionsverbot rekurrierende Verb „intervene", sondern stattdessen „interfere" zu verwenden.[366] Die Entstehungsgeschichte zeigt – wie auch der Wortlaut der Vorschrift („They also have a duty...") – insgesamt sehr deutlich, dass die Vorschrift eine „persönliche" Verpflichtung im Sinne der zweiten Auslegungsvariante begründen soll. Um eine Abgrenzung zum zwischenstaatlichen Interventionsverbot zu ermöglichen, erfasst sie daher nur solche Aussagen und Handlungen von Diplomaten, die nicht auf eine entsprechende Instruktion des Entsendestaates zurückzuführen sind.[367] Dieses Normverständnis entspricht sowohl dem ähnlich gefassten – und der Kodifikation des Art. 41 Abs. 1 WÜD zugrunde gelegten[368] – Art. 12 der Havanna Konvention von 1928[369], wie auch der systematischen Stellung der Vorschrift im Abschnitt über die Vorrechte und Befreiungen[370].

---

362 Art. 41 Abs. 1 WüD: „Without prejudice to their privileges and immunities, it is the duty of all persons enjoying such privileges and immunities to respect the laws and regulations of the receiving State. They also have a duty not to interfere in the internal affairs of that State."

363 Eine wortgleiche Vorschrift enthält auch Art. 55 Abs. 1 des Wiener Übereinkommens über konsularische Beziehungen vom 24.4.1969 (WÜK).

364 YbILC 1957-I, S. 143-150.

365 Siehe dazu auch *Denza*, Diplomatic Law, S. 464.

366 Siehe z.B. YbILC 1957-I, S. 146 (§ 2).

367 *Denza*, Diplomatic Law, S. 464.

368 Vgl. nur YbILC 1957-I, S. 143 (§ 58).

369 *Havanna Convention regarding Diplomatic Officers* v. 20.2.1928, abgedruckt in: AJIL 22 (1928), S. 142.

370 Vgl. auch *Richtsteig*, Wiener Übereinkommen, S. 102.

In Anbetracht des speziellen Anwendungsbereichs der Vorschrift[371] liefert sie keine weiteren Hinweise auf die Ausgestaltung des allgemeinen zwischenstaatlichen Interventionsverbots. Das aus Art. 41 Abs. 1 WÜD folgende Einmischungsverbot ist in seinem Anwendungsbereich viel weiter gefasst als das bisher in seiner Entwicklung dargestellte Interventionsverbot, da für dessen Verwirklichung eben keine qualitative Anforderung (Zwangscharakter/Druckausübung) vorausgesetzt wird.[372]

bb. Art. 3 Abs. 2 ZP II Genfer Konventionen (1977)

Art. 3 Abs. 2 des II. Zusatzprotokolls zu den Genfer Konventionen enthält hingegen eine Kodifikation des zwischenstaatlichen Interventionsverbots. Danach rechtfertigt keine der im Protokoll niedergelegten Vorschriften eine unmittelbare oder mittelbare Einmischung in die inneren oder äußeren Angelegenheiten einer der Vertragsparteien.[373] Die Vorschrift bestätigt die universelle Geltung des Interventionsverbots. Im Hinblick auf die normative Architektur des Interventionstatbestandes und die Bestimmung der Tatbestandsmerkmale enthält der Normtext aber nur wenige Hinweise. Sie untersagt eine Einmischung in die inneren oder äußeren Angelegenheiten des Staates, in dem sich der entsprechende innerstaatliche Konflikt abspielt, ohne aber die tatsächlichen (qualitativen) Anforderungen zu konkretisieren. Auch die dokumentierte Entstehungsgeschichte trägt kaum zur Erhellung des Tatbestands bei. Durchaus interessant ist allerdings das teils sehr spezielle Norm- bzw. Begriffsverständnis, dass sich vor allem in vereinzelten Äußerungen von Staatenvertretern am Ende der Verhandlungen widerspiegelt: Unter den Begriff „intervention" sollten danach allein subversive Aktivitäten und die Entsendung von Söldnern, nicht aber sonstige

---

371 Ähnlich, wenn auch das Interventionsverbot unzutreffend in Art. 2 Abs. 7 UN-Charta verankernd, *Wagner/Raasch/Pröpstl*, Wiener Übereinkommen, S. 365.

372 Siehe schon *Verdross/Simma*, Universelles Völkerrecht, § 889; entsprechende Beispiele aus der Staatenpraxis bei *Denza*, Diplomatic Law, S. 464-468.

373 Art. 3 Abs. 2 ZP II Genfer Konventionen: „Nothing in this Protocol shall be invoked as a justification for intervening, directly or indirectly, for any reason whatever, in the armed conflict or in the internal or external affairs of the High Contracting Party in the territory of which that conflict occurs."

Einmischungen gefasst werden.[374] Die insoweit vorgenommene Differenzierung zwischen „intervention" und „interference" beschränkte sich aber auf vereinzelte Staatenvertreter.[375]

cc. Freundschafts- und Kooperationsverträge

Das Interventionsverbot wurde schließlich in unzählige bilaterale Veträge aufgenommen. Exemplarisch sei etwa auf das zweite Prinzip des Freundschafts- und Kooperationsvertrages zwischen Spanien und den Philippinen vom 30.6.2000[376], Art. 1 des Freundschafts- und Kooperationsvertrages zwischen Rumänien und der Türkei vom 19.9.1991[377] oder Art. 1 Abs. 3 des *Agreement on Cooperation to Combat Drug Trafficking and Drug Dependence* zwischen Mexico und Honduras vom 13.10.1990[378] hingewiesen. Auch in den Nachbarschafts- und Partnerschaftsverträgen der Bundesrepublik Deutschland mit Polen (Art. 2 Abs. 5)[379] oder Ungarn (Art. 2 Abs. 4)[380] finden sich entsprechende Bekräftigungen.

---

374 Official Records of the Diplomatic Conference on the Reaffirmation and Development of International Humanitarian Law applicable in Armed Conflicts, Vol. VIII, CDDH/I/SR. 30, S. 300 (§ 5).

375 Vgl. Official Records of the Diplomatic Conference on the Reaffirmation and Development of International Humanitarian Law applicable in Armed Conflicts, Vol. VIII, CDDH/I/SR. 30, S. 306 (§ 28), S. 308 (§ 53).

376 UNTS 2327 (2005) S. 209: „The High Contracting Parties shall respect each other's sovereign equality and individuality, in addition to all the rights inherent to, and contained in, [...] liberty and political independence and non-intervention in the other Party's internal affairs. They shall likewise respect the right of each Party to choose and freely develop its own political, social, economic and cultural system."

377 UNTS 2356 (2008), S. 179: „Romania and the Republic of Turkey [...] reaffirm their determination to develop their relations on the basis of confidence, cooperation and mutual advantage and in accordance with the principles of mutual respect, political independence, sovereignty and territorial integrity, non-intervention in matters of internal affairs, equality of rights and respect for human rights and fundamental freedoms."

378 UNTS 1719 (1993), S. 182: „The Parties shall comply with their obligations under this Agreement in accordance with the principles of self-determination, non-intervention in internal affairs, sovereign equality and respect for the territorial integrity of States."

379 BGBl. 1991 II, S. 1315.

380 BGBl. 1992 II, S. 475.

Den Bezugnahmen auf das Interventionsverbot in den betrachteten bilateralen Verträgen ist gemein, dass sie die Geltung und die Bedeutung der Norm hervorheben. Anhaltspunkte für die inhaltliche Ausgestaltung lassen sich – soweit ersichtlich – hingegen nicht unmittelbar gewinnen. Dennoch kommt den Verträgen in Bezug auf die Bestimmung des Verhältnisses zu anderen völkerrechtlichen Normen durchaus eine gewisse Bedeutung zu. Insbesondere auf den regelmäßig neben dem Interventionsverbot genannten Schutz der territorialen Integrität bzw. Souveränität als selbständiger Norm des Völkerrechts wird im Folgenden noch zurückzukommen sein.[381]

III. Zusammenfassung

Die Geschichte des Interventionstatbestandes gleicht zunächst im Wesentlichen der historischen Entwicklung der Gewaltächtung im Völkerrecht. Auch wenn sich bereits bei *Vattel* eine den heutigen Beschreibungen des Tatbestandes erstaunlich nahekommende Darstellung findet, ist das „emanzipierte" Interventionsverbot doch eine Erscheinung der Moderne. Ungeachtet dessen deuten schon die Darstellungen der Autoren des 19. Jahrhunderts zum „klassischen Interventionsverbot" die Grundstrukturen des Tatbestandes an, wie sie auch heute den meisten Auseinandersetzungen zugrunde liegen. Insbesondere kann bereits in dieser Epoche die heute einhellige gegenständliche Betrachtungsweise des Interventionstatbestandes nachgewiesen werden: Der sachliche Anwendungsbereich des Tatbestandes wurde bereits früh auf die inneren bzw. inneren und äußeren Angelegenheiten eines Staates beschränkt. Im Gegensatz zur qualitativen Beschränkung auf gewaltsame Interventionen entspricht das historische Normverständnis in Bezug auf die Existenz eines interventionsfreien Eigenbereiches im Wesentlichen dem heutigen Normverständnis.

Dass die zunehmende Beschäftigung mit einem die Einmischungsmöglichkeiten beschränkenden Tatbestand in das 19. Jahrhundert fällt, überrascht ob der übersteigerten Betonung staatlicher Souveränität in dieser Epoche kaum. Damit ist zugleich die inkongruente Staatenpraxis zu erklären, in der das Recht zur militärischen Einmischung ebenfalls in einem zügellosen Souveränitätsverständnis fußte. Der dennoch aufkeimende Widerstand Großbritanniens gegen die Interventionspraxis im Jahr 1822 so-

---

381 Dazu C., VI., 2.

wie die Doktrinen von *Monroe*, *Calvo* und *Drago* bildeten zwar kein gefestigtes Fundament, bestellten aber zumindest das Feld für die anschließenden Entwicklungen.

Angesichts der Reduktion des Interventionsverbots auf militärische Interventionen, die im Schrifttum vereinzelt bis weit in die Ära der Vereinten Nationen reichte, erfuhr der Interventionstatbestand für unterhalb der Gewaltschwelle liegende Einmischungen erst mit der grundsätzlichen und universellen Gewaltächtung an Beachtung. Auch wenn zahlreiche Autoren eine derartige Entwicklung schon vor den Ausbruch des Zweiten Weltkrieges datieren, spricht die dargelegte Staatenpraxis gegen diese Annahme. Zwar mag auf regionaler Ebene bereits ein partielles Kriegsverbot existiert haben; die Universalisierung in Gestalt eines generellen Gewaltverbots erfolgte erst durch die Charta der Vereinten Nationen.

Spätestens in den Verhandlungen zur *Friendly Relations Declaration* der Vereinten Nationen, deren protokollierter Verhandlungsverlauf einer gedrängten Darstellung der Geschichte des Interventionsverbots gleicht, wurde das klassische Interventionsverständnis endgültig überwunden. Soweit sich dem Deklarationstext eine tatbestandliche Struktur des Interventionsverbots entnehmen lässt, orientiert sich diese an der bereits im Schrifttum des 19. Jahrhunderts gewachsenen Differenzierung zwischen der Bestimmung des Eingriffsziels und der qualitativen Anforderung an die Interventionshandlung. Auch wenn die Diskussion um die Formulierung des geschützten Bereichs, insbesondere die Frage nach dem Schutz der „äußeren Angelegenheiten", durchaus kontrovers verlief, ist das zentrale Problem im Bereich der qualitativen Anforderungen an die Interventionshandlung zu verorten. Statt dem Interventionsverbot eine – mehr oder minder – klare Kontur zu verleihen, verzichtet die Deklaration auf eine qualitative Anforderung. Durch dieses Versäumnis hinterlässt sie Fragen, die auch durch spätere Deklarationen der Vereinten Nationen oder die Satzungen anderer internationaler Organisationen nicht beantwortet werden. In Anbetracht der Tatsache, dass in den zwischenstaatlichen Beziehungen auch weit nach dem Ende des Kalten Krieges noch regelmäßig auf das Interventionsverbot rekurriert wurde bzw. heute noch wird, überrascht es doch, dass die Kodifikationsbemühungen bzw. zumindest der Versuch der Konkretisierung des Interventionstatbestandes von den Tableaus Internationaler Organisationen verschwunden sind.

C. Dogmatische Grundlagen

Die Unklarheiten in Bezug auf das Interventionsverbot betreffen nicht nur die Ausgestaltung der Tatbestandsmerkmale selbst, sondern auch die normativen Grundlagen des Tatbestandes. Neben rein terminologischen Aspekten (I.) wird beispielsweise die Frage nach dem rechtlichen Charakter des Interventionsverbots – *in concreto* nach dessen Einordnung als Prinzip oder Regel – bisher uneinheitlich beantwortet (II.). Auch das Schutzgut und die Funktion des Interventionsverbots sind bisher genau so wenig eindeutig bestimmt (III.) wie der Kreis der in Betracht kommenden Beteiligten einer rechtswidrigen Intervention (IV.). An den rechtlichen Charakter der Norm schließen sich die Fragen nach der tatbestandlichen Architektur (V.) und dem Verhältnis zu anderen völkerrechtlichen Normen – wie insbesondere dem Gewaltverbot – an (VI.).

I. Einmischung und/oder Intervention

Eine der ersten Auffälligkeiten bei der Beschäftigung mit dem Interventionsverbot ist die uneinheitliche Terminologie sowohl im Schrifttum, wie auch in der Staatenpraxis. Dies gilt vor allem für die Umschreibung der tatbestandlichen Handlung als Einmischung oder Intervention. Ohne dass es einer ausführlichen Darstellung des Vorkommens der unterschiedlichen Bezeichnungen bedarf, ist die synonyme Verwendung beider Begriffe augenscheinlich.[382] Ein griffiges Beispiel für den sinngleichen Gebrauch in der Staatenpraxis liefert die Formulierung des sechsten Prinzips der Schlussakte von Helsinki.[383] Während im ersten Absatz von der „Einmischung in die inneren oder äußeren Angelegenheiten" gesprochen wird, verwendet der zweite Absatz in Bezugnahme auf den ersten Absatz den Begriff der Intervention. Wie in zahlreichen weiteren Verträgen und Reso-

---

382 Zahlreiche Beispiele bei *Trautner*, Die Einmischung in innere Angelegenheiten und die Intervention als eigenständige Verbotstatbestände im Völkerrecht, S. 9-23.
383 Dazu bereits oben B., II., 2., a., aa.

lutionen[384] zeigt sich die synonyme Verwendung auch in der *Friendly Relations Declaration*, in der zunächst von der „duty not to intervene in matters within the domestic jurisdiction" die Rede ist, anschließend aber auch die Begriffe „interference" bzw. „interfere" genutzt werden. Betrachtet man die in der Presse wiedergegebenen Äußerungen von Staatenvertretern aus der jüngeren Vergangenheit, so werden dort ebenfalls beide Formulierungen verwendet, wobei allerdings der Gebrauch der „Einmischung" deutlich überwiegt.[385] Im jüngeren Schrifttum wird die Norm regelmäßig als Interventionsverbot bezeichnet, die eigentliche Interventionshandlung hingegen als Einmischung.[386] Der flächendeckend synonyme Gebrauch zeigt, dass die unterschiedlichen Bezeichnungen ausschließlich Ausdruck sprachlicher Uneinheitlichkeit sind. Trotz dieser wird jeweils auf die gleiche völkerrechtliche Norm rekurriert. Daher lässt sich allein aus der uneinheitlichen Terminologie auch nicht die Existenz zweier unterschiedlicher völkerrechtlicher Normen herleiten.[387]

Soweit durch die verwendete Terminologie eine Differenzierung zwischen zwei voneinander unabhängigen Tatbeständen erreicht werden soll, wäre eine solche für die Verdeutlichung der notwendigen Trennung des

---

384 Ein synonymer bzw. gleichzeitiger Gebrauch von Intervention und Einmischung findet sich vor allem in zahlreichen Resolutionen der UN-Generalversammlung, vgl. z.B. GA Res. 48/16 v. 3.11.1993 „(...) non-intervention and non-interference in their internal affairs"; ähnlich bzw. wortgleich: GA Res. 47/19 v. 17.3.1993, GA Res. 49/9 v. 26.10.1994.

385 Siehe z.B. in jüngerer Vergangenheit: NZZ v. 26.4.2013, S. 13; NZZ v. 22.11.2012, S. 2; NZZ v. 12.10.2012, S. 3; NZZ v. 5.5.2012, S. 5; NZZ v. 9.12.2011, S. 6; NZZ v. 9.11.2011; NZZ v. 1.10.2011, S. 5; NZZ v. 29.4.2011, S. 6; NZZ v. 19.2.2011, S. 5; NZZ v. 1.2.2010, S. 3; auch in den Partnerschaftsverträgen der Bundesrepublik findet sich überwiegend die Formulierung „Einmischung", vgl. z.B. Art. 2 Abs. 5 Deutsch-Polnischer Nachbarschaftsvertrag v. 17.6.1991 (BGBl. 1991 II, S. 1315) und Art. 2 Abs. 4 Deutsch-Ungarischer Partnerschaftsvertrag (BGBl. 1992 II, S. 475).

386 Siehe z.B. *von Arnauld*, Völkerrecht, Rdnr. 347; *Hobe*, Einführung in das Völkerrecht, S. 291 f.; *Heintschel von Heinegg*, in: Ipsen, Völkerrecht, § 51 Rdnr. 45; *Odendahl*, AVR 50 (2012), S. 318 (z.B. 333); *dies.*, Regimewechsel im Lichte des Interventionsverbots, in: FS Schröder, S. 57 (z.B. 62 f.); sowohl Intervention wie auch Einmischung bei *Stein/von Buttlar*, Völkerrecht, Rdnr. 642/644; *Schweisfurth*, Völkerrecht, 9 Rdnr. 259.

387 So die Intention der Untersuchung *Trautners* (Die Einmischung in innere Angelegenheiten und die Intervention als eigenständige Verbotstatbestände im Völkerrecht, S. 9-23), der für die Staatenpraxis aber ebenfalls die synonyme Verwendung anerkennt.

zwischenstaatlichen Interventionsverbots von dem die Kompetenz begrenzenden Einmischungsverbot im Verhältnis Internationaler Organisationen zu ihren Mitgliedstaaten sinnvoll.[388] Hier böte es sich an, im zwischenstaatlichen Verkehr ausschließlich von der Intervention, im Verhältnis einer Internationalen Organisation zu ihren Mitgliedstaaten hingegen von einer Einmischung zu sprechen. Allerdings ist weder im Schrifttum noch in der Staatenpraxis eine derartige sprachliche Differenzierung nachweisbar, noch geht mit ihr eine rechtliche Wertung einher. Sie würde aber zu einer klareren Trennung zweier vollkommen unterschiedlicher Völkerrechtsnormen führen.

II. Nichteinmischungsprinzip oder Interventionsverbot

In der Staatenpraxis wie auch im völkerrechtlichen Schrifttum werden der Norm, welche die Rechtswidrigkeit bestimmter Einmischungen in die inneren Angelegenheiten eines anderen Staates begründet, unterschiedliche Rechtscharaktere zugesprochen. Während vor allem die Staatenpraxis[389] und Teile der Völkerrechtswissenschaft von einem Nichteinmi-

---

388 Dazu unten C., VI., 3.

389 Vgl. nur die Formulierung der *Friendly Relations Declaration*, „Considering that the progressive development and codification of the following principles: [...] (c) The duty not to intervene in matters within the domestic jurisdiction of any State, in accordance with the Charter [...]" oder aus jüngerer Vergangenheit Art. 4 Abs. 1 United Nations Convention Against Transnational Organized Crime v. 29.3.2003, UNTS 2225 (2007), S. 275; aus der Resolutionspraxis der Generalversammlung siehe z.B. GA Res. 45/15 v. 23.1.1991, GA Res. 43/89 v. 26.1.1989, Res. GA Res. 42/3 v. 14.10.1987; vgl. auch die Formulierung zahlreicher bilateraler Verträge, wie z.B. die des zweiten Prinzips im Freundschafts- und Kooperationsvertrag zwischen Spanien und den Philippinen v. 30.6.2000, UNTS 2327 (2005) S. 209, Art. 1 des Freundschafts- und Kooperationsvertrages zwischen Rumänien und der Türkei v. 19.9.1991, UNTS 2356 (2008), S. 179 oder Art. 1 Abs. 3 Agreement on cooperation to combat drug trafficking and drug dependence zwischen Mexico und Honduras v. 13.10.1990, UNTS 1719 (1993), S. 182; auch in der nationalen Rechtsprechung findet sich vereinzelt der Verweis auf das „Nichteinmischungsprinzip", vgl. z.B. BGHSt 45, 65-91 (66); BGH, Beschl. v. 11.2.1999 – 2 ARs 51/99, 2 ARs 51/99 - 2 AR 199/98 –, juris Rdnr. 1; BGH, Beschl. v. 11.12.1998 – 2 ARs 499/98 –, juris Rdnr. 2.

schungs*prinzip* (bzw. non-intervention *principle*) sprechen[390], hat sich im jüngeren Schrifttum die Bezeichnung als Interventions*verbot*[391] etabliert, welche eine Einordnung nicht als Prinzip, sondern als Regel (rule) des Völkerrechts indiziert. Teilweise werden die Bezeichnungen Nichteinmischungsprinzip/-grundsatz und Interventionsverbot aber auch parallel (oder synonym) verwendet.[392] Die divergierenden Einordnungen führen dabei nicht nur zu einer begrifflichen Uneinheitlichkeit, sondern sie sind darüber hinaus Ausdruck einer grundsätzlichen Weichenstellung für den Umgang mit der Norm. Der immer wiederkehrende Rekurs auf die schier zahllosen Unklarheiten des Nichteinmischungsprinzips/Interventionsverbots[393] – ohne die eine wissenschaftliche Arbeit zu der Norm unvollständig (oder bisweilen sogar unmöglich) scheint – lässt sich möglicherweise bereits darauf zurückführen, dass eine historisch als Regel gewachsene Norm zum Teil in den Stand eines völkerrechtlichen Prinzips erhoben wurde bzw. wird. Dabei ergeben sich gerade in der Anwendung von Prinzipien und Regeln teils erhebliche Unterschiede, die sich beispielsweise

---

390 Siehe z.B. *Kohen*, Leiden JIL 25 (2012), S. 157-164; *Jamnejad/Wood*, Leiden JIL 22 (2009), S. 345-381; *Voigt*, Nordisk Juridisk Tidsskrift 31 (2008), S. 3 (8); *Shaw*, International Law, S. 1147 f.; *Kunig*, Das völkerrechtliche Nichteinmischungsprinzip, insb. S. 237-239; *Beck*, Die extraterritoriale Anwendung nationalen Wettbewerbrechts unter besonderer Berücksichtigung länderübergreifender Fusionen, S. 128-130; die Charakterisierung als Grundsatz (und somit wohl auch als Prinzip) findet sich bei *Graf Vitzthum*, in: ders./Proelß, Völkerrecht, I Rdnr. 75; *Schweisfurth*, Völkerrecht, 9 Rdnr. 257-266; die Bezeichnung als Grundsatz auch in bilateralen Partnerschaftsverträgen der Bundesrepublik Deutschland verwendet, vgl. z.B. Art. 2 Abs. 5 Vertrag über gute Nachbarschaft und freundschaftliche Zusammenarbeit mit der Tschechischen und Slowakischen Föderativen Republik v. 27.2.1992 (BGBl. 1992 II, S. 463).

391 *Odendahl*, AVR 50 (2012), S. 318-347; *von Arnauld*, Völkerrecht, Rdnr. 347-371; *Seidel*, Völkerrechtliches Interventionsverbot, in: FS Tomuschat, S. 829-845; *Heintschel von Heinegg*, in: Ipsen, Völkerrecht, § 51 Rdnr. 41-52; vgl. für die nationale Rechtsprechung z.B. BVerfG, Beschl. v. 12.12.2000, 2 BvR 1290/99 = NJW 2001, S. 1848 (1852); BVerfGE 64, 1 (43).

392 So z.B. bei *Stein/von Buttlar*, Völkerrecht, Rdnr. 631-657.

393 Vgl. z.B. *Berstermann*, Das Einmischungsverbot im Völkerrecht, S. 19; *Wehser*, Die Intervention nach gegenwärtigem Völkerrecht, in: Simma/Blenk-Knocke, Zwischen Intervention und Zusammenarbeit, S. 23 (23); zuvor schon *Dahm*, Völkerrecht, Bd. 1, S. 208; *Wengler*, Völkerrecht, Bd. II, S. 1038 die das Institut des Interventionsverbots als eines der „dunkelsten und umstrittensten Kapitel der Völkerrechtslehre" bezeichnen. Teilweise wird in dieser Feststellung auch die einzige Übereinstimmung zu der Norm im wissenschaftlichen Diskurs gesehen, *Friedmann*, The Changing Structure of International Law, S. 267 (Anm. 24).

auf den Anwendungsmodus sowie die Auflösung von Normkonflikten auswirken.

1. Prinzipien und Regeln

Es ist nicht das Ziel der folgenden Ausführungen, sämtliche Konzeptionen zur Differenzierung zwischen Prinzipien und Regeln im Detail zu betrachten. Vielmehr sollen allein die grundlegenden Unterscheidungskriterien der bedeutendsten Arbeiten dargestellt und auf das völkerrechtliche Interventionsverbot bzw. Nichteinmischungsprinzip angewendet werden.

In der im Wesentlichen seit den 1950er Jahren geführten Debatte[394] haben sich dabei *grosso modo* drei Kriterien zur Differenzierung zwischen Prinzipien und Regeln des Rechts herausgebildet: das Kriterium des hyphothetisch-konditionalen Charakters (a.), das Kriterium des finalen Anwendungsmodus (b.) sowie das Kriterium des normativen Konflikts (c.).[395]

a. Kriterium des hyphothetisch-konditionalen Charakters

Die wesentlichen Charakteristika der Regel bilden der im Voraus bestimmbare Tatbestand sowie die an diesen geknüpfte Rechtsfolgen. Diese hyphothetisch-konditionale Verknüpfung ermöglicht eine Anwendung von Regeln im Wenn-Dann-Modus. Hingegen bilden Prinzipien das normative Fundament, das überhaupt ermöglicht, entsprechende Regeln zu formulieren.[396] Prinzipien sind dabei zugleich die Quellen, denen Verhaltensnor-

---

394 *Alexy*, Zur Struktur der Rechtsprinzipien, in: Schilcher/Koller/Funk, Regeln, Prinzipien und Elemente im System des Rechts, S. 30 (30); Zur Unterscheidung zwischen völkerrechtlichen Prinzipien und anderen Rechtsnormen z.B. *Cheng*, General Principles of Law as applied by International Courts and Tribunals, S. 24; *Dillard*, RdC 91 (1957), S. 449 (477-498); zuvor unterschied bereits *Bruns* „Rechtsgrundsätze" und „Rechtsinstitute" von „Rechtssätzen", ZaöRV 1 (1929), S. 1 (S. 3, 10); soweit ersichtlich, in Deutschland zuerst *Esser*, Grundsatz und Norm in der richterlichen Fortbildung des Privatrechts (1956).
395 Dazu ausführlich *Bergmann Ávila*, Theorie der Rechtsprinzipien, S. 24-55.
396 *Esser*, Grundsatz und Norm in der richterlichen Fortbildung des Privatrechts, S. 51.

men entspringen, sowie das normative Gerüst zu deren Anwendung und Auslegung.[397]

b. Kriterium des finalen Anwendungsmodus

Dworkin differenziert anhand der absolut eintretenden bzw. ausbleibenden Rechtsfolge. Während Regeln nach dem Grundsatz „Alles-oder-Nichts" angewendet werden, gelten Prinzipien nicht absolut. Ist der Tatbestand einer Regel erfüllt, und ist die Regel gültig, so ist die Rechtsfolge zu akzeptieren. Ist die Regel hingegen nicht gültig, leistet sie keinen Beitrag zur Beantwortung der entsprechenden Rechtsfrage.[398] Prinzipien haben hingegen keinen absoluten Charakter. Sie sind insbesondere nicht mit automatisch eintretenden Rechtsfolgen verknüpft, sondern enthalten Grundlagen, welche – soweit diese zu berücksichtigen sind – die Antwort auf eine Rechtsfrage in die eine oder andere Richtung neigen können.[399]

Alexy differenziert anhand des Verpflichtungsgrades. Prinzipien sind danach „Optimierungsgebote", die in Abhängigkeit von den tatsächlichen und rechtlichen Möglichkeiten in möglichst hohem Maße realisiert werden. Durch Prinzipien beschriebene Zustände können – in Abhängigkeit gegenläufiger Prinzipien und Regeln – zu unterschiedlichen Graden erfüllt werden.[400] Demgegenüber sind Regeln Normen, die ausschließlich entweder erfüllt oder nicht erfüllt werden können. „Wenn eine Regel gilt, dann ist es geboten, genau das zu tun, was sie verlangt, nicht mehr und nicht weniger."[401]

---

397 *Larenz*, Richtiges Recht, S. 26; *ders.*, Methodenlehre der Rechtswissenschaft, S. 474.
398 *Dworkin*, Taking Rights Seriously, S. 24; *ders.*, Is law a system of rules?, in: ders., The Philosophy of Law, S. 45.
399 *Dworkin*, Taking Rights Seriously, S. 25.
400 *Alexy*, Zur Struktur der Rechtsprinzipien, in: Schilcher/Koller/Funk, Regeln, Prinzipien und Elemente im System des Rechts, S. 30 (32); *ders.* Theorie der Grundrechte, S. 75 f.; *ders.*, Archiv für Rechts- und Sozialphilosophie, Beiheft 25 (1985), S. 20.
401 *Alexy*, Zur Struktur der Rechtsprinzipien, in: Schilcher/Koller/Funk, Regeln, Prinzipien und Elemente im System des Rechts, S. 30 (32).

c. Kriterium des normativen Konflikts

Als drittes Unterscheidungskriterium zwischen Regeln und Prinzipien wird bei einigen Autoren die Funktionsweise in Fällen von Normenkonflikten angeführt.[402] So kommt den Prinzipien nach *Dworkin* – im Gegensatz zu Regeln – im Kollisionsfall eine „dimension of weight or importance" zu. Wenn Prinzipien kollidieren, sind bei der Auflösung des Konflikts alle widerstreitenden Prinzipien zu berücksichtigen. Regeln hingegen haben keine solche Dimension. Kollidieren zwei Regeln, muss eine der beiden ungültig sein.[403]

Eine vergleichbare Ausgestaltung des Konfliktkriteriums wählt auch *Alexy*. Die Lösung von Prinzipienkonflikten erfolgt nicht durch die Bestimmung des unmittelbaren (und absoluten) Vorrangs eines der kollidierenden Prinzipien, sondern durch Abwägung dieser unter Berücksichtigung der konkreten Umstände der zugrundeliegenden Frage im Einzelfall, sodass „nur bedingte Vorrangrelationen bestehen". Die Festlegung des Vorrangverhältnisses ist die Aufgabe der Optimierung.[404]

2. Interventionsverbot als völkerrechtliche Regel

Wenn neben Teilen der Wissenschaft auch die Formulierungen der Norm in Verträgen und Resolutionen[405] sowie in Entscheidungen des

---

402 So unterscheidet *Canaris* Prinzipien und Regeln nicht nur aufgrund ihres werttheoretischen Charakters. Im Gegensatz zu Regeln erhalten Prinzipien ihren Sinngehalt nur durch einen Interaktionsprozess mit anderen Normen (Systemdenken und Systembegriff der Jurisprudenz, S. 50, 53 u. 55).

403 *Dworkin*, Taking Rights Seriously, S. 26 f.; so auch *Alexy*, Zur Struktur der Rechtsprinzipien, in: Schilcher/Koller/Funk, Regeln, Prinzipien und Elemente im System des Rechts, S. 30 (33).

404 *Alexy*, Zur Struktur der Rechtsprinzipien, in: Schilcher/Koller/Funk, Regeln, Prinzipien und Elemente im System des Rechts, S. 30 (34 f.); *ders.*, Archiv für Rechts- und Sozialphilosophie, Beiheft 25 (1985), S. 17.

405 So schon die Formulierung in der *Friendly Relations Declaration* („principle of non-intervention"); vgl. auch Art. 19 OAS Charta; Art. 4 lit. g) AU constitutive act; in jüngerer Vergangenheit vgl. z.B. Art. 21 International Convention for the Suppression of Acts of Nuclear Terrorism v. 13.4.2005; Art. 4 United Nations Convention against Corruption v. 31.10.2003, UNTS 2349 (2007), S. 145; Art. 4 United Nations Convention against transnational organized Crime v. 29.3.2003, UNTS 2225 (2007), S. 275.

IGH[406] die Existenz eines Nichteinmischungs*prinzips* suggerieren, überzeugt die Charakterisierung als Prinzip insbesondere in Anbetracht der tatbestandlichen Struktur und des Normzwecks nicht.

Die Einordnung des Interventionsverbots als Regel des Völkerrechts ergibt sich insbesondere aus der konsequenten Anwendung der zuvor dargestellten Differenzierungskriterien. Auch die Untersuchungen, die das Interventionsverbot als Nichteinmischungsprinzip bezeichnen, bemühen sich im Wesentlichen um eine Definition der Tatbestandsmerkmale und somit um den Nachweis bzw. die Konkretisierung des hypothetisch-konditionalen Charakters der Norm. Die überwiegende Zahl der Arbeiten verweisen darüber hinaus auf die enge Verbindung des Interventionsverbots mit der staatlichen Souveränität bzw. dem Prinzip der souveränen Gleichheit der Staaten.[407] Teilweise orientieren sie sich bei der Bestimmung der Tatbestandsmerkmale auch an dem bzw. den zugrunde liegenden Prinzip(ien).[408] Dass das Interventionsverbot als völkerrechtliche Regel dem Prinzip der souveränen Gleichheit entspringt, zeigt schon die heute einhellige Verortung des Interventionsverbots in Art. 2 Abs. 1 UN-Charta.[409]

Die enge Verbindung zwischen Interventionsverbot und dem Prinzip der souveränen Gleichheit wird auch durch die übereinstimmende inhaltli-

---

406 IGH, *Case concerning Military and Paramilitary Activities in and against Nicaragua*, Urt. v. 27.6.1986, ICJ Rep. 1986, S. 14 (z.B. 107, § 205); *Case concerning Armed Activities on the Territory of the Congo (Congo v. Uganda)*, Urt. v. 19.12.2005, ICJ Rep. 2005, S. 168 (227, § 163).

407 Siehe z.B. *Bockslaff*, Das völkerrechtliche Interventionsverbot, S. 100-113; *Dicke*, Intervention mit wirtschaftlichen Mitteln, S. 53-163; *Berstermann*, Das Einmischungsverbot im Völkerrecht, S. 131 f.; *Trautner*, Die Einmischung in innere Angelegenheiten und die Intervention als eigenständige Verbotstatbestände im Völkerrecht, S. 24-56.

408 Dies gilt insbesondere für *Bockslaff*, für den die maßgebliche Funktion des Interventionsverbots im Ausgleich konkurrierender Souveränitätsansprüche liegt (Das völkerrechtliche Interventionsverbot, S. 84, 120-149); ähnlich auch *Berstermann*, Das Einmischungsverbot im Völkerrecht, S. 135-139.

409 Vgl. z.B. BVerfG, Nichtannahmebeschl. v. 30.1.2008 – 2 BvR 793/07 –, juris Rdnr. 19 = NVwZ 2008, S. 878 (879); *Heintschel von Heinegg*, in: Ipsen, Völkerrecht, § 51 Rdnr. 42; *Stein/von Buttlar*, Völkerrecht, Rdnr. 635; *Schweisfurth*, Völkerrecht, 9 Rdnr. 258; *Dahm/Delbrück/Wolfrum*, Völkerrecht, Bd. I/3, S. 798; *Nolte*, Eingreifen auf Einladung, S. 167 f.; *Kunig*, Das völkerrechtliche Nichteinmischungsprinzip, S. 194; *Verlage*, Responsibility to Protect, S. 174; *Hobe*, Einführung in das Völkerrecht, S. 290 f.

che Ausgestaltung des Prinzips in der *Friendly Relations Declaration*[410] mit der Bestimmung des staatlichen *domaine réservé* durch den IGH bestätigt.[411] Nachdem der Gerichtshof das Interventionsverbot als logischen Folgesatz des Prinzips der Staatengleichheit beschreibt[412], bestimmt er den Inhalt eines Tatbestandsmerkmals des Interventionsverbots – des *domaine réservé* – durch die ausdrückliche Hinzuziehung des Prinzips staatlicher Souveränität.[413] Diese eindeutige und einseitige Determinierung des Interventionsverbots durch das Prinzip der souveränen Staatengleichheit steht zugleich einem Nebeneinander zweier gleichwertiger Prinzipien[414] (Nichteinmischungsprinzip und souveräne Gleichheit) entgegen. Das Interventionsverbot ist unmittelbarer Ausfluss der souveränen Gleichheit der Staaten.[415] Nicht das Interventionsverbot bestimmt den Inhalt des Prinzips der Staatengleichheit, sondern letzteres bestimmt den Tatbestand der konkretisierenden Regel(n).

Auch das Kriterium des finalen Anwendungsmodus führt zu einer Einordnung als Regel. Schon der immer wiederkehrende Verweis auf die Schwierigkeiten bei der Bestimmung von Handlungen, die tatbestandlich vom Interventionsverbot erfasst werden, zeigt das Ziel der jeweiligen wissenschaftlichen Untersuchungen, das Interventionsverbot als Regel absolut anzuwenden. Unabhängig davon, ob sich die entsprechende Abhandlung um die abstrakte Definition von Tatbestandsmerkmalen oder die Bildung von Fallgruppen zur Bestimmung des Tatbestandes bemüht, wird einhellig das Ziel verfolgt, die Frage der Rechtswidrigkeit einer Handlung – und damit auch die Frage nach der notwendigen Voraussetzung für die Rechtmäßigkeit möglicher Gegenmaßnahmen – unmittelbar mit der erfolgreichen Subsumtion unter Tatbestandsmerkmale zu verknüpfen. Ein entsprechen-

---

410 „Each State has the right freely to choose and develop its political, social, economic and cultural systems."

411 IGH, *Case concerning Military and Paramilitary Activities in and against Nicaragua*, Urt. v. 27.6.1986, ICJ Rep. 1986, S. 14 (108, § 205).

412 „[The principle of non-intervention] has moreover been presented as a corollary of the principle of the sovereign equality of States" (106, § 202).

413 „[...] is permitted, by the principle of State sovereignty [...]" (108, § 205); der Zusammenhang zwischen dem Prinzip der souveränen Gleichheit und dem *domaine réservé* wird auch angedeutet bei *Kokott*, Sovereign Equality of States, in: Wolfrum, MPEPIL IX, S. 571 (Rdnr. 51).

414 In diese Richtung auch der IGH (z.B. Nicaragua, 108, § 202) oder *Graf Vitzthum*, in: ders./Proelß, Völkerrecht, I Rdnr. 76.

415 *Kokott*, Sovereign Equality of States, in: Wolfrum, MPEPIL IX, S. 571 (Rdnr. 1).

des Bild zeichnet sich auch in Rechtsprechung und Staatenpraxis. Der IGH benennt in der *Nicaragua*-Entscheidung zunächst die Tatbestandsmerkmale des Interventionsverbots.[416] Die Rechtswidrigkeit (und somit die Rechtsfolge) der Handlungen wird sodann allein anhand der Subsumtion unter die zuvor definierten Tatbestandsmerkmale bestimmt. Der Absolutheitscharakter des Interventionsverbots zeigt sich darüber hinaus schon in der Formulierung des ersten Absatzes der UN-Prinzipiendeklaration, der feststellt, dass vom Tatbestand erfasste Einmischungen „are in violation of international law".[417] Auch in der jüngeren Staatenpraxis sind keine Hinweise darauf ersichtlich, dass das Interventionsverbot als „Optimierungsgebot" verstanden wird. Soweit Staatenvertreter eine Einmischung in die inneren Angelegenheiten rügen, geht hiermit ausdrücklich oder mittelbar der Vorwurf der rechtswidrigen Handlung aufgrund der Verwirklichung eines völkerrechtlichen Tatbestandes einher.[418]

Der durch den Tatbestand entstehenden Verpflichtung, bestimmte Handlungen zu unterlassen, kann also nur nachgekommen werden, wenn die rechtswidrige Handlung tatsächlich unterbleibt. Die Bestimmung rechtswidriger Interventionen durch das Interventionsverbot trägt dabei dem aus dem Prinzip der souveränen Gleichheit folgenden Optimierungsgebot Rechnung. Im Gegensatz zum Interventionsverbot gilt das Prinzip der Gleichheit souveräner Staaten nicht absolut, sondern postuliert vielmehr ein der Völkerrechtsordnung zugrundeliegendes Grundaxiom. Die hieraus resultierenden Verpflichtungen ergeben sich erst durch die Hinzuziehung anderer Grundprinzipien und der Ausgestaltung konkretisierender Regeln, wie z.B. des Interventionsverbots.

Das Kriterium des normativen Konflikts ist für die Bestimmung des Charakters einer völkerrechtlichen Norm nicht bzw. kaum geeignet. In der Völkerrechtsordnung existiert bisher kein konsistentes System zur Lösung völkerrechtlicher Normenkonflikte. Mangels eines Hierarchieverhältnisses zwischen völkerrechtlichen Vorschriften besteht – mit Ausnahme der Vorschriften des zwingenden Völkerrechts – kein grundsätzliches Vor- bzw. Nachrangigkeitsverhältnis. Während Konflikte zwischen völkerrechtlichen

---

416 IGH, *Case concerning Military and Paramilitary Activities in and against Nicaragua*, Urt. v. 27.6.1986, ICJ Rep. 1986, S. 14 (108, § 205); vgl. auch *Armed Activities on the Territory of the Congo (Congo v Uganda)*, Urt. v. 19.12.2005, ICJ Rep. 2005, S. 168 (227, § 164).
417 Text abgedruckt in Fn. 273.
418 Zahlreiche Beispiele aus der jüngeren Staatenpraxis unter D., IV.

Verträgen im Einzelfall auch durch vertragliche Kollisionsnormen[419] ge-
löst werden können, bleibt für Kollisionen völkergewohnheitsrechtlicher
Normen allein der Rückgriff auf völkerrechtliche Derogationsvorschriften
(lex posterior-Grundsatz; lex specialis-Grundsatz). Insoweit gilt zumindest
innerhalb des gleichen Rechtsregimes, dass die Entstehung einer Norm
des Völkergewohnheitsrechts, die mit bereits bestehenden gewohnheitsrechtlichen Vorschriften kollidiert, grundsätzlich zur Aufhebung bzw. Modifikation der bereits existenten Regelungen führt. Darüber hinaus besteht
bisher kaum Klarheit. Daher bietet es sich an, mögliche Normenkonflikte
bereits auf Tatbestandsebene im Sinne einer normimmanenten Konflikt-
prävention, wie sie auch in der Auslegungsregel des Art. 31 Abs. 3 lit. c)
WVK angelegt ist[420], durch die Berücksichtigung potenziell widerstreitender Vorschriften zu verhindern bzw. eine Berücksichtung zukünftiger widerstreitender Vorschriften zu ermöglichen. In Ermangelung anerkannter
Kollisionsregeln bietet die tatbestandliche Berücksichtigung (nicht nur)
widerstreitender Völkerrechtssätze bis dato eine der wenigen Möglichkeiten zur Sicherung einer konsistenten und kohärenten Völkerrechtsordnung.

Die Möglichkeit der Berücksichtigung anderer völkerrechtlicher Regeln
ergibt sich im besonderen Maße für das Interventionsverbot. Die meisten
der bisher vorgeschlagenen Definitionen der Tatbestandsmerkmale sind
durch die Heranziehung anderer Völkerrechtsnormen geprägt. Dies gilt
zum einen für die Bestimmung des Anwendungsbereichs durch den *domaine réservé*. Durch die Abhängigkeit des Anwendungsbereichs vom gegenwärtigen Stand des Völkerrechts und dem daraus folgenden dynami-
schen Anwendungsbereich des Tatbestandes werden potenzielle Normkon-
flikte bereits auf Tatbestandsebene weitgehend ausgeschlossen. Dies gilt
auch für den bzw. die weiteren Tatbestandsmerkmale, vor allem wenn man
ihnen die primäre Aufgabe der Auflösung bestehender Souveränitätskon-

---

419 Siehe vor allem Art. 103 UN-Charta und Art. 98 Abs. 2 StIGH-Statut. Zur vergleichbaren Problematik von Zuständigkeitskonflikten internationaler Streitbeile-
gungsmechanismen vgl. z.B. Art. 344 AEUV und Art. 23 Abs. 1 DSU, die den eigenen Streitbeilegungsmechanismus uneingeschränkten Vorrang einräumen; hingegen sehen Art. 95 UN-Charta, Art. 281, 282 UNCLOS oder Art. 55 EMRK für
den Fall, dass besondere Vereinbarungen getroffen wurden, die Nachrangigkeit
ihrer entsprechenden Verfahren vor.
420 Zu Art. 31 Abs. 3 lit. c) WVK vgl. *Dörr*, in: ders./Schmalenbach, Vienna Convention on the Law of Treaties, Art. 31 Rdnr. 89-104.

flikte durch Abwägung zuweist[421]. Darüber hinaus würde sich die Frage nach der Auflösung von Normkonflikten in Bezug auf das Interventionsverbot nicht stellen, wenn es Bestandteil des zwingenden Völkerrechts wäre und somit generell Geltungsvorrang genießen würde.[422]

3. Interventionsverbot als Bestandteil des ius cogens?

Betrachtet man den Kanon jener Vorschriften, die dem zwingenden Völkerrecht im Schrifttum zugeordnet werden, so wird deutlich, dass neben dem Gewaltverbot nur selten Normen genannt werden, die dem zwischenstaatlichen Paradigma des Westfälischen Systems angehören.[423] Die ansonsten immer wieder genannten Völkerrechtssätze[424] (das Selbstbestimmungsrecht[425], Verbot des Völkermordes[426], Verbot der Sklaverei[427], elementare Menschenrechte) dienen in erster Linie dem Schutz des Individuums. Eine Ausnahme gilt hier allerdings für das Interventionsverbot, das zumindest in gewisser Regelmäßigkeit als Bestandteil des *ius cogens* neben das Gewaltverbot gestellt wird.[428]

---

421 So insbesondere *Bockslaff*, Das völkerrechtliche Interventionsverbot, S. 121; *Berstermann*, Das Einmischungsverbot im Völkerrecht, S. 137.

422 *von Arnauld*, Völkerrecht, Rdnr. 252; gegen eine Normenhierarchie z.B. *Heintschel von Heinegg*, in: Ipsen, Völkerrecht, § 16 Rdnr. 45.

423 *von Arnauld*, Völkerrecht, Rdnr. 249.

424 Ausführlich zum *ius cogens* in der internationalen und nationalen Rechtsprechung: *Schmalenbach*, in: Dörr/dies., The Vienna Convention on the Law of Treaties, Art. 53 Rdnr. 81; *Shelton*, in: Evans, International Law, S. 146-157.

425 Vgl. z.B. die Separate Opinion des Richters Ammoun, *Barcelona Traction, Light and Power Company* (Second Phase), ICJ Rep. 1970, S. 286 (305).

426 Vgl. z.B. IGH, *Case concerning Armed Activities on the Territory of the Congo (Congo/Rwanda)*, Urt. v. 3.2.2006, ICJ Rep. 2006, S. 6 (32, § 64).

427 Vgl. z.B. ICTY, Urt. v. 10.12.1998, IT-95-17/1-T, *Prosecuter v. Anto Furundzija*, § 153.

428 So z.B. Separate Opinion des Richters Sette-Camara, *Military and Paramilitary Activities in and against Nicaragua*, ICJ Rep 1986, S. 14 (199-200); *Bautze*, Völkerrecht, S. 36; *Hobe*, Einführung in das Völkerrecht, S. 219; *Sinclair*, Principles of International Law Concerning Friendly Relations and Co-operation among States, in: Nawaz, Essays on International Law in Honour of K. Rao, S. 107 (138), *Mosler*, ZaöRV 36 (1976), S. 6 (37); *Thomas/Thomas*, Sw. LJ 29 (1975), S. 513 (533). Vgl. auch schon den Kommentar der zypriotischen Vertreter zu den ILC Draft Articles on the Law of Treaties (YbILC 1966-II, 22) oder die Äußerungen der Vertreter der UdSSR im Rahmen der Wiener Konferenz (Official

Den bedeutendsten Ankerpunkt für die Bestimmung von *ius cogens*-Vorschriften bildet nach wie vor Art. 53 WVK, der nicht nur die Existenz zwingender Vorschriften im Völkerrecht bestätigt[429], sondern darüber hinaus eine Definition der *ius cogens* Norm als „a norm accepted and recognized by the international community of states as a whole as a norm from which no derogation is permitted and which can be modified only by a subsequent norm of general international law having the same character" bereithält. Trotz der positivierten Definition bestehen (nicht nur) hinsichtlich der Bestimmung von *ius cogens* Normen weiterhin erhebliche Schwierigkeiten.[430]

Gemeinsam ist allen bisher dem *ius cogens* zugeordneten Normen allerdings, dass sie dem Völkergewohnheitsrecht angehören. Dieses Charakteristikum lässt hinsichtlich der Entstehung – und somit auch der Bestimmung – von Vorschriften des Völkergewohnheitsrechts und solcher des *ius cogens* auf eine weitreichende Parallelität schließen. Während sich allerdings die *opinio iuris* der Staaten bei der Entstehung von „einfachem" Völkergewohnheitsrecht allein auf die Existenz des entsprechenden Rechtssatzes bezieht, ist diese für die Entstehung von *ius cogens* nur die notwendige Bedingung. Für die hinreichende Bestimmung bedarf es eines doppelten Konsenses, welcher neben der Existenz auch den zwingenden Charakter der entsprechenden Vorschrift umfasst.[431] Im Nachweis des auch den zwingenden Charakter umfassenden Konsenses liegt die eigentliche Schwierigkeit.

Records of the United Nations Conference on the Law of Treaties I 294 para. 3). Für den *ius cogens*-Charakter der Grundprinzipien der UN-Charta *Schweisfurth*, Völkerrecht, 2 Rdnr. 140. Ausdrücklich gegen die Zugehörigkeit des Interventionsverbots zum zwingenden Völkerrecht hingegen *Stein/von Buttlar*, Völkerrecht, Rdnr. 653; *Kunig*, Das völkerrechtliche Nichteinmischungsprinzip, S. 308.

429 *von Arnauld*, Völkerrecht, Rdnr. 251.

430 Diese Probleme sah auch schon die ILC zum Zeitpunkt der Kodifizierung des Art. 53 WVK: "[t]he formulation of the article is not free from difficulty, since there is no simple criterion by which to identify a general rule of international law as having the character of *jus cogens*. Moreover, the majority of the general rules of international law do not have that character, and States may contract out of them by treaty", YbILC 1966-II, 247-248; sehr anschaulich zu den Unsicherheiten *D' Amato*, Connecticut JIL 6 (1990), S. 1-6.

431 Vgl. IGH, *Questions Relating to the Obligation to Prosecute or Extradite*, Urt. v. 20.7.2012, ICJ Rep. 2012, S. 422 (457, § 99); siehe auch *Schmalenbach*, in: Dörr/dies., The Vienna Convention on the Law of Treaties, Art. 53 Rdnr. 47; *Heintschel von Heinegg*, in: Ipsen, Völkerrecht, § 16 Rdnr. 42.

Dass das Interventionsverbot dem Völkergewohnheitsrecht angehört, kann angesichts der bereits dargestellten und der noch zu betrachtenden Staatenpraxis nicht bestritten werden. Auch in Schrifttum[432] und Rechtsprechung[433] wird in seltener Einvernehmlichkeit von der gewohnheitsrechtlichen Geltung ausgegangen. Hinsichtlich des zwingenden Charakters finden sich in der Staatenpraxis allerdings – wenn überhaupt – kaum bzw. nur vereinzelte Hinweise. Unabhängig davon, welcher Maßstab angelegt wird, um eine Anerkennung durch die „international community of States" anzunehmen, genügen vereinzelte Indizien in den Äußerungen einzelner Staatenvertreter für eine universelle Anerkennung nicht. Was die jüngere Staatenpraxis im Bezug auf das Interventionsverbot betrifft, so erschöpft sich diese zumeist im Vorwurf der rechtswidrigen Einmischung.

Vereinzelt wurde die Behauptung des zwingenden Charakters völkerrechtlicher Vorschriften nicht über den Prozess der Rechtserzeugung, sondern unmittelbar auf den Zweck des Völkerrechts gestützt. Da der Zweck im Wesentlichen die Koordination des staatlichen Zusammenlebens sei[434], gebe es fundamentale Normen, welche die Erfüllung dieses Zwecks im besonderen Maße sichern. Dazu sollen das Gewaltverbot, das Interventionsverbot sowie das Selbstbestimmungsrecht zählen.[435] Der Rekurs auf den Fundamentalcharakter hat sicherlich seinen Charme. Diesen wird man ohne Zweifel jeder Norm zusprechen können, die entweder gesichert zum Kanon des *ius cogens* gezählt oder regelmäßig in dessen Nähe gerückt wird. Auch dass die für die zwischenstaatliche Koordination genannten Fundamentalnormen mit ihrer engen Verbindung zum Prinzip der souveränen Staatengleichheit eine weitere Gemeinsamkeit aufweisen, ließe sich als Argument für die Gleichbehandlung der drei Vorschriften und somit die Erhebung des Interventionsverbots in den Stand des zwingenden Völkerrechts nennen. Dennoch sind die Kriterien des Art. 53 WVK eindeutig

---

432 Siehe z.B. *von Arnauld*, Völkerrecht, Rdnr. 348; *Stein/von Buttlar*, Völkerrecht, Rdnr. 635; *Jamnejad/Wood*, Leiden JIL 22 (2009), S. 345 (351-355); *Kunig*, Prohibition of Intervention, in: Wolfrum, MPEPIL VI, S. 289 (Rdnr. 2); *Herdegen*, Völkerrecht, § 35 Rdnr. 1; *Heintschel von Heinegg*, in: Ipsen, Völkerrecht, § 51 Rdnr. 42; *Schweisfurth*, Völkerrecht, 9 Rdnr. 259; *Verlage*, Responsibility to Protect, S. 174; *Shaw*, International Law, S. 1147; *Nolte*, Eingreifen auf Einladung, S. 167.
433 IGH, *Case concerning Military and Paramilitary Activities in and against Nicaragua*, Urt. v. 27.6.1986, ICJ Rep. 1986, S. 14 (106-108, §§ 202-204).
434 *Mosler*, ZaöRV 36 (1976), S. 6 (16).
435 *Mosler*, ZaöRV 36 (1976), S. 6 (37).

und sehen insbesondere keine Differenzierung zwischen fundamentalen Normen des Völkerrechts und solchen, die durch einen speziellen Akt der Rechtserzeugung zum zwingenden Recht erkoren werden, vor. Dass die Staatengemeinschaft auch an den Kriterien der WVK festhält, zeigt z.B. der Kommentar zu Art. 26 des ILC Entwurfs zur Staatenverantwortlichkeit, der auf die stringenten Kriterien des Art. 53 WVK zur Bestimmung von *ius cogens* Normen verweist und das Bedürfnis nach einer Anerkennung durch die Staatengemeinschaft hervorhebt.[436] Eben diese Anerkennung ist für das Interventionsverbot aber nicht nachweisbar.[437]

III. Die souveräne Gleichheit als Schutzgut des Interventionsverbots

Die meisten der bisherigen Untersuchungen zum Interventionsverbot haben sich mit dessen Schutzgut auseinandergesetzt und dabei überwiegend die staatliche Souveränität als solches ausgemacht. Die Autoren verweisen entweder auf die Souveränität in ihrer Gänze[438] oder deren Teilbereiche, wie etwa die rechtliche negative äußere Souveränität[439]. Trotz des teils deutlich unterschiedlichen Souveränitätsverständnisses, das den Untersuchungen zugrunde liegt, zeigt sich eine deutliche Parallele aller bisherigen Untersuchungen darin, dass – unabhängig von der jeweiligen Bezeichnung – die staatliche Handlungsfreiheit als zentrales Element staatlicher Souveränität eine übergeordnete Rolle spielt.

---

436 Draft articles on Responsibility of States for Internationally Wrongful Acts, YbILC 2001-II, S. 1 (85).

437 *Jamnejad/Wood*, Leiden JIL 22 (2009), S. 345 (357-359).

438 *Berstermann*, Das Einmischungsverbot im Völkerrecht, S. 105 f.; *Bockslaff*, Das völkerrechtliche Interventionsverbot, S. 100; *Kunig*, Das völkerrechtliche Nichteinmischungsprinzip, S. 242; *Neuhold*, Internationale Konflikte, S. 270; *Verdross/Simma*, Universelles Völkerrecht, §§ 39, 490; *Vincent*, Non-Intervention and International Order, S. 14; *Hettlage*, Niemeyer's Zeitschrift für Internationales Recht 37 (1927), 11 (37); vgl. auch BGHSt 45, 65-91 (66); BGH, Beschl. v. 11.12.1998 – 2 ARs 499/98 –, juris Rdnr. 2; Beschl. v. 13.2.1994 – 1 BGs 100/94, 2 BJs 2/94 - 5 - 1 BGs 100/94 –, juris Rdnr. 49.

439 Vgl. insb. *Dicke*, Intervention mit wirtschaftlichen Mitteln, S. 68-163.

1. Die Handlungsfreiheit als zentrales Element staatlicher Souveränität

Die Entwicklung des Souveränitätsbegriffs sowie seine konkrete Ausgestaltung in der Gegenwart soll in Anbetracht zahlreicher ausführlicher Darstellungen an dieser Stelle nicht nachgezeichnet werden. Die detaillierte Ausgestaltung ist für das abstrakte Verständnis des Interventionsverbots auch nicht von entscheidender Bedeutung. Genügen soll der Hinweis, dass es sich beim Konzept der Souveränität im Kern um ein Bündel von Rechten handelt, welches die Stellung des Staates als originäres Völkerrechtssubjekt absichert.[440]

Trotz im Detail unterschiedlicher Ausgestaltung dieses „Rechtebündels" ist die grundsätzliche Handlungsfreiheit, als unmittelbarer Ausfluss staatlicher Souveränität, die maßgebliche Konstante (nicht nur) in der sich auf das Interventionsverbot ausgerichteten Souveränitätsdebatte. *Von Arnauld* verweist ausdrücklich auf die „Entschließungsfreiheit des Staates" als Schutzgut des Interventionsverbots.[441] *Dicke* sieht den Sinn und Zweck der Souveränität darin, „den Staaten einen Handlungsspielraum zu gewähren".[442] *Gerlach* betont das Recht eines Staates, frei und ungehindert aus einer Vielzahl von Möglichkeiten seine politischen Entscheidungen zu treffen, wobei diese Freiheit sowohl die Willensbildung und die Willensentschließung, wie auch die Willensbetätigung umfasst.[443] *Bockslaff* nennt die staatliche Unabhängigkeit als unverzichtbare Voraussetzung für die Wahrnehmung der „zur Erfüllung der Ordnungs- und Lenkungsfunktion erforderlichen Angelegenheiten"[444]. Bereits *Berber* identifizierte die „Selbstgestaltung" als Schutzgut.[445] Deutlich wird die Bedeutung der völkerrechtlichen Handlungsfreiheit für das Interventionsverbot auch bei Autoren aus dem anglo-amerikanischen Sprachraum. Hier wird dem Interventionsverbot – in Anlehung an die Formulierung des Art. 2 Abs. 4 UN-Charta – die Unabhängigkeit („independence") der Staaten als Schutzgut

---

440 *Oeter*, Souveränität – ein überholtes Konzept?, in: FS Steinberger, S. 259 (283 f.); *Fassbender*, in: Simma/Khan/Nolte/Paulus, The Charter of the United Nations, Article 2(1) Rdnr. 49; *Bleckmann*, AVR 23 (1985), S. 450 (464).

441 *von Arnauld*, Völkerrecht, Rdnr. 347.

442 *Dicke*, Intervention mit wirtschaftlichen Mitteln, S. 144.

443 *Gerlach*, Die Intervention, S. 128-132.

444 *Bockslaff*, Das völkerrechtliche Interventionsverbot, S. 106.

445 *Berber*, Völkerrecht, Bd. 1, S. 186; ähnlich auch schon *Geffcken*, Das Recht der Intervention, in: von Holtzendorff, Handbuch des Völkerrechts, Bd. 4, S. 131 (134).

zugeordnet.[446] Auch in den Verhandlungen zum WüD (1957) wurde die „political independence" ausdrücklich als Schutzgut benannt.[447]

Die Handlungsfreiheit ist allen – soweit man an der teilweise künstlich wirkenden Trennung festhalten möchte – Teilbereichen der Souveränität immanent. Dies gilt sowohl für die positive als auch die negative innere Souveränität, also der grundsätzlichen Zuerkennung einer Letztentscheidungsbefugnis über Personen und Sachen auf dem eigenen Hoheitsgebiet.[448] Vor allem aber ist die völkerrechtliche Handlungsfreiheit, dies hob der StIGH bereits in seiner *Lotus*-Entscheidung hervor[449], der maßgebliche Bestandteil der äußeren Souveränität, also der Unabhängigkeit von der Befehlsgewalt anderer Autoritäten.[450] Dennoch greift der alleinige Verweis auf die Handlungsfreiheit als elementarer Ausfluss staatlicher Souveränität zu kurz. Das Interventionsverbot als „Komplementärnorm zur Souveränität"[451] schützt nicht unmittelbar die Existenz der staatlichen Souveränität und somit der Handlungsfreiheit im Sinne einer Institutsgarantie, sondern gewährleistet vielmehr die Ausübung der Handlungsfreiheit im Rahmen der von der Völkerrechtsordnung gesetzten Grenzen.

2. Die Ausübung der Handlungsfreiheit als Schutzgut

Neben speziellen Tatbeständen, die – wie das Gewaltverbot – bestimmte Handlungsformen untersagen, bestimmt sich die Grenze der eigenen Handlungsfreiheit im Wesentlichen durch die rechtlich geschützte Handlungsfreiheit anderer Staaten sowie durch allgemeinwohlorientierte

---

446 Siehe z.B. *Brownlie*, Principles of Public International Law, S. 290; *Thomas/Thomas*, Non-Intervention, S. 14.

447 YbILC 1957-I, S. 145 (§ 80).

448 Siehe zur inneren Souveränität z.B. *Hillgruber*, JZ 2002, S. 1072 (1074); *Verdross/Simma*, Universelles Völkerrecht, § 35.

449 Betreffend die staatliche Souveränität wählte der Gerichtshof folgende Formulierung: „International law governs relations between independent States. The rules of law binding upon States therefore emanate from their own free will [...]. Restrictions upon the independence of States cannot therefore be presumed", *The Case of the S.S. "Lotus"*, Urt. v. 7.9.1927, PCIJ Series A No. 10, S. 18.

450 Vgl. dazu schon den Schiedsspruch von *Max Huber* im Fall *Islands of Palmas* (Niederlande/USA) v. 4.4.1928, RIAA, Vol. II, S. 831 (838); *Epping*, in: Ipsen, Völkerrecht, § 5 Rdnr. 138; *Oeter*, Souveränität – ein überholtes Konzept?, in: FS Steinberger, S. 259 (276).

451 *Kunig*, Das völkerrechtliche Nichteinmischungsprinzip, S. 241.

Schutzregeln.[452] Während das Konzept der Souveränität zunächst eine unbegrenzte staatliche (rechtliche) Handlungsfreiheit suggeriert, ist diese in
zweierlei Hinsicht begrenzt: Zunächst bedeutet die durch das Attribut der
Souveränität verliehene Unabhängigkeit nur rechtliche Unabhängigkeit,
also die Unabhängigkeit von der rechtlichen Kontrolle dritter Staaten.[453]
Damit geht allerdings nicht die rechtliche Ungebundenheit des souveränen
Staates einher. Vielmehr ist die Unterwerfung unter völkerrechtliche Regeln – und damit die Beschränkung der eigenen Handlungsfreiheit – unmittelbarer Ausdruck staatlicher Souveränität.[454] Da das Eingehen selbst
auferlegter Verpflichtungen gerade Ausdruck der grundsätzlichen staatlichen Handlungsfreiheit ist, ist die Zunahme völkerrechtlicher Verpflichtungen auch kein Indiz für ein sich auf dem Rückzug befindliches Souve-
ränitätskonzept. Im Gegenteil: Die völkerrechtliche Rechtserzeugung erweitert den durch den Grundsatz der Gebietsausschließlichkeit „auf sein
eigenes Territorium als Kompetenzsphäre beschränkten Aktionsradius des
Staates" erst nach außen.[455]

Die Handlungsfreiheit wird darüber hinaus durch den Grundsatz der
souveränen Gleichheit begrenzt.[456] Während die faktischen Unterschiede
der Staaten z.B. im Hinblick auf ihre Gebietsgröße, Bevölkerungszahl
oder wirtschaftliche und militärische Leistungsfähigkeit offenkundig sind,
manifestiert das Prinzip der Staatengleichheit die rechtliche Gleichberech-
tigung aller Mitglieder der Staatengemeinschaft. Gleichheit im rechtlichen

---

452 *Dahm/Delbrück/Wolfrum*, Völkerrecht, Bd. I/1, S. 216; *dies.*, Völkerrecht, Bd.
I/3, S. 784; *Bleckmann*, AVR 23 (1985), S. 450 (465-467); zur Begrenzung der
Handlungsfreiheit durch allgemeinwohlorientierte Schutzregeln siehe etwa *Laskowski*, Das Menschenrecht auf Wasser, S. 297-303; vgl. auch *Kment*, Grenzüberschreitendes Verwaltungshandeln, S. 101-103.

453 Siehe z.B. *Schweisfurth*, Völkerrecht, 9 Rdnr. 251; *Dahm/Delbrück/Wolfrum*,
Völkerrecht, Bd. I/3, S. 790.

454 *Oeter*, Souveränität – ein überholtes Konzept?, in: FS Steinberger, S. 259 (276);
Hillgruber, JZ 2002, S. 1072 (1075).

455 *Hillgruber*, JZ 2002, S. 1072 (1075); insoweit grundlegend StIGH, *Case of the
S.S. „Wimbledon"*, Urt. v. 17.8.1923, PCIJ Series A No. 1, S. 25: „[...] the right of
entering into international engagements is an attribute of State sovereignty"; vgl.
auch *Seiler*, Der souveräne Verfassungsstaat zwischen demokratischer Rückbindung und überstaatlicher Einordnung, S. 221; *Randelzhofer*, Staatsgewalt und
Souveränität, in: Isensee/Kirchhof, HStR II (2004), § 17 Rdnr. 26.

456 Vgl. nur IGH, *Jurisdictional Immunities of the State*, Urt. v. 3.2.2012, ICJ Rep.
2012, S. 99 (124, § 57).

Sinne meint dabei die Gleichheit vor dem Recht,[457] aber nicht notwendigerweise die Zuweisung des identischen Rechtekanons an alle Staaten. Dieser wird erst durch die Beteiligung des einzelnen Staates an völkerrechtlichen Rechtssetzungsprozessen bestimmt.[458] Betrachtet man die Attribute bzw. Grundsätze, die dem Prinzip der Staatengleichheit in weitgehender Übereinstimmung zugeordnet werden (wie etwa das Einstimmigkeitsprinzip oder die Staatenimmunität[459]) wird deutlich, dass Gleichheit im Wesentlichen die Unabhängigkeit des einzelnen Staates bedeutet.[460] Souveräne Gleichheit meint daher im Kern die Unabhängigkeit bei der Ausübung der eigenen Handlungsfreiheit.

Die wesentliche Funktion des Interventionsverbots liegt – wie bereits *Bockslaff* zutreffend feststellte – im Ausgleich zweier konkurrierender völkerrechtlicher „Ansprüche".[461] Der von *Bockslaff* verwendete Terminus der „konkurrierenden Souveränitätsansprüche"[462] ist griffig, aber etwas

---

457 Siehe nur *Epping*, in: Ipsen, Völkerrecht, § 5 Rdnr. 254; *Winkler*, Gleichheitsprinzip, in: Schöbener, Völkerrecht, S. 133 (134); *Dahm/Delbrück/Wolfrum*, Völkerrecht, Bd. I/3, S. 786; *Schaumann*, Die Gleichheit der Staaten, S. 141.

458 *Kokott*, Sovereign Equality of States, in: Wolfrum, MPEPIL IX, S. 571 (Rdnr. 23); *Schweisfurth*, Völkerrecht, 9 Rdnr. 249.

459 Vgl. z.B. *Randelzhofer*, Staatsgewalt und Souveränität, in: Isensee/Kirchhof, HStR II (2004), § 17 Rdnr. 26; *Dahm/Delbrück/Wolfrum*, Völkerrecht, Bd. I/3, S. 790; die Prinzipiendeklaration nennt über die Rechtsgleichheit hinaus folgende Elemente, die das Prinzip der souveränen Gleichheit umfasst: die Pflicht zur Achtung der Rechtspersönlichkeit, die Unverletzlichkeit des Territoriums und der politischen Unabhängigkeit, das Recht zur freien Wahl des politischen, sozialen, wirtschaftlichen und kulturellen Systems sowie die Pflicht zur Erfüllung der internationalen Verpflichtungen; vgl dazu *Epping*, in: Ipsen, Völkerrecht, § 5 Rdnr. 262-264.

460 *Westlake* stellte bereits Anfang des 20. Jahrhundert fest, dass „the quality of sovereign States is merely their independence under a different name", International Law, Vol. 1 Peace, S. 321; ebenso *Max Huber* im *Islands of Palmas* Schiedsspruch (Niederlande/USA) v. 4.4.1928, RIAA, Vol. II, S. 831 (838): „Sovereignty in the relations between States signifies independence"; vgl. auch die Separate Opinion der Richter Zoričić und Krylov, *Interpretation of Peace Treaties with Bulgaria, Hungary and Romania*, ICJ Rep. 1950, S. 65 (99 f., 109); *Funke*, Souveränität, in: Schöbener, Völkerrecht, S. 391 (393); *Kokott*, Sovereign Equality of States, in: Wolfrum, MPEPIL IX, S. 571 (Rdnr. 20-23); *Besson*, Sovereignty, in: Wolfrum, MPEPIL IX, S. 366 (Rdnr. 114-117); *Verdross/Simma*, Universelles Völkerrecht, § 35.

461 In ähnlicher Weise bereits angedeutet bei *Bleckmann*, AVR 23 (1985), S. 450 (465-467).

462 *Bockslaff*, Das völkerrechtliche Interventionsverbot, S. 121.

unpräzise. Aus der Souveränität folgt allein das Recht eines Staates, seine innere und äußere Politik selbst zu bestimmen. Das Verbot der Bevormundung anderer Staaten ist hingegen Ausfluss der Staatengleichheit.[463] Aufgabe des Interventionsverbots ist es daher vielmehr, die Ausübung der Handlungsfreiheit durch das Prinzip der Staatengleichheit zu beschränken. Daher findet das Interventionsverbot seine Grundlage nicht allein im Konzept staatlicher Souveränität, sondern im Grundsatz der souveränen Gleichheit der Staaten.[464] Einerseits schützt es die Ausübung der für den souveränen Staat essentiellen Handlungsfreiheit. Gleichzeitig begrenzt es die positive äußere Souveränität durch den Schutz der Staatengleichheit. In Abhängigkeit der Perspektive bildet das Interventionsverbot also entweder das Schutzschild für den eigenen Freiheitsraum oder die maßgebliche Determinante für den Radius der eigenen Handlungsfreiheit.

IV. Adressaten des Interventionsverbots

Ein Verstoß gegen das Interventionsverbot bedeutet die Begehung eines völkerrechtlichen Delikts.[465] Daher setzt er zunächst die völkerrechtliche Deliktsfähigkeit der betroffenen Parteien voraus.

1. Aktive Deliktsfähigkeit

Voraussetzung für die aktive Deliktsfähigkeit ist die Völkerrechtssubjektivität des Intervenienten, denn diese ist – wie die passive Deliktsfähigkeit –

---

463 *von Arnauld*, Völkerrecht, Rdnr. 348; vgl. auch *Fischer*, in: Ipsen, Völkerrecht (2004), § 59 Rdnr. 51; *Verlage*, Responsibility to Protect, S. 174; *Kau*, in: Graf Vitzthum/Proelß, Völkerrecht, III Rdnr. 83; *Hobe*, Einführung in das Völkerrecht, S. 290 f.; *Cassese*, International Law, S. 53.

464 Vgl. *Winkler*, Gleichheitsprinzip, in: Schöbener, Völkerrecht, S. 133 (134); *Brownlie*, Principles of Public International Law, S. 287; *Luchterhandt*, AVR 46 (2008), S. 435 (466); *Dahm/Delbrück/Wolfrum*, Völkerrecht, Bd. I/3, S. 784; *Nordmann*, Die Beschaffung von Beweismitteln aus dem Ausland durch staatliche Stellen, S. 165; siehe insbesondere die Debatte zur UN-Prinzipiendeklaration, z.B. Fn. 223.

465 *Kunig*, Das völkerrechtliche Nichteinmischungsprinzip, S. 229.

ein Teilaspekt der Völkerrechtssubjektivität.[466] Neben der klassischen Konstellation der Intervention durch einen Staat kommen daher insbesondere mit Völkerrechtssubjektivität ausgestattete Internationale Organisationen als Intervenienten gegenüber Drittstaaten in Betracht.

a. Staaten

Die klassische Konstellation einer völkerrechtswidrigen Intervention in die inneren Angelegenheiten ist die zwischen zwei Staaten. Der Staat ist als originäres Völkerrechtssubjekt in seinen Handlungen grundsätzlich frei und wird dabei nur durch die später näher zu bestimmenden völkerrechtlichen Bindungen beschränkt. Aus der Völkerrechtssubjektivität folgt unmittelbar die Verantwortlichkeit für seine Handlungen und somit seine Deliktsfähigkeit.

b. Internationale Organisationen

Internationale Organisationen sind im Gegensatz zu Staaten keine originären Völkerrechtssubjekte, sondern können allein durch die Verleihung von Völkerrechtsfähigkeit zu (partiellen) Völkerrechtssubjekten gekoren werden.[467] Im Gegensatz zu Staaten sind Internationale Organisationen daher nur dann deliktsfähig, wenn sie von ihren Mitgliedstaaten mit Völkerrechtssubjektivität ausgestattet worden sind. Die Verleihung der Völkerrechtssubjektivität kann entweder ausdrücklich oder implizit im Gründungsvertrag (wie z.B. in Art. 47 EUV), durch einen separaten Vertrag oder durch eine nachfolgende konsentierte Praxis erfolgen.[468] Die Völkerrechtsfähigkeit ist dabei in zweierlei Hinsicht begrenzt: In personeller Hinsicht wirkt sie zunächst nur gegenüber den Mitgliedstaaten. Gegenüber Drittstaaten entfaltet sie nur Wirkung, wenn diese sie anerkennen. In sach-

---

466 *von Arnauld,* Völkerrecht, Rdnr. 381 f.; *Dörr,* in: Grabitz/Hilf/Nettesheim, Das Recht der Europäischen Union, Art. 47 EUV Rdnr. 65; *Dahm/Delbrück/Wolfrum,* Völkerrecht, Bd. I/3, S. 890; *Meng,* ZaöRV 45 (1985), S. 324 (324).
467 *Stein/von Buttlar,* Völkerrecht, Rdnr. 382; *Klein/Schmahl,* in: Graf Vitzthum/Proelß, Völkerrecht, IV Rdnr. 93–95.
468 *Dörr,* in: Grabitz/Hilf/Nettesheim, Das Recht der Europäischen Union, Art. 47 EUV Rdnr. 12.

licher Hinsicht reicht sie nur so weit, wie sie für die Verfolgung des Organisationszweckes erforderlich ist.[469]

Ist eine Organisation mit Völkerrechtssubjektivität ausgestattet worden, kann sie grundsätzlich als Intervenient in Erscheinung treten und das Interventionsverbot als Delikt verwirklichen.[470] Für die vorliegende Untersuchung sind nur Interventionen gegenüber Drittstaaten von Interesse. Zuständigkeitsüberschreitungen gegenüber den Mitgliedstaaten der jeweiligen Organisation sind für das Interventionsverbot hingegen nicht von Bedeutung. Diese werden durch innerorganisationsrechtliche Einmischungsverbote überlagert.[471]

Aufgrund der aktiven Deliktsfähigkeit verwundert es nicht, dass in der Staatenpraxis z.B. die Europäische Union, der Europarat sowie die Weltbank bereits der Einmischung in die inneren Angelegenheiten bezichtigt wurden. 1999 bezeichnete Chinas Staatschef Jiang Zemin einen Bericht der Europäischen Union über die Menschenrechtslage in China als unzulässige Einmischung.[472] Als die EU-Kommissarin für Außenbeziehungen 2008 die Volksrepublik zur Wiederaufnahme von Gesprächen mit dem Dalai Lama aufforderte, trat das chinesische Außenministerium der Aufforderung mit der Behauptung der „unbotmäßige Einmischung in Chinas innere Angelegenheiten" entgegen.[473] In jüngster Vergangenheit betonte der chinesische Ministerpräsident Wen Jiabao im Rahmen eines Gipfeltreffens zwischen der EU und China, dass die Gestaltung der Beziehung zwischen der Volksrepublik und der Union als strategische Partnerschaft im Wesentlichen vom gegenseitigen Respekt und der Wahrung des Prinzips der Nichteinmischung abhänge.[474] 2007 verwahrte sich der usbekische Außenminister gegen eine Einmischung in die inneren Angelegenheiten durch die EU.[475] Im gleichen Jahr sah ein Berichterstatter der Parlamentarischen Versammlung des Europarats die Notwendigkeit, die Delegation von Wahlbeobachtern für die Duma-Wahlen über die von Russland einge-

---

469 Siehe z.B. *von Arnauld*, Völkerrecht, Rdnr. 114; *Stein/von Buttlar*, Völkerrecht, Rdnr. 383; *Klein/Schmahl*, in: Graf Vitzthum/Proelß, Völkerrecht, IV Rdnr. 96; *Epping*, in: Ipsen, Völkerrecht, § 6 Rdnr. 65.

470 So schon angedeutet bei *Berstermann*, Das Einmischungsverbot im Völkerrecht, S. 131.

471 Dazu unten C., VI., 3.

472 NZZ v. 26.10.1999, S. 3.

473 NZZ v. 26.4.2008, S. 1.

474 NZZ v. 22.5.2009, S. 3.

475 FAZ v. 29.3.2007, S. 6.

ladenen 300 Beobachter zu vergrößern. Russland reagierte darauf mit dem Vorwurf der Einmischung in die inneren Angelegenheiten.[476] Drei Jahre zuvor warf der türkische Regierungschef Erdogan der Europäischen Union vor, sich in die inneren Angelegenheiten der Türkei einzumischen, nachdem die Union im Zuge der Aufnahme von Beitrittsverhandlungen deutliche Kritik an der türkischen Strafrechtsreform geübt hatte.[477] 1997 wurde die Weltbank mit dem Vorwurf der Einmischung in den *domaine réservé* konfrontiert. Der damalige Weltbankchef James D. Wolfensohn wollte die Kreditvergabe an Entwicklungsländer von Korruptionsbekämpfungsmaßnahmen abhängig machen. Die Entwicklungsländer wehrten sich gegen diese „politische Konditionalität" mit dem Verweis auf eine „ungebührliche Einmischung in die inneren Angelegenheiten".[478]

Die aktive Deliktsfähigkeit der EU im Bezug auf das Interventionsverbot hat schließlich der EuGH selbst festgestellt. Der Gerichtshof entschied, dass der damaligen Gemeinschaft aus dem mit der Republik Zypern geschlossenen Assoziierungsabkommen[479] kein Recht zur Einmischung in die inneren Angelegenheiten Zyperns entstünde.[480] Aus diesem Grund und da es sich in diesem Fall um ein internationales Abkommen mit einem Drittstaat handele, sei „bei dessen Auslegung und Anwendung besondere Rücksicht auf ihren Vertragspartner" zu nehmen. Darüber hinaus wurde der Union bereits in einem Verfahren vor dem EuGH die völkerrechtswidrige Einmischung in die inneren Angelegenheiten vorgeworfen. Nachdem die EG-Kommission 1980 dem amerikanischen Unternehmen IBM eine Mitteilung von Beschwerdepunkten zustellte, die IBM vorwarfen, bezüglich eines bestimmten Computersystems eine marktbeherrschende Stellung auf dem Gemeinsamen Markt inne zu haben und diese Stellung missbräuchlich auszunutzen[481], erhob IBM Klage vor dem EuGH und beantragte, sowohl die Einleitung des Verfahrens als auch die Mittei-

---

476 NZZ v. 10.11.2007, S. 5.
477 NZZ v. 18.09.2004, S. 3; Anlass für die Kritik war die durch Erdogan entfachte Debatte im türkischen Parlament um die Aufnahme eines Straftatbestandes, der den Ehebruch kriminalisiert. Erdogan verbat sich eine Einflussnahme auf die Tagesordnung des türkischen Parlaments.
478 NZZ v. 20.9.1997, S. 23.
479 Abkommen zur Gründung einer Assoziation zwischen der Europäischen Wirtschaftsgemeinschaft und der Republik Zypern vom 19. Dezember 1972, abgedruckt in: BT-Drucks. 7/304, S. 4.
480 EuGH, Urt. v. 5.7.1994, Rs. C-432/92, Slg. 1994, I-3116, Rdnr. 47 – *Anastasiou*.
481 Bulletin EG 7/8 (1984), S. 7-9.

lung der Beschwerdepunkte für nichtig zu erklären. IBM begründete die Klage u.a. mit einem Verstoß gegen den völkerrechtlichen Grundsatz der Nichteinmischung. Dieses verbiete es der Gemeinschaft, wettbewerbs-rechtliche Vorschriften zu erlassen, wenn diese die Interessen eines frem-den Staates in erheblichem Maße beeinträchtigten. Dies gelte im Fall von IBM umso mehr, da das vorgeworfene Verhalten im Wesentlichen in den USA stattfand und dort bereits Gegenstand eines gerichtlichen Verfahrens war.[482]

Die sich an die aktive Deliktsfähigkeit Internationaler Organisationen anschließende Frage nach der Zuordnung der Verantwortung zwischen der Organisation und ihren Mitgliedstaaten oder der davon zu trennenden Fra-ge nach einer parallelen oder subsidiären Haftung der Mitgliedstaaten für Handlungen der Organisation sollen hier nicht näher behandelt werden.[483]

c. Verhalten Privater

Mangels Völkerrechtssubjektivität kommen weder private Personen noch transnationale Unternehmen als Intervenienten einer rechtswidrigen Inter-vention in Betracht. Soweit diese dennoch durch eine Handlung den Tat-bestand des Interventionsverbots verwirklichen, stellt sich allein die Frage, inwieweit die Handlungen einem Staat zugerechnet werden können.[484] Hierbei ergeben sich für den Tatbestand des Interventionsverbots zunächst keine Besonderheiten zu den allgemeinen Maßstäben der Staatenverant-wortlichkeit.[485] Grundsätzlich löst das Verhalten Privater keine Staaten-verantwortlichkeit aus.[486] Soweit eine Zurechnung in Betracht kommt, ist

---

482 EuGH, Urt. v. 11.11.1981, Rs. 60/81, Slg. 1981, 2639 – *IBM/Kommission*.

483 Siehe dazu m.w.N. *Dörr*, in: Grabitz/Hilf/Nettesheim, Das Recht der Europä-ischen Union, Art. 47 EUV Rdnr. 18 f.

484 Vgl. dazu *Gill*, Non-Intervention in the Cyber Context, in: Ziolkowksi, Peacetime Regime for State Activities in Cyberspace, S. 217 (222 f.).

485 *Seidel*, Völkerrechtliches Interventionsverbot, in: FS Tomuschat, S. 829 (835).

486 Vgl. nur *Schöbener*, Völkerrechtliche Verantwortlichkeit, in: ders. (u.a.), Völker-recht, S. 483 (487); *von Arnauld*, Völkerrecht, Rdnr. 405; *Tonkin,* State Control over Private Military and Security Companies in Armed Conflict, S. 56; *Graham*, Journal of National Security Law & Policy 4 (2010), S. 87 (95); *Schweisfurth*, Völkerrecht, 7 Rdnr. 38; *Ipsen*, in: ders., Völkerrecht, § 29 Rdnr. 29; *Doehring*, Völkerrecht, Rdnr. 832; *Dahm/Delbrück/Wolfrum*, Völkerrecht, Bd. I/3, S. 890; *Verdross/Simma*, Universelles Völkerrecht, § 1281.

die private Handlung nur notwendige, nicht aber hinreichende Bedingung für die Verantwortlichkeit. Diese knüpft letztlich immer an ein eigenes staatliches Fehlverhalten an, welches entweder darin besteht, dass der Staat die Kontrolle über das private Handeln ausübt oder einer eigenen Handlungspflicht nicht nachkommt.[487]

aa. Zurechnung aufgrund staatlicher Kontrolle

Grundsätzlich gilt (bzw. galt) für die Zurechnung der vom IGH entwickelte Maßstab, dass Handlungen Privater einem Staat nur dann zugerechnet werden, wenn dieser eine „effective control" über die handelnden Personen ausübt.[488] Auch wenn der IGH keine Voraussetzungen genannt hat, wann die staatliche Kontrolle das geforderte Ausmaß erreicht, besteht im Schrifttum überwiegende Einigkeit, dass es sich um ein strenges Kriterium handelt.[489] So genügt es jedenfalls in Anwendung des IGH-Maßstabs für eine Zurechnung nicht, wenn der Staat Private finanziell, organisatorisch, durch Ausrüstung oder Auswahl militärischer Ziele unterstützt[490], wobei der Staat durch die Unterstützung selbst natürlich gegen das Interventionsverbot verstoßen kann. Vielmehr muss der Staat den privaten Intervenienten für eine zurechenbare Intervention „entsandt" haben.[491] Auch wenn das für das Gewaltverbot entwickelte Erfordernis der Entsendung auf Interventionshandlungen im Wortlaut nur eingeschränkt angewendet werden kann, so ist die dahinter stehende Wertung des Privaten als der „verlängerte Arm" des tatbeherrschenden Staates[492] unproblematisch übertragbar. So

---

487 *Stein/von Buttlar*, Völkerrecht, Rdnr. 1118; *Ipsen*, in: ders., Völkerrecht, § 29 Rdnr. 33.

488 IGH, *Application of the Convention on the Prevention and Punishment of the Crime of Genocide (Bosnia and Herzegovina v. Serbia and Montenegro)*, Urt. v. 26.2.2007, ICJ Rep. 2007, S. 43 (208, § 400); *Case concerning Military and Paramilitary Activities in and against Nicaragua*, Urt. v. 27.6.1986, ICJ Rep. 1986, S. 14 (64 f., § 115).

489 Vgl. z.B. *Stein/von Buttlar*, Völkerrecht, Rdnr. 789; vgl. auch *Höfer*, Gezielte Tötungen, S. 81 f.; *Hobe*, Bewaffneter Angriff, in: Schöbener, Völkerrecht, S. 45 (47 f.); *ders.*, Einführung in das Völkerrecht, S. 252.

490 *Hobe*, Einführung in das Völkerrecht, S. 252.

491 IGH, *Case concerning Military and Paramilitary Activities in and against Nicaragua*, Urt. v. 27.6.1986, ICJ Rep. 1986, S. 14 (103, § 195).

492 *von Arnauld*, Völkerrecht, Rdnr. 407.

sieht auch Art. 8 der Draft Articles on State Responsibility[493] die Zurechnung einer privaten Handlung vor, wenn die in Rede stehende Aktivität „on the instructions of, or under the direction or control of, that State in carrying out the conduct" ausgeführt wird.

In jüngerer Vergangenheit ist allerdings vor allem in der Staatenpraxis eine deutliche Bestrebung zu Gunsten einer Lockerung des Zurechnungskriteriums erkennbar.[494] Nachdem bereits der ICTY im *Tadic*-Fall vom Erfordernis der „effective control" abgerückt war und lediglich eine „overall control" des Staates voraussetzte[495], entwickelte sich unter den Eindrücken der massiven Terroranschläge der vergangenen Jahre die Diskussion, für die Zurechnung schon die Duldung oder Gewährung sicherer Rückzugsgebiete (sog. „safe haven") genügen zu lassen.[496] Dass die Zurechnungsproblematik auch Sachverhalte betrifft, die für das Interventionsverbot relevant sein können, zeigen z.B. die im Jahr 2007 mutmaßlich von Russland verübten Internetangriffe auf Estland, die sich nicht nur gegen die Computersysteme der estnischen Regierung, sondern auch gegen die estnische Infrastruktur, wie z.B. Banken, Krankenhäuser, universitäre Einrichtungen und Notrufverbindungen richteten[497], oder die wiederholten Attacken auf Computer des Bundeskanzleramtes und gegen deutsche Infrastruktureinrichtungen, als deren Urheber die Volksrepublik China vermutet wird[498]. Unabhängig von der Frage, ob es sich bei den Angriffen um Handlungen handelt, die tatsächlich den Tatbestand des Interventionsverbots vollständig erfüllen, dürfte der Betrieb einer Computerinfrastruktur in Ermangelung ersichtlicher, den *domaine réservé* öffnender völkerrechtlicher Verpflichtungen, zumindest in den Bereich der inneren Angelegen-

---

493 *Draft Articles on the Responsibility of States for Internationally Wrongful Acts*, YbILC 2001, Vol. 2, S. 31.
494 *Hobe*, Einführung in das Völkerrecht, S. 315.
495 ICTY, *Tadic*, Appeals Judgement v. 15.7.1999, ILM 38 (1999), S. 1518 (1545).
496 Siehe dazu *Schöbener*, Universelles Gewaltverbot, in: ders. (u.a.), Völkerrecht, S. 126 (129); *Graham*, Journal of National Security Law & Policy 4 (2010), S. 87 (96); *Bruha*, AVR 40 (2002), S. 383 (400-407); kritisch z.B. *Höfer*, Gezielte Tötungen, S. 81-86; *von Arnauld*, Völkerrecht, Rdnr. 410.
497 Siehe dazu z.B. *Herzog*, Journal of Strategic Security 4 (2011), S. 49, (50 f.); *Keber/Roguski*, AVR 49 (2011), S. 399 (401); *von Arnauld*, Völkerrecht, Rdnrn. 358, 857, 1011, 1013; *Krieger*, AVR 50 (2012), S. 1 (11).
498 *Krieger*, AVR 50 (2012), S. 1 (13 f.).

heiten fallen.[499] Gerade bei derartigen Angriffen ist es aufgrund der technischen Gegebenheiten kaum möglich, den tatsächlich Attackierenden zu bestimmen.[500] Es wird einem Staat insbesondere nur schwerlich nachweisbar sein, dass die Einmischung tatsächlich von ihm ausgegangen ist. Schließlich ist es ein Spezifikum des Internets, dass es für das Ausmaß der Schädigung einer Maßnahme nur unwesentlich darauf ankommt, ob diese durch eine staatliche Organisation oder einzelne Individuen durchgeführt wird.

Wird der Staat in diesen Fällen seinerseits aktiv und unterstützt die Handlungen z.B. finanziell, organisatorisch oder durch die Bereitstellung der entsprechenden Infrastruktur, bedarf es keiner Zurechnung. In diesen Fällen tritt der Staat selbst als Intervenient auf. Angesichts der durch die tatsächlichen Gegebenheiten entstehenden Zurechnungsschwierigkeiten spricht darüber hinaus faktisch Vieles für eine Zurechnung privater Handlungen, soweit der „beherbergende" Staat Kenntnis von den Handlungen hat und diese duldet.

bb. Verantwortlichkeit aufgrund eigener Schutzpflicht

Die dargelegten Zurechnungs- und die damit einhergehenden Beweisschwierigkeiten entstehen allerdings nur, soweit die Duldung privaten Handelns als aktives Tun verstanden wird. Einer solchen Konstruktion und der Debatte um das erforderliche Maß staatlicher Kontrolle über die Handlungen Privater bedarf es hingegen nicht, soweit sich die staatliche Verantwortlichkeit aus einer nicht befolgten eigenen Handlungspflicht ergibt.

Im Gegensatz zur Zurechnung eines Völkerrechtsverstoßes aufgrund staatlicher Kontrolle kann sich die Verantwortlichkeit eines Staates für Handlungen Privater auch aus der Verletzung einer von der Zurechnung privater Handlungen losgelösten Schutzpflicht ergeben.[501] Ausgangs- und Anknüpfungspunkt für die Herleitung einer solchen Handlungspflicht ge-

---

499 *von Arnauld*, Völkerrecht, Rdnr. 358; ausführlich zum Interventionsverbot im Cyberspace *Gill*, Non-Intervention in the Cyber Context, in: Ziolkowksi, Peacetime Regime for State Activities in Cyberspace, S. 217 (insb. 232-239).

500 *Krieger*, AVR 50 (2012), S. 1 (13 f.); *Ziolkowski*, Mil. L. & L. War Rev. 49 (2010), S. 47 (61-64); *dies.*, HuV-I 21 (2008), S. 202 (204 f.).

501 Vgl. *Kunig*, Jura 1986, S. 344 (348); *Ipsen*, in: ders., Völkerrecht, § 29 Rdnr. 33; *Herdegen*, Völkerrecht, S. 427, 435.

genüber Drittstaaten ist die aus der territorialen Souveränität folgende Gebietshoheit, deren ausschließlicher Charakter eine Einwirkung durch Drittstaaten grundsätzlich nicht ermöglicht.[502] Schon *Max Huber* schloss im *Islands of Palmas Case* von der ausschließlichen Kontrolle eines Staates über ein bestimmtes Territorium auf damit korrelierende Schutzpflichten:

> "Territorial sovereignty, as has already been said, involves the exclusive right to display the activities of a State. *This right has as corollary a duty: the obligation to protect* within the territory the rights of other States, in particular their right to integrity and inviolability in peace and in war, together with the rights which each State may claim for its nationals in foreign territory."[503]

Im Bereich des Umweltvölkerrechts ist das Handlungspflichten begründende Vorsorgeprinzip (*precautionary bzw. prevention principle*)[504], das sich auch in zahlreichen internationalen Übereinkommen wiederfindet[505], bereits ausdrücklich in den Stand des Völkergewohnheitsrechts erhoben worden. Nachdem der IGH im *Korfu Kanal*-Fall die Verantwortung eines Staates für Schäden, die den Ursprung auf seinem Territorium haben, schon früh identifizierte, konkretisierte der Gerichtshof die Verpflichtung für das Umweltvölkerrecht dahingehend, dass nicht nur bei positiver Kenntnis schädigender Handlungen eine Verhinderungspflicht eintritt, sondern dass Staaten unabhängig von der positiven Kenntnis zu einer hinreichenden Kontrolle ihres Staatsgebietes verpflichtet sind („a responsibility to ensure").[506] Dieses weite Verständnis der Vorsorgeverpflichtung hatte bereits zuvor in den Deklarationen von Stockholm (1972)[507] und Rio

---

502 *Epiney*, Die völkerrechtliche Verantwortlichkeit von Staaten für rechtswidriges Verhalten im Zusammenhang mit Aktionen Privater, S. 206.

503 *Island of Palmas Case (Netherlands, USA)*, Schiedsspruch v. 4.4.1928, RIAA, Volume II, S. 829 (839).

504 Ausführlich zum Vorsorgeprinzip im Umweltvölkerrecht z.B. *Pyhälä/Brusendorff/Paulomäki*, The Precautionary Principle, in: Fitzmaurice/Ong/ Merkouris, Research Handbook on International Environmental Law, S. 203-226.

505 *Beyerlin*, Umweltvölkerrecht, Rdnrn. 113, 127; siehe etwa das *Montreal Protocol on Substances that Deplete the Ozon Layer* v. 16.9.1987, UNTS 1522 (1989), S. 3, die *Convention on Biological Diversity* v. 5.6.1992, UNTS 1760 (1993), S. 79 oder das *Straddling Fish Stocks-Übereinkommen* v. 8.9.1995, ILM 34 (1995), S. 1547.

506 IGH, *Legality of the Threat or Use of Nuclear Weapons*, Gutachten v. 8.7.1996, ICJ Rep. 1996, S. 226 (241 f., § 29).

507 Vgl. hier vor allem Abs. 6 der Präambel sowie das zweite Prinzip der Deklaration.

(1992)[508] seinen Niederschlag gefunden. Der IGH hat Ursprung und Inhalt im Jahr 2010 wie folgt zusammengefasst:

> „The Court points out that the principle of prevention, as a customary rule, has its origins in the due diligence that is required of a State in its territory. It is "every State's obligation not to allow knowingly its territory to be used for acts contrary to the rights of other States" (*Corfu Channel (United Kingdom v. Albania), Merits, Judgment, I.C.J. Reports 1949, p. 22*). A State is thus obliged to use all the means at its disposal in order to avoid activities which take place in its territory, or in any area under its jurisdiction, causing significant damage to the environment of another State. This Court has established that this obligation "is now part of the corpus of international law relating to the environment" (*Legality of the Threat or Use of Nuclear Weapons, Advisory Opinion, I.C.J. Reports 1996 (I), p. 242, para. 29*)."[509]

Im Umweltvölkerrecht bestehen an der Geltung des Vorsorgeprinzips und der daraus folgenden positiven Verpflichtung, Handlungen Privater, die sich schädigend auf das Territorium von Drittstaaten auswirken präventiv zu verhindern, daher heute keine Zweifel. Die Anwendung des Vorsorgeprinzips ist aber nicht auf das Umweltrecht begrenzt: Auch in Bezug auf das Gewaltverbot besteht eine grundsätzliche Verhinderungspflicht privater Handlungen. Duldet ein Staat, dass Private von seinem Territorium aus rechtswidrig Gewalt gegen einen Drittstaat ausüben, ist die Gewaltausübung unter Umständen als „armed attack" des beherbergenden Staates einzuordnen.[510] Vorsorge- und Kooperationspflichten zur Abwendung grenzübergreifender Schäden finden sich darüber hinaus z.B. in Art. 5, 6 und 7 der WHO International Health Regulation (2005)[511]. Art. 3 der ILC Draft Articles on Prevention of Transboundary Harm from Hazardous Activities[512] hält sogar eine grundsätzliche Verpflichtung zur Abwendung

---

508 Prinzip 15 lautet: „In order to protect the environment, the precautionary approach shall be widely applied by States according to their capabilities. Where there are threats of serious or irreversible damage, lack of full scientific certainty shall not be used as a reason for postponing cost-effective measures to prevent environmental degradation."

509 IGH, *Case concerning Pulp Mills on the River Uruguay*, Urt. v. 20.4.2010, ICJ Rep. 2010, S. 14 (55, § 101).

510 *Randelzhofer/Nolte*, in: Simma/Khan/Nolte/Paulus, The Charter of the United Nations, Art. 51 Rdnrn. 38-41.

511 Abrufbar unter: http://whqlibdoc.who.int/publications/2008/9789241580410_eng.pdf.

512 ILC Draft Articles on Prevention of Transboundary Harm from Hazardous Activities (2001), YbILC 2001-II, S. 148.

von grenzüberschreitenden Schäden bereit. Auch wenn das Vorsorgeprinzip seine Entwicklung also im Wesentlichen im Bereich des Umweltvölkerrechts genommen hat, so liegen seine Wurzeln doch vielmehr im Konzept staatlicher Souveränität sowie dem daraus abgeleiteten Anspruch auf (territoriale) Integrität[513] und damit im allgemeinen Völkerrecht.

Ähnlich der Pflicht zur Verhinderung privater Angriffe i.S.d. Gewaltverbots lassen sich aus einem universell anzuwendenden Vorsorgeprinzip auch Präventionspflichten für interventionsrelevante Sachverhalte ableiten. Es ist ohne Weiteres denkbar, dass privates Verhalten wie eine Einmischung in die inneren Angelegenheiten eines Drittstaates wirkt. Eine Einflussnahme auf die Handlungsfreiheit eines Staates ist vor allem durch Entführungen, Geiselnahmen oder die Androhung terroristischer Aktivitäten, deren Durchführung bzw. Beendigung von gezielten Handlungsdesideraten abhängig gemacht werden, vorstellbar.[514] Die Möglichkeit, dass Private entsprechende Handlungen mit erhöhtem Druckpotential vornehmen können, wird vor allem durch die technischen Entwicklungen des 21. Jahrhunderts begünstigt. Allen voran im Bereich der sog. Cyber Attacks ist es Privaten möglich, eine zwischenstaatlichen Interventionen vergleichbare Drohkulisse zu errichten.[515]

Insoweit ist für die vorliegende Untersuchung von Interesse, dass gerade in Bezug auf Internetattacken die Anwendung des Vorsorgeprinzips in Schrifttum und Staatenpraxis diskutiert und damit der Universalitätsanspruch des Vorsorgeprinzips unterstrichen wird.[516] Die Darstellungen im Schrifttum rekurrieren zumeist auf parallele Problemstellungen und be-

---

513 Siehe dazu C., VI., 2.

514 Zur zwischenstaatlichen Verwirklichung des Interventionstatbestandes durch Internetattacken vgl. z.B. *Kettemann*, ZaöRV 72 (2012), S. 469 (479); *Keber/Roguski*, AVR 49 (2011), S. 399 (409-411); *von Arnauld*, Völkerrecht, Rdnr. 358; das Näheverhältnis des Interventionsverbots zu Internetattacken zeigen z.B. auch die den Ausführungen des IGH zum *domaine réservé* ähnelnden Formulierung des *Draft International code of conduct for information security* vom 14.9.2011, UN Doc. A/66/359 unter c): „that undermines other countries' political, economic and social stability, as well as their spiritual and cultural environment". Soweit der digitale Angriff kinetische Schäden von einem entsprechendem Ausmaß anrichtet, kommt auch ein – hier nicht näher zu behandelnder – Verstoß gegen das Gewaltverbot in Betracht, dazu z.B. *Keber/Roguski*, AVR 49 (2011), S. 399 (406-409); *Krieger*, AVR 50 (2012), S. 1 (insb. 9 -11).

515 Vgl. zur Gewaltanwendung durch Private *von Arnauld*, Völkerrecht, Rdnr. 1061.

516 Vgl. nur *Krieger*, AVR 50 (2012), S. 1 (5 f.); *Kettemann*, ZaöRV 72 (2012), S. 469 (478-480).

gründen so die Anwendung des zumeist allein dem Umweltrecht entlehnten Vorsorgeprinzips. Die Parallelität zwischen dem Umweltrecht und Internetattacken zeige sich z.b. darin, dass Handlungen der Akteure häufig für Dritte nicht beobachtbar und somit im Ergebnis auch nicht wahrnehmbar seien.[517] Darüber hinaus bestehe etwa eine Schnittmenge zwischen Internetattacken als neuer Waffentechnologie und anderen Rechtsbereichen, wie z.b. die Anwendung des Vorsorgeprinzips im humanitären Völkerrecht hinsichtlich des Einsatzes neuer Waffen in Art. 36 des 1. ZP zu den Genfer Konventionen[518] zeige.[519] Um die Anwendung des Vorsorgeprinzips auf z.b. Internetattacken zu begründen, bedarf es einer Betonung der Parallelen und der dadurch suggerierten Analogie allerdings überhaupt nicht. Die Verwurzelung des Vorsorgeprinzips im allgemeinen Völkerrecht und die dargestellte Verbreitung in unterschiedlichen Völkerrechtsregimen begründen eine allgemeine völkergewohnheitsrechtliche Pflicht zur Abwendung von Schäden, deren Ursprung auf dem eigenen Staatsgebiet liegt.

In der Staatenpraxis haben z.b. die Vereinigten Staaten in Bezug auf die Verantwortlichkeit von Staaten für von ihrem Territorium ausgehende private Internetattacken vorgeschlagen, die Entwicklung der Normen zur Staatenverantwortlichkeit und der territorialen Jurisdiktion zu diskutieren.[520] Dabei bedürfe es aber nicht der Entwicklung neuer Vorschriften, da die existierenden Regelungen auch im Bereich der Internetangriffe Anwendung finden.[521] Vielmehr müsse nur die Auslegung des geltenden Völkerrechts in Anbetracht der Spezifika des Cyberspace konkretisiert wer-

---

517 Zum Problem staatlicher Entscheidungen bei entsprechenden Unsicherheiten *Spiecker gen. Döhmann*, Staatliche Entscheidungen unter Unsicherheit, in: Lege, Gentechnik im nicht-menschlichen Bereich, S. 51-86.

518 Protocol Additional to the Geneva Conventions of 12 August 1949, and relating to the Protection of Victims of International Armed Conflicts (Protocol I) v. 8.6.1977, abgedruckt in: UNTS 1125 (1979), S. 3; zu Art. 36 ZP I: *Jean de Preux*, in: Pilloud/Sandoz/Swinarski/Zimmermann, Commentary on the Additional Protocols of 8 June 1977 to the Geneva Conventions of 12 August 1949, S. 421-428.

519 *Krieger*, AVR 50 (2012), S. 1 (6); dazu auch *Dittmar*, Angriffe auf Computernetzwerke, S. 211 f.

520 Cyberspace Policy Review, Mai 2009, S. 20 abrufbar unter http://www.whitehouse.gov/assets/documents/Cyberspace_Policy_Review_final.pdf; siehe dazu auch *Keber/Roguski*, AVR 49 (2011), S. 399 (423-425).

521 So US-Vizepräsident *Joe Biden* in seiner Rede anlässlich der London Conference on Cyberspace 2011; die Rede ist abrufbar unter:

den.[522] In die gleiche Richtung äußerten sich Vertreter Deutschlands mit dem Vorschlag, die Staatenverantwortlichkeit um eine ausdrückliche Handlungspflicht zu erweitern. Wenn Staaten von ihrem Territorium ausgehende Internetattacken dulden oder entsprechende Vorsorgemaßnahmen nicht treffen, müssten sie angemessene Gegenmaßnahmen hinnehmen.[523]

In eine etwas andere Richtung zielt hingegen der von China, Russland, Tadschikistan und Usbekistan vorgeschlagene *International code of conduct for information security*, der Sorgfaltspflichten für den Umgang mit dem Internet festschreibt. Staaten sollen dadurch verpflichtet werden, ihre

---

http://iipdigital.usembassy.gov/st/english/texttrans/2011/11/-20111101180602-su0.4332653.html. In diese Richtung auch das Statement des britischen Außenministers *William Hague* anlässlich der London Conference on Cyberspace 2011: „All delegates underlined the importance of the principle that governments act proportionately in cyberspace and that states should continue to comply with existing rules of international law and the traditional norms of behaviour that govern interstate relations, the use of force and armed conflict, including the settlement by states of their international disputes by peaceful means in such a manner that international peace, security and justice are not endangered", abrufbar unter: http://www.fco.gov.uk/en/news/latest-news/?id=685663282&view=PressS.

522 International Strategy for Cyberspace, Mai 2011, S. 9, abrufbar unter: http://www.whitehouse.gov/assets/documents/Cyberspace_Policy_Review_final.pdf: "The development of norms for state conduct in cyberspace does not require a reinvention of customary international law, nor does it render existing international norms obsolete. Long-standing international norms guiding state behavior – in times of peace and conflict – also apply in cyberspace. Nonetheless, unique attributes of networked technology require additional work to clarify how these norms apply and what additional understandings might be necessary to supplement them."

523 Rede der Staatssekretärin im BMI *Cornelia Rogall-Grothe* am 13.12.2011 in Berlin, International Cooperation in Developing Norms of State Behaviour for Cyberspace: „My general suggestion would be to agree in the context of norms of state behaviour in cyberspace that states which tolerate or fail to prevent cyber attacks being launched from their territory should not be able to shirk their responsibility for such attacks and, in case of doubt, must tolerate reasonable countermeasures taken from outside."; in die gleiche Richtung zielte die Rede des Bundesministers des Innern *Hans-Peter Friedrich* am 2.5.2012 in Washington, International Cooperation in Developing Codes of Conduct for Cyberspace, beide Reden abrufbar unter: www.bmi.bund.de; ähnlich Ansätze finden sich auch im Schrifttum, siehe z.B.: *Graham*, Journal of National Security Law & Policy 4 (2010), S. 87 (101): "[...] when a state exhibits either an unwillingness or inability to prevent the use of its territory by non-state actors for the purpose of launching cyber attacks, it becomes a sanctuary state. As such, it becomes vulnerable to a legitimate use of force by the victim state."

eigenen Kommunikationsressourcen so zu schützen, dass diese nicht für die Verletzung der in dem *code of conduct* niedergelegten Rechte, zu denen auch die staatliche Souveränität und die territoriale Integrität zählen, genutzt werden können.[524] In einem zweiten Konventionsentwurf, der mit dem Titel *Convention on International Information Security* überschrieben ist, betont Russland die souveräne Gleichheit der Staaten, die auch im Cyberspace gelte[525], und die u.a. daraus resultierenden Pflichten, vom eigenen Territorium ausgehende Angriffe zu verhindern.[526] Darüber hinaus haben zahlreiche weitere Staaten nationale Strategiepapiere zur Cybersicherheit verabschiedet, die sich jedoch nicht konkreter mit der völkerrechtlichen Verantwortlichkeit auseinandersetzen.[527] Die *Internet Governance Prinzipien* des Europarates[528] benennen im 3. Prinzip ausdrücklich die Existenz staatlicher (Schutz-)Pflichten, allerdings nicht gegenüber Drittstaaten, sondern auf ihrem Hoheitsgebiet befindlichen natürlichen und juristischen Personen.

Die tatsächlich aus dem Vorsorgeprinzip entstehenden Pflichten für Staaten sind bisher nur ansatzweise konkretisiert.[529] Für alle erwachsenden Verpflichtungen gilt aber beim derzeitigen Stand des Völkerrechts,

---

524 *Draft International code of conduct for information security* v. 14.9.2011, UN Doc. A/66/359.

525 Siehe Art. 5 Nr. 4 des russischen *Concept of a Convention on International Information Security*, abrufbar unter http://www.rusemb.org.uk/policycontact/52: „[...] all States Parties in the information space enjoy sovereign equality, have equal rights and obligations and are possess equal rights as stakeholders in the information space irrespective of their economic, social, political and other differences."

526 Siehe z.B. Art. 6 Nr. 2 des russischen *Concept of a Convention on International Information Security* (Fn. 525): „[the State Parties shall] take all necessary steps to prevent any destructive information action originating from their own territory or using the information infrastructure under their jurisdiction, as well as cooperate to locate the source of computer attacks carried out with the use of their territory, to repel these attacks and to eliminate their consequences."

527 Beispiele und Nachweise bei *Keber/Roguski*, AVR 49 (2011), S. 399 (427 f.).

528 Erklärung des Ministerkomitees des Europarates über Internet Governance-Prinzipien, am 21.9.2011 vom Ministerkomitee bei seiner 1121. Sitzung der Stellvertreter der Minister angenommen, abrufbar unter:
http://www.coe.int/t/informationsociety/documents/ CM%20Dec%20on%20Internet%20Governance%20Principles_de.pdf.

529 *Keber/Roguski*, AVR 49 (2011), S. 399 (433); *Zander*, The Application of the Precautionary Principle in Practice, S. 72.

dass es sich nur um *due diligence*-Verpflichtungen handeln kann.[530] *Due diligence*-Verpflichtungen verlangen ausschließlich eine entsprechende Handlung und setzen zu ihrer Erfüllung nicht den beabsichtigten Erfolg voraus. Die Anforderungen an die zu ergreifende Handlung des Staates, von dessen Territorium die Gefahr ausgeht, orientieren sich an den Handlungen, die ein „good government" in der entsprechenden Situation ergreifen würde.[531] Das tatsächliche Anforderungsprofil an die Handlungen ist dabei grundsätzlich flexibel und orientiert sich an der im Einzelfall zu ermittelnden Notwendigkeit entsprechender Handlungen und deren Verhältnismäßigkeit im Bezug zum Risiko des Eintritts grenzüberschreitender Schäden.[532] Hinsichtlich der soeben erwähnten Internetangriffe durch Private ist die Bestimmung der notwendigen Handlungen allerdings besonders schwierig. Einem Rechtsstaat ist es – unter Beibehaltung der Rechtsstaatlichkeit – (rechtlich und wohl auch faktisch) nicht möglich, sämtliche privaten Internetaktivitäten derart zu überwachen, dass eine Schädigung von Drittstaaten vollkommen ausgeschlossen ist. Insbesondere würde das maßgebliche „good government" bei der (präventiven) Überwachung der Internetnutzung elementare Menschenrechte beachten. Dazu zählt auch die in Art. 19 IPbpR niedergelegte Meinungs- und Informationsfreiheit.

Trotz der Einzelfallbezogenheit lassen sich im bisherigen Regelungsgefüge zur Abwendung grenzüberschreitender Schädigungen einige allgemeine Handlungspflichten ausmachen: Zu diesen zählt zunächst die Pflicht, technologische und wissenschaftliche Entwicklungen derart zu verfolgen, dass der Staat im Fall einer schädigenden Aktivität auf seinem Territorium handlungsfähig bleibt.[533] Davon umfasst ist notwendigerweise

---

530 IGH, *Case concerning Pulp Mills on the River Uruguay*, Urt. v. 20.4.2010, ICJ Rep. 2010, S. 14 (55, § 101); Zur Zurechnung privater Handlungen aufgrund eines Mangels an *due diligence* bereits *Epiney*, Die völkerrechtliche Verantwortlichkeit von Staaten für rechtswidriges Verhalten im Zusammenhang mit Aktionen Privater, S. 205-270.

531 *Koivurova*, Due Diligence, in: Wolfrum, MPEPIL III, S. 236 (Rdnr. 16); Commentary on Art. 3 ILC Draft Articles on Prevention of Transboundary Harm from Hazardous Activities (2001), YbILC 2001-II, S. 148, § 17.

532 Commentary on Art. 3 ILC Draft Articles on Prevention of Transboundary Harm from Hazardous Activities (2001), YbILC 2001-II, S. 148, § 11; ähnlich ITLOS, Seabed Disputes Chamber, *Responsibilities and Obligations of States sponsoring Persons and Entities with Respect to Activities in the Area*, Gutachten v. 1.2.2011, para. 110.

533 Commentary on Art. 3 ILC Draft Articles on Prevention of Transboundary Harm from Hazardous Activities (2001), YbILC 2001-II, S. 148, § 11.

auch die Verpflichtung, eine angemessene Infrastruktur für die Bekämpfung möglicher privater Aktivitäten zu unterhalten. Im Bereich des Umweltrechts ergibt sich aus dem Vorsorgeprinzip die Pflicht zur Durchführung einer Umweltverträglichkeitsprüfung, soweit das Risiko signifikanter Umwelteinwirkung auf andere Staaten besteht.[534] Über eine Überwachungspflicht hinaus entspringen dem Konzept der *due diligence* aber auch konkrete Handlungsverpflichtungen für den Fall einer entdeckten schädigenden Handlung. Zu diesen zählt insbesondere die Pflicht, den Staat, der Ziel der schädigenden Handlung ist, über die bevorstehende bzw. bereits eingetretene Schädigungshandlung zu informieren. Derartige Kooperationspflichten enthalten z.B. die bereits erwähnten Art. 6 und 7 der WHO International Health Regulations (2005) oder Art. 12 Draft Articles on Prevention of Transboundary Harm from Hazardous Activities. Darüber hinaus dürfte es gerade diese Informationspflicht sein, die neben der angemessenen Überwachung den Kern einer bereits dem Völkergewohnheitsrecht zugehörigen Vorsorgepflicht bildet.[535] Verletzt ein Staat eine aus dem Vorsorgeprinzip erwachsende Präventionspflicht, trifft ihn die völkerrechtliche Verantwortlichkeit im Zusammenhang mit privatem Verhalten. Im Gegensatz zur Frage der Zurechnung ergibt sich die Rechtswidrigkeit staatlichen Handelns allerdings nicht aus der durch die Zurechnung fremden Verhaltens, sondern aus der Verletzung der insoweit eigenständigen Vorsorgepflicht.[536]

2. Passive Deliktsfähigkeit

Aus der Völkerrechtssubjektivität folgt neben der aktiven auch die passive Deliktsfähigkeit. Dies gilt gleichermaßen für Staaten wie für völkerrechtsfähige Internationale Organisationen. Für die passive Deliktsfähigkeit sind allerdings die tatbestandlichen Spezifika des Interventionsverbots zu berücksichtigen. Schon in Ansehung des Schutzgutes, der Ausübung staatlicher Handlungsfreiheit, die unmittelbarer Ausfluss staatlicher Souveränität

---

534 Der IGH spricht in Bezug auf die Umweltverträglichkeitsprüfung von einer „requirement under general international law", *Case concerning Pulp Mills on the River Uruguay*, Urt. v. 20.4.2010, ICJ Rep. 2010, S. 14 (82, § 204).

535 Vgl. *Case concerning Pulp Mills on the River Uruguay*, Urt. v. 20.4.2010, ICJ Rep. 2010, S. 14 (56, § 102).

536 *von Arnauld*, Völkerrecht, Rdnr. 405.

ist, kommen ausschließlich Staaten als Opfer einer rechtswidrigen Intervention in Betracht. Im Gegensatz zu Staaten sind Internationale Organisationen als kreierte Völkerrechtssubjekte nicht souverän, sondern verfügen ausschließlich über abgeleitete Kompetenzen. Überdies setzt das Interventionsverbot tatbestandlich die Existenz eines eigenen Hoheitsbereiches voraus. Zwingende Voraussetzung für die Existenz eines *domaine réservé* ist ebenfalls die uneingeschränkte Übertragung von Souveränität. Insoweit scheidet eine unmittelbare Anwendung des Tatbestandes auf Internationale Organisationen *de lege lata* von vornherein aus.[537] In der Staatenpraxis finden sich daher auch – soweit ersichtlich – keine Fälle, in denen eine Internationale Organisation eine Einmischung in ihre inneren Angelegenheiten unter ausdrücklicher oder zumindest konkludenter Berufung auf das Interventionsverbot oder eine dem zwischenstaatlichen Interventionsverbot ähnelnde Norm als rechtswidrig zurückgewiesen hat.

V. Tatbestandliche Architektur

Uneinigkeit besteht im Schrifttum darüber hinaus hinsichtlich der tatbestandlichen Struktur des Interventionsverbots. Für die normative Architektur lassen sich zwei grundsätzlich unterschiedliche Ansätze ausmachen. Während Autoren vereinzelt die Existenz eines einheitlichen Interventionstatbestandes ablehnen und einen Normenkomplex mit differenzierten Einzeltatbeständen konstruieren, geht der Großteil der Autoren von einem einheitlichen Tatbestand aus. Aber auch innerhalb der letzteren Gruppe lassen sich wiederum zwei „Konstruktionstypen" unterscheiden. Ein Teil der Autoren nimmt zwar eine partielle Abstraktion des Tatbestandes vor, verweist aber andererseits auf die Notwendigkeit, innerhalb der Tatbestandsmerkmale auf Fallgruppen zurückzugreifen. Dementgegen bemühen sich andere Darstellungen um eine vollkommen abstrakte Beschreibung des Tatbestandes anhand allgemeingültiger abstrakter Tatbestandsmerkmale. An dieser Stelle soll aber zunächst nur die grundsätzliche Struktur (einheitlicher Tatbestand oder Normenkomplex) von Interesse sein.

---

537 So auch *Gill*, Non-Intervention in the Cyber Context, in: Ziolkowksi, Peacetime Regime for State Activities in Cyberspace, S. 217 (222): *Trautner*, Die Einmischung in innere Angelegenheiten und die Intervention als eigenständige Verbotstatbestände im Völkerrecht, S. 64.

1. Konstruktion als Normenkomplex

Zunächst soll jener Lösungsansatz betrachtet werden, der nicht von einem einheitlichen Interventionstatbestand ausgeht, sondern einen Normenkomplex konstruiert, dem einzelne Verbotstatbestände für bestimmte Handlungsformen untergeordnet werden. Maßgeblich für die folgende Darstellung ist die Dissertation von *Kunig* aus dem Jahr 1981, die, soweit ersichtlich, die einzige umfassende Darstellung des Interventionsverbots als Normenkomplex liefert.[538]

a. Grundlagen

Bereits zu Beginn seiner Untersuchung stellt *Kunig* fest, dass grundsätzlich jeder Bereich internationaler Beziehungen als denkbares Einmischungsfeld in Betracht kommt. Aufgrund dieser Mannigfaltigkeit sei es nicht möglich, die Vielzahl unzulässiger Einmischungsformen auf „einen knappen definitorischen Nenner" (S. 240) und somit einen einheitlichen Interventionstatbestand zu abstrahieren. Ziel seiner Untersuchung war es daher von vornherein, „differenzierte Normen für einzelne Bereiche zu ermitteln" (S. 30, vgl. auch S. 240/248).

Die Verwendung eines allgemeinen Tatbestandsmerkmals, wie z.B. des *domaine réservé*, wird mit der Begründung abgelehnt, dass „ein schlichtes [sich Befassen]" allein eben nicht zur Völkerrechtswidrigkeit führe (S. 247). Auch die Trennung von Eingriffsziel und Eingriffsmittel fördere die Praktikabilität des Interventionstatbestandes nicht. Die positive Subsumtion unter zwei Tatbestände indiziere nämlich nicht zwangsläufig die Rechtswidrigkeit einer Handlung, da „häufig erst das Zusammenspiel zwischen betroffener Angelegenheit und Handlungsweise das Verbotswidrige" ausmache (S. 248). Um ein zu grobes juristisches Raster zu vermeiden, bedürfe es daher einer konkreten Bestimmung von Einzeltatbeständen, die dem abstrakten Nichteinmischungsprinzip als Unternormen zugeordnet werden können.

---

538 *Kunig*, Das völkerrechtliche Nichteinmischungsprinzip; vgl. aber auch *Cassese*, International Law, S. 53 f. („Since the period of classical international law the principle has been concretely enshrined in a few specific customary rules.").

b. Einzeltatbestände

Um die Bildung von Fallgruppen zu ermöglichen, wird die eigenständige Innenpolitik in die Bereiche des Bürgerkrieges, des subversiven Verhaltens und der sonstigen Innenpolitik aufgegliedert (S. 266 f.).

Innerhalb des Gliederungspunkts *„Bürgerkrieg"* unterscheidet die Darstellung zwischen Maßnahmen zugunsten der sich an der Macht befindlichen Regierung und einer nach Änderung der Machtverhältnisse strebenden Bürgerkriegspartei. Bei Einmischungen zugunsten und mit Zustimmung der aktuellen Regierung liege schon tatbestandlich keine Einmischung vor, sodass eine verbotene Intervention nur zugunsten der aufständischen Bürgerkriegspartei vorliegen könne. Die in Betracht kommenden Handlungen seien dabei „die Versorgung mit Waffen, Finanzmitteln oder sonstige materielle Unterstützung [sowie die] Unterstützung durch Entsendung von Beratern und bewaffneten Streitkräften" (S. 267). Um eine verbotene Einmischung handele es sich auch bei ausdrücklichen Anerkennungserklärungen (oder kongruenten Verhaltensweisen) zugunsten einer aufständischen Gruppe, wenn diese keine effektive Kontrolle über ein Territorium erlangt hat (S. 270).[539] Gleiches gelte für die Anerkennung eines von den Aufständischen proklamierten Staates sowie jede „Duldung der Unterstützung einer aufständischen Bürgerkriegspartei, die auf eigenem Territorium Aktivitäten entfaltet" (S. 271). Resümierend stellt *Kunig* schließlich fest, dass von der Geltung einer Norm, welche das Eingreifen in einen Bürgerkrieg zugunsten der aufständischen Partei verbiete, auszugehen sei (S. 272).

Die zweite behandelte Fallgruppe ist die der *„Subversion"*, die *Kunig* als „jedes Verhalten eines Staates" definiert, „das auf die Veränderung der Herrschaftsverhältnisse in einem anderen Staat abzielt und dabei den gewaltsamen Verstoß gegen die dortige innerstaatliche Rechtsordnung mindestens in Kauf nimmt". Dabei ist einem Staat, der unterstützend zugunsten außerhalb seines Territoriums subversiv wirkender Kräfte tätig wird,

---

539 Das Problem der Anerkennung eines *de facto* Regimes sei auch nicht dadurch obsolet geworden, dass diese nach neuerem Stand des Völkerrechts auch ohne Anerkennungserklärung partielle Völkerrechtssubjektivität erlangen könne. Es stelle sich allein die Frage, ob der Ausspruch einer Anerkennungserklärung, auch wenn diese für die Völkerrechtssubjektivität keine konstituierende Wirkung und somit nur deklaratorischen Charakter habe, verboten sein könne. Dies sei der Fall, soweit die aufständische Gruppe kein Territorium effektiv beherrsche.

deren Verhalten gleichermaßen wie das seiner Organe zuzurechnen, sodass ihm insoweit neben einer Unterlassens- auch eine Verhinderungspflicht zukommt (S. 282). Inwieweit ein Staat für sonstige private Aktionen und Äußerung einzustehen hat, bestimme sich nach den allgemeinen Zurechnungsregeln (S. 284 f.). Diese sollen dabei gleichsam auf eigene, wie auch auf fremde Staatsangehörige Anwendung finden (S. 285). Offizielle Verlautbarungen seien verboten, soweit sie „zum Umsturz der in einem anderen Staat bestehenden Rechtsordnungen aufrufen". Dies gelte aber nicht für die bloße Äußerung negativer Kritik, sondern setze den planmäßigen Versuch einer Veränderung der Herrschaftsverhältnisse im Opferstaat voraus (S. 283). Das reine Verbreiten von Fakten oder Bewertungen, auch wenn diese mit der Intention der Herbeiführung von Veränderungen publiziert werden, könne allerdings nicht als verbotene Handlung eingeordnet werden (S. 284). Auch zurechenbare private Äußerungen müssen das Ziel eines gewaltsamen Umsturzes verfolgen; „sonstige, insbesondere exilpolitische Betätigung" dürfe hingegen geduldet werden (S. 285).

Die dritte und zugleich letzte Gruppe bilden die *„sonstigen Bereiche der Innenpolitik"*. Innenpolitische Auseinandersetzungen, die nicht dem Subversionsverbot unterfallen, seien die Verfassungsgebung und die Besetzung von Staatsämtern; außerdem „auch der Verlauf innenpolitischer Konflikte, insbesondere die Entscheidungsfindung der staatlichen Organe" (S. 305). Als mögliche Interventionshandlungen werden die „offizielle oder offiziöse kommentierende Stellungnahme, ferner die finanzielle oder auch personelle Unterstützung" genannt. Wie schon für den Bürgerkrieg gelte dabei auch hier, dass die Unterstützung der regierenden Kräfte (deren Einverständnis vorausgesetzt) von vornherein nicht vom Tatbestand des Interventionsverbots erfasst sei (S. 306–308). Hinsichtlich der Unterstützung oppositioneller Kräfte verweist *Kunig* zunächst auf den durch die Staatenpraxis vermittelten Eindruck, dass schon Sympathieerklärungen und bloße Kontakte nur mit äußerster Vorsicht ausgesprochen bzw. unterhalten würden, obzwar diese unzweifelhaft zulässig seien.[540] Rechtmäßig seien darüber hinaus auch finanzielle Zuwendungen an oppositionelle Kreise, „sofern diese nicht auf einen gewaltsamen Umsturz hinarbeiten" (S. 309). Auch die Kritik an der Innenpolitik eines anderen Staates, unterschiedslos ob offizieller oder zurechenbarer privater Natur, sei völker-

---

540 *Kunig*, Das völkerrechtliche Nichteinmischungsprinzip, S. 309.

rechtlich unbedenklich.[541] Konsequenterweise bedürfe es ob der grund-sätzlichen Zulässigkeit kritischer Äußerung für die Rüge der Menschen-rechtsverletzung keiner Ausnahme. Schließlich sei auch „die Verknüpfung von Kritik an innenpolitischen Vorgängen mit der Entscheidung über Auf-nahme, Fortbestand und Ausmaß politischer und wirtschaftlicher Bezie-hungen [...] einmischungsrechtlich grundsätzlich nicht relevant", da auf die Unterhaltung solcher Beziehungen kein Anspruch bestehe (S. 310-322).

c. Kritik

Dass die von *Kunig* herausgearbeiteten Einzeltatbestände insgesamt zu durchaus nachvollziehbaren Ergebnissen führen, kann und soll hier nicht in Frage gestellt werden. Dennoch ist die Untersuchung ein „Kind ihrer Zeit" und zudem in ihrer Argumentationslinie häufig durch das früh for-mulierte Ziel festgelegt, „differenzierte Normen für einzelne Bereiche zu ermitteln". Die frühe Bindung an eine bestimmte normative Architektur verhindert eine dezidiert kritische Auseinandersetzung mit der tatsächli-chen Auffindbarkeit dieser vorbestimmten Struktur in der zwischenstaatli-chen Praxis.

So ist insbesondere die Argumentation zur grundsätzlichen tatbestandli-chen Struktur des Interventionsverbots keineswegs zwingend. *Kunigs* Feststellung, dass ein alleiniges Rekurrieren auf ein wie auch immer be-nanntes Eingriffsziel für die Feststellung der Rechtswidrigkeit einer Ein-mischung nicht genüge, ist eine auch schon weit vor der Geburtsstunde des modernen Interventionsverständnisses einhellig vertretene Auffas-sung. Dass darüber hinaus allerdings auch die Gliederung des Tatbestan-des in zwei zunächst unabhängige Tatbestandsmerkmale (Eingriffsziel und Eingriffshandlung) per se ungeeignet sei, vermag *Kunig* nicht zu belegen. Das Argument, dass häufig erst das Zusammenspiel, also das Verhältnis

---

541 In Anbetracht des bestehenden internationalen Kommunikationsprozesses er-scheine dies, so *Kunig*, auch als Selbstverständlichkeit. Das Recht zur Kritik an der Innenpolitik eines anderen Staates folge dabei schon dem „konsentierten Recht eines jeden Staates, seine eigenen politischen Auffassungen, die Grundsät-ze seiner nationalen und internationalen Politik öffentlich zu vertreten. Nicht nachvollziehbar sei daher, „wie die sowjetische Völkerrechtslehre, die diesen Ausgangspunkt teilt, dennoch den ‚freien Ideenstrom' für a priori ‚subversiv' [...] halten kann" (Das völkerrechtliche Nichteinmischungsprinzip, S. 310).

beider Merkmale zueinander zur Rechtswidrigkeit einer Einmischung führe, zwingt nicht zu dem Schluss der Untauglichkeit eines einheitlichen abstrakten Interventionstatbestandes. Vielmehr liegt der Schluss nahe, zunächst die Möglichkeit der Aufnahme dieses Zusammenspiels in die bereits diskutierten Tatbestandsmerkmale oder auch die Existenz bzw. Notwendigkeit eines weiteren Tatbestandsmerkmals zu prüfen.

Der weitere Gang der Untersuchung zeigt überdies, dass sich auch die Bestimmung einzelner Verbotstatbestände der zuvor gegen einen abstrakten Interventionstatbestand ins Feld geführten Kritik der mangelnden Praktikabilität stellen muss. Einer der schwerwiegendsten Kritikpunkte in diesem Kontext ist sicherlich die mangelnde Flexibilität des Modells.[542] Neue Einmischungsformen, welcher Gestalt sie auch immer sein mögen, können von einem Normenkomplex, in dem jede Verbotsnorm für sich zu einer Norm des Völkergewohnheitsrechts erwachsen muss, erst mit einer beachtlichen Zeitverzögerung erfasst werden.[543]

Der Versuch, einen möglichen „gemeinsamen Nenner" aus den erzielten Ergebnissen zu abstrahieren, wird von *Kunig* gar nicht erst unternommen. Insbesondere aber bleibt die Untersuchung den tatsächlichen Beleg für einen Praktikabilitätsgewinn schuldig, denn die formulierten Ergebnisse konkretisieren den Anwendungsbereich nicht. Wenn *Kunig* z.B. feststellt, dass weiterhin von einer Norm auszugehen sei, die das Eingreifen in einen Bürgerkrieg zugunsten der aufständischen Partei verbiete, so präzisiert diese Schlussfolgerung die Anforderungen an die für eine verbotswidrige Maßnahme notwendige Handlungsform nicht. Ferner ist die gefundene Argumentationslinie nicht frei von Widersprüchen. Wenn *Kunig* zunächst darauf verweist, dass häufig erst das Zusammenspiel von Handlungsziel und Handlungsform zur Verbotswidrigkeit führe, im Bereich der „sonstigen Innenpolitik" aber sodann feststellt, dass eine Verknüpfung von Kritik und dem Fortbestand wirtschaftlicher und politischer zwischenstaatlicher Beziehungen nicht völkerrechtswidrig sei, da auf derartige Beziehungen eben kein Anspruch bestehe, führt dies zu einer immensen Reduktion des Anwendungsbereichs. Demzufolge würde eine rechtswidrige Intervention nur dann vorliegen, wenn das angedrohte Verhalten einen gesi-

---

542 So im Ergebnis auch *Berstermann*, Das Einmischungsverbot im Völkerrecht, S. 105 f.

543 Dies gilt umso mehr, da sich die *Theorie der spontanen Rechtserzeugung* (siehe dazu z.B. *Hobe*, Einführung in das Völkerrecht, S. 192; *Verdross*, ZaöRV 29 (1969), S. 635 (640)), bis heute nicht durchgesetzt hat.

cherten Anspruch eines Staates tangiert. Warum aber das zuvor für die Kritik an abstrakten Tatbestandsmerkmalen herangezogene Zusammenspiel, hier zwischen geäußerter Kritik und in Aussicht gestellter Handlung, grundsätzlich dennoch nicht zur Völkerrechtswidrigkeit führen kann, ist nicht nachvollziehbar.

2. Konstruktion als einheitlicher Tatbestand

In weitgehender Einhelligkeit wird der Interventionstatbestand daher heute von den Autoren – in Anlehnung an die dargestellten historischen Konstruktionen und unter Verweis auf das *Nicaragua*-Urteil des IGH[544] – anhand zweier Tatbestandsmerkmale, des Eingriffs in die inneren Angelegenheiten (*domaine réservé* bzw. *domestic jurisdiction*) sowie des Zwangscharakters („*methods of coercion*") dieser Maßnahme, beschrieben.[545]

Hinsichtlich des den Anwendungsbereich bestimmenden *domaine réservé* ähneln bzw. gleichen sich sämtliche Darstellungen. Überwiegend werden, in Übereinstimmung mit der bereits 1923 durch den StIGH formulierten Definition[546], all diejenigen Bereiche dem Komplex der inneren Angelegenheiten zugerechnet, in denen ein Staat keinen völkerrechtlichen Bindungen unterliegt.[547] In der Abgrenzung zwischen vom Tatbestand erfassten und nicht mehr erfassten Einmischungen in die inneren Angele-

---

544 IGH, *Case concerning Military and Paramilitary Activities in and against Nicaragua*, Urt. v. 27.6.1986, ICJ Rep. 1986, S. 14.

545 Für viele siehe z.B. *Stein/von Buttlar*, Völkerrecht, Rdnr. 636; *Hobe*, Einführung in das Völkerrecht, S. 291 f.; *Schweisfurth*, Völkerrecht, 9 Rdnr. 260 f.; *Bentzien*, Die völkerrechtlichen Schranken der nationalen Souveränität im 21. Jahrhundert, S. 42; *Dahm/Delbrück/Wolfrum*, Völkerrecht, Bd. I/3, (z.B.) S. 804; *Shaw*, International Law, S. 1148.

546 StIGH, *Nationality Decrees Issued in Tunis and Morocco*, Gutachten v. 7.2.1923, PCIJ Series B No. 4, S. 24; "The question whether a certain matter is or is not solely within the jurisdiction of a State is an essentially relative question; it depends upon the development of international relations."

547 Für viele siehe z.B. *Stein/von Buttlar*, Völkerrecht, Rdnr. 637; *Dahm/Delbrück/ Wolfrum*, Völkerrecht, Bd. I/3, S. 804; *Klein/Schmahl*, in: Graf Vitzthum/Proelß, Völkerrecht, IV Rdnr. 196; *Wehser*, in: Simma/Blenk-Knocke, Zwischen Intervention und Zusammenarbeit, S. 23 (36); *Verdross/Simma*, Universelles Völkerrecht, § 302; *Brownlie*, Principles of Public International Law, S. 291; *Verhoeven*, Droit International Public, S. 147.

genheiten liegt hingegen die eigentliche Kernproblematik des Interventionsverbots.[548] Daher unterscheiden sich die Darstellungen hinsichtlich der Anforderung an die Handlungsform bzw. –qualität signifikant. *Stein/von Buttlar* sprechen in Anbetracht der Notwendigkeit der Abgrenzung für die völkerrechtliche Bewertung und der gleichzeitig von Ihnen festgestellten Nichtexistenz eindeutiger Abgrenzungskriterien sogar von einem „Dilemma".[549]

Die tatsächliche Ausgestaltung der Tatbestandsmerkmale soll vorerst dahinstehen. Von Interesse ist an dieser Stelle allein die tatbestandliche Konstruktion, die in allen aktuelleren Darstellungen des Interventionsverbots identisch ist. Eben diese Konstruktion mit einem den Anwendungsbereich bestimmenden und einem die Handlungsqualität beschreibenden Tatbestandsmerkmal ist in der Staatenpraxis auch nachweisbar. Während die meisten der im vorherigen Kapitel untersuchten Dokumente auf die Voraussetzung der Einmischung in die inneren Angelegenheiten hinweisen und somit ein den Anwendungsbereich bestimmendes Tatbestandsmerkmal nennen, wurde in den frühen Kodifikationsversuchen, wie z.B. der OAS-Charta oder der bezüglich des Interventionsverbots weitgehend inhaltsgleichen *Friendly Relations Declaration*, zunächst auf die Aufnahme eines weiteren Tatbestandsmerkmals verzichtet.[550] Bereits die zeitnah auf die UN-Prinzipiendeklaration folgende *Charter of Economic Rights and Duties* erweiterte den Interventionstatbestand allerdings um eine qualitative Anforderung an die Einmischung.[551] Der in der *Charter of Economic Rights and Duties* vorgesehene Zwangscharakter („measures to coerce") fand anschließend auch in anderen Dokumenten – wie z.B. der Schlussakte von Helsinki (und den dazu zuvor eingebrachten Staatenentwürfen) – seinen Niederschlag. In Anbetracht dieser im vorangegangenen Kapitel ausführlich dargelegten historischen Entwicklung des Tatbestandes war es konsequent, dass der IGH das Interventionsverbot nicht nur in seiner Existenz dem Völkergewohnheitsrecht zuordnete[552], sondern auch die tatbestandliche Struktur unter Verweis auf die „generally accepted formulati-

---

548 Siehe nur *Stein/von Buttlar*, Völkerrecht, Rdnr. 644; *Hobe*, Einführung in das Völkerrecht, S. 292.
549 *Stein/von Buttlar*, Völkerrecht, Rdnr. 645.
550 Dazu B., II., 1., b., aa., (3), (b).
551 Dazu B., II., 1., b., bb., (1).
552 IGH, *Case concerning Military and Paramilitary Activities in and against Nicaragua*, Urt. v. 27.6.1986, ICJ Rep. 1986, S. 14 (106-108, § 202-204).

ons" übernahm und neben der Einmischung in die inneren Angelegenheiten die Ausübung von Zwang voraussetzte[553]. Schon bevor sich der IGH im *Nicaragua*-Fall erstmals zum Interventionsverbot äußerte, ordnete schon das Bundesverfassungsgericht dem Interventionsverbot die Einmischung in die inneren Angelegenheiten sowie den Zwangscharakter der entsprechenden Maßnahme („Druckmittel") als Tatbestandsmerkmale eines einheitlichen Tatbestandes zu.[554]

Alle untersuchten Kodifikationen des Interventionsverbots sowie die hinzugezogenen Urteile setzen augenscheinlich einen einheitlichen Tatbestand voraus. Ansätze für einen Normenkomplex, dem einzelne Verbotstatbestände für bestimmte Handlungen zugeordnet werden, sind in der Staatenpraxis nicht zu finden. Dieses Ergebnis ist nicht zuletzt die logische Konsequenz der Einordnung des Interventionsverbots als Regel. *Kunigs* Ansatz des Normenkomplexes beruhte hingegen konsequenterweise auf der Annahme eines übergeordneten Nichteinmischungsprinzips.[555]

In Anbetracht der weitgehenden Konformität der tatbestandlichen Architektur in Schrifttum, Rechtsprechung und vor allem der Staatenpraxis ist auch der vorliegenden Untersuchung ein einheitlicher Tatbestand mit zwei Tatbestandsmerkmalen zugrunde zu legen. Das erste Tatbestandsmerkmal ist die Beeinträchtigung des *domaine réservé*, das zweite Tatbestandsmerkmal bildet der Zwangscharakter der den *domaine réservé* beeinträchtigenden Handlung. Ersterem kommt vor allem eine den sachlichen Anwendungsbereich des Tatbestandes bestimmende Funktion zu. Das Tatbestandsmerkmal „Zwangscharakter" bestimmt hingegen die qualitativen Anforderungen an die Bestimmung einer rechtswidrigen Intervention, also das für die Völkerrechtswidrigkeit notwendige Ausmaß der Beeinträchtigung staatlicher Handlungsfreiheit

---

553 IGH, *Case concerning Military and Paramilitary Activities in and against Nicaragua*, Urt. v. 27.6.1986, ICJ Rep. 1986, S. 14 (108, § 205).
554 BVerfGE 64, 1 (43); vgl. auch VG Berlin, Urt. v. 21.3.2007 – 1 A 212.06 – juris Rdnr. 36. Zur Einmischung in die inneren Angelegenheiten auch VG Düsseldorf, Urt. v. 10.5.2005 – 27 K 5968/02 –, juris Rdnr. 35/36.
555 *Kunig*, Das völkerrechtliche Nichteinmischungsprinzip, insb. S. 237-239.

VI. Das Verhältnis zu anderen Normen des Völkerrechts

1. Gewaltverbot

Bis heute ungeklärt ist das Verhältnis des Interventionsverbots zum Gewaltverbot bzw. die Frage, ob und inwieweit vom Gewaltverbot erfasste Handlungen auch den Tatbestand des Interventionsverbots erfüllen (können). Die Frage nach dem Verhältnis beider Vorschriften stellt sich insbesondere, da beide Normen in ihrer historischen Entwicklung eng verbunden sind und die militärische Intervention lange Zeit die einzige vom Interventionsverbot erfasste Fallgruppe war.[556]

Im Schrifttum werden gewaltsame Handlungen zum Teil vollständig aus dem Anwendungsbereich des Interventionsverbots herausgenommen. Als wesentliches Argument für die Ausklammerung wird die eigenständige Geltung des Gewaltverbots genannt.[557] Wenn das Interventionsverbot daneben als eigenständige Norm des Völkerrechts bestehen soll, so müsse es über einen vollständig vom Gewaltverbot losgelösten Anwendungsbereich verfügen.[558] Folgt man dieser Argumentation, so gilt die Ausklammerung nicht nur für die Ausübung von Gewalt, sondern auch für die Androhung („threat of force"), da auch diese vom Gewaltverbot des Art. 2 Abs. 4 UN-Charta erfasst wird.[559]

Der IGH hält hingegen eine gleichzeitige Verletzung beider Tatbestände für möglich. Insoweit stellte er in seinem *Nicaragua*-Urteil fest, dass

"the element of coercion, which defines, and indeed forms the very essence of, prohibited intervention, is particularly obvious in the case of an intervention which uses force, either in the direct form of military action, or in the indirect form of support for subversive or terrorist armed activities within another State."[560]

---

556 Siehe oben (insb.) B., I.

557 So z.B. *Gerlach*, Die Intervention, S. 112-115.

558 *Neuhold*, Die Intervention aus völkerrechtlicher Sicht, in: Czempiel/Link, Interventionsproblematik aus politikwissenschaftlicher, völkerrechtlicher und wirtschaftswissenschaftlicher Sicht, S. 33 f.

559 *Dicke*, Intervention mit wirtschaftlichen Mitteln, S. 177.

560 IGH, *Case concerning Military and Paramilitary Activities in and against Nicaragua*, Urt. v. 27.6.1986, ICJ Rep. 1986, S. 14 (108, § 205; vgl. auch 109, § 209); siehe auch IGH, *Armed Activities on the Territory of the Congo*, Urt. v. 19.12.2005, ICJ Rep. 2005, S. 168 (228, § 164). In letztere Entscheidung stellt der IGH fest, dass Verstöße gegen das Interventionsverbot, die mit direkter oder indirkekter Gewalt einhergehen, auch gegen das Gewaltverbot verstoßen und bei-

Für eine Ausklammerung bestimmter Handlungsformen aus dem Tatbestand des Interventionsverbots existiert auf der Tatbestandsebene auch kein ersichtlicher Grund.[561] Schon die Schutzrichtungen beider Tatbestände divergieren: Während das Gewaltverbot eine bestimmte Handlungsform untersagt, schützt das Interventionsverbot die durch die souveräne Gleichheit gewährleistete Handlungsfreiheit unabhängig von der konkreten Handlungsform. Darüber hinaus ist es auch kein Spezifikum der beiden in Rede stehenden Tatbestände, dass eine Handlung gleichzeitig gegen mehr als einen Verbotstatbestand verstoßen kann. Insbesondere aber führt eine kumulative Betroffenheit zweier Verbotsnormen nicht zwangsläufig dazu, dass einer der beiden Tatbestände gewissermaßen seine Daseinsberechtigung verliert. Unzutreffend ist allerdings, dass jeder Verstoß gegen das Gewaltverbot zugleich eine verbotene Intervention im Sinne des Interventionsverbots darstellt.[562] Die gegenteilige Behauptung wird regelmäßig auf die Ausführungen des IGH in seinem *Nicaragua*-Urteil gestützt.[563] Die in diesem Zusammenhang häufig zitierte Passage des Urteils spricht allerdings nicht von einer zwangsläufigen Verletzung des Interventionsverbots durch gewaltsame Handlungen, sondern hält lediglich eine gleichzeitige Verletzung beider Tatbestände für möglich.[564] Gewaltsame Handlungen sind daher grundsätzlich ebenso an den zwei Tatbestandsmerkmalen zu messen. Auch wenn es zunächst äußerst praktikabel anmutet, das Gewaltverbot – wie es in der zitierten Passage des IGH angedeutet wird – gegenüber dem Interventionsverbot gewissermaßen wie ein Regelbeispiel zu behandeln, bei dem aufgrund der konkreten Handlungsform der

---

de Normen insoweit in Idealkonkurrenz zueinanderstehen (*Dörr*, Kompendium völkerrechtlicher Rechtsprechung, S. 857).

561 Gegen eine Ausklammerung daher auch schon *Trautner*, Die Einmischung in innere Angelegenheiten und die Intervention als eigenständige Verbotstatbestände im Völkerrecht, S. 72; *Dicke*, Intervention mit wirtschaftlichen Mitteln, S. 176 f.; *Derpa*, Das Gewaltverbot der Satzung der Vereinten Nationen und die Anwendung nichtmilitärischer Gewalt, S. 84; *Dahm*, Völkerrecht, Bd. 1, S. 202.

562 So z.B. *von Arnauld*, Völkerrecht, Rdnr. 354; *Stein/von Buttlar*, Völkerrecht, Rdnr. 642; *Schweisfurth*, Völkerrecht, 9 Rdnr. 263; *Heintschel von Heinegg*, in: Ipsen (2014), § 52 Rdnr. 50.

563 Siehe etwa *Heintschel von Heinegg*, in: Ipsen (2014), § 52 Rdnr. 50; vgl. auch die Bezugnahme des IGH in *Case concerning Armed Activities on the Territory of the Congo (Congo v. Uganda)*, Urt. v. 19.12.2005, ICJ Rep. 2005, S. 168 (227, § 164).

564 IGH, *Case concerning Military and Paramilitary Activities in and against Nicaragua*, Urt. v. 27.6.1986, ICJ Rep. 1986, S. 14 (109, § 209).

Zwangscharakter indiziert wird, so ist diese Lösung nicht mit dem Zweck und der Schutzrichtung des Interventionsverbots vereinbar. Der Unrechtgehalt des Gewalteinsatzes selbst wird bereits vollständig durch das Gewaltverbot erfasst. Um eine rechtswidrige Intervention handelt es sich aber nur dann, wenn die Androhung bzw. Ausübung der Gewalt mit einem die Handlungsfreiheit beeinflussenden Zwang verbunden wird.

Auch wenn bis hierher nur die Funktion der Tatbestandsmerkmale des Interventionsverbots angedeutet wurde und eine detaillierte Betrachtung der Ausgestaltung noch aussteht, lassen sich für das Verhältnis von Gewalt- und Interventionsverbot doch zumindest zwei Feststellungen treffen: Schon durch die tatbestandlich vorausgesetzte Betroffenheit des *domaine réservé* unterscheidet sich das Interventionsverbot grundlegend vom Gewaltverbot. Während das Gewaltverbot allgemein und zwingend gilt, ist der Anwendungsbereich des Interventionsverbots vom Umfang anderer völkerrechtlicher Verpflichtungen abhängig. Betrifft eine gewaltsame Handlung eine Materie, die durch eine völkerrechtliche Verpflichtung dem *domaine réservé* entzogen ist, kommt von vornherein nur ein Verstoß gegen das Gewaltverbot in Betracht. Ein möglicher Verstoß gegen das Interventionsverbot scheitert hingegen bereits am nicht eröffneten Anwendungsbereich.[565]

Darüber hinaus ist im Hinblick auf die Funktion des Interventionstatbestandes ausschließlich für die Androhung von Gewalt eine Verknüpfung einer vom Gewaltverbot erfassten Handlung mit einem auf die Handlungsfreiheit des Drittstaates einwirkenden Drucks denkbar. Nur die Gewaltandrohung (*vis compulsiva*) kann derart mit einer Handlungsaufforderung an den Opferstaat verbunden werden, dass daraus eine vom Interventionsverbot erfasste Beeinträchtigung der Handlungsfreiheit folgt. Die tatsächliche Gewaltanwendung (*vis absoluta*) wirkt zwar massiv auf die territoriale Integrität des Opferstaates ein. Eine Verknüpfung der gewaltsamen Handlung mit einer die Handlungsfreiheit beeinträchtigenden Forderung ist aber nur in der Konstellation denkbar, in der die Beendigung bzw. Fortführung des Gewalteinsatzes von einem entsprechenden Verhalten abhängig gemacht wird. Auch wenn in einer deratigen Sachlage ein mittelbarer Zusammenhang zwischen der Gewaltanwendung und der Einwirkung auf die Handlungsfreiheit besteht, so wird die Handlungsfreiheit auch hier im Wesentlichen durch die Androhung einer weiteren Gewaltanwendung und

---

565 Siehe schon *Hillgruber*, JRP 8 (2000), S. 288 (294).

nicht durch deren tatsächliche Ausübung beeinträchtigt. Die Gewaltanwendung ersetzt vielmehr die zunächst durch die Androhung von Gewalt bezweckte Beeinflussung des Opferstaates, sich nach Maßgabe des Täterstaates zu verhalten.

Wann eine Handlung eine vom Gewaltverbot erfasste Gewaltandrohung darstellt, ist im Übrigen keineswegs geklärt. Der IGH hat sich dazu in seinem Gutachten zur *Legality of the Threat or Use of Nuclear Weapons* geäußert. Danach ist eine Gewaltandrohung immer dann völkerrechtswidrig, wenn die Gewaltausübung in der gleichen Situation völkerrechtswidrig wäre.[566] Aus dieser Feststellung des Gerichtshofs lassen sich zumindest drei Aussagen ableiten: Zunächst ist nicht jede Gewaltandrohung verboten. Für sie gelten die gleichen Ausnahmen – also insbesondere das Selbstverteidigungsrecht – wie für die Gewaltanwendung. Darüber hinaus muss auch die Androhung qualitativ die für das Gewaltverbot geltende Intensitätsschwelle erreichen. Schließlich setzt ein Verstoß gegen Art. 2 Abs. 4 UN-Charta nicht voraus, dass die Gewaltandrohung mit einer Handlungsaufforderung an den Opferstaat verbunden wird.[567] Der letzte Punkt ist dabei nicht nur Ausfluss der Gleichsetzung der Anforderungen an die Gewaltausübung und –androhung. *Hofmeister* weist zutreffend darauf hin, dass die Voraussetzung eines Zwangselements zu absurden Ergebnissen führt. So würde nämlich die bloße Drohung, einen Drittstaat von der Landkarte zu eliminieren, wenn diese nicht mit einer konkreten Handlungsaufforderung verbunden wird, nicht vom Gewaltverbot erfasst.[568] Somit zeigt sich gerade im Erfordernis des Zwangselements der zentrale Unterschied zum Interventionsverbot, welches eben eine Ver-

---

566 IGH, *Legality of the Threat or Use of Nuclear Weapons*, Gutachten v. 8.7.1996, ICJ Rep. 1996, S. 226 (246, § 47); die entsprechende Passage des IGH wird zitiert in PCA, *Guyana and Suriname*, Schiedsspruch v. 17.7.2007, ILM 47 (2008), S. 166 (229 f.).

567 *Dinstein*, War, Agression and Self-Defence, § 239; *Roscini*, NILR 54 (2007), S. 229 (235); *White/Cryer*, Cal. WILJ 29 (1998-1999), S. 243 (254); für einen „coercive intent" hingegen *Dörr/Randelzhofer*, in: Simma/Khan/Nolte/Paulus, The Charter of the United Nations, Art. 2(4), Rdnr. 43; *Sadurska*, AJIL 82 (1988), S. 239 (241); *Brownlie*, International Law and the Use of Force by States, S. 364; vgl. auch den Kommentar zu Art. 13 des ILC Draft Code of Offences against Peace and Security of Mankind, der „threat" als "an act undertaken with a view to making a state believe that force will be used against it if certain demands are not met by that state" definiert (YbILC 1989-II, S. 68).

568 *Hofmeister*, AVR 48 (2010), S. 248 (260).

knüpfung mit einer Handlungsaufforderung tatbestandlich voraussetzt. Bisher ungeklärt geblieben sind weiterführende Fragen betreffend die qualitativen Anforderungen an eine Gewaltandrohung. Fraglich bleibt z.b., ob einer Verbalisierung der Drohung notwendige Voraussetzung für einen Verstoß gegen das Gewaltverbot ist oder diese auch in Gestalt einer militärischen Machtdemonstration (Waffentests, die Stationierung von Streitkräften, massive Aufrüstung, Militäraufmärsche etc.) erfolgen kann.[569] In jedem Fall wird aber zumindest eine gewisse Zielgerichtetheit der Drohung zu fordern sein, schließlich ist das durch einen Verstoß gegen das Gewaltverbot ausgelöste Selbstverteidigungsrecht und die daraus resultierende mögliche Zulässigkeit der Gewaltanwendung die schärfste Rechtsfolge, die das Völkerrecht bereithält. Insgesamt ist die Einstufung einer Handlung aber wohl nur unter Ansehung der Gesamtumstände möglich.[570]

Für die vorliegende Untersuchung soll aber allein von Interesse sein, dass nur zwischen der Androhung von Gewalt und dem Interventionsverbot eine Schnittmenge von Handlungen existiert, die beide Tatbestände erfüllen kann. Die von Art. 2 Abs. 4 UN-Charta erfasste Gewaltandrohung erfüllt aber nur dann zugleich den Tatbestand des Interventionsverbots, wenn die Gewaltandrohung mit einer Einwirkung auf die Handlungsfreiheit verbunden wird. Darüber hinaus verstößt sie – wie jede Form der Gewaltanwendung – ausschließlich gegen das Gewaltverbot, welches seinerseits tatbestandlich keinen „coercive intent" voraussetzt.

---

569 Ausführlich zu den Anforderungen an die Drohung *Hofmeister*, AVR 48 (2010), S. 248 (253-257); dafür z.B. *Roscini*, NILR 54 (2007), S. 229 (239 f.); *Dahm/Delbrück/Wolfrum*, Völkerrecht, Bd. I/3, S. 824; vgl. auch die Formulierung des ILC, wonach sie eine Drohung aus "declarations, that is to say expressions made public in writing or orally; communications, that is to say messages sent by the authorities of one government to the authorities of another government, by no matter what means of transmission; and finally, demonstrations of force such as concentrations of troops near the frontier" ergeben kann (YbILC 1989-II, S. 68); für das Erfordernis der Verbindung einer militärischen Vorbereitungsmaßnahme mit einer expliziten oder impliziten Androhung hingegen *von Arnauld*, Völkerrecht, Rdnr. 1020.

570 IGH, *Case concerning Military and Paramilitary Activities in and against Nicaragua*, Urt. v. 27.6.1986, ICJ Rep. 1986, S. 14 (118, § 227); *Stein/von Buttlar*, Völkerrecht, Rdnr. 779.

2. Verletzung der (territorialen) Souveränität

Neben dem Gewalt- und Interventionsverbot existiert eine selbständig verletzungsfähige Norm des Völkergewohnheitsrechts, die jedem Staat ein Recht auf Achtung seiner territorialen Souveränität gewährt („the duty of States to respect the territorial sovereignty of others").[571]

a. Konzept der territorialen Souveränität

Die territoriale Souveränität ist, wie die staatliche Handlungsfreiheit, eine spezielle Ausprägung des Prinzips der souveränen Gleichheit der Staaten.[572] Sie ist unmittelbar mit dem Staatsgebiet verbunden und gewährt auf diesem eine exklusive staatliche Jurisdiktion. Unmittelbarer Ausfluss der Verbindung mit dem Staatsgebiet ist, dass ein Staat eben nur in den Grenzen seines eigenen Herrschaftsbereiches über die ausschließliche Berechtigung verfügt, Hoheitsakte zu erlassen und diese mit hoheitlicher Gewalt durchzusetzen.[573] Kehrseite des Anspruchs auf Exklusivität ist das Gebot der Achtung der territorialen Integrität fremder Staaten. Die territoriale Souveränität dient damit – ähnlich wie das Interventionsverbot – zuvörderst der Abgrenzung staatlicher Handlungssphären.

---

571 IGH, *Case concerning Military and Paramilitary Activities in and against Nicaragua*, Urt. v. 27.6.1986, ICJ Rep. 1986, S. 14 (111, § 213); *Dörr*, Kompendium völkerrechtlicher Rechtsprechung, S. 512.

572 *Kment*, Grenzüberschreitendes Verwaltungshandeln, S. 68; *Randelzhofer*, Staatsgewalt und Souveränität, in: Isensee/Kirchhof, HStR II (2004), § 17 Rdnr. 26; *Kaiser*, Internationale und nationale Zuständigkeit im Völkerrecht der Gegenwart, in: Berichte DGVR 7 (1967), S. 1 (2).

573 *Kment*, Grenzüberschreitendes Verwaltungshandeln, S. 74; *Rossi*, AVR 45 (2007), S. 115 (123); *Epping*, in: Ipsen, Völkerrecht, § 5 Rdnr. 59-61; *Doehring*, Allgemeine Staatsrechtslehre, S. 31; *Schliesky*, Souveränität und Legitimität von Herrschaftsgewalt, S. 312; *Bleckmann*, Völkerrecht, S. 153; *Meng*, ZaöRV 44 (1984), S. 675 (723).

b. Grenzen territorialer Souveränität

Die territoriale Souveränität (sowie die aus ihr abgeleitete Gebietshoheit)[574] eines Staates wird vor allem durch die territoriale Integrität dritter Staaten begrenzt. Auf den ersten Blick mag es überraschen, dass zwei Konzepte, die beide dem ausschließlichen Souveränitätsanspruch des Staates entspringen und deren räumliche Ausdehnung zunächst durch das jeweilige Staatsgebiet begrenzt ist, miteinander in Konflikt treten, obwohl keine Überschneidung der Souveränitätsräume besteht. Konflikte entstehen aber insbesondere dann, wenn eine Ursache – durch Ausübung der territorialen Souveränität – allein auf dem eigenen Staatsgebiet gesetzt wird, sich der Erfolg aber zumindest teilweise auf dem fremden Staatsgebiet realisiert.[575] Beispiele finden sich vor allem im Umweltrecht: Wasser- oder Luftverschmutzungen können sich ebenso unmittelbar auf Nachbarstaaten auswirken wie grenznahe Lärmbelastungen[576]. In Konflikten dieser Art – die maßgeblich durch die Nähe der (in diesen Fällen) konkurrierenden Souveränitätsräume entstehen[577] –, berufen sich im Streitfall beide Staaten auf die territoriale Souveränität: Der für die Auswirkung verantwortliche Staat wird auf seine Gebietshoheit, der betroffene Staat auf seine territoriale Integrität verweisen. Über diesen Verweis hinaus sind dem Immissionsstaat zunächst die Hände gebunden: Aufgrund der territorialen Souveränität ist der Immissionsstaat grundsätzlich daran gehindert, selbst hoheitlich gegen den Emittenten einzuschreiten.[578]

Die territoriale Souveränität und die territoriale Integrität stehen daher in einer engen Wechselwirkung zueinander (sog. Theorie der beschränkten territorialen Souveränität und Integrität).[579] Für die Ausübung der territorialen Souveränität gelten die Grundsätze, die bereits im Rahmen der Zurechnung privater Interventionshandlungen entwickelt wurden. Die Ausübung der territorialen Souveränität wird durch eine Schutzpflicht zugunsten der territorialen Integrität dritter Staaten relativiert. Ein Staat darf bzw.

---

574 Zum Verhältnis von territorialer Souveränität und Gebietshoheit siehe C., VI., 2., c., bb., (1).

575 Siehe dazu z.B. *Kment*, Grenzüberschreitendes Verwaltungshandeln, S. 94; *Verdross/Simma*, Universelles Völkerrecht, § 1029.

576 Vgl. dazu nur BVerfGE 72, 66 – *Flughafen Salzburg*.

577 *Epiney*, AVR 33 (1985), S. 309 (310).

578 *Kloepfer*, AVR 25 (1987), S. 277 (280).

579 *Dahm/Delbrück/Wolfrum*, Völkerrecht, Bd. I/1, S. 445; *Verdross/Simma*, Universelles Völkerrecht, § 1029.

muss seine territoriale Souveränität dergestalt ausüben, dass Nachbarstaaten keine erheblichen Schäden entstehen.[580] Darüber hinaus verliert das immer noch schillernde Prinzip territorialer Souveränität durch die faktischen Gegebenheiten einer globalisierten Welt einen Teil seiner Ausstrahlungskraft. Zahlreiche Sachprobleme (z.B. in den Bereichen Umwelt, Wirtschaft oder Sicherheit) und die damit einhergehenden Regelungsmaterien lassen sich nicht mehr nur einem Staatsgebiet zuordnen. Wirksame Lösungen sind häufig nur durch staatliche Kooperationen herbeizuführen. Diese faktischen Gegebenheiten fördern die Bereitschaft zu internationaler oder sogar supranationaler Kooperation. Nur diese kann die entstandenen Defizite in der Steuerungsfähigkeit des einzelnen Staates kompensieren.[581] Rechtliche Auswirkungen auf die territoriale Souveränität haben die faktischen Gegebenheiten allerdings nicht unmittelbar. Erst der freiwillige Kooperationsbeschluss eines Staates führt zu einer Beschränkung der eigenen territorialen Souveränität (bzw. deren Ausübung).

c. Regelungen mit extraterritorialem Anwendungsbereich

Trotz des grundsätzlichen Exklusivitätsanspruchs eines jeden Staates auf hoheitliche Handlungen auf dem eigenen Staatsgebiet begrenzt das Völkerrecht die staatliche Regelungsbefugnis nicht auf das eigene Territorium. Das Völkerrecht ermöglicht es Staaten, Regelungen mit einem extraterritorialen Anwendungsbereich zu erlassen. Dies führt einerseits zu einer signifikanten Ausdehnung staatlicher Handlungssphären; gleichzeitig wird der eigene Exklusivitätsanspruch relativiert.

---

580 Siehe dazu insbesondere den Schiedsspruch von *Max Huber* im *Islands of Palmas Case* (Fn. 502); vgl. auch *von Arnauld*, Völkerrecht, Rdnr. 405; *Beyerlin*, Umweltvölkerrecht, S. 55; *Heintschel von Heinegg*, in: Ipsen, Völkerrecht, § 50 Rdnr. 17; *Epiney*, AVR 33 (1995), S. 309 (insb. 316-324); *Verdross/Simma*, Universelles Völkerrecht, § 1029.

581 M.w.N. *Kment*, Grenzüberschreitendes Verwaltungshandeln, S. 101; zur Auswirkung auf den staatlichen *domaine réservé* siehe D., II., 2., b., aa.

aa. Zulässigkeit

Eine Regelungsbeschränkung besteht nur in Bezug auf die räumliche Geltung staatlicher Vorschriften. Diese ist aufgrund des Exklusivitätsanspruchs durch das Staatsgebiet begrenzt. Darüber hinaus steht es im Ermessen eines Staates, den Anwendungsbereich einer Vorschrift auf extraterritoriale Sachverhalte auszudehnen.[582] Das staatliche Ermessen unterliegt dabei aber zwei wesentlichen Beschränkungen: Der Staat muss ein ausreichendes Anknüpfungsmoment nachweisen können und darüber hinaus bei der Zuweisung des extraterritorialen Anwendungsbereichs die allgemeinen Regeln des Völkerrechts beachten.[583] An dieses Grundaxiom anknüpfend, lassen sich für die völkerrechtliche „Zuständigkeitsordnung" zwei grundlegende Aussagen ableiten: Das Völkerrecht weist den Staaten insgesamt keinen festen Zuständigkeitsbereich zu, sondern beschränkt allein die zunächst unbegrenzte Handlungsfreiheit des souveränen Staates räumlich auf das Territorium und nennt zugleich Anforderungen für die extraterritoriale Ausdehnung.[584] Daher ist es präziser, im Völkerrecht nicht von einer Zuständigkeits-, sondern vielmehr von einer Abgrenzungsordnung zu sprechen.[585] Ferner folgt aus der Beschränkung staatlicher Zuständigkeiten auch nicht zwingend eine eindeutige Zuordnung von Zuständigkeiten zu jeweils einem Staat. Während die räumliche Begrenzung der Hoheitsgewalt auf das eigene Territorium zwar eine klare Abgrenzung

---

582 StIGH, *The Case of the S.S. "Lotus"*, Urt. v. 7.9.1927, PCIJ Series A No. 10, S. 18 f.; vgl. auch EuGH, Urt. v. 21.12.2011, Rs. C-366/10, Rdnr. 121-130 - *Air Transport Association of America* u.a.; *Athen*, EuZW 23 (2012), S. 337 (339 f.); *Kment*, Grenzüberschreitendes Verwaltungshandeln, S. 71 f.; *Epping*, in: Ipsen (2014), Völkerrecht, § 5 Rdnr. 70.

583 BVerfG, Beschl. v. 12.12.2000, 2 BvR 1290/99 = NJW 2001, S. 1848 (1852); Beschl. v. 4.10.2000, 2 BvR 36/00 = DVBl. 2001, S. 64 (65); BVerfGE 92, 277 (320 f.); BVerfGE 63, 343 (369); im Schrifttum z.B. *Athen*, EuZW 23 (2012), S. 337 (340); *Marsch*, Strukturen der internationalen Korruptionsbekämpfung, S. 226; *Brownlie*, Principles of International Law, S. S. 297 f.; *Weiß*, JZ 2002, S. 696 (700 f.); *Bleckmann*, Völkerrecht, S. 152; *Meng*, ZaöRV 57 (1997), S. 269 (290-292); *Verdross/Simma/Geiger*, Territoriale Souveränität und Gebietshoheit, S. 91.

584 *Kment*, Grenzüberschreitendes Verwaltungshandeln, S. 73; *Bleckmann*, Die Völkerrechtsordnung als System von Rechtsvermutungen, in: Achterberg/Krawietz/Wyduckel, FS Scupin, S. 407 (410-412).

585 *Fezer/Koos*, in: Staudinger, BGB, EGBGB/IPR, Internationales Wirtschaftsrecht, Rdnr. 134.

staatlicher Zuständigkeiten ermöglichen würde, lässt die extraterritoriale Ausdehnung – durch die Existenz verschiedener Anknüpfungspunkte – parallele Zuständigkeiten zu.

bb. Anknüpfungsprinzipien

Das Völkerrecht kennt gegenwärtig *grosso modo* vier – in Existenz und Ausformung mehr oder weniger umstrittene – Anknüpfungsprinzipien, die eine extraterritoriale Ausdehnung des Anwendungsbereichs staatlicher Hoheitsgewalt rechtfertigen können: (1) Das Territorialitätsprinzip, (2) das Personalitätsprinzip, (3) das Wirkungsprinzip und (4) das Weltrechtsprinzip. Gemeinsame Zielsetzung eines jeden der genannten Anknüpfungsprinzipien ist der Nachweis einer hinreichenden Nähe zwischen Regelungsmaterie und Staat.[586] Wie eine sinnvolle Verknüpfung hergestellt werden kann, hängt dabei auch maßgeblich von der zu regelnden Materie ab.

(1) Territorialitätsprinzip

Das Territorialitätsprinzip ist unmittelbarer Ausfluss der Gebietshoheit eines Staates, die wiederum im unmittelbaren Zusammenhang mit dem Konzept territorialer Souveränität steht. Während letztere zunächst nur die umfassende Herrschaft über einen bestimmten Raum beschreibt, meint Gebietshoheit die Herrschaft über die sich in diesem Raum befindlichen Personen und Güter.[587] Die Gebietshoheit ist also das maßgeblich aus der territorialen Souveränität folgende Recht zur tatsächlichen Ausübung der Herrschaftsgewalt. Das Näheverhältnis zwischen Staat und Regelungsmaterie wird durch den Aufenthaltsort einer Person, den Belegenheitsort einer Sache oder durch den Ablauf eines Geschehens im Staatsgebiet hergestellt.

---

586 *Kment*, Grenzüberschreitendes Verwaltungshandeln, S. 108; *Geiger*, Grundgesetz und Völkerrecht, S. 275; *Dahm/Delbrück/Wolfrum*, Völkerrecht, Bd. I/1, S. 320 f.; *Verdross/Simma/Geiger*, Territoriale Souveränität und Gebietshoheit, S. 91 f.
587 *Dahm/Delbrück/Wolfrum*, Völkerrecht, Bd. I/1, S. 318.

Einzelheiten – wie etwa die für eine Anknüpfung hinreichenden Anforderungen an die Qualität einer Handlung – sind weitestgehend ungeklärt. Jedenfalls verlangt das Territorialitätsprinzip aber nicht, dass sich sämtliche Elemente eines Sachverhalts auf nur einem Staatsgebiet abspielen.[588] Daher besteht auch die Möglichkeit paralleler Jurisdiktionen, die jeweils durch das Territorialitätsprinzip begründet werden. Dies gilt insbesondere für Fälle, in denen Handlungs- und Erfolgsort eines Sachverhalts auf verschiedene Territorien fallen. In diesem Zusammenhang häufig genannte Beispiele sind die Freisetzung umweltschädlicher Stoffe z.B. in einem durch mehrere Territorien verlaufenden Fluss oder der grenzüberschreitende Schusswechsel.

(2) Personalitätsprinzip

Ergänzt wird der Grundsatz der Gebietshoheit durch die Personalhoheit. Begründet sich die Herrschaftsgewalt über Personen, die sich auf dem eigenen Staatsgebiet aufhalten, bereits durch die Gebietshoheit, erweitert der Grundsatz der Personalhoheit den Herrschaftsanspruch eines Staates auf eigene Staatsangehörige im Ausland.

Hinsichtlich des auf der Personalhoheit fußenden Personalitätsprinzips ist zwischen dem aktiven und dem passiven Personalitätsprinzip zu unterscheiden. Das in seiner Geltung unbestrittene *aktive Personalitätsprinzip* beschreibt die umfassende und vom Aufenthaltsort unabhängige Herrschaftsgewalt des Staates über die Rechte und Pflichten seiner Staatsangehörigen sowie deren Status.[589] Bedeutung hat das aktive Personalitätsprinzip insbesondere für die Zuständigkeit in der Strafverfolgung. Staaten haben danach die Strafgewalt hinsichtlich solcher Straftaten, die von ihren Staatsangehörigen im Ausland verübt wurden. Im Schrifttum wird diese „Blanko-Zuständigkeit" teilweise mit der Einschränkung versehen, dass eine Strafverfolgung – unter Verweis auf Gründe der Nichteinmischung – nur dann möglich sein soll, wenn die begangene Tat auch im Staat der Tat-

---

588 *Kment*, Grenzüberschreitendes Verwaltungshandeln, S. 113; *Ohler*, Die Kollisionsordnung des Allgemeinen Verwaltungsrechts, S. 331.

589 *Stein/von Buttlar*, Völkerrecht, Rdnr. 617; *Hobe*, Einführung in das Völkerrecht, S. 100; *Shaw*, International Law, S. 661; *Doehring*, Völkerrecht, Rdnr. 816; *Dahm/Delbrück/Wolfrum*, Völkerrecht, Bd. I/1, S. 321.

begehung unter Strafandrohung steht.[590] *Von Arnauld* hält dieser Einschränkung zutreffend die Staatenpraxis entgegen. So sieht z.B. § 5 Nr. 9 des deutschen StGB vor, dass auch im Ausland vorgenommene Schwangerschaftsabbrüche dem § 218 StGB unterliegen. Dem Heimatstaat soll dadurch das Recht garantiert werden, eine Umgehung seiner Strafgesetze zu verhindern.[591]

Weniger Einigkeit besteht hinsichtlich der Zuständigkeitsbegründung über das *passive Personalitätsprinzip*. Dieses soll die Zuständigkeit zur Strafverfolgung eines Staates begründen, wenn im Ausland Straftaten an dessen Staatsangehörigen verübt werden. Die Existenz eines solchen völkergewohnheitsrechtlichen Satzes wird vereinzelt bis heute bestritten.[592] Auch wenn von einigen Staaten bereits angewendet, lehnten z.B. die USA, Großbritannien und Frankreich die Heranziehung des Prinzips zur Begründung der Zuständigkeit noch in den 70er Jahren unter Verweis auf eine Verletzung der Souveränität des Tatortstaates vollständig ab.[593] Bereits 1886 protestierten die Vereinigten Staaten gegen die Verurteilung eines amerikanischen Staatsbürgers in Mexiko wegen Diffamierung eines mexikanischen Staatsbürgers durch eine texanische Zeitung in den USA und wiesen die Zuständigkeitsausübung Mexikos als „wholly inadmissable"[594] zurück. Frankreich erhob z.B. im *Lotus*-Fall Einspruch gegen die strafrechtliche Zuständigkeit der Türkei. Der daraufhin angerufene StIGH wich der Frage nach der Gültigkeit des passiven Personalitätsprinzips allerdings aus, indem er die türkische Zuständigkeit über die „Erweiterung" des

---

590 Siehe z.B. *Ambos*, in: MüKo StGB, Bd. 1, Vor §§ 3-7, Rdnrn. 28/29; *Oehler*, JR 1982, S. 160.

591 *von Arnauld*, Völkerrecht, Rdnr. 1273; ebenfalls für eine Vereinbarkeit des uneingeschränkten Personalitätsprinzips mit dem Völkerrecht *Werle/Jeßberger*, in: Laufhütte, StGB LK, Bd. 1, Vor § 3, Rdnr. 232; *Doehring*, Völkerrecht, Rdnr. 816.

592 *Stein/von Buttlar*, Völkerrecht, Rdnr. 620.

593 Siehe z.B. *Shaw*, International Law, S. 665 unter Verweis auf *US protests to Greece, concerning the service of summonses by Greek Consuls in the US on US nationals involved in accidents with Greek nationals occuring in the United States*, DUSPIL 1973, S. 197 f./DUSPIL 1975, S. 339; *Cafritz/Tene*, Colum. JTL 41 (2002/03), S. 585 (593).

594 U.S. Department of State, Report on Extraterritorial Crime and the Cutting Case, in: Foreign Relations Law of the United States 751 (1887), S. 6.

Staatsgebiets auf Schiffe, welche die Flagge des Gerichtsstaats führen, begründete.[595]

Diese grundsätzlich ablehnende Haltung wurde durch die Vereinigten Staaten in der Folgezeit – insbesondere unter den Eindrücken des internationalen Terrorismus – erheblich relativiert. Bereits 1984 nahmen die USA die Möglichkeit der Zuständigkeitsbegründung über das passive Personalitätsprinzips in den *Comprehensive Crime Control Act* auf, der die Zuständigkeit der USA auf jeden Ort außerhalb des amerikanischen Hoheitsgebiets erweitert, soweit eine Geiselnahme durch oder gegen einen amerikanischen Bürger verübt wird.[596] Als Reaktion auf den *Achille Lauro* Zwischenfall[597] erließen die USA 1986 den *Omnibus Diplomatic Security and Anti-Terrorism Act* und erweiterten damit den *US criminal code* um einen Abschnitt, der die Zuständigkeit der USA auf Fälle ausdehnt, bei denen Staatsangehörige außerhalb des Territoriums getötet oder Opfer physischer Gewalt werden.[598]

Frankreich hat seine ablehnende Haltung ebenfalls vollständig aufgegeben. Zwar wies die französische Regierung das israelische Auslieferungsverlangen bezüglich des in die Anschläge von München 1972 verwickelten palästinensischen Terroristen Abo Daoud noch zurück, da Israel seine strafrechtliche Zuständigkeit allein aufgrund des passiven Personalitätsprinzips annahm. Nachdem allerdings Mitglieder der Japanischen Roten Armee am 13.9.1974 in die französische Botschaft in Den Haag eingedrungen waren und den französischen Botschafter sowie zehn weitere Per-

---

595 StIGH, *The Case of the S.S. "Lotus"*, Urt. v. 7.9.1927, PCIJ Series A No. 10, S. 23-26.

596 Siehe § 1203 des US Criminal Code (18 USC para. 1203).

597 Am 7.10.1985 wurde das unter italienischer Fahne fahrende Kreuzfahrtschiff Achille Lauro von palästinensischen Terroristen entführt. Diese drohten, die Passagiere – unter denen sich auch amerikanische Staatsbürger befanden – zu töten, sollte Israel nicht umgehend 50 inhaftierte Palästinenser aus der Haft entlassen. Nachdem das entführte Schiff in Port Said (Ägypten) festmachte, wurde den Terroristen durch den ägyptischen Präsidenten Mubarak freies Geleit in einer Passagiermaschine nach Algier zugesagt, soweit sie den Geiseln keinen weiteren Schaden zufügen würden. Der US-Geheimdienst hörte das zwischen Mubarak und den Terroristen geführte Gespräch ab und zwang die Passagiermaschine mit vier Kampfflugzeugen zur Landung auf Sizilien. Zu der beabsichtigten Festnahme der Terroristen durch US-Streitkräfte kam es allerdings nicht, da die italienische Luftwaffe unter Verweis auf die italienischen Hoheitsrechte dieser nicht zustimmte und auf die Verhaftung durch italienische Streitkräfte bestand.

598 M.w.N. *Shaw*, International Law, S. 665.

sonen als Geiseln genommen hatten[599], erweiterte Frankreich ein Jahr später seine Zuständigkeitsregelungen um das passive Personalitätsprinzip.[600] Heute findet sich dieses in Art. 113-7 des französischen *code pénal* wieder. Dieser sieht die Anwendung des französischen Strafrechts auf an französischen Staatsbürgern verübte Verbrechen unabhängig von der Art und Schwere dieser Verbrechen vor. Im Gegensatz zu Regelungen in anderen Staaten, die das passive Personalitätsprinzip nur auf schwere Verbrechen anwenden, umfasst Art. 113-7 des *code pénal* alle mit einer Gefängnisstrafe bedrohten Straftaten und wird daher im Schrifttum zutreffend als „the broadest extend possible under the passive personality principle" beschrieben.[601]

Auch in der nationalen und internationalen Rechtsprechung wird die grundsätzliche Akzeptanz des passiven Personalitätsprinzips nicht mehr bestritten.[602] In den USA wurde das Prinzip z.B. durch den *U.S. District Court* in der Sache *United States vs. Fawaz Yunis (No. 2)* bestätigt.[603] US-Agenten hatten einen libanesischen Staatsbürger wegen der Teilnahme an der Entführung eines jordanischen Flugzeugs festgenommen. Die einzige Verbindung zwischen der Entführung und den USA waren amerikanische Flugzeugpassagiere. Das Gericht akzeptierte dabei das passive Personalitätsprinzip nicht nur, sondern stellte darüber hinaus fest, dass das Prinzip trotz seiner Umstrittenheit in der Vergangenheit nunmehr von der internationalen Gemeinschaft grundsätzlich anerkannt sei.[604] Dies gelte auch für die USA, die das Prinzip zwar lange ablehnten, es aber nunmehr für den Terrorismus sowie international missbilligte Verbrechen anerkennen.[605] Ähnlich äußerten sich auch die IGH-Richter *Higgins, Kooijmans* und *Buergenthal* in ihrer *Joint Separate Opinion* zum *Arrest Warrant Case*[606]. Auch sie beschreiben eine grundsätzliche Anerkennung des passiven Personalitätsprinzips für bestimmte Delikte, jedoch ohne diese näher zu be-

---

599 Vgl. FAZ v. 14.9.1974, S. 1; FAZ v. 16.9.1974, S. 1, 2.
600 *Cafritz/Tene*, Colum. JTL 41 (2002/03), S. 585 (594).
601 *McCarthy*, Fordham ILJ 13 (1989/1990), S. 298 (314); *Blakesley*, Conn. L. Rev. 19 (1987), S. 895 (938 f.).
602 Siehe zum Folgenden *Shaw*, International Law, S. 666.
603 Abgedruckt in: ILR 82 (1990), S. 343; zusammenfassend *Clarizio*, AJIL 83 (1989), S. 94-99.
604 ILR 82 (1990), S. 343 (349).
605 ILR 82 (1990), S. 343 (350).
606 IGH, *Case concerning the Arrest Warrant of 11 April 2000*, Urt. v. 14.2.2002, ICJ Rep. 2002, S. 3.

nennen („Passive personality jurisdiction, for so long regarded as contro-
versial, is now reflected not only in the legislation of various countries
[...], and today meets with relatively little opposition, at least so far as a
particular category of offences is concerned."). [607]

Der dargestellten grundsätzlichen Anerkennung des passiven Personalitätsprinzips lässt sich zugleich dessen Grenze entnehmen. Außerhalb solcher Verbrechen, die sich in der Summe unter den Begriff des Terrorismus
subsumieren lassen[608], ist der Umfang der zulässigen Zuständigkeitsbegründung über das passive Personalitätsprinzip völkerrechtlich weiterhin
äußerst umstritten. Während in den USA ein „random murderer" nicht in
den Anwendungsbereich des passiven Personalitätsprinzips fällt[609], erstrecken neben Frankreich z.B. auch Deutschland (§ 7 Abs. 1 StGB), Dänemark, Italien oder China die Anwendung des Prinzips auf Straftaten unterhalb der terroristischen Aktivität. Nach Lage der gegenwärtigen Staatenpraxis ist aber zumindest eine gewisse Schwere der Straftat für eine zulässige Ausdehnung der Zuständigkeit notwendig.[610]

(3) Wirkungsprinzip

Das Wirkungsprinzip (*effects doctrine*) ist vor allem für das internationale
Wirtschaftrecht von Bedeutung. Im Gegensatz zum Territorialitäts- und
Personalitätsprinzip knüpft das Wirkungsprinzip nicht an den Aufenthalts-
ort einer Person bzw. Sache oder den Ausführungsort einer Handlung an,
sondern stellt allein auf die relevanten Auswirkungen der Hoheits- und
Wirtschaftsmacht dritter Staaten oder privater Unternehmungen fremder

---

607 IGH, *Case concerning the Arrest Warrant of 11 April 2000*, Urt. v. 14.2.2002, ICJ
Rep. 2002, S. 3 (76 f.).
608 *Cafritz/Tene*, Colum. JTL 41 (2002/03), S. 585 (594); *Watson*, Tex. ILJ 28
(1993), S. 1 (11); vgl. dazu z.B. auch den Standpunkt der USA: „[t]he principle
has not been generally acctepted for ordinary torts or crimes", Restatement
(Third) of the Foreign Relations Law of the United States (1987), § 402 cmt. f
(S. 240).
609 United States v. Vasquez-Velasco, 15 F.3 d 833 (9th Cir. 1994).
610 In die gleiche Richtung *Oxman*, Jurisdiction of States, in: Wolfrum, MPEPIL XI,
S. 546 (Rdnr. 35); *Herdegen*, Völkerrecht, § 26 Rdnr. 11; *Kment*, Grenzüberschreitendes Verwaltungshandeln, S. 108; *Schachter*, International Law in Theory
and Practice, S. 254.

Staatsangehörigkeit ab.[611] Insoweit ergänzt das Wirkungsprinzip das Territorialitätsprinzip und ermöglicht die Reaktion des Staates auf Einwirkungen ausländischen Ursprungs.[612]

Ähnlich dem passiven Personalitätsprinzip wird auch die völkerrechtliche Existenz des Wirkungsprinzips nur vereinzelt bestritten. Die USA erkennen dem *Restatement (Third) of Foreign Relations Law of the United States* zufolge das Wirkungsprinzip ausdrücklich an.[613] An gleicher Stelle wird zudem festgestellt, dass bis 1986 nicht nur die USA, sondern auch die meisten Staaten Westeuropas wie auch Japan und Kanada das Prinzip im Hinblick auf wirtschaftliche Auswirkungen akzeptieren.[614] Großbritannien wird hingegen ausdrücklich von dieser Feststellung ausgenommen. Das Vereinigte Königreich vertritt bis heute eine enge Auslegung des Territorialitätsprinzips. So heißt es im ersten Abschnitt (Punkt 2) des *Statement of Principles by the United Kingdom Government concerning Jurisdiction in Anti-Trust-Matters*: „A state should not exercise jurisdiction against a foreigner who or a foreign company which has committed no act within its territory".[615]

Trotz des anhaltenden britischen Widerstandes dürfte das Wirkungsprinzip heute in den Stand des (zumindest partikularen) Völkergewohnheitsrechts erwachsen sein.[616] Ohne eine detaillierte Betrachtung der Staatenpraxis ist die weite Verbreitung allein an die Auswirkung auf das eige-

---

611 *Herdegen*, Internationales Wirtschaftsrecht, § 3 Rdnr. 61-64; *Kment*, Grenzüberschreitendes Verwaltungshandeln, S. 113; *Doehring*, Völkerrecht, Rdnr. 823; *Schwarze*, Die Jurisdiktionsabgrenzung im Völkerrecht, S. 25; *Meng*, Extraterritoriale Jurisdiktion im öffentlichen Wirtschaftsrecht, S. 526-530; mit speziellem Bezug zum Kartellrecht *Fezer/Koos*, in: Staudinger, BGB, EGBGB/IPR, Internationales Wirtschaftsrecht, Rdnr. 125.

612 Zum Teil wird die eigenständige Existenz auch bestritten und das Wirkungsprinzip als Sonderfall des Territorialitätsprinzips eingeordnet, siehe z.B Restatement (Third) of the Foreign Relations Law of the United States (1987), § 402 cmt. d (S. 239); vgl. auch *Meng*, Extraterritoriale Jurisdiktion im Öffentlichen Wirtschaftsrecht, S. 479.

613 Restatement (Third) of the Foreign Relations Law of the United States (1987), § 402 I lit. c).

614 Restatement (Third) of the Foreign Relations Law of the United States (1987), S. 250.

615 Abgedruckt in: *McCorquodale/Dixon*, Cases and Materials on International Law, S. 283 f.

616 Zu diesem Schluss gelangten vereinzelte Autoren bereits zu Beginn der 90er Jahre, vgl. z.B. *Schachter*, International Law in Theory and Practice, S. 263; zumindest für die völkerrechtliche Zulässigkeit z.B. *Basedow*, NJW 1989, S. 627-638;

ne Staatsgebiet anknüpfender Vorschriften vor allem im Kartellrecht offenkundig. Als Beispiele sei auf nationaler Ebene nur auf §§ 185 Abs. 2 GWB, 24 Abs. 2 öKartG oder sec. 7 des *Sherman Act*[617] verwiesen.[618] Auf europäischer Ebene liegt Art. 101 AEUV das Auswirkungsprinzip zugrunde. Die Vorschrift beansprucht Geltung für alle Koordinierungen, die geeignet sind, den Handel zwischen den Mitgliedstaaten zu beeinträchtigen, „und eine Verhinderung, Einschränkung oder Verfälschung des Wettbewerbs innerhalb des Binnenmarkts bezwecken oder *bewirken*".[619] Bisher finden sich auf die Auswirkung abstellende Vorschriften – soweit ersichtlich – ausschließlich im internationalen Wirtschaftsrecht. Es sind aber keine Gründe für eine zwingende Begrenzung auf nur eine Regelungsmaterie ersichtlich: Insbesondere in den Bereichen des Umweltrechts oder der Cybersecurity[620] können von fremden Staatsgebieten ausgehende Maßnahmen erheblich größerer Auswirkungen auf das eigene Territorium haben als im Bereich des Kartellrechts. So würde z.B. eine nachhaltige Beeinträchtigung des globalen Klimas, die von einem bestimmten Territorium ausgeht, sich auch auf andere Staatsgebiete auswirken. Wenn das Völkerrecht eine Rechtfertigung extraterritorial wirkender Vorschriften schon bei vergleichsweise harmlosen Beeinträchtigungen des eigenen Wirtschaftssystems vorsieht, so muss dies erst recht für massivere Beeinträchtigungen im Bereich anderer Regelungsmaterien gelten.[621]

Die eigentliche Problematik des Auswirkungsprinzips betrifft nicht die Existenz, sondern dessen Grenzen. Eine zu weite Fassung – also zu geringe Anforderungen an die extraterritorial begründeten Auswirkungen auf das eigene Staatsgebiet – würden in einer wirtschaftlich weitestgehend entgrenzten Welt, in der sich gerade wirtschaftliche Regelungen immer häufiger global auswirken, zu einer nicht mehr zu rechtfertigenden Aus-

---

Meessen, AöR 110 (1985), S. 398-418; *ders.* Völkerrechtliche Grundsätze des internationalen Kartellrechts, S. 121-145.

617 15 USC § 6 a.

618 M.w.N. *Fezer/Koos*, in: Staudinger, BGB, EGBGB/IPR, Internationales Wirtschaftsrecht, Rdnr. 147.

619 *Schuhmacher*, in: Grabitz/Hilf/Nettesheim, Das Recht der Europäischen Union, Art. 101 AEUV Rdnr. 33; *Weiß*, in: Callies/Ruffert, EUV/AEUV, Art. 101 AEUV Rdnr. 9 f.

620 Zur staatlichen Verantwortlichkeit siehe C., IV., 1., c.

621 *Athen*, EuZW 23 (2012), S. 337 (340).

dehnung staatlicher Jurisdiktion führen.[622] So verwundert es nicht, dass zahlreiche Versuche zur Konturierung des Auswirkungsprinzips unternommen wurden. Die Formulierung des bereits erwähnten *Sherman Act* sieht eine Anknüpfung an die Auswirkung nur dann als zulässig an, wenn diese einen „direct, substantial, and reasonably foreseeable effect" aufweist. Ähnliche – die tatbestandliche Ebene betreffende – Ansätze finden sich auch in Schrifttum und Rechtsprechung, nach denen entweder nur erhebliche und vorhersehbare Wirkungen als Anknüpfungspunkt genügen sollen,[623] die Unmittelbarkeit der Auswirkung als regulierendes Element herangezogen oder alle genannten Kriterien für die Begrenzung kumulativ vorausgesetzt werden[624]. Die exakte Ausgestaltung der tatbestandlichen Voraussetzungen kann für die vorliegende Untersuchung dahinstehen. Interessant ist hingegen die häufig alternativ oder auch ergänzend herangezogene Abwägung der widerstreitenden Interessen der involvierten Staaten, die zu einer sinnvollen und völkerrechtlich kohärenten Begrenzung des Auwirkungsprinzips führt.[625] Die Notwendigkeit der Abwägung bzw. der Begrenzung des Auswirkungsprinzips im Generellen wird dabei zum Teil unzutreffend – dazu sogleich näher – aus dem Interventionsverbot hergeleitet.[626]

---

622 *Schwarze*, Die Jurisdiktionsabgrenzung im Völkerrecht, S. 25; in die gleiche Richtung *Kment*, Grenzüberschreitendes Verwaltungshandeln, S. 117; *Meng*, Extraterritoriale Jurisdiktion im öffentlichen Wirtschaftsrecht, S. 529 f.

623 Siehe z.B. United States Court of Appeals,
Seventh Circuit, S.A.L, 730 F. 2 d (1984) 1103 (1108) – *Tamari v. Bache & Co Sal*; *Kegel/Schurig*, Internationales Privatrecht, S. 1130; *Brown*, NC JIL & Com. Reg. 26 (2001), S. 239 (329).

624 Siehe z.B. EuG, Urt. v. 25.3.1999, Rs. T-102/96, Slg. 1999, II-753, Rdnr. 90-101 - *Gencor*; *Herdegen*, Völkerrecht, § 26 Rdnr. 8; *Geiger*, Grundgesetz und Völkerrecht, S. 277; *Dahm/Delbrück/Wolfrum*, Völkerrecht, Bd. I/1, S. 321.

625 Für eine Interessenabwägung etwa *Fezer/Koos*, in: Staudinger, BGB, EGBGB/ IPR, Internationales Wirtschaftsrecht, Rdnr. 135-137; *Stein/von Buttlar*, Völkerrecht, Rdnr. 615; *Brown*, NC JIL & Com. Reg. 26 (2001), 239 (330).

626 Vgl. z.B. *Emmerich/Rehbinder/Markert,* in: Immenga/Mestmäcker, Wettbewerbsrecht: GWB, § 130 Rdnr. 137, 139; *Kaffanke*, Nationales Wirtschaftsrecht und internationale Wirtschaftsordnung, S. 119, 287-342; *ders.,* AVR 27 (1989), S. 129 (148-154); *ders.*, Grenzen der intraterritorialen Rechtsanwendung mit extraterritorialen Auswirkungen, S. 273-343; *Meng*, ZaöRV 44 (1984), S. 675 (747-757); *Beck*, Die extraterritoriale Anwendung nationalen Wettbewerbrechts, S. 128-130; *Gerber*, Yale JIL 10 (1984/85), S. 185 (209-215); *Meessen*, AJIL 78 (1984), S. 783 (insb. 805-808); *ders.*, Völkerrechtliche Grundsätze des internationalen Kartellrechts, S. 200; *Wildhaber*, Multinationale Unternehmen und Völker-

Kment sieht die Interessenabwägung – in Anlehnung an die praktische Konkordanz der Grundrechtsprüfung – als der Tatbestandsebene nachgelagert an.[627] Die Interessenabwägung würde damit einer völkerrechtlichen Rechtfertigungsprüfung gleichgesetzt. Die Einordnung auf der Rechtfertigungsebene ist aber keineswegs zwingend. Dem Auswirkungsprinzip zugrunde liegende Konflikte sind – hier zeigt sich tatsächlich eine Parallele zum Interventionsverbot – das Produkt konkurrierender Souveränitätsansprüche.[628] Wie im Zusammenhang mit dem Tatbestandmerkmal des Zwangscharakters zu zeigen sein wird, werden konkurrierende Souveränitätsansprüche im Völkerrecht regelmäßig durch das Verhältnismäßigkeitprinzip im Zuge einer auf der Tatbestandsebene durchzuführenden Abwägung der widerstreitenden Interessen aufgelöst. Insoweit ist es nur konsequent, auch die durch das Wirkungsprinzip entstehenden Konflikte bereits durch eine tatbestandlich vorgesehene Interessenabwägung zu verhindern.[629] Daher ist es auch zutreffend, wenn *Kment* feststellt, dass die Abwägungslösung „als allgemeines Instrument kein Spezifikum des Wirkungsprinzips" ist.[630]

(4) Weltrechtsprinzip (Universalitätsprinzip)

Als Anknüpfungspunkt kommen schließlich bestimmte Rechtsgüter in Betracht, an denen die gesamte Staatengemeinschaft ein besonderes Interesse hat.[631] In diesen Fällen sind Staaten völkerrechtlich berechtigt, diese

---

recht, in: Berichte DGVR 18 (1978), 7 (52); *Bär,* Kartellrecht und Internationales Privatrecht, S. 113.

627 *Kment,* Grenzüberschreitendes Verwaltungshandeln, S. 118.

628 So bereits *Bockslaff,* Das völkerrechtliche Interventionsverbot, S. 129.

629 Ähnlich *Ziegenhain,* Extraterritoriale Rechtsanwendung, S. 49-51; Eine Interessenabwägung in Gestalt einer Verhältnismäßigkeitsprüfung auf Tatbestandsebene findet sich vereinzelt auch in der deutschen Rechtsordnung. So verlangt § 35 Abs. 1 S. 1 GewO zum Beispiel tatbestandlich, dass eine Gewerbeuntersagung „zum Schutze der Allgemeinheit oder der im Betrieb Beschäftigten erforderlich ist."

630 *Kment,* Grenzüberschreitendes Verwaltungshandeln, S. 118 f.

631 BVerfG, Beschl. v. 12.12.2000, 2 BvR 1290/99 = NJW 2001, 1848 (1852); *von Arnauld,* Völkerrecht, Rdnr. 1277; *Stein/von Buttlar,* Völkerrecht, Rdnr. 623; *Shaw,* International Law, S. 668; *Verdross/Simma,* Universelles Völkerrecht, § 1183 f.

Rechtsgüter mit den Mitteln des Strafrechts zu schützen.[632] Im Gegensatz zu den zuvor dargestellten Anknüpfungspunkten fordert das Weltrechtsprinzip keinerlei Verbindung zwischen der in Rede stehenden Handlung und dem Staat.[633] Der klassische (und wohl auch erste) Anwendungsfall für das Weltrechtsprinzip war die Piraterie auf hoher See.[634]

Die Staaten nehmen die aus dem Weltrechtsprinzip stammende Strafkompetenz zunehmend für sich in Anspruch.[635] Darüber hinaus ist mittlerweile auch eine sachliche Ausweitung des Weltrechtsprinzips auf andere Regelungsmaterien möglich bzw. bereits zu beobachten.[636] Eine Übertragung auf das Umweltrecht wird zumindest für möglich erachtet[637]; eine Anwendung in Zivilverfahren ist – insbesondere in den USA – bereits nachweisbar.[638] Trotz einer möglichen Ausdehnung wurde bzw. wird das Weltrechtsprinzip aber maßgeblich durch das internationale Strafrecht geprägt.[639]

Die Grenzen des Weltrechtsprinzips bestimmen sich im Wesentlichen über den Kanon der Straftaten, deren Begehung ein gemeinsames Interesse der Staatengemeinschaft berührt und somit eine Strafverfolgung ohne Vorliegen eines weiteren sinnvollen Anknüpfungspunktes rechtfertigt. Zur Bestimmung dieses Kanons bietet es sich an, auf die zuständigkeitsbegründenden Straftatenkataloge der internationalen Straftribunale (Internationaler Strafgerichtshof; International Criminal Tribunal for the Former

---

632 BVerfG, Beschl. v. 12.12.2000, 2 BvR 1290/99 = NJW 2001, 1848 (1852); *Kment*, Grenzüberschreitendes Verwaltungshandeln, S. 119; *Werle*, Völkerstrafrecht, Rdnr. 184; *Reydams*, Universal Jurisdiction, S. 28-42.

633 *Kempen/Hillgruber*, Völkerrecht, S. 129; *Doehring*, Völkerrecht, Rdnr. 820; *Schachter*, International Law in Theory and Practice, S. 269.

634 Vgl. Joint Separate Opinion der Richter *Higgins, Kooijmans, Buergenthal, Case concerning the Arrest Warrant of 11 April 2000*, ICJ Rep 2002, S. 3 (81); vgl. auch *von Arnauld*, AVR 47 (2009), S. 454 (468-470); *Brownlie*, Principles of International Law, S. 303; *Schwarze*, Die Jurisdiktionsabgrenzung im Völkerrecht, S. 40 f.

635 Vgl. z.B. § 1 VStGB; Restatement (Third) of the Foreign Relations Law of the United States (1987), § 404; *von Arnauld*, Völkerrecht, Rdnr. 1277; *Dahm/Delbrück/Wolfrum*, Völkerrecht, Bd. I/1, S. 322.

636 Vgl. Restatement (Third) of the Foreign Relations Law of the United States (1987), § 404 cmt. b (S. 255).

637 *Athen*, EuZW 23 (2012), S. 337 (340); *Kment*, Grenzüberschreitendes Verwaltungshandeln, S. 120.

638 Vgl. dazu *Nolte*, Das Weltrechtsprinzip in Zivilverfahren, FS Starck, S. 847-855.

639 *Kment*, Grenzüberschreitendes Verwaltungshandeln, S. 120.

Yugoslavia; International Criminal Tribunal for Rwanda) zurückzugreifen. Art. 5 des Rom-Statuts[640] nennt diesbezüglich „the crime of genocide; crimes against humanity; war crimes" und „the crime of aggression".[641] Damit dürfte die Zuständigkeitsbegründung über das Weltrechtsprinzip grundsätzlich immer dann zulässig sein, wenn die Strafverfolgung Konsequenz eines Verstoßes gegen Vorschriften des *ius cogens* ist.[642] Erweitert wird der Kanon durch völkerrechtliche Abkommen, die für bestimmte Straftaten die Anwendung des Weltrechtsprinzips vorsehen. Beispiele sind das Verbot der Folter in Art. 7 UN-Folterkonvention[643], die in Art. 1 des Abkommens von Montreal (1971)[644] aufgezählten Straftaten gegen die zivile Luftfahrt (vgl. Art. 5 des Abkommens) sowie Art. 105 UNCLOS[645], der die Anwendung auf die Piraterie anordnet. Zur weiteren Begrenzung des Weltrechtsprinzips wird darüber hinaus gefordert, dass verfahrensrechtliche Regelungen getroffen werden müssten, die die primäre Zuständigkeit für die Strafverfolgung des Staates sicherstellen, auf dessen Staatsgebiet die Tat begangen wurde.[646]

Ähnlich den anderen Anknüpfungspunkten wird die Notwendigkeit einer Begrenzung häufig mit dem Verweis auf das Interventionsverbot begründet. So sah z.B. auch der Bundesgerichtshof für die Anwendung des Weltrechtsprinzips – unter Berufung auf das Interventionsverbot – zu-

---

640 Rome Statute of the International Criminal Court v. 17.7.1998, abgedruckt in: UNTS 2187 (2004), S. 90.

641 Vgl. Art. 2-5 Statute of the International Criminal Tribunal for the former Yugoslavia; Art. 2-4 Statute of the International Criminal Tribunal for Rwanda.

642 Vgl. die Formulierung von *Lord Miller* im Pinochet Urteil des House of Lords: „In my opinion, crimes prohibited by international law attract universal jurisdiction under customary international law if two criteria are satisfied. First, they must be contrary to a peremptory norm of international law so as to infringe a jus cogens. Secondly, they must be so serious and on such a scale that they can justly be regarded as an attack on the international legal order", House of Lords, Urt. v. 24.3.1999, *Regina v. Bartle and the Commissioner of Police fort he Metropolis and others Ex Parte Pinochet*, ILM 39 (1999), S. 581 (649).

643 United Nations Convention against Torture and Other Cruel, Inhuman or Degrading Treatment or Punishment v. 10.12.1984, abgedruckt in: UNTS 1465 (1987), S. 85; vgl. dazu IGH, *Questions relating to the Obligation to Prosecute or Extradite*, Urt. v. 20.7.2012, ICJ Rep. 2012, S. 422 (451, § 75).

644 Convention for the suppression of unlawful acts against the safety of civil aviation v. 23.9.1971, abgedruckt in: UNTS 974 (1975), S. 177.

645 United Nations Convention on the Law of the Sea v. 10.12.1982, abgedruckt in: UNTS 1833 (1994), S. 396.

646 *Schultz*, ZaöRV 62 (2002), S. 703 (734).

nächst eine Begrenzung durch das ungeschriebene Erfordernis eines hinreichenden Inlandsbezugs vor.[647] Das BVerfG hat den Bundesgerichtshof – ohne sich zur Sache zu äußern – darin zumindest nicht bestätigt.[648] Das Erfordernis eines Inlandsbezuges ist auch weder mit der Ratio des Weltrechtsprinzips, noch mit der Formulierung des § 6 VStGB und der dahinter stehenden gesetzgeberischen Entscheidung in Einklang zu bringen.[649] Der EGMR hat die Vereinbarkeit der Vorschrift mit Art. 5 Abs. 1 lit. a) EMRK („conviction by a *competent court*") bestätigt.[650]

d. Verletzungshandlungen

Die (territoriale) Souveränität kann im Wesentlichen durch zwei Handlungstypen verletzt werden. Entweder überschreitet ein Staat seine Zuständigkeiten, da für die extraterritoriale Anwendung kein anerkannter Anknüpfungspunkt besteht. Darüber hinaus besteht die Möglichkeit einer Verletzung durch eine tatsächliche Handlung, wie z.B. durch einen nichtgenehmigten militärischen Durchflug oder die gezielte Tötung einer Person auf einem fremden Staatsgebiet.[651] Beide Beeinträchtigungen sollen hier unter den Tatbestand der Verletzung der (territorialen) Souveränität gefasst werden. Sicherlich scheint aber auch die Konstruktion zweier unterschiedlicher völkerrechtlicher Verbotsnormen möglich. Während nämlich die Überschreitung von Zuständigkeitsgrenzen eher die Gebietshoheit berührt, betrifft die tatsächliche Einwirkung auf das Staatsgebiet primär die territoriale Integrität. Beide Schutzgüter sind aber unmittelbarer Ausfluss der territorialen Souveränität, sodass die Behandlung unter einem

---

647 BGHSt 45, S. 64 (66); BGH, Urt. v. 13.2.1994, 1 BGs 100/94 = NStZ 1994, S. 232 (233); BGH, Urt. v. 11.12.1998, 2 Ars 499/98 = NStZ 1999, S. 236; *Kreß*, in: MüKo StGB, § 6 VStGB Rdnr. 112; kritisch dazu z.B. *Lüder*, NJW 2000, S. 269 (270); *Ambos*, NStZ 1999, S. 405.

648 BVerfG, Beschl. v. 12.12.2000, 2 BvR 1290/99 = NJW 2001, S. 1848 (1853).

649 Ebenfalls kritisch *Schultz*, ZaöRV 62 (2002), S. 703 (732 f.); *Bungenberg*, AVR 39 (2001), 170 (185-198); *Kadelbach*, JZ 2001, S. 981 (983).

650 EGMR Urt. v. 12. 7. 2007, Application No. 74613/01, Nr. 66-72 – *Jorgic v. Germany*.

651 Zur völkerrechtlichen Zulässigkeit der gezielten Tötung („targeted killing") – zumeist im Hinblick auf eine Verletzung des Gewaltverbots sowie des humanitären Völkerrechts – siehe z.B. *Höfer*, Gezielte Tötungen; *Cunningham*, HuV-I 26 (2013), S. 56-63; *Wong*, Chinese JIL 11 (2012), S. 127-163; *Vlasic*, Georgetown JIL 43 (2011/2012), S. 259-333.

Tatbestand naheliegt. Darüber hinaus werden durch einen einheitlichen Tatbestand mögliche Abgrenzungsprobleme vermieden. Insbesondere die tatsächliche Verletzung der territorialen Souveränität kann – wie z.b. im Fall einer gezielten Tötung – durch die unmittelbare Einwirkung auf Personen oder Gegenstände sowohl die territoriale Integrität als auch die Gebietshoheit des beherbergenden Staates beeinträchtigen. Beide Lösungsansätze unterscheiden sich aber lediglich in der tatbestandlichen Konstruktion und weisen inhaltlich keine Differenzen auf.

e. Verhältnis zum Interventionsverbot

Das Interventionsverbot und das Verbot der Verletzung der (territorialen) Souveränität sind zunächst zwei voneinander unabhängige Normen des Völkerrechts. Wie für das Verhältnis zum Gewaltverbot gilt aber auch hier, dass Handlungen durchaus von beiden Tatbeständen erfasst werden können.

Soweit allerdings die Notwendigkeit einer Beschränkung der dargestellten sinnvollen Anknüpfungspunkte mit dem Verweis auf das Interventionsverbot begründet wird, überzeugt dies nicht.[652] Die überwiegende Zahl der Fälle, in denen es an einem sinnvollen Anknüpfungspunkt mangelt und die extraterritoriale Anwendung einer Vorschrift somit die territoriale Souveränität verletzt, verwirklicht den Tatbestand des Interventionsverbots nicht. Ohne dass die Tatbestandsmerkmale des Interventionsverbots bisher näher betrachtet wurden, können an dieser Stelle bereits folgende Feststellungen getroffen werden: Eine Begrenzung des Weltrechtsprinzips über das Interventionsverbot kommt schon deshalb nicht in Betracht, weil die Strafverfolgung durch die Anerkennung des Weltrechtsprinzips selbst nicht zum *domaine réservé* zählt und der Anwendungsbereich des Inter-

---

652 Für eine durch das Interventionsverbot begründete Beschränkung siehe z.B. BVerfG, Beschl. v. 12.12.2000, 2 BvR 1290/99 = NJW 2001, S. 1848 (1852); BVerfGE 63, 343 (369); BGHSt 45, 64 (66); BGH, Urt. v. 13.2.1994, 1 BGs 100/94 = NStZ 1994, S. 232 (233); Urt. v. 11.12.1998, 2 Ars 499/98 = NStZ 1999, S. 236; *Kment*, Grenzüberschreitendes Verwaltungshandeln, S. 72 f.; *Weiß*, JZ 2002, S. 696 (700 f.); *Kaffanke*, Grenzen der intraterritorialen Rechtsanwendung mit extraterritorialer Auswirkung, S. 273-343; *Mosler*, ZaöRV 36 (1976), S. 6 (16, vgl. auch 37-41); wohl auch *Schorkopf*, Grundgesetz und Überstaatlichkeit, S. 115-118.

ventionsverbots somit nicht berührt wird.[653] Darüber hinaus – und dies gilt für alle Anknüpfungsprinzipien – sind die in Rede stehenden Handlungen nur ausnahmsweise geeignet, die staatliche Handlungsfreiheit zu beeinträchtigen.[654] Statt die Handlungsfreiheit zu beeinflussen und den Opferstaat im Sinne des Täterstaates zu einer bestimmten Handlung bzw. einem Unterlassen zu bewegen, wirken sowohl die Zuständigkeitsüberschreitung als auch die Verletzung der territorialen Integrität faktisch auf die Souveränität ein. Sie beeinflussen nicht die Willensbildung bzw. Willensbetätigung des Opferstaates, sondern substituieren diese durch eigenes Handeln.

Ähnlich dem Verhältnis zum Gewaltverbot entstehen Überschneidungen mit dem Interventionsverbot daher nur, wenn die Androhung bzw. Fortführung einer Souveränitätsverletzung davon abhängig gemacht wird, dass der Opferstaat eine bestimmte Handlung vornimmt bzw. unterlässt. Fehlt es hingegen – so sicherlich im Regelfall – an einem Zwangselement, verstößt die Handlung ausschließlich gegen das Verbot der Verletzung der (territorialen) Souveränität.[655] Soweit in Bezug auf die extraterritoriale Anwendung von Vorschriften eine Beschränkung der Anknüpfungsprinzipien diskutiert wird, kann Grundlage allein diese Verbotsnorm des Völkerrechts sein, nicht hingegen das tatbestandlich nicht einschlägige Interventionsverbot.

3. Innerorganisationsrechtliche Einmischungsverbote

Auch wenn das innerorganisationsrechtliche Einmischungsverbot, also die Begrenzung der Eingriffskompetenzen im Verhältnis von Internationalen Organisationen zu ihren Mitgliedstaaten nicht im Zentrum der vorliegenden Betrachtung steht, so soll dieses aus zweierlei Gründen doch zumindest kurz skizziert werden. Einerseits wird die notwendige Differenzierung zwischen dem zwischenstaatlichen Interventionsverbot und dem innerorganisationsrechtlichen Einmischungsverbot in den bisherigen Dar-

---

653 Vgl. *Bungenberg*, AVR 39 (2001), S. 170 (185-190); *Kadelbach*, JZ 2001, S. 981 (983); *Lüder*, NJW 2000, S. 269 (270); *Ambos*, NStZ 1999, S. 405 (405).

654 *Rehbinder*, in: Immenga/Mestmäcker, Wettbewerbsrecht: GWB (2001), § 130 Abs. 2 Rdnr. 24; vgl. auch *Meessen*, Völkerrechtliche Grundsätze des internationalen Kartellrechts, S. 198-203; für eine Verletzung des Interventionsverbots durch die Verletzung des Grundsatzes der Gebietsausschließlichkeit hingegen *von Arnauld*, Völkerrecht, Rdnr. 363-366.

655 Ebenso *Heintschel von Heinegg*, in: Ipsen (2014), § 52 Rdnr. 50.

stellungen zum Interventionsverbot wie auch in früheren Äußerungen von Staatenvertretern nicht immer deutlich.[656] Dabei verwischen die Grenzen zweier grundsätzlich unabhängiger Normen des Völkerrechts. Andererseits lassen sich durchaus – wie z.B. bei der Bestimmung des vorbehaltenen Bereichs[657] – parallel gelagerte Fragestellungen ausmachen.

a. Abgrenzung

Während das zwischenstaatliche Interventionsverbot Maßstab für die Abgrenzung von rechtmäßigen und rechtswidrigen zwischenstaatlichen Maßnahmen ist, dient das innerorganisationsrechtliche Einmischungsverbot der Begrenzung der Kompetenzen einer durch die jeweiligen Mitgliedstaaten geschaffenen internationalen Organisation. Das innerorganisationsrechtliche Einmischungsverbot fußt daher auch nicht im Prinzip der souveränen Staatengleichheit, sondern ist Ausfluss und normative Sanktion des Prinzips der begrenzten Ermächtigung.

b. Vorkommen und Ausprägung

Das innerorganisationsrechtliche Einmischungsverbot und die damit einhergehende Kompetenzabgrenzung werden im Schrifttum zutreffend als „theoretisches Gravitationszentrum im Recht internationaler Organisationen" bezeichnet, deren konkrete Ausformung den „Grad der organisatorischen Verselbständigung Internationaler Organisationen wider[spiegeln]".[658]

Ausdrückliche Regelungen zur Festsetzung und insbesondere zur Begrenzung der Kompetenzen der jeweils entsprechenden Internationalen Organisation finden sich in zahlreichen Gründungsverträgen. Die sicher-

---

656 Siehe z.B. die unzutreffende Verankerung des zwischenstaatlichen Interventionsverbots in Art. 2 Abs. 7 UN-Charta bei *Wagner/Raasch/Pröpstl*, Wiener Übereinkommen, S. 365. Für entsprechende Äußerungen von Staatenvertretern zu Art. 2 Abs. 7 UN-Charta siehe *Bockslaff*, Das völkerrechtliche Interventionsverbot, S. 47 (Fn. 73).

657 Ausführlich zum *domaine réservé* des Art. 2 Abs. 7 UN-Charta *Arangio-Ruiz* RdC 225 (1990-IV), S. 9-484; zur Praxis der UN etwa *Trindade*, ICLQ 25 (1976), S. 715-765.

658 *Ruffert/Walter*, Institutionalisiertes Völkerrecht, Rdnr. 195.

lich prominentesten Beispiele auf universeller Ebene sind Art. 2 Abs. 7 UN-Charta sowie auf regionaler Ebene Art. 5 Abs. 1 EUV. Darüber hinaus lassen sich zahlreiche weitere Beispiele nennen, wie etwa Art. IV Abschnitt 10 der Satzung der Weltbank[659], Art. III lit. d) der IAEA-Satzung[660], Art. 1 Abs. 2 der OAS-Charta[661] oder Art. 6 Abs. 2 des ECOWAS-Vertrages[662].

Das maßgebliche und allgemeine Prinzip, das hinter den genannten Normen steht, ist das Prinzip der begrenzten Ermächtigung. Dabei handelt es sich um ein allgemeines Konstruktionsprinzip des institutionalisierten Völkerrechts[663], welches auch der IGH als „Spezialitätsprinzip" und als Bestandteil des allgemeinen Völkerrechts anerkennt.[664] Internationale Organisationen bestimmen ihren Aufgabenbereich nicht selbst, sondern sind auf eine Zuweisung von Kompetenzen durch ihre Mitgliedstaaten ‚angewiesen' und durch diese in ihren Handlungsfeldern begrenzt. Dabei ist eine an den Zielen der jeweiligen Organisation gemessene Auslegung der Kompetenztitel – und die damit möglicherweise einhergehende Kompetenzerweiterung – gerade bei Internationalen Organisationen geboten.[665]

In der Gruppe dieser Kompetenznormen nimmt Art. 2 Abs. 7 UN-Charta eine gewisse Sonderrolle ein. Während beispielsweise Art. 5 Abs. 1

---

659 Articles of Agreement of the International Bank for Reconstruction and Development, abgedruckt in: UNTS 2 (1947), S. 134.

660 International Atomic Energy Agency; Satzung abgedruckt in: UNTS 276 (1957), S. 3.

661 UNTS 119 (1952), S. 48, zuletzt geändert durch das Protokoll von Managua, ILM 33 (1994) S. 1009.

662 Treaty of Economic Community of West African States, abgedruckt in: UNTS 1010 (1975), S. 17.

663 *Dörr*, in: Grabitz/Hilf/Nettesheim, Das Recht der Europäischen Union, Art. 47 EUV Rdnr. 13; *Ruffert/Walter*, Institutionalisiertes Völkerrecht, Rdnr. 197–200; *Klein/Schmahl*, in: Graf Vitzthum/Proelß, Völkerrecht, IV Rdnr. 189; *Epping*, in: Ipsen, Völkerrecht, § 6 Rdnr. 65; *Klabbers*, Introduction to International Institutional Law, S. 55–58.

664 „International Organizations are governed by the ‚principle of speciality', that is to say, they are invested by the States which create them with powers, the limits of which are a function of the common interests whose promotion those States entrust to them", IGH, *Legality of the Use by a State of Nuclear Weapons in Armed Conflict*, Gutachten v. 8.6.1996, ICJ Rep. 1996, S. 66 (78, § 25); vgl. auch IGH, *Case concerning Pulp Mills on the River Uruguay*, Urt. v. 20.4.2010, ICJ Rep. 2010, S. 14 (53, § 89).

665 Siehe z.B. *Dörr*, in: ders./Schmalenbach, Vienna Convention on the Law of Treaties, Art. 31 Rdnr. 31.

EUV oder Art. 1 Abs. 2 der OAS-Charta eine jeweils gesonderte Kompetenzzuweisung für Handlungen der Organisation verlangt, beschreibt Art. 2 Abs. 7 UN-Charta in Gestalt einer Negativdefinition mit dem *domaine réservé* denjenigen Bereich, der allein den Mitgliedstaaten vorbehalten ist, und beschränkt so den Handlungsbereich der Vereinten Nationen.[666] Die Besonderheit der Regelung liegt in der Variabilität der Kompetenzübertragung.[667] Im Gegensatz zu den (mehr oder weniger) klar gezogenen Kompetenzgrenzen der Europäischen Union, deren Erweiterung einer Vertragsänderung bedarf, ist der den Handlungen der Vereinten Nationen entzogene Bereich – wie beim zwischenstaatlichen Interventionsverbot – über den *domaine réservé* variabel zu bestimmen[668].

VII. Zusammenfassung

Trotz der teils uneinheitlichen Terminologie (Einmischung/Intervention) in Schrifttum und Staatenpraxis, rekurrieren die Autoren bzw. Staatenvertreter – soweit ersichtlich – immer auf das völkerrechtliche Interventionsverbot. Es sind keine Hinweise ersichtlich, die auf die Existenz einer zweiten völkerrechtlichen Norm, welche die unterschiedlichen Bezeichnungen mit einer rechtlichen Relevanz versehen könnten, hinweisen. Das Interventionsverbot ist dabei kein völkerrechtliches Prinzip, sondern eine – aus dem Prinzip der souveränen Gleichheit abgeleitete – völkerrechtliche Verbotsnorm. Sie ist Bestandteil des universellen Völkergewohnheitsrechts, aber mangels entsprechender *opinio iuris* kein Bestandteil des völkerrechtlichen *ius cogens*.

Aus der Einordnung als völkerrechtliche Verbotsnorm folgt, dass die völkerrechtliche Deliktsfähigkeit Voraussetzung für eine Verletzung der betroffenen Parteien ist. Aktiv deliktsfähig sind neben Staaten auch Internationale Organisationen, soweit diese von ihren Mitgliedstaaten mit Völkerrechtssubjektivität ausgestattet wurden und sie gegenüber einem Drittstaat handeln. Für die Zurechnung privater Handlungen ergeben sich grundsätzlich keine Besonderheiten im Bezug auf das Interventionsverbot, sodass die Problemstellung mit der anderer Verbotstatbestände identisch

---

666 Siehe z.B. *Klein/Schmahl*, in: Graf Vitzthum/Proelß, Völkerrecht, IV Rdnr. 195 f.
667 *Ruffert/Walter*, Institutionalisiertes Völkerrecht, Rdnr. 199.
668 Siehe dazu z.B. *Nolte*, in: Simma/Khan/Nolte/Paulus, The Charter of the United Nations, Article 2(7) Rdnr. 29.

ist. Eine staatliche Verantwortlichkeit für das Verhalten Privater kann sich entweder aus der Zurechnung ihrer Handlungen oder aus dem völkerrechtlichen Vorsorgeprinzip ergeben. Die Geltung des Vorsorgeprinzips ist dabei nicht auf das – für dessen Entwicklung jedoch maßgebliche – Umweltvölkerrecht beschränkt. Während ein Staat im Fall der Zurechnung selbst den Tatbestand des Interventionsverbots verwirklicht, begründet das Vorsorgeprinzip von der Verwirklichung des Tatbestandes unabhängige Verpflichtungen mit *due diligence*-Charakter.

Schutzgut des Interventionsverbots ist nicht die Souveränität in ihrer Gänze, sondern die souveräne Gleichheit der Staaten. Geschützt werden nicht alle im Konzept der Souveränität verankerten Rechte, sondern die für die staatliche Unabhängigkeit unabdingbare Handlungsfreiheit. Das Interventionsverbot begrenzt dabei die zunächst unbeschränkte staatliche Handlungsfreiheit und schützt zugleich die eigene Handlungsfreiheit vor einer Beeinträchtigung durch Dritte. Maßgebliche Funktion des Interventionsverbots ist daher, ein Gleichgewicht zwischen staatlicher Handlungsfreiheit und dem Grundsatz der Staatengleichheit zu erhalten bzw. herzustellen.

Beim Interventionsverbot handelt es sich um einen einheitlichen Tatbestand. Gegenläufige Ansätze, die von einem Normenkomplex mit einer Reihe von Einzeltatbeständen ausgehen, sind in der Staatenpraxis nicht nachweisbar. Die tatbestandliche Architektur ist historisch gewachsen, sodass alle modernen Darstellungen und die Rechtsprechung den einheitlichen Interventionstatbestand anhand zweier Tatbestandsmerkmale beschreiben, nämlich dem Eingriff in den *domaine réservé* sowie der Ausübung von Zwang. Während der *domaine réservé* den sachlichen Anwendungsbereich des Tatbestandes festlegt, bestimmt das Tatbestandsmerkmal *Zwangscharakter* die qualitativen Anforderungen an eine rechtswidrige Intervention.

Im Verhältnis zu anderen völkerrechtlichen Verbotsnormen ergeben sich gewisse Schnittmengen. So ist eine gleichzeitige Verletzung von Gewalt- und Interventionsverbot für die Gewaltandrohung denkbar, wenn diese mit einem für das Interventionsverbot ausreichenden Zwang verbunden wird. Die Gewaltausübung (*vis absoluta*) ist hingegen grundsätzlich nicht geeignet, die Handlungsfreiheit im Sinne einer Einflussnahme zu beeinträchtigen. Neben Gewalt- und Interventionsverbot existiert mit dem Verbot der Verletzung (territorialer) Souveränität eine eigenständig verletzbare Verbotsnorm. Eine Verletzung kommt einerseits durch eine physische Beeinträchtigung der (territorialen) Souveränität, andererseits durch die Überschreitung von Jurisdiktionsgrenzen in Betracht. In beiden Konstellationen besteht nur dann eine Schnittmenge zum Interventionsverbot, wenn die Verletzungshandlung bzw. deren Androhung mit einem Zwangselement verbunden wird. Dies dürfte nur in Ausnahmefällen geschehen, sodass sich die notwendige Beschränkung sinnvoller Anknüpfungspunkte für Vorschriften mit einem extraterritorialen Anwendungsbereich nicht aus dem Interventionsverbot, sondern aus dem Verbot der Verletzung der (territorialen) Souveränität ergibt. Das Interventionsverbot ist für die Abgrenzung von staatlichen Zuständigkeiten ungeeignet.

Keine Schnittmengen bestehen hingegen zum Prinzip der begrenzten Ermächtigung. Auch wenn entsprechende Vorschriften in den Gründungsverträgen Internationaler Organisationen vereinzelt als Interventions- oder Einmischungsverbot bezeichnet werden, handelt es sich um zwei voneinander unabhängige Normen.

D. Tatbestandsmerkmal: Domaine réservé

Hinsichtlich der Beschreibung des ersten Tatbestandsmerkmals, des *domaine réservé*, ähneln sich die meisten Darstellungen im Schrifttum. Überwiegend werden in Übereinstimmung mit der bereits 1923 durch den StIGH – unter Verweis auf Art. 15 Abs. 8 der Völkerbundsatzung („solely within the domestic jurisdiction") – formulierten Definition[669] all diejenigen Bereiche dem Komplex innerer Angelegenheiten zugerechnet, bezüglich derer ein Staat keine völkerrechtlichen Bindungen eingegangen ist.[670]

Die über 90 Jahre alte Negativdefinition wird nicht selten ohne weitere Erläuterung für die Bestimmung des vorbehaltenen Bereichs herangezogen. Dabei stellen sich durchaus einige Fragen, die nicht mit der in der wissenschaftlichen Auseinandersetzung zum Teil suggerierten Klarheit beantwortet sind. Während durch die enge Verknüpfung des vorbehaltenen Bereichs mit dem Konzept staatlicher Souveränität zumindest der Kreis der Träger des *domaine réservé* eindeutig bestimmt werden kann (I.), bedarf es zur Beantwortung der Frage nach den tatsächlichen Auswirkungen völkerrechtlicher Verpflichtungen auf den *domaine réservé*, dessen Ausgestaltung als relatives Konzept bereits in der Formel des StIGH anklingt, einer näheren Betrachtung (II.). Vor allem die Relevanz von Verpflichtungs- und Erfüllungsstruktur völkerrechtlicher Normen für den Umfang des vorbehaltenen Bereichs wurde, soweit ersichtlich, bisher nur in Ansätzen untersucht. Gleiches gilt für die Bestimmung des Kanons völkerrechtlicher Vorschriften, die zu einer Vervölkerrechtlichung im Sinne der Ausgangsformel und somit zu einer Öffnung des *domaine réservé* führen. Unklar ist bisher insbesondere, welche Auswirkungen in diesem Kontext

---

669 StIGH, *Nationality Decrees Issued in Tunis and Morocco*, Gutachten v. 7.2.1923, PCIJ Series B No. 4, S. 23.

670 Für viele siehe z.B. *Stein/von Buttlar*, Völkerrecht, Rdnr. 637; *Klein/Schmahl*, in: Graf Vitzthum/Proelß, Völkerrecht, IV Rdnr. 196; *Ehm*, Das völkerrechtliche Demokratiegebot, S. 262; *Shaw*, International Law, S. 648; *Brownlie*, Principles of Public International Law, S. 291; *Verhoeven*, Droit International Public, S. 147; *Kolb*, RGDIP 110 (2006), S. 597 (602); *Dahm/Delbrück/Wolfrum*, Völkerrecht, Bd. I/3, S. 804; *Wehser*, in: Simma/Blenk-Knocke, Zwischen Intervention und Zusammenarbeit, S. 23 (36); *Verdross/Simma*, Universelles Völkerrecht, § 494; *Waldock*, BYbIL 31 (1954), S. 96 (97); *Preuss*, AJIL 40 (1946), S. 720 (726 f.).

neuere Phänomene, wie z.B. Vorschriften des „soft-law", haben. Schließlich stellen sich die Fragen danach, ob die Völkerrechtsordnung der Vervölkerrechtlichung von Regelungsmaterien – und somit der Reduktion des *domaine réservé* – Grenzen setzt (III.) und welche Materien in der Staatenpraxis tatsächlich regelmäßig als innere Angelegenheiten reklamiert werden (IV.).

I. Der Staat als Träger des domaine réservé

Das Tatbestandsmerkmal des *domaine réservé* erfüllt zwei wesentliche Funktionen. Wie bereits mehrfach angeklungen ist, bestimmt der *domaine réservé* zunächst – und hierin liegt die zentrale Funktion – den Anwendungsbereich des Interventionsverbots. Eine rechtswidrige Intervention setzt eine Berührung des vorbehaltenen Bereichs zwingend voraus. Darüber hinaus bestimmt das Tatbestandsmerkmal aber auch den Kreis derjenigen, die im Bezug auf das Interventionsverbot passiv deliktsfähig sind. Nur Völkerrechtssubjekte, die über einen *domaine réservé* verfügen, können Opfer einer rechtswidrigen Intervention sein.

Durch die unmittelbare Verknüpfung des Interventionsverbots mit dem Konzept staatlicher Souveränität ist der souveräne Staat der klassische und alleinige Träger des vorbehaltenen Bereichs. Als einziges originäres Völkerrechtssubjekt ist er in der Ausübung seiner Handlungsfreiheit grundsätzlich unbeschränkt, soweit er sich nicht freiwillig einer völkerrechtlichen Bindung unterwirft. Da die Existenz eines Bereichs innerer Angelegenheiten zwingend völkerrechtliche Souveränität voraussetzt, kommen Internationale Organisationen nicht als Träger eines *domaine réservé* in Betracht.[671]

Problematisch ist aufgrund der engen Verbindung des Tatbestandes mit dem Konzept staatlicher Souveränität und der daraus abgeleiteten Handlungsfreiheit die Behandlung von sog. „failed states", also solcher Staaten, in denen die effektive Staatsgewalt stark eingeschränkt oder vollständig zusammengebrochen ist.[672] Es wäre allerdings verfehlt, den „failed state" quasi als Gegenentwurf zum souveränen und handlungsfähigen Staat zu betrachten, denn gerade das Festhalten an der „Herrschaftseinheit Staat"

---

671 Siehe bereits oben C., IV., 2.
672 Vgl. nur *von Arnauld*, Völkerrecht, Rdnr. 84; *Stein/von Buttlar*, Völkerrecht, Rdnr. 316.

setzt den Fortbestand einer rechtlich uneingeschränkten Souveränität voraus.[673] Die Staatsqualität erlischt erst, wenn eine Wiederherstellung der effektiven Staatsgewalt endgültig ausgeschlossen ist.[674] Diese Grundannahme liegt beispielsweise Art. 8 Abs. 3 IStGH-Statut[675] zugrunde, der den Fortbestand staatlicher Souveränität auch für Konstellationen annimmt, in denen die öffentliche Ordnung wiederherzustellen ist.[676]

Auch wenn der gescheiterte Staat *de facto* handlungsunfähig ist, hat dieser Umstand keinen Einfluss auf seine *de iure* Handlungsfähigkeit, welche sich unmittelbar aus der Fortgeltung der Staatlichkeit und der damit einhergehenden Konservierung der Rechtssubjektivität ableitet.[677] Gleiches gilt für den Bestand eines *domaine réservé*. Als Völkerrechtssubjekt bleibt der „failed state" Träger völkerrechtlicher Rechte und Pflichten, sodass kein Grund ersichtlich ist, die Existenz eines vorbehaltenen Bereichs anzuzweifeln oder diesen für „failed states" in anderer Weise zu bestimmen als für den handlungsfähigen Staat.[678]

II. Domaine réservé als relatives Konzept

Aus der Definition des StIGH folgt, dass der *domaine réservé* keineswegs statisch, sondern in Abhängigkeit vom Stand des geltenden Völkerrechts einem ständigen Wandel ausgesetzt und somit für jeden Staat unter Beachtung seiner spezifischen völkerrechtlichen Verpflichtungen – wie z.B. seiner Mitgliedschaften in Internationalen Organisationen – zu bestimmen

---

673 *Geiß*, „Failed States", S. 120; vgl. auch *Schmalenbach*, in: Dörr/dies., Vienna Convention on the Law of Treaties, Art. 6 Rdnr. 10.

674 *Schröder*, Die völkerrechtliche Verantwortlichkeit im Zusammenhang mit failed und failing states, S. 83.

675 Art. 8 Abs. 3 des Statuts lautet: „Nothing in paragraph 2 (c) and (e) shall affect the responsibility of a Government to maintain or re-establish law and order in the State or to defend the unity and territorial integrity of the State, by all legitimate means"; vgl. auch Art. 3 Abs. 1 II. ZP zur Genfer Konvention: „Nothing in this Protocol shall be invoked for the purpose of affecting the sovereignty of a State or the responsibility of the government, by all legitimate means, to maintain or re-establish law and order in the State or to defend the national unity and territorial integrity of the State."

676 *Geiß*, „Failed States", S. 122.

677 Vgl. *Schmalenbach*, in: Dörr/dies., Vienna Convention on the Law of Treaties, Art. 6 Rdnr. 10.

678 Zu den Besonderheiten siehe D., II., 2., b., cc.

ist.[679] Der *domaine réservé* wird daher sowohl zeitlich, inhaltlich wie auch personell als wandelbares und somit in dreierlei Hinsicht als dynamisches bzw. relatives Konzept beschrieben.

1. Zeitliche Relativität

Der *domaine réservé* ist zunächst in zeitlicher Hinsicht dynamisch. Durch das Hinzutreten und den Wegfall völkerrechtlicher Verpflichtungen ist der Bereich innerer Angelegenheiten einem ständigen Wandel unterworfen.[680] Während die Begründung weiterer Verpflichtungen, z.b. durch Vertragsschluss oder die Entstehung neuen Völkergewohnheitsrechts, zu einer Reduzierung des vorbehaltenen Bereichs führt, geht etwa mit der Kündigung eines Vertrages oder sog. *desuetudo* eine Erweiterung des *domaine réservé* einher.

Diese Dynamik ist dogmatisch – zumindest mittelbar – im völkerrechtlichen Grundsatz *tempus regit actum* begründet.[681] Danach sind Sachverhalte unter Anwendung desjenigen Rechts zu würdigen, welches zum Zeitpunkt der maßgeblichen Handlung Geltung beanspruchte.[682] Der Grundsatz hält damit zwar zunächst nur eine an den Rechtsanwender adressierte Rechtsanwendungsregel bereit, welche die inhaltliche Ausge-

---

679 StIGH, *Nationality Decrees Issued in Tunis and Morocco*, Gutachten v. 7.2.1923, PCIJ Series B No. 4, S. 24; „The question whether a certain matter is or is not solely within the jurisdiction of a State is an essentially relative question; it depends upon the development of international relations."; vgl. auch *Gill*, Non-Intervention in the Cyber Context, in: Ziolkowksi, Peacetime Regime for State Activities in Cyberspace, S. 217 (217); *Ziegler*, Domaine Réservé, in: Wolfrum, MPEPIL III, S. 206 (Rdnr. 2); *Stein/von Buttlar*, Völkerrecht, Rdnr. 639; *Dahm/Delbrück/Wolfrum*, Völkerrecht, Bd. I/3, S. 804 f.; *Nordmann*, Die Beschaffung von Beweismitteln aus dem Ausland durch staatliche Stellen, S. 165; vgl. auch *Kunig*, Prohibition of Intervention, in: Wolfrum, MPEPIL VI, S. 289 (Rdnr. 3); *Shaw*, International Law, S. 648.

680 Siehe z.B. *Kolb*, RGDIP 110 (2006), S. 597 (604); *von Arnauld*, Völkerrecht, Rdnr. 351; *Ziegler*, Domaine Réservé, in: Wolfrum, MPEPIL III, S. 206 (Rdnr. 2); *Seidel*, Völkerrechtliches Interventionsverbot, in: FS Tomuschat, S. 829 (835); *Oppermann*, AVR 14 (1969/70), S. 321 (335).

681 Zur völkergewohnheitsrechtlichen Geltung *Odendahl*, in: Dörr/Schmalenbach, The Vienna Convention on the Law of Treaties, Art. 28 Rdnr. 5 f.

682 IGH, *Jurisdictional Immunities of the State*, Urt. v. 3.2.2012, ICJ Rep. 2012, S. 99 (124, § 58).

staltung des anzuwendenden Rechts, also insbesondere die Tatbestandsmerkmale in Betracht kommender Normen, nicht berührt.

Bestimmt sich aber, wie im vorliegenden Fall, der Inhalt eines Tatbestandsmerkmals nach Maßgabe der völkerrechtlichen Verpflichtungen, so
sind auch bei der Bestimmung des Tatbestandsmerkmals nur solche Regeln des Völkerrechts zu berücksichtigen, die zum Zeitpunkt des in Rede
stehenden Sachverhalts in Geltung waren. Verpflichtungen, die nach dem
zu beurteilenden Sachverhalt entstanden sind, sowie Recht, das sich noch
im *status nascendi* befand[683], sind dagegen außer Acht zu lassen.

Diese ausschließliche *pro futuro* Wirkung völkerrechtlicher Normen[684]
ist für Vorschriften des Völkervertragsrechts ausdrücklich in Art. 28 WVK
geregelt. Auch für Vorschriften des zwingenden Völkerrechts hat der IGH
die ausschließliche Anwendung auf nach der Entstehung des Rechtssatzes
gelagerte Sachverhalte bestätigt.[685]

Den Vertragsparteien bleibt es jedoch unbenommen, die Rückwirkung
später entstandenen Rechts zu vereinbaren und den *domaine réservé* mit
Wirkung für die Vergangenheit zu modifizieren.[686] Auch eine Rückwirkung durch entsprechendes Völkergewohnheitsrecht ist durchaus denkbar.
Allerdings ist in der Staatenpraxis eine grundsätzlich ablehnende Haltung
gegenüber Rückwirkungsvereinbarungen auszumachen. Vielmehr wird
eine Rückwirkung regelmäßig durch ausdrückliche (insoweit rein dekla-
torisch wirkende) Nichtrückwirkungsklauseln ausgeschlossen.[687]

In Anbetracht der dargestellten Dynamik kann die Feststellung, inwieweit eine Handlung eines Staates den *domaine réservé* eines Drittstaates
berührt, nur für einen bestimmten Zeitpunkt getroffen werden. Entscheidend für die Feststellung ist allein der Zeitpunkt der Handlung. Später eingegangene Verpflichtungen sind für die Bestimmung des *domaine réservé*

---

683 *Krause-Ablaß*, Intertemporales Völkerrecht, S. 60 f.
684 *Schweisfurth*, Völkerrecht, 2 Rdnr. 142, *von Arnauld*, Völkerrecht, Rdnr. 193;
     Bleckmann, ZaöRV 33 (1973), S. 38 (41). Ausführlich zur temporalen Geltung et-
     wa *Higgins*, ICLQ 46 (1997), S. 501-520. Zur völkergewohnheitsrechtlichen Gel-
     tung des Grundsatzes der Nichtrückwirkung *Krause-Ablaß*, Intertemporales Völ-
     kerrecht, S. 94, 97; *Baade*, JIR 7 (1958), S. 229 (245).
685 IGH, *Questions relating to the Obligation to Prosecute or Extradite (Belgium v.
     Senegal)*, Urt. v. 12.7.2012, ICJ Rep 2012, S. 422 (457, § 99 f.).
686 Vgl. nur den Wortlaut des Art. 28 WVK: „Unless a different intention appears
     [...]".
687 Siehe z.B. Art. 11, 22 und 24 IStGH-Statut.

hingegen unbeachtlich, soweit ihre Anwendung auf in der Vergangenheit liegende Sachverhalte nicht vereinbart wurde.

2. Inhaltliche Relativität

Neben die zeitliche tritt die inhaltliche Relativität des *domaine réservé*. Aufgrund der aus der staatlichen Souveränität folgenden Handlungsfreiheit eines jeden Staates obliegt es grundsätzlich allein diesem, in welchem Umfang er seinen *domaine réservé* gegenüber Drittstaaten öffnet. In Verbindung mit der völkergewohnheitsrechtlichen Relativität völkerrechtlicher Verträge (*pacta tertiis nec nocent nec prosunt*)[688] folgt daraus, dass der vorbehaltene Bereich nicht nur individuell für jeden Staat, sondern darüber hinaus in Abhängigkeit zu den eingegangenen völkerrechtlichen Verbindlichkeiten zu dem bzw. den jeweiligen Drittstaat(en) zu bestimmen ist. Durch die zahlreichen Verpflichtungen, die jeder Staat der Staatengemeinschaft eingegangen ist, kommt es dabei zu einer erheblichen Reduktion des Bereichs innerer Angelegenheiten.

Der staatliche *domaine réservé* ist also in seiner gedanklichen Urform umfassend und erhält erst durch völkerrechtliche Bindungen eine sichtbare Kontur. Maßgeblich für die inhaltliche Bestimmung des *domaine réservé* ist daher zunächst, im welchem Umfang der *domaine réservé* durch die jeweilige völkerrechtliche Bindung reduziert wird (a.). Darüber hinaus stellt sich die Frage, welchen Verbindlichkeitsgrad eine Bindung erreichen muss, damit sie eine völkerrechtliche Bindung im Sinne der Ausgangsformel begründet und somit eine Reduktion des vorbehaltenen Bereichs herbeiführt (b.).

a. Öffnung nach Maßgabe der Verpflichtungsstruktur

Bestimmt sich der Umfang des *domaine réservé* nach Maßgabe der völkerrechtlichen Verpflichtungen eines Staates, korrespondiert auch der

---

688 Dazu ausführlich *Proelss*, in: Dörr/Schmalenbach, Vienna Convention on the Law of Treaties, Art. 34; siehe für alle auch *von Arnauld*, Völkerrecht, Rdnr. 208; *Stein/von Buttlar*, Völkerrecht, Rdnr. 113; *Graf Vitzthum*, in: ders./Proelß, Völkerrecht, I Rdnr. 120; *Dahm/Delbrück/Wolfrum*, Völkerrecht, Bd. I/3, S. 613 f.

quantitative und qualitative Umfang der Öffnung mit der eingegangenen Verpflichtung.

aa. Inhaltliche Reichweite völkerrechtlicher Verpflichtungen

Ist eine Sachmaterie Gegenstand eines völkerrechtlichen Rechtssatzes, ist sie dem *domaine réservé* nicht zwingend vollumfänglich, sondern nur im Umfang der eingegangenen Verpflichtung entzogen. Die Öffnung des *domaine réservé* reicht jeweils nur so weit wie die materielle Bindung.

Für die Bestimmung des *domaine réservé* ist demnach in jedem Einzelfall die Reichweite, also der Verpflichtungsumfang der jeweils relevanten völkerrechtlichen Bindung zu berücksichtigen. Ein illustratives Beispiel, dass eine Sachmaterie dem *domaine réservé* nicht zwingend vollumfänglich entzogen wird, nur weil sie Regelungsgegenstand einer völkerrechtlichen Vorschrift ist, ist etwa der Regelungsgehalt von Art. 2 EUV, der die EU und deren Mitgliedstaaten u.a. auf die Achtung der Demokratie verpflichtet. Die Verpflichtung auf die Demokratie als Regierungsform, die durch weitere Vorschriften des Unionsrechts eine deutlichere Konturierung erfährt, öffnet den *domaine réservé* der Mitgliedstaaten nicht für sämtliche mit demokratischen Prozessen in Verbindung stehenden Materien. Vielmehr beschränkt sich der Regelungsgehalt – und damit einhergehend der Bereich, der nicht (mehr) Bestandteil des *domaine réservé* der Mitgliedstaaten ist – auf die Festlegung einer bestimmten Regierungsform und den damit unmittelbar und untrennbar verbundenen Anforderungen, wie z.B. der Durchführung von freien und geheimen Wahlen in angemessenen Zeitabständen. Diese vom Regelungsgehalt umfassten Anforderungen können durch einen Mitgliedstaat von einem anderen Mitgliedstaat ohne Berührung des *domaine réservé* eingefordert werden. Allerdings folgt aus der Verpflichtung auf demokratische Grundsätze nicht, dass ohne Berührung des *domaine réservé* Einfluss auf sämtliche Bereiche demokratischer Willensbildung genommen werden kann. Insbesondere die Einflussnahme auf die Regierungsbildung eines anderen Mitgliedstaates, etwa in Gestalt der Forderung, bestimmte Personen bei dieser nicht zu berücksichtigen, berührt trotz der aus Art. 2 EUV erwachsenden Verpflichtungen den *domaine réservé* des durch die Einflussnahme adressierten Mitgliedstaates. Daher berührten z.B. die Maßnahmen, die durch die 14 EU-Mitgliedstaaten im Jahr 2000 gegen Österreich mit dem Ziel ergriffen wurden, eine Regierungsbeteiligung der rechtskonservativen Freiheitlichen Partei

Österreichs (FPÖ) zu verhindern, auch unter Berücksichtigung der bestehenden Verpflichtungen aus den europäischen Verträgen den *domaine réservé* Österreichs.[689]

Ein völkerrechtliches Vertragswerk – und damit auch die materielle Bindung – kann zudem durch Vorbehalte in seiner Verbindlichkeit reduziert oder abgeschwächt (Art. 2 lit. d) WVK)[690] und durch interpretative Erklärungen inhaltlich bestimmt werden. Schließt eine Vertragspartei die Anwendbarkeit einzelner oder mehrerer Vertragsvorschriften für sich aus oder nimmt eine Modifikation vor, erstreckt sich die vertragliche Bindung und somit die Öffnung des *domaine réservé* ausschließlich auf den um den Vorbehalt reduzierten Umfang.

bb. Kategorien völkerrechtlicher Verpflichtungen

Neben der inhaltlichen Reichweite einer völkerrechtlichen Verpflichtung ist für die Bestimmung des *domaine réservé* zudem maßgebend, welcher Kategorie die jeweils begründeten Pflichten zuzuordnen sind. Völkerrechtliche Regeln können vollkommen unterschiedliche Arten von Pflichten begründen. Im Hinblick auf den *domaine réservé* soll an dieser Stelle – ungeachtet einer weiteren Feindifferenzierung – vor allem zwischen Verhaltens- und Ergebnispflichten im Allgemeinen, sowie speziellen Kooperations- und Verhandlungspflichten und solchen Pflichten unterschieden werden, die aus dem völkerrechtlichen Frustrationsverbot (Art. 18 WVK) folgen. Die insoweit vorgeschlagene Differenzierung soll keineswegs als eine alle Besonderheiten völkerrechtlicher Verpflichtungen erfassende und abschließende Katalogisierung verstanden werden. Ziel der Grobgliederung ist allein, die Verknüpfung zwischen Pflichtenkategorie und Öffnung des *domaine réservé* zu illustrieren.

(1) Verhaltens- und Ergebnispflichten

Die unterschiedlichen Pflichtenkategorien völkerrechtlicher Vereinbarungen, die in zahlreichen Bereichen des geltenden Völkerrechts zu finden

---

689 Ausführlich zur Vereinbarkeit der Maßnahmen mit dem Interventionsverbot unten, F., IV.
690 *Giegerich*, ZaöRV 55 (1995), S. 713 (719).

172

sind, zeigen sich besonders deutlich am Beispiel sozialer Menschenrechte. Während klassische völkerrechtliche Verbürgungen regelmäßig konkrete Ergebnispflichten begründen, weisen gerade soziale Menschenrechte regelmäßig einen erheblich geringeren Verpflichtungsgrad auf.

Art. 2 Abs. 1 IPwskR reduziert beispielsweise die Verbindlichkeit des Übereinkommens grundsätzlich auf progressive Implementierungspflichten, die nicht die sofortige Realisierung der im Pakt niedergelegten Rechte fordern, sondern eine an Programmsätzen orientierte und von der (wirtschaftlichen) Leistungsfähigkeit der Mitgliedstaaten abhängige Verhaltenspflicht begründen.[691] Lediglich die Schaffung elementarer Voraussetzungen, die für die Wahrnehmung der im Pakt niedergelegten Rechte notwendig sind, begründen von Art. 2 Abs. 1 IPwskR unberührte Ergebnispflichten (*core obligations*).[692] Darüber hinaus stehen die Auswahl von Maßnahmen und die Zuweisung von Mitteln im freien Ermessen der Vertragsparteien.

Dass es sich bei diesen Verpflichtungen mit geringerem Verpflichtungsgrad nicht um eine ausschließlich menschenrechtsspezifische Erscheinungsform handelt, zeigen bereits die obigen Ausführungen zum sog. Vorsorgeprinzip und der Verantwortlichkeit von Staaten für das Verhalten Privater. Auch die dort beschriebene Schutzpflicht gegenüber Drittstaaten verlangt ausschließlich eine Handlung und setzt zu ihrer Erfüllung nicht den beabsichtigten Erfolg voraus. Das tatsächliche Anforderungsprofil an die Handlungen ist dabei grundsätzlich flexibel und orientiert sich an der im Einzelfall zu ermittelnden Notwendigkeit entsprechender Handlungen und deren Verhältnismäßigkeit im Bezug zum Risiko des Eintritts grenzüberschreitender Schäden.[693]

Einen noch differenzierteren Verpflichtungsumfang und im Vergleich zu klassischen völkerrechtlichen Regeln ebenfalls erheblich geringeren Verpflichtungsgrad weist etwa die Europäische Sozialcharta auf. Auch wenn die Feststellung des Bindungsumfangs weniger eine Frage der Pflichtenkategorie, als vielmehr der bestehenden Bindung ist, sollen die Besonderheiten der Bindungsstruktur der Vollständigkeit halber kurz skiz-

---

691 Vgl. dazu *Kradolfer*, AVR 50 (2012), S. 255 (263).
692 Vgl. nur CSCER General Comment Nr. 15, para. 37 f.: „[...] the Committee confirms that States parties have a core obligation to ensure the satisfaction of, at the very least, minimum essential levels of each of the rights enunciated in the Covenant."
693 Siehe hierzu bereits C., IV., 1., c., bb.

ziert werden. Den Umfang der aus der Charta erwachsenden Verpflichtungen bestimmt deren Art. 20, der die Verpflichtung der Vertragsparteien auf einen quantitativen Mindeststandard reduziert. Gemäß Art. 20 Abs. 1 lit. a) verpflichten sich die Vertragsparteien, Teil I der Charta als eine Erklärung der Ziele anzusehen, die sie entsprechend dem einleitenden Absatz des Teils I mit allen geeigneten Mitteln verfolgen werden. Überdies hat jede Vertragspartei mindestens fünf der sieben in Art. 20 Abs. 1 lit. b) genannten Vorschriften als bindend anzusehen und ist ferner verpflichtet, zusätzlich so viele Artikel oder nummerierte Absätze des zweiten Teils der Charta auszuwählen und für sich als bindend anzusehen, dass die Gesamtzahl der Artikel, durch die sie gebunden sind, mindestens 10 Artikel oder 45 nummerierte Absätze beträgt (Art. 20 Abs. 1 lit. c)). Während völkerrechtliche Verträge regelmäßig nur als Ganzes ratifiziert werden können, begnügt sich die Europäische Sozialcharta also mit einer teilweisen Ratifikation und nimmt damit in Kauf, dass die Bindungen der Signatarstaaten völlig unterschiedlich sein können.[694] Selbst durch die in Art. 20 genannten Kernvorschriften, bei denen die Auswahlmöglichkeit der Vertragsparteien durch die vorgegebene Auswahl von fünf aus sieben Vorschriften begrenzt und den enumerativ aufgezählten Verbürgungen somit ein vergleichsweise höheres Gewicht zugesprochen wird, war (theoretisch) nicht garantiert, dass zumindest eine dieser Kernvorschriften für alle Vertragspartner gemeinsam verpflichtend würde.

Neben dieser quantitativen Verpflichtungsbeschränkung ist – ähnlich der Verpflichtungsstruktur des IPwskR – auch der Grad der aus den materiellen Regeln der Charta folgenden Verpflichtungen unterschiedlich. Während einige der regelmäßig lediglich Handlungs- bzw. Bemühenspflichten begründenden Vorschriften, wie etwa Art. 11 Abs. 1 Sozialcharta, der die Vertragsparteien verpflichtet, soweit wie möglich die Ursachen von Gesundheitsschäden zu beseitigen, ebenso weit wie weich formuliert sind, begründen andere Vorschriften durchaus Ergebnispflichten. Art. 12 Abs. 1 Sozialcharta etwa verpflichtet zur Einführung bzw. Beibehaltung eines Systems der Sozialen Sicherheit.

Der Umfang des *domaine réservé* bestimmt sich jeweils in Parallele zu Inhalt und Verpflichtungsstruktur der in Rede stehenden völkerrechtlichen Regelung. Ist ein Staat eine Verpflichtung eingegangen, die eine Ergebnispflicht begründet, berührt dessen Einforderung durch andere Vertragspar-

---

694 *Wiese*, JIR 16 (1976), S. 328 (335).

teien nicht den *domaine réservé* des verpflichteten Staates. Ist allerdings nur der Erfolgseintritt geschuldet und die Art und Weise der Herbeiführung des Erfolges in das Ermessen der Vertragsparteien gestellt, können bestimmte Handlungen, auch wenn sie den Erfolgseintritt herbeiführen, regelmäßig nur unter Beeinträchtigung des *domaine réservé* verlangt werden. Enthält eine völkerrechtliche Regelung hingegen ausschließlich eine Bemühens- bzw. Verhaltenspflicht, so sind nur die in der Vorschrift bzw. dem Vertragswerk vorgesehen Verhaltensmodalitäten ohne Berührung des *domaine réservé* einforderbar, nicht jedoch der völkerrechtlich nicht geschuldete Erfolgseintritt.

(2) Kooperations- und Verhandlungspflichten

Eine den sozialen Menschenrechten vergleichbare Verpflichtungsstruktur weisen sog. *pacta de negatiando* und *pacta de contrahendo* auf, die den Parteien Pflichten dergestalt auferlegen, dass sie im ersten Fall zur *bona fide* Führung von Vertragsverhandlungen, im zweiten Fall zum Abschluss eines Abkommens betreffend einen bestimmten Gegenstand verpflichtet sind.[695] In beiden Fällen bezieht sich die aus den Abkommen erwachsende völkerrechtliche Verpflichtung allein auf die geschuldete Handlung, also die Führung von Vertragsverhandlungen bzw. den Abschluss eines völkerrechtlichen Vertrages. Insoweit reduziert sich der *domaine réservé* der Vertragsparteien ausschließlich hinsichtlich dieser Verpflichtungen. Nur diese können von anderen Vertragsparteien ohne Berührung des *domaine réservé* eingefordert werden. Eine Öffnung in Bezug auf die den zu verhandelnden bzw. zu schließenden Vertrag betreffende Sachmaterie folgt aus derartigen Vereinbarungen – zumindest soweit keine eine Bindung nach Treu und Glauben begründenden Umstände hinzutreten – hingegen nicht.

Den *pacta de negatiando* entsprechende Kooperationspflichten enthalten z.B. auch die Art. 55, 56 UN-Charta. Die sehr weit gefasste Verpflichtung der Mitgliedstaaten zur Zusammenarbeit mit den Vereinten Nationen im Bereich der in Art. 55 UN-Charta niedergelegten Ziele, wie etwa die allgemeine Achtung und Verwirklichung der Menschenrechte und Grund-

---

695 *Verdross/Simma*, Universelles Völkerrecht, § 548; *Dahm/Delbrück/Wolfrum*, Völkerrecht, Bd. I/3, S. 518 (Fn. 30).

freiheiten, die ihrerseits im Wesentlichen als Programmnormen zu verstehen sind, begründet keine Pflicht der Mitgliedstaaten, die auf ein näher konkretisiertes Handeln oder Unterlassen gerichtet ist.[696] Die Regelungen begründen nur eine grundsätzliche Pflicht zur Zusammenarbeit, der die Mitgliedstaaten unter anderem in Gestalt der beiden UN-Menschenrechtspakte nachgekommen sind[697]. Nur diese Kooperationspflicht ist ohne Berührung des *domaine réservé* einforderbar.

(3) Vorvertragliche Pflichten (Frustrationsverbot)

In entsprechender Weise verhalten sich auch Verpflichtungen, die durch das völkerrechtliche Frustrationsverbot begründet werden. Nach Art. 18 WVK – der insoweit geltendes Völkergewohnheitsrecht wiedergibt[698] – obliegen den Unterzeichner- und Vertragsstaaten eines völkerrechtlichen Vertrages vorvertragliche Unterlassungspflichten, wenn sie sich formell einem Vertrag verpflichtet haben, an diesen aber noch nicht gebunden sind. Die Vorschrift sichert so den Verhandlungsstand der zukünftigen Vertragsparteien und trägt damit der legitimen Erwartung anderer beteiligter Staaten gegenüber den noch nicht gebundenen Staaten Rechnung, dass dieser die dem jeweiligen Vertrag zugrunde liegenden Ziele nicht gefährdet.[699] Die Legitimität der Erwartungen wird dabei durch einen formellen Verpflichtungsakt – die Unterzeichnung des Vertrages oder den Austausch von Urkunden (Art. 18 lit. a) WVK) bzw. die Erklärung an den Vertrag gebunden zu sein (Art. 18 lit. b) WVK) – begründet. Die Vorschrift ist inso-

---

696 Vgl. z.B. *Malanczuk*, Akehurst's modern Introduction to International Law, S. 212; *Stein/von Buttlar*, Völkerrecht, Rdnr. 1004; *Buergenthal*, Human Rights, in: Wolfrum, MPEPIL IV, S. 1021 (Rdnr. 8); Für eine weiterreichende Einstandspflicht bezüglich der in Art. 55 UN-Charta genannten Ziele hingegen *Hobe*, Einführung in das Völkerrecht, S. 407; *Riedel/Arend*, in: Simma/Khan/Nolte/Paulus, The Charter of the United Nations, Art. 55(c) Rdnr. 15.

697 *Haltern*, in: Ipsen, Völkerrecht, § 36 Rdnr. 38.

698 *Dörr*, in: ders./Schmalenbach, Vienna Convention on the Law of Treaties, Art. 18 Rdnr. 5; *Boisson de Chazournes/la Rosa/Mbengue*, in: Corten/Klein, The Vienna Convention on the Law of Treaties, Art. 18 Rdnr. 21; *Charme*, G. Washington JIL & Economy 25 (1992), S. 71 (78); *McDade*, NILR 32 (1985), S. 5 (13, 25-27); *Rogoff*, Maine LR 32 (1980), S. 263 (284); *Morvay*, ZaöRV 27 (1967), S. 451 (454).

699 *Dörr*, in: ders./Schmalenbach, Vienna Convention on the Law of Treaties, Art. 18 Rdnr. 2.

weit spezieller Ausdruck des Grundsatzes von Treu und Glauben bzw. des daraus ausfließenden Estoppel-Prinzips.[700]

Die durch das Frustrationsverbot begründeten Verpflichtungen – und somit auch deren Auswirkung auf den *domaine réservé* – sind nicht kongruent mit den Verpflichtungen, die sich aus dem jeweiligen Vertrag ergeben. Insbesondere führen sie nicht zu einer vorvertraglichen Bindung an die vertraglichen Vereinbarungen und einer damit einhergehenden zeitlichen Ausdehnung des *pacta tertiis*-Grundsatzes. Art. 18 WVK begründet vielmehr eine eigenständige völkerrechtliche Pflicht, die allein darauf abzielt, die Vertragsziele nicht zu gefährden („defeat object and purpose"). Aber auch wenn diese nicht durch den jeweiligen Vertrag, sondern durch Art. 18 WVK selbst begründet wird, so ist der entsprechende Vertragsinhalt doch für die Bestimmung des Pflichtenkatalogs von Bedeutung. Nur diesem können schließlich das bzw. die Vertragsziel(e) entnommen werden. Die zu ermittelnden Ziele müssen sich nicht zwangsläufig auf das gesamte Vertragswerk beziehen, also nicht sämtlichen Regelungen zugrunde liegen. Soweit sich Regelungsziel und –zweck einzelner Vorschriften bestimmen lassen, werden auch diese durch Art. 18 WVK geschützt.[701]

Die vorvertragliche Verpflichtung untersagt allerdings nicht jede Handlung, die den Vertragszielen entgegensteht. Ein derartiger Verpflichtungsumfang würde faktisch zu einer vollständigen Bindung an den noch nicht in Kraft getretenen Vertrag führen. Art. 18 WVK untersagt daher nicht bloße Abweichungen, sondern allein Handlungen, die Ziel und Zweck des Vertrages vereiteln („defeat"). Für die Verletzung der Verpflichtungen aus Art. 18 WVK ist somit ein deutlich höherer Maßstab anzulegen als an eine Vertragsverletzung nach dessen Inkrafttreten.

Auch wenn die aus Art. 18 WVK erwachsenden Verpflichtungen zwangsläufig durch die Regelungsmaterien determiniert werden, wirken sich die andersgearteten Anforderungen an eine Verletzungshandlung aufgrund der Verpflichtungsbegründung über Art. 18 WVK auch auf die Öffnung des *domaine réservé* aus. Den dem Vertrag zugrundeliegenden Zie-

---

700 ILC Draft Articles on the Law of Treaties, YbILC 1966-II, S. 187 (202); *Villiger*, Commentary on the 1969 Vienna Convention on the Law of Treaties, Art. 18 Rdnr. 20; *Morvay*, ZaöRV 27 (1967), S. 451 (454); *Bernhardt*, ZaöRV 18 (1957/58), S. 652 (667).

701 *Dörr*, in: ders./Schmalenbach, Vienna Convention on the Law of Treaties, Art. 18 Rdnr. 34; *Villiger*, Commentary on the 1969 Vienna Convention on the Law of Treaties, Art. 18 Rdnr. 10.

len kommt nicht der gleiche Verpflichtungsgrad zu wie den Verpflichtungen aus dem Vertrag selbst. Dem vorbehaltenen Bereich sind Regelungsmaterien vorvertraglich daher nur in einem dem Frustrationsverbot entsprechenden Umfang entzogen. Ohne den *domaine réservé* zu berühren können die zukünftigen Vertragsparteien daher auch nur Verstöße gegen das Frustrationsverbot reklamieren, nicht hingegen die Vertragsbefolgung. Der abweichende Verpflichtungsgrad spiegelt sich also in einer rechtsfolgenbegrenzten Öffnung des *domaine réservé* wider. Die Reduktion über Art. 18 WVK wirkt darüber hinaus – wie die Reduktion durch vertragliche Verpflichtungen – nur gegenüber den zukünftigen Vertragspartnern.[702] Nur diese können ohne Beeinträchtigung des *domaine réservé* Verstöße gegen das Frustrationsverbot geltend machen.

Die aus Art. 18 WVK folgende „Übergangsverpflichtung" – und damit auch die Reduktion des *domaine réservé* – unterliegt einer zeitlichen Begrenzung. Zunächst endet der Anwendungsbereich des Art. 18 WVK mit Inkrafttreten des Vertrages. In diesem Fall wird der Umfang des *domaine réservé* nur zum Teil berührt. Die Begründung der völkerrechtlichen Verbindlichkeit wird von Art. 18 WVK auf den Vertrag selbst verschoben. Darüber hinaus sieht Art. 18 WVK zwei weitere zeitliche Beschränkungen vor: (1.) Im Fall der vorherigen Vertragsunterzeichnung oder des Austausches von Urkunden endet die vorvertragliche Verpflichtung nach Art. 18 lit. a) WVK, sobald der Staat seine Absicht klar zu erkennen gegeben hat, nicht Vertragspartei zu werden. (2.) Im Fall der Zustimmung nach Art. 18 lit. b) WVK endet die Verpflichtung nicht nur durch Inkrafttreten, sondern auch dann, wenn sich das Inkrafttreten ungebührlich verzögert. Entfällt die Übergangsverpflichtung nicht durch Inkrafttreten des Vertrages, sondern durch eine Absichtserklärung oder Verzögerung, so entfällt mangels einer entsprechenden völkerrechtlichen Verbindlichkeit auch die Reduktion des *domaine réservé*.

Anschauliche Beispiele für eine ausschließlich durch Art. 18 WVK bedingte Öffnung des *domaine réservé* sind die für die Volksrepublik China und andere Staaten entstandenen Verpflichtungen aus der Unterzeichnung des IPbürgR. China hat – wie etwa auch Kuba, Nauru und Palau – den IPbürgR zwar unterzeichnet[703], ihn aber bis heute nicht ratifiziert. Damit hat China seinen *domaine réservé* gegenüber den anderen Signatarstaaten

---

702 Zur personellen Relativität D., II., 3.
703 China bereits am 5.10.1998.

nur im durch Art. 18 WVK begründeten Umfang geöffnet, sodass auch nur die Reklamation von Verstößen gegen das Frustrationsverbot nicht den vorbehaltenen Bereich Chinas berühren. Die Reklamation von Verstößen gegen einzelne menschenrechtliche Verbürgungen des Paktes würde also nur dann nicht den *domaine réservé* betreffen, wenn die dem IPbürgR zuwiderlaufenden Handlungen tatsächlich die Vertragsziele gefährden. Das vorrangige Ziel des Paktes – so die Präambel – ist es, Verhältnisse zu schaffen, in denen die Bürger eines Staates die im Vertrag niedergelegten bürgerlichen und politischen ebenso wie ihre wirtschaftlichen, sozialen und kulturellen Rechte genießen können und damit das Ideal vom freien Menschen, der bürgerliche und politische Freiheit genießt und frei von Furcht lebt, verwirklicht werden kann. Schon in Anbetracht dieser Formulierung, die auf Verwirklichung eines in der Zukunft angelegten Ideals abzielt, stellt sich die Frage, inwieweit gegenwärtige, in jedem Einzelfall zeitlich begrenzte Verstöße gegen Verbürgungen des Vertrages die Vertragsziele tatsächlich gefährden bzw. vereiteln können. Der EGMR hat angedeutet, dass er eine Verletzung vorvertraglicher Verpflichtungen für den Fall als möglich erachtet, wenn ein Staat (hier die Türkei) nach Unterzeichnung, aber noch vor der Ratifikation des 6. Zusatzprotokolls, die durch Art. 1 des Protokolls begründete Verpflichtung zur Abschaffung der Todesstrafe durch deren Durchführung verletzt.[704] Diese Annahme des Gerichtshofs überzeugt in Anbetracht der erhöhten Anforderung an Verstöße gegen die aus Art. 18 WVK erwachsenden Verpflichtungen allerdings nicht. Praktisch ist kaum eine Zuwiderhandlung im Bereich der Menschenrechte denkbar, die tatsächlich geeignet ist, die zukünftige Gewährleistung der durch die Ratifikation eingegangenen Verpflichtungen und somit die Verwirklichung des Vertragsziels zu vereiteln. Dies gilt auch für die vom EGMR angeführte Todesstrafe. Eine Anwendung jener vor Ratifikation des 6. Zusatzprotokolls hätte nicht dazu geführt, dass das dort in Art. 1 genannte Ziel, die Todesstrafe abzuschaffen, vereitelt worden wäre. Für China sowie die weiteren genannten Staaten ist somit in Bezug auf den IPbürgR festzuhalten, dass ergriffene Maßnahmen zur Rüge von Verstößen gegen die dort niedergelegten Verbürgungen in der Regel ihren *domaine réservé* berühren. Eine Öffnung über Art. 18 WVK wird regelmäßig nicht zu begründen sein.

---

704 EGMR, Urt. v. 12.3.2003, *Öcalan v. Turkey*, Beschwerde Nr. 46221/99, para. 185.

b. Völkerrechtliche Bindungen i.S.d. domaine réservé

Zweifelsohne führen Bindungen, die durch klassische Völkerrechtsquellen begründet werden, zu einer entsprechenden Reduktion des *domaine réservé*. Hierzu zählen die in Art. 38 Abs. 1 IGH-Statut genannten völkerrechtlichen Verträge, das Gewohnheitsrecht sowie die allgemeinen Rechtsgrundsätze. Darüber hinaus kommt auch eine Reduktion durch unilaterale Verpflichtungen in Betracht. Einseitige Erklärungen von Staatenvertretern begründen die völkerrechtliche Verpflichtung eines Staates, sich entsprechend dem Inhalt der Erklärung zu verhalten, wenn und soweit sie öffentlich und mit Rechtsbindungswillen abgegeben werden.[705] Dies gilt insbesondere für Erklärungen von Staatsoberhäuptern oder Regierungsmitgliedern.[706]

Ob darüber hinaus auch faktische Abhängigkeiten (aa.) und insbesondere durch „soft-law" begründete „Verpflichtungen" (bb.) zu einer Vervölkerrechtlichung der jeweiligen Regelungsmaterie führen können, ist bisher unklar. Darüber hinaus ist der Frage nachzugehen, welche Besonderheiten sich bei der Bestimmung des *domaine réservé* von „failed states" (cc.)[707] ergeben.

---

705 IGH, *Frontier Dispute (Burkina Faso v. Mali)*, Urt. v. 22.12.1986, ICJ Rep. 1986 S. 554 (573, § 39); *Nuclear Tests Case (New Zealand v. France)*, Urt. v. 20.12.1974, ICJ Rep. 1974, S. 253 (267 f., §§ 42-46); *Nuclear Tests Case (Australia v. France)*, Urt. v. 20.12.1974, ICJ Rep. 1974, S. 457 (472 f., §§ 45-49); *Case concerning Pulp Mills on the River Uruguay*, Urt. v. 20.4.2010, ICJ Rep. 2010, S. 14 (65, § 138); vgl. auch IGH, *Application of the Convention on the Prevention and Punishment of the Crime of Genocide (Bosnia and Herzegovina v. Serbia and Montenegro)*, Urt. v. 26.2.2007, ICJ Rep. 2007, S. 43 (199, § 378); *von Arnauld*, Völkerrecht, Rdnrn. 273-275; *Rodriguez Cedeño/Torres Cazorla*, Unilateral Acts of States in International Law, in: Wolfrum, MPEPIL X, S. 163 (insb. Rdnrn. 34-39); *Schweisfurth*, Völkerrecht, 4 Rdnrn. 150-153; *Dörr*, Kompendium völkerrechtlicher Rechtsprechung, S. 325, 536; *Dahm/Delbrück/Wolfrum*, Völkerrecht, Bd. I/3, S. 764-773; *Fiedler*, GYbIL 19 (1976), S. 35-72; vgl. auch die Leitprinzipien der ILC aus dem Jahr 2006 (*Guiding Principles applicable to unilateral declarations of States capable of creating legal obligations*), GAOR A/61/10, S 367.

706 IGH, *Nuclear Tests Case (Australia v. France)*, Urt. v. 20.12.1974, ICJ Rep. 1974, S. 253 (267, § 49).

707 Zur passiven Deliktsfähigkeit von „failed states" siehe D., I.

aa. faktische Abhängigkeiten

Insbesondere *Katja Ziegler* beschreibt die Reduktion des *domaine réservé* aufgrund der faktischen Gegebenheiten der Globalisierung.[708] Die zunehmende zwischenstaatliche Interaktion – insbesondere im Bereich des internationalen Handels –, die steigende Mobilität und der grenzüberschreitende Effekt moderner Technologien und Waffen führten zwangsweise zu einer Beschränkung ausschließlich einzelstaatlicher Zuständigkeit. Hinzu träten mit der Globalisierung einhergehende neue Herausforderungen, wie z.b. der Umweltschutz, der Klimawandel und der Zugang zu natürlichen Ressourcen, die eine weitergehende internationale Zusammenarbeit notwendig machten. Auch außerhalb der ökonomischen Sphäre führe die Zunahme gewaltsamer Aktionen nichtstaatlicher Akteure *de facto* zu einer Beschränkung des *domaine réservé*. Aus der Notwendigkeit der internationalen Zusammenarbeit in den genannten Bereichen folge eine zwangsweise Öffnung des staatlichen Zuständigkeitsbereichs.

Hierbei handelt es sich aber um eine rein tatsächliche Gegebenheit, die für sich allein keine rechtliche Wirkung hat und somit allein keinen Beitrag zur Bestimmung des staatlichen *domaine réservé* leistet. Der *domaine réservé* ist ein ausschließlich rechtsindiziertes Konzept, sodass sich der Bereich innerer Angelegenheiten nur dann reduziert, wenn sich der Staat aufgrund der tatsächlichen Gegebenheiten völkerrechtlichen Verpflichtungen unterwirft, also der durch die Gegebenheiten bedingten Handlungsmaximen durch die Übernahme völkerrechtlicher Verpflichtungen folgt. So begründen die Gegebenheiten zwar den Zuwachs internationaler Kooperationen und Verpflichtungen[709], führen aber nicht zu einer Reduktion des *domaine réservé* aus sich heraus. Darüber hinaus ist der faktische Zwang, völkerrechtliche Verpflichtungen einzugehen, und die daraus resultierende Beschränkung staatlicher Handlungsfreiheit kein Phänomen der Neuzeit, wie teilweise in der Debatte um den Souveränitätsbegriff behauptet wird. Den Argumentationsmustern liegt häufig die Vorstellung eines omnipotenten Staates zugrunde, dessen Machtentfaltung vollkommen ungehemmt ist. Die „Allmachtsfiktion"[710] verkennt allerdings, dass kein Staat jemals in seiner Handlungsfreiheit frei vom Einfluss politischer, wirtschaftlicher

---

708 *Ziegler*, Domaine Réservé, in: Wolfrum, MPEPIL III, S. 206 (Rdnr. 9).
709 Vgl. nur *Oppermann*, AVR 14 (1969/70), S. 321 (335).
710 *Oeter*, Souveränität – ein überholtes Konzept?, in: FS Steinberger, S. 259 (284).

und technischer Entwicklungen war.[711] Da der Staat niemals „ein völlig abgeschotteter, autarker Souverän gewesen ist", wurde und wird insbesondere im Außenverhältnis die potentiell staatliche Allmacht durch andere Staaten reguliert und dem „Herrschaftswillen faktisch immer Einhalt geboten".[712] Die Gegenüberstellung des allmächtigen Staates der Vergangenheit mit dem in die Fesseln der Globalisierung gelegten Staat der Gegenwart geht also fehl.

bb. Öffnung durch „soft-law"?

Bisher ungeklärt ist die Frage, ob sogenanntes „soft-law" eine völkerrechtliche Bindung im Sinne der Ausgangsformel begründen kann und somit zu einer Reduktion des *domaine réservé* führt.

Allerdings ist schon die Existenz einer Kategorie zwischen bindendem Recht und ausschließlich politischen Handlungsformen einer kontroversen Debatte ausgesetzt.[713] Darüber hinaus ist neben der tatsächlichen Funktion weitestgehend unklar, welche Normen tatsächlich den bekannten Kategorien entzogen und mit dem Label des „soft law" versehen werden. Die entscheidende Frage für die vorliegende Untersuchung ist schließlich, ob im „soft-law" festgelegte Verhaltensgrundsätze oder Strukturprinzipien dem *domaine réservé* entzogen und schon deshalb ohne Verstoß gegen das Interventionsverbot einforderbar sind.[714]

(1) Begriff des „soft-law"

Der Begriff des „soft-law" ist paradox[715], versucht er doch die sprichwörtliche Quadratur des Kreises. Erweckt die Verwendung des Terminus „Recht" die grundsätzliche Erwartung nach einem zwingenden Normbefehl, beschreibt der Begriff „soft law" aber gerade eine solche Gruppe von

---

711 *Hillgruber*, JZ 2002, S. 1072 (1073); *Kirchhof*, DVBl. 1999, S. 637 (647); *Kelsen*, Das Problem der Souveränität und die Theorie des Völkerrechts, S. 7.
712 *Hillgruber*, JZ 2002, S. 1072 (1073).
713 Vgl. z.B. *Fitzmaurice*, RdC 293 (2001), S. 9 (125); *Weil*, AJIL 77 (1983), S. 413 (416 f.).
714 Dafür etwa *Herdegen*, in: Maunz/Dürig, Grundgesetz Kommentar, Art. 25 GG Rdnr. 18.
715 *Knauff*, Der Regelungsverbund, S. 214; *Dupuy*, MJIL 12 (1991), S. 420 (420).

Vorschriften, deren rechtliche Geltungs- und Bindungskraft erheblich relativiert ist.[716] Dennoch oder gerade deswegen findet vor allem im Völkerrecht – dem die Kategorie des „soft law" entsprungen ist – in vielen Bereichen ein lebhafter Diskurs über das „soft law" und seine (noch) unbestimmte Rolle statt.[717]

Die inhaltliche Ausgestaltung des Begriffs ist nicht unproblematisch, da es sich beim „soft-law" nicht um ein Konzept mit einem klar bestimmbaren Anwendungsbereich und Inhalt handelt.[718] Relativ einfach ist noch die Abgrenzung zu den „Extremen". Auf der einen Seite werden Normen nicht erfasst, denen eine rechtliche Bindungswirkung im traditionellen Verständnis zugesprochen wird. Auf der anderen Seite gehören solche „Regeln", denen keinerlei Regelungscharakter beigemessen wird, wie z.B. Stellungnahmen mit ausschließlich politischem oder moralischem Gehalt, nicht zum Bestand des „soft-law". Welche Regelungen dagegen tatsächlich die Charakteristika des „soft-law" erfüllen, ist im Einzelfall zu bestimmen. *Daniel Thürer* nennt diesbezüglich vier – im Schrifttum weit verbreitete – Kriterien, die Vorschriften des „soft-law" immanent sind.[719] (1.) Zunächst drücken derartige Bestimmungen gemeinsame Erwartungen über das Verhalten in den internationalen Beziehungen aus.[720] (2.) Schöpfer der Bestimmungen sind Völkerrechtssubjekte, wodurch das völkerrechtliche „soft-law" zu sog. *commercial customs and rules* oder *codes of conduct* abgegrenzt wird.[721] (3.) Darüber hinaus sind die Regeln nicht oder nicht vollständig durch völkerrechtliche Rechtsetzungsverfahren entstanden und entstammen nicht einer der förmlichen Völkerrechtsquellen. (4.) Dennoch ähneln die Vorschriften solchen aus förmlichen Völkerrechtsquellen insbesondere dahingehend, dass sie gewisse rechtsfolgenähnliche Konsequenzen herbeiführen können.[722]

---

716 *Schwarze*, EuR 46 (2011), S. 3 (3).
717 M.w.N. *Müller-Graff*, EuR 47 (2012), S. 18 (19).
718 *Thürer*, Soft Law, in: Wolfrum, MPEPIL IX, S. 269 (Rdnr. 8).
719 *Thürer*, Soft Law, in: Wolfrum, MPEPIL IX, S. 269 (Rdnr. 9).
720 So z.B. auch *Schweisfurth*, Völkerrecht, 2 Rdnr. 170 f.; *Marquier*, Soft-Law: Das Beispiel des OSZE-Prozesses, S. 98; *Chinkin*, ICLQ 38 (1989), S. 850 (865); weitere Nachweise bei *Knauff*, Der Regelungsverbund, S. 216.
721 So z.B. auch *Knauff*, Der Regelungsverbund, S. 217-220.; *Marquier*, Soft-Law: Das Beispiel des OSZE-Prozesses, S. 43; *Gruchalla-Wesierski*, McGill LJ 30 (1984), S. 37 (60); *Thürer*, ZSR NF 104 (1985), S. 429 (434).
722 So z.B. *Müller-Graff*, EuR 47 (2012), S. 18 (22), der für die Vergleichbarkeit der Struktur „soft-law" mit drei Merkmalen versieht: „erstens als eine sollensfinale

Gemessen an den genannten Kriterien kommen insbesondere zwei Gruppen von Maßnahmen für die Kategorisierung als „soft-law" in Betracht: einerseits ohne Bindungswirkung versehene Resolutionen, Empfehlungen und Entscheidungen Internationaler Organisationen[723], andererseits nichtrechtliche zwischenstaatliche Vereinbarungen[724].

Im hiesigen Kontext ist die alleinige Etikettierung einer Vorschrift als einer solchen des „soft-law" allerdings nicht zielführend. Zu klären ist vielmehr, ob sich das vierte Kriterium der „Herbeiführung rechtsfolgenähnlicher Konsequenzen" auf den staatlichen *domaine réservé* auswirkt, indem es eine völkerrechtliche Bindung begründet.

(2) Reduktion durch verbindlichen Beschluss oder „soft-law"

In jedem Einzelfall ist dennoch zunächst der Verbindlichkeitsgrad der in Rede stehenden „Norm" zu klären. Nur wenn die getroffene Regelung nicht ausdrücklich mit einer Bindungswirkung versehen wird, stellt sich die weiterführende Frage, ob und inwieweit sich der Regelungsgehalt dennoch auf den *domaine réservé* auswirkt.

Ohne Bindungswirkung sind etwa Resolutionen der Versammlung der International Civil Aviation Organization (ICAO) ausgestattet. Von der Versammlung der ICAO verabschiedete Resolutionen entsprechen den oben dargelegten Kriterien des „soft-law". Insbesondere sind sie völker-

---

Regel mit intrinsischer Gemeinwohlorientierung ohne Rechtsbindung, die zweitens mit einem spezifischem Bindungselement verknüpft ist oder werden kann, das drittens entweder Rechtswirkungen auslöst oder in seiner Wirkung (namentlich Verhaltenswirkung) derjenigen einer Rechtsbindung nahe- oder gleichkommt oder nahe- oder gleichkommen kann."

723 Siehe z.B. *Thürer*, Soft Law, in: Wolfrum, MPEPIL IX, S. 269 (Rdnr. 10); *von Arnauld*, Völkerrecht, Rdnr. 282; *Frenzel*, Sekundärrechtssetzungsakte Internationaler Organisationen, S. 13.

724 *Schweisfurth*, Völkerrecht, 2 Rdnr. 164-168; *Thürer*, Soft Law, in: Wolfrum, MPEPIL IX, S. 269 (Rdnr. 10); Beispiele für nichtrechtliche Vereinbarungen sind der *Final Act of the Helsinki Conference for Security and Cooperation in Europe* (ILM 14 (1975), S. 1292; siehe dazu auch B., II., 2., a., aa.), die *Deutsch-Tschechische Erklärung über die gegenseitigen Beziehungen und deren künftige Entwicklung* v. 21.1.1997 (zur Qualifikation als nichtrechtliche Vereinbarung siehe *Blumenwitz*, AVR 38 (1998), S. 19 (20 f.)) sowie im Bereich der Abrüstung die sowjetisch-amerikanische Deklaration v. 5.5.1971, die den *Strategic Arms Limitation Talks* (SALT) voranging.

rechtlich nicht verbindlich. Die ICAO kann nur in Ausnahmefällen Regelungen mit begrenzter völkerrechtlicher Verbindlichkeit erlassen (Art. 37 Chicagoer Abkommens[725]). Tatsächliche Verpflichtungen treffen die Mitgliedstaaten allerdings nur, wenn sie von einer Maßnahme der ICAO abweichen möchten (Art. 38 Chicagoer Abkommen).[726] Unabhängig vom dadurch entstehenden Ausmaß einer völkerrechtlichen Verbindlichkeit[727] ist allerdings allein dem Rat der ICAO die Möglichkeit einer verbindlichen Handlung vorbehalten (Art. 54 lit. l) Chicagoer Abkommen). Resolutionen der Versammlung entfalten hingegen keine unmittelbare Verbindlichkeit und begründen somit zunächst keine Reduktion des mitgliedstaatlichen *domaine réservé* gegenüber den anderen Mitgliedstaaten.

(3) Mittelbare rechtliche Verbindlichkeit durch Abstimmungsverhalten

Trotz der rechtlichen Unverbindlichkeit einer solchen Resolution stellt sich die Frage, ob der *domaine réservé* möglicherweise durch die Selbstbindung eines Staates reduziert wird, soweit der Staat in der Abstimmung für die Resolution votiert hat; ob also auch das Verhalten in Abstimmungen zu zunächst unverbindlichen Resolutionen allein eine völkerrechtliche Verbindlichkeit begründen kann, die zu einer Reduktion des *domaine réservé* führt. Diese Fallgruppe umfasst all diejenigen Konstellationen, in denen das Verhalten eines Staates in der Praxis von seinem vorherigen Abstimmungsverhalten zu einem völkerrechtlich nicht verbindlichen Beschluss abweicht. Eine Bindung aufgrund des staatlichen Abstimmungsverhaltens kommt dabei über das Estoppel-Prinzip in Betracht.[728] Auch im Völkerrecht orientiert sich der Rechtsverkehr am Grundsatz von Treu und Glauben, dessen tragender Gehalt im Gedanken des Vertrauensschutzes

---

725 Abgedruckt in: 15 UNTS 295; BGBl. 1956 II, S. 411.
726 Zum Rechtssetzungsprozedere durch den Rat siehe *Frenzel*, Sekundärrechtssetzungsakte Internationaler Organisationen, S. 74-88.
727 Zur Debatte um die Bindungswirkung siehe z.B. *Frenzel*, Sekundärrechtssetzungsakte Internationaler Organisationen, S. 79-87; *Erler*, Rechtsfragen der ICAO, S. 131-142; *Rosenthal*, Umweltschutz im internationalen Luftrecht, S. 153-156; *Buergenthal*, Law Making in the International Civil Aviation Organization, S. 57 f.
728 *Doehring*, Völkerrecht, Rdnr. 310; ausführlich zum Estoppel-Prinzip *O'Connor*, Good Faith in International Law; *Kolb*, NILR 53 (2007), S. 1.

liegt.[729] Danach können Staaten sich durch ihre Handlungen an die durch diese geweckten Erwartungen binden, soweit sich andere Staaten nach Treu und Glauben auf diese verlassen dürfen.[730] Hinsichtlich seines faktischen Verhaltens muss sich ein Staat, in Fällen wie dem oben genannten Beispiel, den Vorwurf des *venire contra factum proprium* durchaus gefallen lassen. Problematisch ist allerdings, aus diesem Vorwurf zu unverbindlichen Rechtsakten eine rechtserhebliche Bindung abzuleiten. Das staatliche Verhalten in Abstimmungen ist wesentlich von den mit einer Zustimmung einhergehenden Konsequenzen bestimmt. So ist in der überwiegenden Zahl der Fälle davon auszugehen, dass der Willensbildungsprozess erheblich von der Verbindlichkeit einer zukünftigen Verpflichtung abhängt. Dies gilt umso mehr, wenn die eingegangene Verpflichtung ausdrücklich nur politische Leitlinien oder Zukunftsvorstellungen enthält und der entsprechende Staat offenkundig ohne *opinio iuris* handelt.[731] Eine konstruierte Bindung über den „Umweg" des Abstimmungsverhaltens würde im Ergebnis zu einer Umdeutung einer unverbindlichen in eine rechtlich verbindliche Maßnahme führen. Andererseits kann sich ein Staat von vornherein dem Vorwurf widersprüchlichen Verhaltens entziehen, indem er – soweit er eine rechtliche Bindung von sich weisen möchte – gegen die entsprechende Maßnahme stimmt bzw. einen Vorbehalt gegen die verabschiedete Maßnahme erklärt. Darüber hinaus soll nicht verkannt werden, dass rechtlich unverbindliche Resolutionen in Fällen, in denen die wiederholte Praxis zur Genese völkergewohnheitsrechtlicher Normen (gerade bei solchen *in statu nascendi*) beiträgt, mittelbar durchaus eine rechtserhebliche Wirkung entfalten können.[732] Neben der wiederholten Übung ist aber auch

---

729 *von Arnauld,* Völkerrecht, Rdnr. 271; *Breutz,* Der Protest im Völkerrecht, S. 146; *Fiedler,* GYbIL 19 (1976), S. 35 (46-48); *Müller,* Vertrauensschutz im Völkerrecht, S. 9.

730 Siehe z.B. IGH, *Temple of Preah Vihear,* Urt. v. 15.6.1962, ICJ Rep. 1962, S. 6 (26); *North Sea Continental Shelf Cases,* Urt. v. 20.2.1969, ICJ Rep. 1969, S. 4 (26, § 30); *Schweisfurth,* Völkerrecht, 2 Rdnr. 153; *Heintschel von Heinegg,* in: Ipsen, Völkerrecht, § 19 Rdnr. 7; *Verdross/Simma,* Universelles Völkerrecht, § 615; *Müller,* Vertrauensschutz im Völkerrecht, S. 10. Zur Schutzwürdigkeit des Vertrauens des Erklärungsempfängers siehe z.B. *Suy,* Les actes juridiques unilatéreaux en droit international public, S. 404; insoweit besteht eine sichtbare Parallele zur Begründung völkerrechtlicher Verbindlichkeiten durch einseitige Rechtsakte; vgl. hierzu die Nachweise in Fn. 705.

731 Vgl. dazu etwa *Wood,* State Practice, in: Wolfrum, MPEPIL IX, S. 509 (Rdnr. 22); *Churchill/Lowe,* Law of the Sea, S. 9.

732 Vgl. *Hobe,* Einführung in das Völkerrecht, S. 229.

die Rechtsüberzeugung der handelnden Staaten nachzuweisen. Hier mag zwar die wiederkehrende Praxis ein Indiz für die *opinio iuris* eines Staates sein[733]; zum Nachweis genügt sie hingegen ohne das Hinzutreten weiterer Hinweise nicht.[734] Auch wenn der IGH eine Bindung an unverbindliche Rechtsakte über das Estoppel-Prinzip (wohl) grundsätzlich für möglich hält[735], ist eine Konstruktion allein über das Abstimmungsverhalten daher nur in evidenten Ausnahmefällen – wie z.B. dem wiederholten Verweis auf die Existenz eines bestimmten Rechtssatzes – angemessen.[736] Anderenfalls droht eine nicht aufzulösende Verwischung zwischen geltendem und „erstrebtem" Recht.[737] Das Abstimmungsverhalten allein ist somit nicht geeignet, um gegenüber anderen Staaten eine qualitativ ausreichende Erwartung zu schüren, die eine Selbstbindung begründen würde.

(4) Reduktion durch „außerrechtliche" Bindung?

Nachdem auch eine mittelbare rechtliche Bindung über das Abstimmungsverhalten nur in evidenten Ausnahmefällen zu begründen ist, stellt sich die Anschlussfrage, welche anderweitige Wirkung „Normen" des „soft law" entfalten und ob eine solche zu einer Reduktion des *domaine réservé* führen kann.

Gerade in der neueren wissenschaftlichen Auseinandersetzung finden sich Ansätze, dass der Mangel rechtlicher Verbindlichkeit nicht notwendigerweise mit einer vollumfänglich juristischen Irrelevanz einhergeht.[738] Diese Bindungswirkung zwischen „hard law" und absoluter Unverbindlichkeit wird dabei u.a. durch die Einordnung als „soziale Norm"[739] be-

---

733 *Boyle*, ICLQ 48 (1999), S. 901 (904).

734 *Graf Vitzthum*, in: ders./Proelß, Völkerrecht, I Rdnr. 152.

735 IGH, *Case concerning Military and Paramilitary Activities in and against Nicaragua*, Urt. v. 27.6.1986, ICJ Rep. 1986, S. 14 (99-101); siehe dazu auch *Doehring*, Völkerrecht, Rdnr. 310.

736 Zur mittelbaren Reduktion des *domaine réservé* durch „soft-law" aufgrund einer konkreten Verhaltenserwartung siehe D., II., 2., b., bb., (4), (b).

737 *Weil*, RGDIP 86 (1982), S. 5 (45).

738 So z.B. *Knauff*, Der Regelungsverbund, S. 224-227; *Boyle*, ICLQ 48 (1999), S. 901 (901-913); *Schweisfurth*, Völkerrecht, 2 Rdnr. 168; *Bothe*, „Soft-Law" in den Europäischen Gemeinschaften, in: FS Schlochauer, S. 761 (insb. 768-764).

739 *Bothe*, „Soft-Law" in den Europäischen Gemeinschaften, in: FS Schlochauer, S. 761 (insb. 768).

gründet, „als aliud zur Rechtsverbindlichkeit in ihrem traditionellen Verständnis"[740] eingeordnet und durch eine „normative significance"[741] charakterisiert. Soweit „soft law" eine wie auch immer geartete Bindung zugesprochen wird, wird diese zumeist auf den Zweck zurückgeführt, den das „soft law" in der völkerrechtlichen Staatenpraxis erfüllt.

(a) Verwendungszweck

Die Verwendung von „soft law" steht in engem Zusammenhang mit der Entwicklung des Völkerrechts von einer Koordinations- zu einer Kooperationsordnung. War die Koordinationsordnung darum bemüht, das Miteinander durch Abgrenzung zu ermöglichen, dominiert heute der Drang, Sachverhalte durch internationale Kooperationen zu regeln. Trotz der bestehenden Notwendigkeit, gemeinsame Regelungen zu finden, bleiben divergierende politische Vorstellungen und die damit einhergehenden Schwierigkeiten, über einen Minimalkonsens hinausgehende Vereinbarungen zu treffen. Die Verwendung von „soft-law" ist Spiegel des entstehenden Spannungsverhältnisses zwischen Regelungswillen und unüberwindbaren politischen Differenzen sowie den daraus resultierenden Anforderungen an internationale Regelungsinstrumente.

Die Vorzüge gegenüber klassischen völkerrechtlichen Verträgen sind mannigfaltig. Insbesondere bieten sie die Möglichkeit, Regelungen zu treffen, die aufgrund politischer Divergenzen nicht von einem rechtserzeugenden Konsens der betroffenen Staaten getragen werden. Aufgrund des grundsätzlich nicht bindenden Charakters sind die beteiligten Parteien dabei häufig bereit, wesentlich detailliertere Regelungen zu treffen.[742] Da im Gegensatz zu völkerrechtlichen Verträgen kein Ratifikationsprozess für das „Inkrafttreten" vorausgesetzt wird, können (insb. föderal gegliederte[743]) Staaten darüber hinaus innenpolitische Auseinandersetzungen um die Ratifikation umgehen.[744] Dies führt nicht zuletzt zu einer deutlichen

---

740 *Knauff*, Der Regelungsverbund, S. 225.
741 *Boyle*, ICLQ 48 (1999), S. 901 (902).
742 *Gruchalla-Wesierski*, McGill LJ 30 (1984), S. 37 (71).
743 Siehe z.B. für die US-amerikanische Praxis *Gruchalla-Wesierski*, McGill LJ 30 (1984), S. 37 (41); *Hillgenberg*, EJIL 10 (1999), S. 499 (504).
744 *Boyle*, ICLQ 48 (1999), S. 901 (903); *Klabbers*, The Concept of Treaty in International Law, S. 135; *Marquier*, Soft-Law: Das Beispiel des OSZE-Prozesses, S. 43.

Beschleunigung des Regelungsvorgangs.[745] Neben der Überwindung politischer Hürden spielt die bereits angedeutete Flexibilität des „soft-law" eine entscheidende Rolle. Während die formellen Vertragsschlussverfahren eine unmittelbare Reaktion auf gegenwärtige und dringliche Problemstellungen[746] nahezu unmöglich machen, unterliegt das „soft-law" weit weniger formellen Voraussetzungen. Dies gilt nicht nur für die Entstehung, sondern gleichermaßen für die im Gegensatz zu Verträgen weitgehend problemlose Änderbarkeit.[747] Gerade wenn die Folgen bzw. der Erfolg einer getroffenen Regelung nur schwer abzusehen sind, ermöglicht der Rückgriff auf „soft-law" eine flexible Korrektur oder sogar Rücknahme und somit im Gegensatz zum vergleichsweise „änderungsfesten" Vertragsrecht eine bedarfsgerechte Anpassung.[748]

Durch die Vermeidung spezifischer Konsequenzen, die auf den Verstoß gegen gesetztes Recht folgen, wird „soft-law" nicht nur dann zur vorzugswürdigen Alternative, wenn Staaten an der eigenen Erfüllungsfähigkeit zweifeln[749]. Auch bei Misstrauen hinsichtlich der Erfüllungswilligkeit des Gegenübers kann der Mangel rechtlicher Verbindlichkeit im Interesse eines Staates liegen.[750] Dennoch folgt aus dem Verwendungszweck nicht, dass Verstöße gegen getroffene Vereinbarungen ohne Sanktionen bleiben (sollen). Dass die Durchsetzbarkeit dieser Sanktionen dabei im Wesentlichen von der Akzeptanz der Regelung durch den zu sanktionierenden Staat abhängt, ist im Völkerrecht schließlich keine Besonderheit des „soft-law".

Ein greifbares Beispiel für den beschriebenen Sanktionscharakter sind die internen Kreditvergabestandards der Weltbank, die als größter Kreditgeber für Entwicklungsländer an der Spitze der internationalen Finanzinstitutionen steht.[751] Von besonderem Interesse sind an dieser Stelle die sog. „Guidelines", die von *Knauff* als „kreditsanktionierte[s]" „soft-law"

---

745 M.w.N. *Knauff*, Der Regelungsverbund, S. 254/55.
746 *Gruchalla-Wesierski*, McGill LJ 30 (1984), S. 37 (88), spricht insoweit von einer „useful solution to practical problems in international relations".
747 *Heusel*, Weiches Völkerrecht, S. 283; *Ballreich*, GRURInt 1989, S. 383 (385 f.).
748 *Knauff*, Der Regelungsverbund, S. 253.
749 So z.B. *Haas*, Choosing to Comply, in: Shelton, Commitment and Compliance, S. 43 (45).
750 *Gruchalla-Wesierski*, McGill LJ 30 (1984), S. 37 (88).
751 *Gloria*, in: Ipsen, Völkerrecht (2004), § 45 Rdnr. 24; *Roos*, ZaöRV 63 (2003), S. 1035 (1036); Insgesamt hat die Weltbank seit ihrer Gründung Gelder i.H.v. über 500 Milliarden Euro gewährt, *Stein/von Buttlar*, Völkerrecht, Rdnr. 480.

charakterisiert werden.[752] Durch diese setzt die Weltbank – teils sehr spezifische – interne Standards für die Kreditvergabe fest[753], an die die Mitarbeiter bei der Kreditvergabe zwingend gebunden sind[754]. Aufgrund ihrer strikten Verbindlichkeit entfalten die Kreditvergaberichtlinien gegenüber kreditnehmenden Staaten eine zumindest mittelbare bzw. bei Vertragsschluss sogar unmittelbare Außenwirkung. Neben der daraus folgenden politischen Konditionalität der Kreditvergabe[755] erhalten die Richtlinien durch Aufnahme in die Kreditverträge Rechtsverbindlichkeit und sind daher vollumfänglich durchsetzbar. Dass die unverbindlichen Standards schließlich zu einem durchsetzungsfähigen Vertragsbestandteil erstarken, steht wiederum im engen Zusammenhang mit der damit beabsichtigten politischen Lenkungsfunktion, deren Zielrichtung wesentlich durch die Vorstellung der die Weltbank finanziell tragenden westlichen Staaten geprägt ist. Durch die öffentliche Zugänglichkeit der Vergabestandards beeinflussen die Guidelines allerdings auch schon vor der Kreditgewährung für potentielle Kreditnehmer deren Handlungen. Mangels alternativer Finanzierungsmöglichkeiten und der daraus resultierenden Abhängigkeit von der Kreditgewährung sind gerade Entwicklungsländer bereits im Vorfeld gezwungen, sich bezüglich ihres politischen Verhaltens und geplanter Projekte an den Vergabestandards zu orientieren, wodurch diese schließlich faktisch eine normative Wirkung entfalten.

Die Nähe des „soft-law" zum Recht zeigt sich noch deutlicher bei Empfehlungen der *International Labour Organisation* (ILO).[756] Während Konventionen der ILO als zwischenstaatliche Übereinkommen verbindlich sind, handelt es sich bei den von der ILO ausgesprochenen Empfehlungen um „soft-law". Trotz (bzw. gerade aufgrund) der divergierenden Verbindlichkeit werden Empfehlungen häufig als konkretisierende „Begleitnorm" zu Konventionen erlassen. Dabei sind die Empfehlungen zwar sprachlich weniger zwingend, dafür aber inhaltlich wesentlich detaillierter gefasst. Zur Verdeutlichung des Verhältnisses beider Regelungsinstrumente zueinander verweist *Knauff* auf die ILO *Work in Fishing Convention* (C 188 aus

---

752 *Knauff*, Der Regelungsverbund, S. 279.
753 *Roos*, ZaöRV 63 (2003), S. 1035 (1036).
754 Siehe auch zum Folgenden *Knauff*, Der Regelungsverbund, S. 279-282.
755 Zum Widerstand gegen die damit einhergehende politische Konditionalität in der Staatenpraxis siehe Fn. 478 sowie D., IV., 7.
756 Siehe auch zum Folgenden *Knauff*, Der Regelungsverbund, S. 275-277.

2007)[757] sowie der damit korrespondierende *Work in Fishing Recommendation* (R 199 aus 2007). Art. 26 der Konvention beschreibt in groben Zügen die Verpflichtung der Staaten, durch die Verabschiedung entsprechender Vorschriften angemessene Unterkünfte auf Fischereischiffen zu gewährleisten. Wesentlich detaillierter – und dabei die groben Vorgaben der Konvention regelrecht abarbeitend – präsentiert sich hingegen der 3. Teil der genannten Empfehlung. Nennt Art. 26 der Konvention allein das Vorhandensein „sanitäre[r] Einrichtungen, einschließlich Toiletten und Waschgelegenheiten", konkretisiert die korrespondierende Empfehlung die Ansprüche an die sanitären Einrichtungen z.B. dadurch, dass sie konkrete Anforderungen für Boden- und Wandmaterialien nennt (vgl. Teil 3, Nr. 30 der Empfehlung). In der Regelungspraxis der ILO finden sich unzählige weitere solcher Beispiele, wie z.B. aus der jüngeren Vergangenheit die Maßnahmen zum Schutz von durch privaten Arbeitsvermittlern vermittelten Hausangestellten vor missbräuchlichen Praktiken in Art. 15 der *Domestic Workers Convention* (C 189 aus 2011), die durch die korrespondierende *Domestic Workers Recommendation* (R 201 aus 2011) detailliert konkretisiert wird (vgl. insb. Nr. 21). Gemeinsam ist den Beispielen, dass sich der unterschiedliche Verbindlichkeitsgrad am Wortlaut der jeweiligen Vorschrift ablesen lässt. Während die Vorschriften der Konvention durch die Verwendung des Wortes „*shall*" klare Handlungsanweisungen enthalten, verstehen sich die Regelungen der Empfehlungen zunächst auch als solche („*should*"). Doch trotz dieser unbestrittenen Unverbindlichkeit verpflichtet Art. 19 Abs. 6 lit. b) der ILO Verfassung[758] die Mitgliedstaaten, Empfehlungen innerhalb eines Jahres der zuständigen innerstaatlichen Stelle vorzulegen. Verstöße gegen die Vorlagepflicht können gem. Art. 30 ILO-Verfassung dem ILO-Verwaltungsrat in gleicher Weise vorgelegt werden wie Verstöße gegen die Umsetzungspflicht von Konventionen. Aus der Feststellung eines Verstoßes folgt allerdings keine Umsetzungspflicht (Art. 19 Abs. 6 lit. d) ILO-Verfassung). Der Verwaltungsrat berichtet im Falle eines Verstoß „lediglich" der ILO-Konferenz über die Pflichtverletzung.

Wie groß nicht nur der Einfluss von eigentlich unverbindlichen ILO-Standards ist, zeigt auch die Bezugnahme von Gerichten, wie z.B. dem EuGH auf diese. So ist die Verweigerung einer öffentlichen Auftragsver-

---

757 Wie sämtliche Konventionen und Stellungnahmen abrufbar unter: http://www.ilo.org/global/standards/lang--en/index.htm.
758 Abgedruckt in: UNTS 15 (1948), S. 35; BGBl. 1957 II, S. 317.

gabe an Unternehmen unionsrechtlich zulässig, wenn das bietende Unternehmen gegen Umweltstandards[759] oder essentielle Arbeitsbedingungen (wie z.B. das Verbot von Kinderarbeit) verstößt.[760] Der EuGH hat in seiner Rechtsprechung aber nicht nur ILO-Vorschriften herangezogen. Zu der Erforderlichkeit von Handelsbeschränkungen aus Gründen des Gesundheitsschutzes (heute: Art. 36 AEUV) verwies er auf den *codex alimentarius* von Weltgesundheits- (WHO) und Ernährungs- und Landwirtschaftsorganisation (FAO). Danach muss die Einfuhr eines Erzeugnisses aus einem Mitgliedstaat zugelassen werden, wenn

> „sie unter Berücksichtigung der Ergebnisse der internationalen wissenschaftlichen Forschung und insbesondere der Arbeiten des Wissenschaftlichen Lebensmittelausschusses der Gemeinschaft und der Codex-alimentarius-Kommission [...] sowie der Ernährungsgewohnheiten im Einfuhrmitgliedstaat keine Gefahr für die Gesundheit darstellt."[761]

Aber nicht nur der EuGH rekurriert in seinen Urteilen auf eigentlich unverbindliche Akte. Auf der Suche nach einem europäischen Konsens zum Begriff der Familie und somit für die Auslegung der EMRK hat der EGMR in seiner *Marckx*-Entscheidung unter anderem auf die Resolution des Ministerkomitees des Europarates „On the social protection of unmarried mothers and their children" von 1970[762] zurückgegriffen.[763] Aus den wenigen Beispielen kann sicherlich nicht auf eine konsistente gerichtliche Praxis geschlossen werden. Dennoch sind sie ein Hinweis darauf, welche rechtliche Bedeutung originär rechtlich unverbindliche Regelungen erlangen können.

(b) Auswirkung auf den domaine réservé

Eine Öffnung des *domaine réservé* durch „soft-law" scheidet zunächst insoweit aus, dass ihm keine völkerrechtliche Verbindlichkeit im klassischen

---

759 Vgl. EuGH, Urt. v. 17.9.2002, Rs. C-513/99, Slg. 2002, I-7213 – *Concordia.*
760 *Müller-Graff*, EuR 47 (2012), S. 19 (23).
761 EuGH, Urt. v. 12.3.1987, Rs. 178/84, Slg. 1987, 1227, Rdnr. 44 – *Kommission/ Deutschland.*
762 Resolution (70) 15 v. 15.5.1970.
763 EGMR, Urt. v. 13.6.1979, *Marcks./. Belgien*, Beschwerde Nr. 6833/74, Rdnr. 31 = NJW 1979, S. 2449 (2450); siehe dazu auch *Nußberger*, Rechtswissenschaft 2012, S. 197 (203).

Sinne entnommen werden kann. Vorschriften des „soft-law" werden nur dann zu durchsetzbaren Rechtsvorschriften im klassischen Verständnis, wenn sie durch einen weiteren Akt in den Stand des verbindlichen und durchsetzbaren Rechts erhoben werden. Dies kann – wie im Fall der Weltbank – durch einen Vertragsschluss oder durch die Implementierung von „soft-law" z.B. durch Bezugnahmen in verbindlichen Rechtsakten[764] oder in Urteilen geschehen. Durch diesen notwendigen Zwischenakt zeigt sich vor allem die nach wie vor strikte Trennung zwischen „soft-" und „hard-law". Unabhängig vom möglichen Einfluss unverbindlicher Vorschriften auf den politischen Entscheidungsprozess erwächst eine Rechtspflicht erst durch die Hinzuziehung eines klassischen völkerrechtlichen Regelungsinstruments. So wird auch in den Fällen, in denen die besondere Nähe von „soft-" und „hard-law" beschrieben wird, das Näheverhältnis gerade erst durch einen weiteren autonomen Handlungsakt eines Staates geschaffen. Dies gilt vor allem für die beispielhaft angeführte Entscheidung, für die Gewährung eines Kredites politisch geprägte Geschäftsbedingungen zu akzeptieren. Auch die Unterwerfung unter ein Gericht, das unverbindliche Regelungen für die Auslegung von verbindlichen Normen heranzieht, basiert auf einem verbindlichen Unterwerfungsakt. Wird eine eigentlich unverbindliche Vorschrift mit Rechtsfolgen versehen, so geht zumindest in den beschriebenen Fällen der daraus folgende Sanktionscharakter nicht allein auf die für sich unverbindliche Vorschrift selbst, sondern auf die Unterwerfung unter bestimme Sanktionsmechanismen zurück.

Der Rekurs auf den autonomen Zwischenakt betrifft aber ausschließlich die Frage, inwieweit aus „soft-law"-Vorschriften tatsächlich verbindliche Handlungs- bzw. Befolgungspflichten entstehen können. In diesem Kontext steht auch die Ratio für die Verwendung von „soft-law". Sie spricht ebenfalls zunächst gegen eine Reduktion des *domaine réservé*: Wenn „soft-law" gerade deshalb als Regelungsinstrument gewählt wird, weil eine verbindliche Übereinkunft ansonsten keine entsprechende Zustimmung finden würde, widerspricht es zwar dem Zweck der Verwendung, eine verbindliche Rechtspflicht abzuleiten. Über eine in Unabhängigkeit von der grundsätzlichen rechtlichen Unverbindlichkeit begründete Öffnung des *domaine réservé* wird damit aber keine Aussage getroffen. Entscheidend für die Öffnung ist ausschließlich der souveräne Bindungswille

---

764 Beispiele für entsprechende Bezugnahmen durch europäische Organisationen bei *Müller-Graff*, EuR 47 (2012), S. 18 (28-30).

der Staaten. Ein solcher kann etwa bestehen, wenn das Instrument „soft-law" nicht gewählt wird, um völkerrechtliche Bindungen zu vermeiden, sondern um beispielsweise den Regelungsvorgang zu beschleunigen oder die Regelungsmaterie eine variable, vergleichsweise einfache Anpassungsmöglichkeit erfordert.

Auch wenn eine unmittelbare Öffnung des *domaine réservé* durch „soft-law" in Anbetracht der völkerrechtlichen Unverbindlichkeit ausscheidet, können die über das bloße Abstimmungsverhalten hinausgehende Partizipation an der Entstehung unverbindlicher Normen sowie ein durch den Regelungsgehalt der in Rede stehenden Vorschriften ausgedrückter gesteigerter Unterwerfungswille (wie etwa die Akzeptanz von Sanktionen) aber dennoch zu einer Öffnung führen, soweit ein Staat dadurch eine für Drittstaaten schutzwürdige Erwartungshaltung hervorruft. Die Öffnung erfolgt also nicht unmittelbar durch das „soft-law" selbst. Vielmehr begründet der durch das „soft-law" ausgedrückte gesteigerte Unterwerfungswille konkrete Verhaltenserwartungen bei Drittstaaten, die eine anschließende Berufung auf die Zugehörigkeit der Regelungsmaterie zum *domaine réservé* treuwidrig werden lässt.[765]

Insbesondere das Beispiel der ILO Empfehlungen zeigt, dass aus der Verwendung von „soft-law" nicht zwingend folgt, dass Sanktionen bei Zuwiderhandlungen ausbleiben, obgleich sicherlich die Beobachtung zutrifft, dass in vielen Fällen mit einer milderen Sanktionsform (wie z.B. einer einfachen Rüge) als bei einem klassischen Rechtsverstoß gerechnet wird.[766] Durch vorgesehene Sanktionen wird nicht nur ausgedrückt, dass die Befolgung getroffener Regelungen durch andere Parteien grundsätzlich erwartet wird. Gleichsam ist die grundsätzliche Akzeptanz von – wenn auch „milderen" – Sanktionen ein deutlicher Fingerzeig für den eigenen Unterwerfungswillen. Wenn ein Staat bereit ist, bei Verstößen gegen „soft-law" Sanktionen zu akzeptieren, ist es gerade diese Akzeptanz, die bei den anderen Parteien eine – im Vergleich zum bloßen Abstimmungsverhalten qualitativ weitaus höhere – Befolgungserwartung hervorruft. Eine spätere Berufung auf die Zugehörigkeit der entsprechenden Materie zu den inneren Angelegenheiten wird dadurch treuwidrig, sodass sich der *domaine réservé* öffnet.

---

765 Zum Grundsatz von Treu und Glauben vgl. die Nachweise in Fn. 730.
766 So z.B. *Knauff*, Der Regelungsverbund, S. 256 f.; *Carlson*, ILR 70 (1985), S. 1187 (1207).

Existieren hingegen keinerlei Sanktionsmechanismen bzw. werden Sanktionen ausdrücklich ausgeschlossen, fehlt es an einem entsprechenden Anhaltspunkt für eine Öffnung. Daher kann für das „soft-law" insgesamt keine einheitliche Aussage bezüglich seiner Bedeutung für den *domaine réservé* getroffen werden. Es ist vielmehr zu differenzieren: Manifestiert sich der Öffnungswille durch existierende Sanktionsmechanismen oder ähnliche Anknüpfungspunkte für einen gesteigerten Unterwerfungswillen, folgt die Öffnung aus dem Grundsatz des *venire contra factum propium*. Fehlt es hingegen an einem zusätzlichen Anknüpfungspunkt für einen gesteigerten Unterwerfungswillen, ist „soft-law" für die Bestimmung des *domaine réservé* irrelevant. Dies gilt gleichermaßen für unverbindliche Akte Internationaler Organisationen wie auch für nichtrechtliche zwischenstaatliche Vereinbarungen. Bei Letzteren dürfte es aber regelmäßig an einem hinreichenden Anknüpfungspunkt zur Begründung einer konkreten Verhaltenserwartung fehlen.

Eine mittelbar durch „soft-law" begründete Öffnung des *domaine réservé* gefährdet im Übrigen auch nicht die Praktibilität des Tatbestandsmerkmals bzw. führt nicht zur vollständigen Auflösung des Bereichs innerer Angelegenheiten. Die vom „soft-law" erfassten Regelungsmaterien dürften in weiten Teilen solchen entsprechen, die bereits Gegenstand klassischer völkerrechtlicher Regelungen sind, sodass die Summe der internationalisierten Regelungsmaterien nur geringfügig erhöht wird. Dies gilt insbesondere dann, wenn „soft-law" – wie im Fall der beschriebenen ILO Regelungen – der Konkretisierung von „hard-law" dient.

„Soft-law"-Vorschriften können im Zusammenspiel mit dem Grundsatz von Treu und Glauben daher durchaus Bindungen i.S.d. Ausgangsformel des StIGH begründen und zu einer Reduktion des *domaine réservé* führen, wenn durch sie konkrete Verhaltenserwartung geweckt werden. Aber auch darüber hinaus ist das „soft-law" für das Interventionsverbot nicht zwingend irrelevant. Zunächst kann „soft-law" ein Vorbote für eine spätere Reduktion durch verbindliche Verträge und vor allem Völkergewohnheitsrecht sein. Darüber hinaus können unverbindliche Vorschriften im Rahmen des zweiten Tatbestandsmerkmals Berücksichtigung finden.[767]

---

767 Siehe unten E., IV., 2., d., aa.

cc. domaine réservé und „failed states"

Für den Umfang des *domaine réservé* von „failed states" könnten sich ungeachtet der grundsätzlichen Trägerschaft[768] Besonderheiten ergeben, soweit die festgestellte Handlungsunfähigkeit eine zeitweise Suspendierung oder Auflösung vertraglicher Verpflichtungen nach sich zieht. Auch für die vertraglichen Verpflichtungen des gescheiterten Staates gilt zwar zweifelsohne der in Art. 26 WVK niedergelegte völkergewohnheitsrechtliche Grundsatz *pacta sunt servanda*; den aus diesen Verträgen entstehenden Verpflichtungen dürfte der in seiner Handlungsfähigkeit beschränkte Staat aber regelmäßig nicht nachkommen können. Eine Suspendierung der eingegangenen Verpflichtungen bzw. eine vollständige Loslösung könnte dabei aus der Unmöglichkeitsregel des Art. 61 WVK bzw. der in Art. 62 WVK kodifizierten *clausula rebus sic stantibus* folgen.

(1) Unmöglichkeit nach Art. 61 WVK

Eine Suspendierung vertraglicher Verpflichtungen von „failed states" könnte sich aus der in Art. 61 Abs. 1 WVK niedergelegten Unmöglichkeitsregel ergeben. Art. 61 Abs. 1 WVK formuliert eine enge Ausnahme zu der durch Art. 26 WVK abgesicherten Stabilität völkerrechtlicher Verträge. Aus der Vielzahl denkbarer Unmöglichkeitsgründe wird allein das „endgültige Verschwinden oder die Vernichtung eines zur Vertragsausführung notwendigen Objektes" erfasst.[769] In den Vorarbeiten der ILC wurden als Standardbeispiele einer Unmöglichkeit i.S.d. Art. 61 WVK unter anderem der Untergang einer Insel oder das Austrocknen eines Flusses genannt.[770]

Die Vorschrift sieht ein Erlöschen vertraglicher Verpflichtungen demnach nur für Fallkonstellationen vor, in denen die Ursache der Unmöglichkeit nicht in der Person des Vertragspartners begründet liegt. Nicht erfasst werden also das subjektive Unvermögen des Vertragspartners und somit

---

768 Siehe oben D., I.

769 *Giegerich*, in: Dörr/Schmalenbach, Vienna Convention on the Law of Treaties, Art. 61 Rdnr. 12/13; *Herdegen*, Der Wegfall effektiver Staatsgewalt im Völkerrecht, in: Berichte DGVR 34 (1996), S. 49 (77).

770 Commentary to Draft Article 58 of the 1966 ILC Draft Articles on the Law of Treaties, YbILC 1966-II, S. 256.

auch nicht die durch Zerfall der effektiven Staatsgewalt begründete Handlungsunfähigkeit.[771] Eine über die dargelegte, enge Auslegung hinausgehende Interpretation des Art. 61 WVK hat der IGH unter Hinweis auf den eindeutigen Wortlaut und die Entstehungsgeschichte[772] der Vorschrift zutreffend abgelehnt.[773]

Dass ferner auch kein Raum für eine etwaige analoge Anwendung[774] des Art. 61 WVK auf die Handlungsunfähigkeit bleibt, zeigt schließlich Art. 63 WVK, der für Verträge, die das Bestehen von diplomatischen oder konsularischen Beziehungen zwingend voraussetzen, einen speziellen Fall der Handlungsunfähigkeit erfasst. Die Aufnahme einer speziellen Form des Unvermögens ist ein offenkundiger Hinweis darauf, dass die Handlungsunfähigkeit nur dieser speziellen Ausnahme erfasst werden sollte und darüber hinaus eben nicht die Rechtsfolgen der Unmöglichkeit auslöst.

(2) Clausula rebus sic stantibus (Art. 62 WVK)

Eine Beendigung bzw. Suspendierung völkerrechtlicher Verpflichtungen kann allerdings aus einer grundlegenden Änderung der Geschäftsgrundlage folgen. Wie Art. 61 enthält auch Art. 62 WVK, dies zeigt schon der durch die doppelte Verneinung restriktiv gefasste Wortlaut, eine eng auszulegende Ausnahme zum Grundsatz *pacta sunt servanda*.[775] Die über die

---

771 *Geiß*, „Failed States", S. 175; *Schröder*, Die völkerrechtliche Verantwortlichkeit im Zusammenhang mit failed und failing states, S. 83.

772 Vgl. nur den eindeutigen Hinweis von *Waldock* in der 833. Sitzung der ILC: „In the interests of the stability of treaties, the provisions on the subject had been couched in narrow terms.", YbILC 1966-I, S. 73 (Rdnr. 24).

773 IGH, *Gabčíkovo-Nagymaros Project (Hungary/Slovakia)*, Urt. v. 25.9.1997, ICJ Rep. 1997, S. 7 (63, § 102).

774 Problematisch ist bereits, inwieweit das Völkerrecht überhaupt Raum für die analoge Anwendung von Normen bietet; vgl. dazu z.B. *von Arnauld*, Völkerrecht, Rdnr. 292; *Bleckmann*, AVR 31 (1993), S. 353-366; *ders.*, AVR 17 (1977/78), S. 161-180.

775 *Giegerich*, in: Dörr/Schmalenbach, Vienna Convention on the Law of Treaties, Art. 62 Rdnrn. 4, 26-30; *Schröder*, Die völkerrechtliche Verantwortlichkeit im Zusammenhang mit failed und failing states, S. 100; *Binder*, AVR 47 (2009), S. 187 (196).

WVK hinausgehende völkergewohnheitsrechtliche Geltung der *clausula rebus sic stantibus* hat der IGH bestätigt.[776]

Art. 62 WVK enthält fünf Tatbestandsmerkmale, die kumulativ erfüllt sein müssen. Eine Vertragsbeendigung oder -suspendierung ist nur möglich, wenn (1.) die jeweilige Änderung der Umstände grundlegend („fundamental") ist; (2.) der von der Änderung betroffene Umstand eine wesentliche Grundlage („essential basis") für die Parteien, an den Vertrag gebunden zu sein, dargestellt hat; (3.) die Änderung das Ausmaß der noch bestehenden Verpflichtungen tiefgreifend umgestaltet („radically to transform the extent of obligation"; (4.) die Vertragsparteien die Änderungen nicht vorhergesehen haben („not forseen") und (5.) die Anwendung des Art 62 WVK nicht ausgeschlossen ist, es sich also nicht um einen Grenzvertrag handelt oder die Vertragspartei, die sich auf die Umstandsänderung beruft, diese nicht unter Rechtsverletzung selbst herbeigeführt hat.

Während sich bei den übrigen Tatbestandsvoraussetzungen im Hinblick auf die Behandlung von „failed states" keine Besonderheiten im Vergleich zu anderen Fallkonstellationen ergeben, stellt sich im hiesigen Zusammenhang vor allem die Frage, inwiefern der Verlust effektiver Staatsgewalt im Inneren tatsächlich eine i.S.d. Art. 62 WVK zu berücksichtigende Umstandsänderung darstellt. Auch wenn innerstaatliche Veränderungen, vor allem wenn sie sich in einem Wechsel der politischen Machtverhältnisse erschöpfen, grundsätzlich keinen Einfluss auf die völkerrechtlichen Verpflichtungen eines Staates haben, ist dennoch eine Tendenz erkennbar, Veränderungen erheblicheren Gewichts unter Art. 62 WVK zu subsumieren. So hat der IGH in seinem Urteil zum *Gabčíkovo-Nagymaros Project* einen grundlegenden Wandel des politischen und wirtschaftlichen Systems Ungarns als möglichen „fundamental change of circumstances" in Erwägung gezogen.[777] Dabei hat der Gerichtshof die Relevanz der innerstaatlichen Umstände ausdrücklich betont. Eine Anwendung der *clausula rebus sic stantibus* scheiterte letztlich aber daran, dass die angeführten Umstän-

---

776 IGH, *Fisheries Jurisdiction (Germany/Iceland)*, Urt. v. 2.2.1973, ICJ Rep. 1973, S. 49 (63, § 36); *Gabčíkovo-Nagymaros Project (Hungary/Slovakia)*, Urt. v. 25.9.1997, ICJ Rep. 1997, S. 7 (S. 64 f, § 104); vgl. dazu auch *Heintschel von Heinegg*, in: Ipsen, Völkerrecht, § 16 Rdnrn. 98-103.

777 Vgl. auch schon die Ausführungen des schweizerischen Bundesgerichts in der Rechtssache *Lepeschkin gegen Zürich Obergericht*, Urt. v. 2.2.1923, Entsch. d. schweizerischen Bundesgerichts 49 (1923/24), S. 188 (194 f.).

de keine hinreichende Verbindung zum Vertragsschluss aufwiesen.[778] Dass Art. 62 WVK die Berücksichtigung politischer Umstandsänderung nicht ausschließt, ist auch anhand der Kodifikationsgeschichte der Vorschrift nachweisbar. Der 1963 durch den Sonderberichterstatter *Waldock* vorgelegte Normentwurf sah explizit vor, dass innerstaatliche Veränderungen nicht zu berücksichtigen sind.[779] Der entsprechende Absatz wurde von der ILC unter Hinweis auf die elementare Bedeutung politischer Veränderungen insbesondere für Bündnisverträge aber nicht in die weiteren Fassungen übernommen. Darüber hinaus sah die ILC schon deshalb nicht die Notwendigkeit einer expliziten Tatbestandsbeschränkung, da die restriktiv gefassten Voraussetzungen allein („fundamental change", „essential basis", „radically to transform") eine im Hinblick auf den Grundsatz der Stabilität völkerrechtlicher Verträge hinreichend hohe Hürde für die Beendigung bzw. Suspendierung vertraglicher Verpflichtungen darstelle.[780] Innerstaatliche Umstandsänderungen kommen somit grundsätzlich als berücksichtigungsfähige Umstände i.S.d. Art. 62 WVK in Betracht.[781]

Die Feststellung, inwieweit sich die Umstände i.S.d. Art. 62 WVK tatsächlich verändert haben, erfolgt anhand objektiver Kriterien.[782] Es ist also nicht auf den tatsächlichen oder mutmaßlichen Parteiwillen bei Vertragsschluss abzustellen. Vielmehr gilt es die Frage zu beantworten, ob die Veränderung der Vertragsumstände dazu führt, dass es den Vertragsparteien nach Treu und Glauben nicht mehr zugemutet werden kann, den Vertrag zu erfüllen.[783] Die völkerrechtliche Handlungsfähigkeit ist – vollkommen losgelöst vom eigentlichen Vertragsinhalt – regelmäßig notwendige

---

778 In diese Richtung vor allem IGH, *Gabčíkovo-Nagymaros Project (Hungary/ Slovakia)*, Urt. v. 25.9.1997, ICJ Rep. 1997, S. 7 (S. 64, § 104).

779 Art. 22 Abs. 3 des Entwurfs: „A change in the policies of the State claiming to terminate the treaty, or in its motives or attitude with respect to the treaty, does not constitute an essential change in the circumstances forming the basis of the treaty.", YbILC 1963-II, S. 79 f.

780 YbILC 1963-II, S. 210 (§ 11).

781 Für die grundsätzliche Berücksichtung auch *Binder*, AVR 47 (2009), S. 187 (197); *Geiß*, „Failed States", S. 182 f.; *Lindemann*, ZaöRV 44 (1984), S. 64 (75); zurückhaltender hingegen *Giegerich*, in: Dörr/Schmalenbach, Vienna Convention on the Law of Treaties, Art. 62 Rdnr. 41.

782 *Giegerich*, in: Dörr/Schmalenbach, Vienna Convention on the Law of Treaties, Art. 62 Rdnr. 36.

783 *Heintschel von Heinegg*, in: Ipsen, Völkerrecht, § 16 Rdnr. 101; unzutreffend daher die Schlussfolgerung *Schröders*, der eine Anwendung des Art. 62 WVK mit dem Argument ablehnt, dass die Handlungsfähigkeit des Vertragspartners nicht

Voraussetzung, um die vereinbarten Verpflichtungen überhaupt erfüllen zu können. Fehlt es an der Handlungsfähigkeit eines Vertragspartners ist die Erfüllung vertraglicher Verpflichtungen *a priori* ausgeschlossen.[784] Die objektiv bestimmbare Bedeutung, die der Handlungsfähigkeit für die Übernahme vertraglicher Verpflichtungen zukommt, zeigt sich darüber hinaus schon im Moment des Vertragsschlusses: Hätten die den „failed state" charakterisierenden Umstände bereits zum Zeitpunkt des Vertragsschlusses bestanden, wäre dieser zwar *de iure* zum Vertragsschluss fähig gewesen (vgl. Art. 8 WVK); mangels Handlungsfähigkeit hätte der Vertrag allerdings faktisch nicht geschlossen werden können.[785]

Unabhängig von der durch einen Vertrag geschuldeten Leistung ist daher davon auszugehen, dass die Handlungsfähigkeit beider Vertragsparteien unmittelbar mit dem Vertragsinhalt verknüpft ist. Verliert eine Vertragspartei (vorübergehend) ihre Handlungsfähigkeit und ist deshalb außer Stande, die vertraglich übernommenen Verpflichtungen zu erfüllen, geht damit regelmäßig eine tiefgreifende (wenn nicht sogar die tiefgreifendste) Umgestaltung der Vertragsverpflichtungen einher, sodass eine Suspendierung bzw. Beendigung der völkerrechtlichen Verpflichtungen – und damit eine Erweiterung des *domaine réservé* – des gescheiterten Staates grundsätzlich möglich ist.[786]

(3) Rechtsfolgen

An den Eintritt einer grundlegenden Änderung der Umstände knüpft Art. 62 WVK die Möglichkeiten der Beendigung bzw. Suspendierung (Abs. 3) der vertraglichen Verpflichtungen. Die Rechtsfolge tritt nach der Regelungssystematik der WVK allerdings nicht automatisch ein. Der erfüllte Tatbestand des Art. 62 WVK ermöglicht ausschließlich die Geltendmachung der Vertragsbeendigung bzw. Suspendierung in dem hierfür vorgesehenen Verfahren (Art. 65 bis 67 WVK). Dieses schreibt für die Gel-

---

explizit in Verträge aufgenommen wird und daher für die Vertragsparteien keine Voraussetzung für den Vertragsschluss darstelle (Die völkerrechtliche Verantwortlichkeit im Zusammenhang mit failed und failing states, S. 100).
784 *Geiß*, „Failed States", S. 183.
785 Vgl. *Schmalenbach*, in: Dörr/dies., Vienna Convention on the Law of Treaties, Art. 6 Rdnr. 10.
786 *Geiß*, „Failed States", S. 183.

tendmachung unter anderem eine schriftliche Notifikation (Art. 65, 67 Abs. 1 WVK) vor, die ein „failed state" mangels Handlungsfähigkeit nicht vornehmen kann. Gleiches gilt z.B. für die Erhebung bzw. Entgegennahme eines Widerspruches gegen die beanspruchte Rechtsfolge (Art. 65 Abs. 2, 3 WVK). Der Eintritt der durch Art. 62 WVK vorgesehenen Rechtsfolgen setzt durch das in der WVK vorgesehene Verfahren also zwangsläufig die Handlungsfähigkeit aller Vertragsparteien voraus und ist für handlungsunfähige Staaten *a priori* ausgeschlossen. Deshalb kann durchaus in Frage gestellt werden, ob die Verfahrensvorschriften auf handlungsunfähige Staaten überhaupt Anwendung finden. Die WVK setzt, dies wird nicht zuletzt in Art. 6 WVK deutlich, die Handlungsfähigkeit eines Staates voraus. Insoweit kann die staatliche Handlungsfähigkeit durchaus als tatbestandsübergreifende Anwendungsvoraussetzung für sämtliche Vorschriften der WVK verstanden werden, soweit diese notwendigerweise eine staatliche Handlung voraussetzen. Verliert ein Staat seine Handlungsfähigkeit, sind die entsprechenden Vorschriften nicht anwendbar. Ein derartiges Normverständnis ist unproblematisch mit der Ratio des Verfahrens vereinbar: Die noch in Artikel 25 des Harvard-Entwurfes[787] vorgesehene Suspendierung *ipso iure* für den Fall des Abbruchs diplomatischer Beziehungen wurde vor allem unter Hinweis auf die immanente Missbrauchsgefahr nicht in den ILC-Entwurf übernommen. In Hinblick auf den übergeordneten Grundsatz *pacta sunt servanda* sollte eine Vertragsbeendigung bzw. Suspendierung nur möglich sein, wenn durch ein entsprechendes Verfahren die vorherige Verifizierung des Beendigungs- bzw. Suspendierungsgrundes ermöglicht wird.[788] Eben diese Missbrauchsgefahr besteht im Fall einer Suspendierung vertraglicher Verpflichtungen mit „failed states" aber nicht. Erreicht ein Staat den Zustand vollständiger Handlungsunfähigkeit, so tritt dieser Zustand für die gesamte Staatengemeinschaft offenkundig zu Tage. Die Notwendigkeit der Überprüfung der tatsächlichen Umstandsänderung besteht somit nicht.[789] Während es in der klassischen Konstellation, in der ausschließlich handlungsfähige Staaten beteiligt sind, der Interessenlage aller Staaten entspricht, auf eine Beendigung bzw. Suspendierung Einfluss nehmen zu können, dürfte eine zumindest vorübergehende

---

787 Draft Convention on the Law of Treaties, abgedruckt in AJIL Suppl. 29 (1935), S. 666.
788 Vgl. nur YbILC 1966-II, S. 256.
789 *Geiß*, „Failed States", S. 186.

ipso iure Befreiung von bestehenden vertraglichen Verpflichtungen grundsätzlich im Interesse des handlungsunfähigen Staates sein.

Darüber hinaus ist die völkergewohnheitsrechtliche Geltung der Verfahrensvorschriften – und somit deren Anwendung außerhalb der WVK – umstritten.[790] Der IGH hat zwar einerseits den völkergewohnheitsrechtlichen Charakter des Art. 66 WVK ausdrücklich negiert[791], andererseits hat er den prozeduralen Rahmen der Art. 65 bis 67 WVK als Völkergewohnheitsrecht eingeordnet.[792] In der jüngeren Staatenpraxis lässt sich die völkergewohnheitsrechtliche Geltung der Verfahrensvorschriften kaum nachweisen; vielmehr wurde vollständig auf die Durchführung des in der WVK vorgesehenen Verfahrens verzichtet. Insbesondere im Fall der Suspendierung der Kooperationsverträge zwischen der Europäischen Gemeinschaft und Jugoslawien durch den Rat der EG wurde kein entsprechendes Verfahren durchgeführt. Von Interesse für die aufgeworfene Frage ist dieser Sachverhalt vor allem deshalb, weil die Union selbst nicht Vertragspartei der WVK ist und nur im Fall der völkergewohnheitsrechtlichen Geltung der Verfahrenvorschriften an diese gebunden gewesen wäre. Der EuGH hat im Rahmen eines durch den Bundesfinanzhof initiierten Vorabentscheidungsverfahrens zu der Frage, inwieweit die Suspendierung des Abkommens rechtmäßig war, ausdrücklich festgestellt, dass die Verfahrensvorschriften nicht Teil des Völkergewohnheitsrechts sind und die Durchführung des Verfahrens somit keine Rechtmäßigkeitsvoraussetzung für die Suspendierung des Kooperationsabkommens war.[793] Ähnlich gelagert – und zum Zeitpunkt der Handlung ebenfalls außerhalb des Anwendungsbereichs der WVK – war die niederländische Suspendierung eines Entwicklungshilfevertrages mit Surinam im Jahr 1982. Die Suspendierung erfolgte ebenfalls ohne Einhaltung von Verfahrensvorschriften, sondern allein durch die Übermittlung einer diplomatischen Note, in der die funda-

---

790 Vgl. dazu z.B. *Giegerich*, in: Dörr/Schmalenbach, Vienna Convention on the Law of Treaties, Art. 62 Rdnrn. 105-107; *Binder*, AVR 47 (2009), S. 187 (199); *Cosnard*, in: Corten/Klein, Les conventions de Vienne sur le Droit des Traités, Art. 65 Rdnrn. 5-10; *Villiger*, Vienna Convention on the Law of Treaties, Art. 65 Rdnrn. 26/27.

791 IGH, *Armed Activities on the Territory of the Congo (Democratic Republic of the Congo/Rwanda)*, Urt. v. 3.2.2006, ICJ Rep. 2006, S. 6 (51 f., § 125).

792 IGH, *Gabčíkovo-Nagymaros Project (Hungary/Slovakia)*, Urt. v. 25.9.1997, ICJ Rep. 1997, S. 7 (66 f.; § 109).

793 EuGH, Urt. v. 16.6.1998, C-162/96, Slg. I-3655, Rdnr. 59 – *Racke*.

mentale Veränderung der Umstände und die daraus folgende Suspendierung festgestellt bzw. erklärt wurde.[794]

Die in den Art. 65 bis 67 WVK niedergelegten Verfahrensvorschriften finden somit weder innerhalb noch außerhalb der WVK auf „failed states" Anwendung. Die Rechtsfolge der fundamentalen Umstandsänderung tritt vielmehr *ipso iure* ein. Dabei ist zu beachten, dass unter Berücksichtigung des Art. 26 WVK und der Annahme, dass der gescheiterte Staat seine Handlungsfähigkeit in der Zukunft zurückerlangt, nur eine Suspendierung des Vertrages dem insoweit unterstellten Interesse des gescheiterten Staates entspricht. Alle Vertragsparteien werden also von den Verpflichtungen freigestellt (Art. 72 Abs. 1 WVK) bis der handlungsunfähige Staat seine Handlungsfähigkeit zurückerlangt. Mit der Freistellung erweitert sich der *domaine réservé* des gescheiterten Staates. In Hinblick auf die suspendierten Verträge ist er grundsätzlich so zu behandeln, als würde keine völkerrechtliche Verbindlichkeit bestehen. Eine Ausnahme bildet allerdings die aus Art. 72 Abs. 2 WVK erwachsende Verpflichtung, jegliche Handlungen zu unterlassen, welche die zukünftige Wiederanwendung des Vertrages behindern. Die Parteien eines suspendierten Vertrages befinden sich damit in einer dem Frustrationsverbot entsprechenden Situation (vgl. Art. 18 WVK).[795]

Damit erweitert sich also der Anwendungsbereich des Interventionsverbots für „failed states". Dies ist in Ansehung des mit dem Festhalten an der Staatlichkeit verbundenen Ziels nur konsequent: Die passive Deliktsfähigkeit und der insoweit weite Anwendungsbereich des Interventionsverbots korrelieren unmittelbar mit der intendierten Prognose, dass der betroffene Staat in Ausübung seiner Selbstbestimmung zur vollen Handlungsfähigkeit zurückkehren kann. Das Interventionsverbot ist – gerade für den gescheiterten Staat, der sich mangels effektiver Staatsgewalt faktisch nur schwerlich gegen Einmischungen der Staatengemeinschaft wehren kann – der völkerrechtliche Garant für die selbstbestimmte Wahl des politischen Schicksals.[796]

---

794 Abgedruckt in Fn. 1170 sowie bei *Lindemann*, ZaöRV 44 (1984), S. 64 (68); zur Vereinbarkeit der Suspendierung mit dem Interventionsverbot siehe unten F., V.
795 Zum Frustrationsverbot siehe D., II., 2., a., bb., (3).
796 *Geiß*, „Failed States", S. 123; vgl. auch *Oeter*, Souveränität – ein überholtes Konzept?, in: FS Steinberger, S. 259 (282).

3. Personelle Relativität

Neben die zeitliche und inhaltliche Dynamik bzw. Relativität des *domaine réservé* tritt schließlich die Relativität in Bezug auf die Staaten, gegenüber denen eine Öffnung tatsächlich erfolgt. Bestimmt sich der Umfang des *domaine réservé* nach Maßgabe der völkerrechtlichen Bindungen eines Staates, so erfolgt die Öffnung des vorbehaltenen Bereichs auch nur im Verhältnis zu solchen Staaten, gegenüber denen die entsprechende Verpflichtung besteht.

a. Öffnung nach Maßgabe der Erfüllungsstruktur

Wie die den *domaine réservé* konturierende völkerrechtliche Bindung ist auch die Öffnung des *domaine réservé* adressiert. Sie erfolgt also jeweils *inter partes* und ist damit nur im Verhältnis zweier Staaten zueinander bestimmbar.[797] Für die Bestimmung des *domaine réservé* ist damit der Adressatenkreis der jeweiligen Verbindlichkeit anhand der Erfüllungsstruktur der völkerrechtlichen Verpflichtung zu ermitteln. Unproblematisch ist dabei die Bestimmung des Adressaten von bilateralen Verträgen: Als solcher kommt nur der jeweilige Vertragspartner in Betracht. Multilaterale Verträge können hingegen zwei vollkommen unterschiedliche Erfüllungsstrukturen und somit auch Adressatenkreise aufweisen.

Die Erfüllungsstruktur multilateraler Verträge bestimmt sich danach, „wie sich die Anwendung des Vertrages zwischen den Parteien abspielt".[798] In einer Spielart vollzieht sich die Erfüllung der vertraglichen Pflichten paarweise, sodass der multilaterale Vertrag bei genauerer Betrachtung eine „Bündelung bilateraler Beziehungen" der Signatarstaaten enthält.[799] Die Reziprozität in Vertragsinhalt und dessen Erfüllung kommt

---

797 Zur ausschließlichen *inter partes*-Reduktion des *domaine réservé* bereits *Oppermann*, AVR 14 (1969/70), S. 321 (335 f.).

798 *Simma*, Zum Rücktrittsrecht wegen Vertragsverletzung nach der Wiener Konvention von 1969, in: FS von der Heydte, S. 615 (623); vgl. auch *ders.*, Das Reziprozitätselement im Zustandekommen völkerrechtlicher Verträge, S. 63 f., 66, 153-161; *Bleckmann*, Probleme der Anwendung multilateraler Verträge, S. 47-50, 66-78.

799 *Jakob*, Sanktionen gegen vertragsbrüchige Mitgliedstaaten der Europäischen Gemeinschaft (EWG), S. 161; *Simma*, Zum Rücktrittsrecht wegen Vertragsverletzung nach der Wiener Konvention von 1969, in: FS von der Heydte, 615 (623).

hier also ausschließlich im bilateralen Verhältnis zum Tragen.[800] Eine derartige Erfüllungsstruktur weisen z.b. die Wiener Konventionen über diplomatische bzw. konsularische Beziehungen oder das GATT auf. In einer anderen Variante sind Verträge derart strukturiert, dass die Erfüllung gegenüber allen Vertragsparteien geschuldet ist („integrale Verträge"). Der Austausch von Leistung und Gegenleistung erfolgt nicht nur paarweise, sondern gleichzeitig und untrennbar zwischen sämtlichen Vertragsstaaten. Jeder Signatar hat einen Anspruch auf Erfüllung gegenüber allen anderen Parteien.[801] Es handelt sich also um Rechtspflichten *erga omnes partes*. Eine solche integrale Erfüllungsstruktur weisen etwa Verträge auf, die menschenrechtliche Verbürgungen oder solche betreffend den Umweltschutz zum Inhalt haben.[802]

Die Öffnung des *domaine réservé* folgt grundsätzlich der Erfüllungsstruktur des Vertrages. Eine (zwangsweise) Einwirkung auf die Willensbildung bzw. -ausübung eines Staates, der z.b. ihm aus den Wiener Übereinkommen über diplomatische bzw. konsularische Beziehungen erwachsenden Verpflichtungen als Aufnahmestaat gegenüber einem Entsendestaat nicht nachkommt, berührt also nicht den *domaine réservé*, wenn diese durch den Entsendestaat erfolgt. Aufgrund der bipolaren Erfüllungsstruktur erfolgt eine Öffnung des *domaine réservé* jeweils nur in dem jeweiligen Verhältnis diplomatischer Beziehungen, nicht hingegen gegenüber Drittstaaten, auch wenn diese ihrerseits Vertragsparteien der Übereinkommen sind. Gegenüber Letzteren besteht keine Erfüllungspflicht und somit auch kein Anknüpfungspunkt für eine Vervölkerrechtlichung der Regelungsmaterie. Besitzt ein multilateraler Vertrag hingegen eine integrale Erfüllungsstruktur, besteht die Erfüllungspflicht gegenüber allen Vertrags-

---

800 *Simma*, Das Reziprozitätselement im Zustandekommen völkerrechtlicher Verträge, S. 154.

801 *Simma*, Das Reziprozitätselement im Zustandekommen völkerrechtlicher Verträge, S. 155; *Jakob*, Sanktionen gegen vertragsbrüchige Mitgliedstaaten der Europäischen Gemeinschaft (EWG), S. 161; *Dehaussy*, Le problème de la classification des traités et le projet de convention établi par la Commission du Droit international des Nations Unies, in: FS Guggenheim, S. 305 (313).

802 Siehe etwa zur UN-Folterkonvention IGH, *Questions relating to the Obligation to Prosecute or Extradite*, Urt. v. 20.7.2012, ICJ Rep. 2012, S. 422 (451, § 75). Zu den häufig als Beispiel für Verträge mit integraler Erfüllungsstruktur genannten Rüstungsverträgen vgl. nur den ILC Kommentar zu Art. 57 WVK, YbILC 1966-II, S. 255 (para. 8); *Giegerich*, in: Dörr/Schmalenbach, Vienna Convention on the Law of Treaties, Art. 60 Rdnr. 61.

parteien, die somit in ihrer Gesamtheit in Bezug auf die durch den Norm-inhalt bestimmte Öffnung nicht mehr als Intervenient im Sinne des Inter-ventionstatbestandes in Frage kommen.

Damit verläuft die Öffnung des *domaine réservé* zugleich in Parallele zur völkerrechtlichen „Klagebefugnis" (*standing*). Denn auch der IGH setzt für die inhaltliche Befassung mit einer Klage ein „legal right or inte-rest regarding the subject-matter of [the] claim" voraus.[803]

b. Drittwirkung zwischenstaatlicher Öffnung

Die Relativität des *domaine réservé* ist folglich unmittelbar mit der Relati-vität völkerrechtlicher Verpflichtungen verbunden. Die Art. 34-38 WVK regeln die Beziehung von völkerrechtlichen Verträgen und solchen Staa-ten, die selbst nicht Partei eines Vertrages sind. Art. 34 WVK bestätigt da-bei die völkergewohnheitsrechtliche Regel *pacta tertiis nec nocent nec prosunt*.[804] Im Grundsatz berechtigt und verpflichtet ein völkerrechtlicher Vertrag daher ausschließlich die Vertragsparteien. Soweit ein Drittstaat Rechte aus einem für ihn fremden Vertrag geltend machen möchte, muss er dazu durch eine Vertragsbestimmung berechtigt worden sein (vgl. Art. 36 Abs. 1 WVK). Der Wille der Vertragsparteien zu einer derartigen Berechtigung von Drittstaaten muss sich dabei in wahrnehmbarer Form manifestiert haben.[805] Soweit Drittstaaten Rechte eingeräumt werden, geht mit der Gewährung eines Rechts eine Öffnung des *domaine réservé* einer jeden Vertragspartei einher. Die Vertragsparteien können sich bei der Wahrnehmung der Rechte durch den Drittstaat nicht auf eine Einmischung in ihre inneren Angelegenheiten berufen. Im Rahmen der gewährten Rech-te ist der Drittstaat (nicht nur) in Bezug auf den *domaine réservé* also ge-nauso zu behandeln wie eine Vertragspartei, sodass sich in diesen Fällen grundsätzlich keine Besonderheiten ergeben.

---

803 IGH, *South West Africa (Second Phase)*, Urt. v. 18.7.1966, ICJ Rep. 1966, S. 6 (18, § 4); zur Klagebefugnis im Fall der Verletzung von *erga-omnes*-Vorschriften siehe IGH, *Questions Relating to the Obligation to Prosecute or Extradite*, Urt. v. 20.7.2012, ICJ Rep. 2012, S. 422 (450, § 70).

804 *Proelss*, in: Dörr/Schmalenbach, Vienna Convention on the Law of Treaties, Arti-cle 34 Rdnr. 4; *Stein/von Buttlar*, Völkerrecht, Rdnr. 113.

805 *Verdross*, YbILC 1964-I, S. 81; ähnlich *Rozakis*, ZaöRV 35 (1975), S. 1 (21); in diese Richtung auch schon StIGH, *Free Zones of Upper Savoy and Districts of Gex*, Urt. v. 7.6.1932, PCIJ Series A/B No. 46, S. 147.

aa. Öffnung ohne Drittstaatenregelung?

Dennoch ist fraglich, ob nicht eingegangene Verpflichtungen auch ohne eine Drittstaatenregelung zu einer Öffnung des *domaine réservé* gegenüber Nichtvertragsparteien führen können; ob sich also beispielsweise Staaten, die Vertragsparteien der Europäischen Menschenrechtskonvention (EMRK) sind, gegenüber einem Drittstaat auf eine ungebührliche Einmischung in ihren *domaine réservé* berufen können, wenn dieser, obwohl selbst nicht Konventionsmitglied, auf Konventionsverstöße z.B. mit Androhung eines Handelsembargos reagiert, sollte die entsprechende Vertragspartei den Konventionsverstoß nicht unverzüglich beseitigen.

Da die EMRK keine Vorschrift oder anderweitige Hinweise enthält, die Drittstaaten ein Recht einräumt, Maßnahmen zur Unterbindung von Konventionsverletzungen zu ergreifen, ist bezüglich des geschilderten Beispiels zunächst festzustellen, dass der Drittstaat die Androhung eines Embargos nicht auf eine ausdrückliche Drittstaatenermächtigung stützen kann. Kommt dennoch eine Öffnung der Bereiche innerer Angelegenheiten aufgrund eingegangener Verpflichtungen gegenüber der bzw. den Vertragsparteien in Frage, würde mit einer solchen eine erhebliche Beschränkung der beschriebenen Relativität des *domaine réservé* einhergehen.

bb. Öffnung gegenüber potentiellen Vertragsparteien?

Eine Berufung auf die Einmischung in den vorbehaltenen Bereich könnte allerdings – obwohl der agierende Staat nicht Partei des entsprechenden Vertrages ist – daran scheitern, dass der betroffene Staat durch den Beitritt zu einem multilateralen Vertrag seinen *domaine réservé* nicht nur gegenüber den aktuellen Vertragsparteien, sondern auch gegenüber potentiellen Beitrittskandidaten geöffnet hat.

Diesbezüglich ist zunächst eine Differenzierung sinnvoll, die sich an den Beitrittsvoraussetzungen des jeweiligen multilateralen Vertrages orientiert. Handelt es sich um ein von vornherein geschlossenes Vertragswerk, welches den Beitritt weiterer Staaten nicht vorsieht, öffnen die Signatarstaaten ihren *domaine réservé* ohne Zweifel ausschließlich gegenüber den anderen Vertragsparteien. Drittstaaten können Einmischungen nicht auf die vertraglichen Vereinbarungen stützen. In diesen Fällen drückt sich der staatliche Wille zur räumlich begrenzten Öffnung im Vertrag zumindest konkludent aus. Gleiches gilt für Verträge, bei denen für den Beitritt weiterer Staaten die einstimmige Zustimmung aller bisherigen Vertragsparteien vorausgesetzt wird (wie z.b. beim Beitritt zur Europäischen Union[806] oder dem Beitritt zur NATO[807]). Da es jede Vertragspartei in diesen Konstellationen selbst beeinflussen kann, inwieweit Drittstaaten dem Vertrag beitreten können, ist der die Öffnung des *domaine réservé* begründende Akt erst in der den Beitritt ermöglichenden Zustimmung zu verorten.

Anders könnte sich die Situation hingegen gestalten, wenn die bisherigen Mitgliedstaaten keinen oder nur bedingten Einfluss auf die Aufnahme weiterer Vertragsparteien haben. Dies würde insbesondere für Fälle gelten, in denen die Aufnahme weiterer Vertragsparteien durch einen Mehrheitsbeschluss möglich ist. In diesen Konstellationen könnte ein Signatarstaat den Bereich seiner inneren Angelegenheiten nicht nur für einen von Beginn an feststehenden Kreis an Vertragsparteien geöffnet haben. Das mit der Vertragsunterzeichnung bekundete Einverständnis, dass der entsprechende Staat eine Erweiterung der Vertragsparteien auch ohne sein Einverständnis gegen sich gelten lassen muss, könnte mit einer Öffnung des *domaine réservé* gegenüber allen potentiellen Beitrittskandidaten einhergehen.

Ein Beispiel für eine entsprechende Konstellation ist der Beitritt zur EMRK. Bei der EMRK handelt es sich um eine sog. geschlossene Konvention, deren Unterzeichnungsvoraussetzung die Mitgliedschaft im Europarat ist. Der Beitritt zum Europarat setzt eine Einladung des Minister-Komitees voraus (vgl. Art. 4 der Satzung des Europarates[808]), das durch jeweils einen Vertreter eines jeden Mitgliedstaats besetzt ist. Der Beschluss, einen Staat zum Beitritt aufzufordern, bedarf dabei einer Zweidrittel-Mehrheit der Vertreter, die Anspruch auf einen Sitz im Komitee haben (Art. 20 lit. c) der Satzung des Europarates). Damit können einzelne Mitgliedstaaten des Europarates den Beitritt eines Drittstaats durch einen einseitigen Akt nicht verhindern. Aufgrund dieser Abhängigkeit von Mehrheitsentscheiden könnte angenommen werden, dass mit der Unterzeichnung der EMRK eine Öffnung des Bereichs innerer Angelegenheiten gegenüber allen potentiellen Vertragsparteien einhergeht. Eine solche Öff-

---

806 Siehe Art. 49 Abs. 1 EUV.
807 Siehe Art. 10 des Nordatlantikvertrages, abgedruckt in: 34 UNTS 243; BGBl 1955 II, 256 (289).
808 Satzung des Europarates v. 5.5.1949; abgedruckt in: UNTS 97, S. 103; BGBl. 1950 I, S. 263.

nung über den Kreis potentieller Mitgliedstaaten hinaus lässt sich hingegen in keinem Fall begründen. Wird allerdings eine Öffnung gegenüber potentiellen Beitrittskandidaten angenommen, könnte dies die Relativität des *domaine réservé* erheblich beschränken, soweit ein Vertrag für die Erweiterung des Kreises der Vertragsparteien keine (zumeist regionale) Begrenzung vorsieht und einzelne Signatarstaaten diese Erweiterung allein nicht verhindern können.

In Anbetracht des geringeren Einflusses auf die Zusammensetzung mag es zunächst überzeugen, hinsichtlich der Öffnung des *domaine réservé* nicht zwischen bereits beigetretenen Staaten und solchen Staaten, deren Beitritt nur grundsätzlich möglich ist, zu unterscheiden. Diese Gleichbehandlung wäre letztlich auf den staatlichen Entschluss bzw. Willen zurückzuführen, sich einem völkerrechtlichen Vertrag zu unterwerfen, auf dessen Parteienstruktur nur bedingter Einfluss ausgeübt werden kann. Dennoch spricht ein maßgebliches Argument für eine Differenzierung: Die eingegangenen Verpflichtungen und damit auch die Öffnung des *domaine réservé* erfolgt in multilateralen Abkommen reziprok. Es ist davon auszugehen, dass die Öffnung grundsätzlich nur gegenüber Staaten gelten soll, die ihren *domaine réservé* durch identische Verpflichtungen ihrerseits öffnen. Dazu bedarf es des Beitritts zu dem entsprechenden Abkommen; auf anderem Wege ist die notwendige Reziprozität nicht herzustellen. Das Erfordernis gegenseitiger Gebundenheit entspricht dem Konzept von Vorschriften mit Wirkung *erga omnes partes* und deren integraler Erfüllungsstruktur: Auch hier wird die Erfüllung nur gegenüber den Vertragsparteien geschuldet.

c. Ausnahme: Universelle Öffnung

Die Charakterisierung des *domaine réservé* als personell relatives Konzept ist zumindest dann unzureichend, wenn eine Norm des Völkerrechts nicht nur den Bereich innerer Angelegenheiten einzelner, sondern einer Vielzahl bzw. aller Staaten reduziert. Dies ist der Fall, wenn eine völkerrechtliche Regelung tatsächlich für die gesamte Staatengemeinschaft verbindlich ist.

aa. Völkergewohnheitsrecht und universelle Verträge

Mit einer derartigen universellen Verbindlichkeit sind in der Summe (wohl) nur Vorschriften des allgemeinen Gewohnheitsrechts ausgestattet. Mit der Ausnahme regionalgewohnheitsrechtlicher Völkerrechtssätze, wie etwa dem diplomatischen Asyl im südamerikanischen Raum oder der Ächtung der Todesstrafe in Europa, ist das Völkergewohnheitsrecht überwiegend universell[809] und führt daher zu einer absoluten Reduktion des *domaine réservé*. Einen vergleichbaren Effekt haben universelle Verträge. Wird ein Vertrag allerdings tatsächlich von der gesamten Staatengemeinschaft unterzeichnet, ist davon auszugehen, dass dieser entweder Sätze des Völkergewohnheitsrechts kodifiziert oder der niedergelegte Inhalt durch die Unterzeichnung zu Völkergewohnheitsrecht erstarkt. Auch Normen des zwingenden Völkerrechts gehören immer dem Völkergewohnheitsrecht an.[810]

bb. Insbesondere: Menschenrechte

Darstellungen zur Reduktion des *domaine réservé* fokussieren häufig die durch den Internationalen Menschenrechtsschutz bedingten Veränderungen staatlicher Zuständigkeiten.[811] Demzufolge sollen Maßnahmen, die ergriffen werden, um die Verletzung von Menschenrechten zu verhindern bzw. ihren Schutz zu gewährleisten, grundsätzlich nicht den *domaine réservé* berühren und somit niemals eine verbotene Intervention darstellen.[812] Ähnlich äußerte sich 2003 auch Bundespräsident Johannes Rau im Zuge einer China-Reise unter Verweis auf die UN-Charta und internationale Menschenrechtskataloge: „Kritik am Stand der Menschenrechte in anderen Staaten ist [...] keine Einmischung in deren innere Angelegenhei-

---

809 *von Arnauld*, Völkerrecht, Rdnr. 248; *Herdegen*, Völkerrecht, S. 140; *Heintschel von Heinegg*, in: Ipsen, Völkerrecht, § 17 Rdnr. 25.

810 Dazu bereits C., II., 3.

811 Für viele siehe z.B. *Seiler*, Der souveräne Verfassungsstaat zwischen demokratischer Rückbindung und überstaatlicher Einordnung, S. 172-175, *Dahm/Delbrück/ Wolfrum*, Völkerrecht, Bd. I/3, S. 807-809; *Klein/Schmahl*, in: Graf Vitzthum/ Proelß, Völkerrecht, IV Rdnr. 196; *Stein/von Buttlar*, Völkerrecht, Rdnrn. 639 f.; *Schweisfurth*, Völkerrecht, 9 Rdnr. 260.

812 *Dahm/Delbrück/Wolfrum*, Völkerrecht, Bd. I/3, S. 807.

ten. Sie verletzt ihre Souveränität nicht."[813] Bereits 1988 stellte Bundeskanzler Helmut Kohl in ähnlicher Weise in einer Regierungserklärung
zum vierzigsten Jahrestag der Allgemeinen Erklärung der Menschenrechte
der Vereinten Nationen fest: „Wer sich hinter dem Grundsatz der Nichteinmischung in innere Angelegenheiten verschanze, verrate nur sein schlech-
tes Gewissen."[814] Niemand würde heute behaupten – so daher auch das
Credo einiger aktueller Darstellungen –, dass die Behandlung eigener
Staatsangehöriger in den vorbehaltenen Bereich staatlicher Zuständigkeit
falle.[815] Dass zumindest diese pauschale Behauptung[816] nicht haltbar ist,
zeigt schon ein kurzer Blick in die jüngere Staatenpraxis.

Anfang 2011 kam es in der Türkei vermehrt zu Festnahmen von Journalisten. Einige Medienvertreter wurden bereits zwei Jahre ohne rechtskräfti-
ge Verurteilung in Gefängnissen festgehalten. In der daraufhin geführten
Debatte um die Zweifel an der Pressefreiheit in der Türkei wies die türkische Erdogan-Regierung die Kritik des amerikanischen Botschafters Fran-
cis Ricciardone an zahlreichen Strafverfahren mit dem Verweis auf eine
Einmischung in die inneren Angelegenheiten zurück.[817] Im Jahr 2005
flüchtete eine Gruppe von 131 Menschen der im Süden Thailands leben-
den muslimischen Minderheit nach Malaysia. Der malaysische Außenminister Syed Hamid Albar äußerte daraufhin öffentlich, dass die geflüchte-
ten Muslime nur dann zurückgeschickt werden könnten, wenn die malaysische Regierung eine ausdrückliche Zusage bekäme, dass die Menschenrechte in Thailands Südprovinzen respektiert würden. Die thailändische
Regierung reagierte mit der Übergabe eines formalen Protest an den ma-
laysischen Botschafter in Bangkok, in dem die öffentlichen Äußerungen
als Einmischung in die inneren Angelegenheiten deklariert wurden.[818] Zu
einem ähnlichen diplomatischen Konflikt kam es zwischen Belgien und

---

813 FAZ v. 14.9.2003, S. 1; FAZ v. 13.9.2003, S. 6; die vollständige Rede ist abrufbar
     unter: www.bundespraesident.de.
814 FAZ v. 10.12.1988, S. 1.
815 *Ziegler*, Domaine Réservé, in: Wolfrum, MPEPIL III, S. 206 (Rdnr. 12); ähnlich
     Wenzel, in: Wolfrum/Stoll, Max Planck Commentaries on World Trade Law, Tra-
     de in Goods, Art. XX (a) Rdnr. 26; kritisch dazu *Hillgruber*, JRP 8 (2000), S. 288
     (296).
816 Im Ergebnis ähnlich *Trautner*, Die Einmischung in innere Angelegenheiten und
     die Intervention als eigenständige Verbotstatbestände im Völkerrecht, S. 38-43
     (insb. S. 43).
817 NZZ v. 19.2.2011, S. 5.
818 NZZ v. 12.10.2005, S. 7.

dem Iran, nachdem Belgien Foltervorwürfe gegen den ehemaligen irani-
schen Präsidenten Rafsanjani erhob und nach Anzeige einer iranischstäm-
migen Belgierin ein Verfahren gegen den ehemaligen Präsidenten eröffnete. In Teheran wurde dem belgischen Außenminister daraufhin eine Protestnote „wegen belgischer Einmischung in innere Angelegenheiten Irans"
überreicht.[819] Immer wieder wies bzw. weißt auch die Regierung in Peking kritische Äußerungen zur menschenrechtlichen Situation in China als
Eingriff in die inneren Angelegenheiten zurück. So z.B. im Fall des bereits
erwähnten Berichts der Europäischen Union über die Menschenrechtslage
im Jahr 1999. Der chinesische Staatschef Jiang Zemin betonte diesbezüglich, dass „Menschenrechte stets in der nationalen Kompetenz eines Landes lägen und nur dessen Regierung in voller Unabhängigkeit über sie zu
entscheiden habe."[820] Eine ähnliche Reaktion hatte zuvor schon ein Bericht des amerikanischen State Department hervorgerufen, der insbesondere das Vorgehen der chinesischen Regierung gegen Versuche der Gründung einer demokratischen Partei deutlich kritisierte. An der Planung der
Parteigründung beteiligte Personen wurden zu langjährigen Haftstrafen
verurteilt oder in Arbeitslagern untergebracht.[821]

Die Staatenpraxis zeigt, dass auch im Bereich der Menschenrechte die
Behauptung der Einmischung in den *domaine réservé* erhoben wird. Dass
Menschenrechte der staatlichen Zuständigkeiten nicht *per se* vollumfänglich entzogen sind, überzeugt auch dogmatisch. So existiert kein ersichtlicher Grund, die Ausgangsformel des StIGH nicht auch konsequent auf
menschenrechtliche Verbürgungen anzuwenden. Demnach gilt auch hier,
dass der Bereich der staatlichen Zuständigkeit nur insoweit entzogen ist,
wie eine völkerrechtliche Bindung des in Rede stehenden Staates tatsächlich besteht.[822] Dass die große Anzahl menschenrechtlicher Verträge und
die Erhebung einzelner Verbürgungen in den Stand des Völkergewohn-

---

819 NZZ v. 6.3.2000, S. 1; FAZ v. 6.3.2000, S. 7.
820 NZZ v. 26.10.1999, S. 3; Auch in der jüngsten Vergangenheit erhob die chinesi-
     sche Regierung den Vorwurf der Einmischung in die inneren Angelegenheiten
     der Volksrepublik. Auslöser war im Jahr 2008 die Verleihung des Sacharow-Prei-
     ses für Meinungsfreiheit an den in China verurteilten Bürgerrechtler Hu Jia, die
     vom Sprecher des chinesischen Außenministeriums als „krasse Einmischung in
     Chinas interne Angelegenheiten" bezeichnet wurde (NZZ v. 24.10.2008, S. 1).
821 NZZ v. 3.3.1999, S. 1.
822 So auch die Antwort der Bundesregierung auf die Große Anfrage der Abgeordne-
     ten Jürgen Koppelin, Dr. Helmut Haussmann *u.a.* und der Fraktion der FDP –
     Drucksache 14/2691 –, BT-Drs. 14/3962 v. 1.8.2000; in Auszügen abgedruckt bei

heitsrechts zu einer weitgreifenden Vervölkerrechtlichung der Menschenrechte geführt hat[823], kann nicht bestritten werden. Inwiefern bestimmte Bereiche aufgrund menschenrechtlicher Verbürgungen allerdings tatsächlich dem *domaine réservé* entzogen sind, ist in jedem Einzelfall festzustellen. An diesem grundsätzlichen Feststellungsbedürfnis ändern auch (völkerrechtlich nicht verbindliche) Deklarationen, wie z.B. die Erklärung der Mitgliedstaaten der KSZE vom 10. Juli 1992[824] nichts. In dieser wird der Bereich der Menschenrechte zwar – mehr oder weniger ausdrücklich – aus dem *domaine réservé* herausgenommen. Neben der rechtlichen Unverbindlichkeit betrifft die Erklärung aber ausschließlich die Teilnehmerstaaten der KSZE, die sich aufgrund eingegangener menschenrechtlicher Verpflichtungen auch ohne die Erklärung nicht auf eine Einmischung in ihre inneren Angelegenheiten berufen können. Insoweit hat die Erklärung einen ausschließlich deklaratorischen Charakter.

Auch überzeugt ein Verweis auf die Erweiterung des Friedensbegriffs durch den UN-Sicherheitsrat nicht. Der Sicherheitsrat hat zwar bereits mehrfach erklärt, dass die Menschenrechtssituation innerhalb eines Staates als Angelegenheit der internationalen Gemeinschaft einzuordnen sei und hat aufgrund massiver innerstaatlicher Menschenrechtsverletzungen eine Bedrohung des Weltfriedens i.S.d. Art. 39 UN-Charta festgestellt.[825] Resolutionen des Sicherheitsrates nach Kaptitel VII der UN-Charta zielen aber bereits ihrem ursprünglichen Wesen nach auf anlassbezogene Maßnahmen ab. Sie haben daher überwiegend einen individuell- bzw. generell-konkreten Charakter, sodass durch sie nur im jeweiligen Einzelfall eine Reduktion des *domaine réservé* begründet werden kann. Abstrakt-generelle Ver-

---

Pfeil, ZaöRV 64 (2004), S. 1105 (1157-1159): „Gegenüber der Forderung nach Einhaltung dieser *Mindeststandards* können sich die Staaten daher nicht auf den Grundsatz der Nichteinmischung berufen. Das Gleiche gilt hinsichtlich ihrer *Verpflichtungen aus internationalen Menschenrechtsverträgen im Verhältnis* zu den übrigen Vertragsstaaten."

823   *von Arnauld*, Völkerrecht, Rdnr. 352.
824   Abrufbar unter: www.osce.org/mc/39530; dort wird erklärt, dass „the commitments undertaken in the field of the human dimension of the CSCE are matters of direct and legitimate concern to all participating States and do not belong exclusively to the internal affairs of the State concerned. The protection and promotion of the human rights and fundamental freedoms and the strengthening of democratic institutions continue to be a vital basis for our comprehensive security."
825   Vgl. nur Resolution 794 v. 3.12.1992 (Somalia) sowie Resolution 1973 v. 17.3.2011 (Libyen); ausführlicher dazu E., IV., 2., d., bb., (2).

bindlichkeiten, die den *domaine réservé* sämtlicher Staaten betreffen, können Resolutionen bisher nur in Ausnahmefällen – wie z.b. der in Reaktion auf die Terroranschläge des 11. September 2001 erlassenen Sicherheitsratsresolution 1373[826] – entnommen werden. Ungeachtet der im Schrifttum aufgeworfenen Frage, ob der Sicherheitsrat durch die UN-Charta überhaupt zum Erlass von quasi-legislativen Resolutionen ermächtigt wird, derartige Handlungen durch *implied powers* gedeckt sind oder ob der Sicherheitsrat seine Kompetenzen überschreitet und die entsprechenden Resolutionen somit als für die Mitgliedstaaten unverbindliche Handlungen *ultra vires* einzustufen sind (Art. 25 UN-Charta)[827], liegt die Besonderheit der Öffnung des vorbehaltenen Bereichs durch eine (klassische) Resolution des Sicherheitsrates, wie sie z.b. für Libyen durch die Sicherheitsratsresolution 1973 erfolgte[828], vielmehr darin, dass sie als Verpflichtung aus der UN-Charta – unabhängig von den vertraglichen Beziehungen des betroffenen Staates zu den übrigen Mitgliedstaaten – gegenüber der gesamten Staatengemeinschaft gilt.

Eine gegenüber allen Völkerrechtssubjekten geltende Reduktion des Bereichs der inneren Angelegenheiten kommt demnach nur in Betracht, soweit es sich bei dem in Rede stehenden Menschenrecht um einen Satz des universellen Völkergewohnheitsrechts, einen solchen eines tatsächlich universell geltenden Vertrages oder einer Norm mit *ius cogens*-Charakter handelt. Der sog. menschenrechtliche Mindeststandard, der sowohl dem Völkergewohnheitsrecht wie auch dem zwingenden Völkerrecht zugeordnet wird, umfasst nach wie vor nur die elementarsten Rechte, wie z.B. das Verbot des Völkermordes und der Sklaverei.[829] Nur dieser Kernbestand menschenrechtlicher Verbürgungen ist der ausschließlichen staatlichen Zuständigkeit universell entzogen. Auch die in Art. 55, 56 UN-Charta nie-

---

826 S/RES/1373 v. 28.9.2001; vgl. auch S/RES/1540 v. 28.4.2004.

827 Dazu z.B. *von Arnauld*, Völkerrecht, Rdnr. 152; *Tsagourias,* LJIL 24 (2011), S. 539-559; *Schweisfurth*, Völkerrecht, 15 Rdnrn. 19-31; *Talmon*, AJIL 99 (2005), S. 175 (insb. 178-186); *Wagner*, ZaöRV 63 (2003), S. 879 (909-914); *Happold*, LJIL 16 (2003), S. 593 (insb. 596-605); *Aston*, ZaöRV 62 (2002), S. 257 (280-284); *Szasz*, AJIL 96 (2002), S. 901-905.

828 Ausführlich dazu unten F., II., 2., a.

829 Siehe dazu z.B. *Stein/von Buttlar*, Völkerrecht, Rdnr. 1000; *von Arnauld*, Völkerrecht, Rdnr. 249; *Schweisfurth*, Völkerrecht, 2 Rdnr. 140; *Hobe*, Einführung in das Völkerrecht, S. 219; zur Reduktion des *domaine réservé* um den menschenrechtlichen Mindeststandard vgl. schon den Beitrag von *Klein* in der FAZ v. 21.6.1999, S. 15.

dergelegte Bemühenspflicht in Bezug auf die Achtung der Menschenrechte rechtfertigt keine universelle Reduktion des *domaine réservé* in Bezug auf konkrete menschenrechtliche Verbürgungen; sie begründet allein eine Kooperationsverpflichtung.[830]

III. Grenzen für die Öffnung des domaine réservé?

Im Gegensatz zur Ausgestaltung des vorbehalten Bereichs als weitgehend relatives Konzept, die sich grundsätzlich durchgesetzt hat, wird (bzw. wurde) die Frage nach möglichen Grenzen des fortschreitenden Reduktionsprozesses bisher uneinheitlich beantwortet. Im Zentrum der Diskussion steht dabei die mögliche Existenz eines unantastbaren Kernbereichs des *domaine réservé*. Die Frage nach den Grenzen der Reduktion wird dabei unmittelbar mit den Fragen verbunden, inwieweit die Völkerrechtsordnung tatsächlich die Existenz von Staaten bzw. deren Selbsterhaltung voraussetzt und welche Anforderung sie an die Staatlichkeit stellt.

Betrachtet man die gegenwärtige Völkerrechtsordnung, so setzt die überwiegende Zahl der völkerrechtlichen Vorschriften – trotz des Hinzutretens weiterer Völkerrechtssubjekte – nicht nur die Existenz von Staaten, sondern auch deren herausragende Stellung in der Völkerrechtsordnung voraus.[831] Insoweit klingt es zunächst plausibel, die Grenze der Reduktion des *domaine réservé* in der geltenden Völkerrechtsordnung zumindest dort zu ziehen, wo eine weitere Öffnung die Existenz der Staatlichkeit in ihrer Gänze berühren würde. Die Existenz einer solchen Grenze vorausgesetzt, stellt sich die Folgefrage nach der Bestimmung derjenigen Regelungsmaterien, die bei einer entsprechenden Vervölkerrechtlichung die Staatlichkeit tatsächlich gefährden.

Im Schrifttum wurden bereits Versuche unternommen, solche Materien ausdrücklich zu benennen. Zum originären staatlichen Eigenbereich sollen beispielsweise zählen: „die Abgrenzung des Staatsvolks durch Bestimmung der Anknüpfung für die Staatsangehörigkeit, das Privatrecht und die Rechtspflege, das Wirtschaftsrecht und die Wirtschaftsordnung, das Recht und die Organisation der Verwaltung, die Leistungspflichten der Rechts-

---

830 Siehe zu Art. 55, 56 UN-Charta bereits D., II., 2., a., bb., (2).
831 So z.B. auch schon *Bockslaff*, Das völkerrechtliche Interventionsverbot, S. 107; *von Münch*, Internationale und nationale Zuständigkeit im Völkerrecht der Gegenwart, in: Berichte DGVR 7 (1965), S. 27 (50).

unterworfenen (vor allem die Besteuerung) und die öffentlichen Ausgaben sowie die Verfassungsordnung einschließlich des organisatorischen Staatsaufbaus."[832] Dabei sei aber nur die grundsätzliche Zuständigkeit für die genannten Materien unabdingbar. Eine inhaltliche Bestimmung durch völkerrechtliche Bindungen sei hingegen möglich.[833]

Selbst wenn für den Erhalt der Staatlichkeit unabdingbare Kernmaterien tatsächlich bestimmbar wären[834], schließt das geltende Völkerrecht nicht aus, dass diese Regelungsgegenstand eines völkerrechtlichen Vertrages werden. Die Dispositionsbefugnis sowie die Entscheidung eines Staates, diese zum Gegenstand eines völkerrechtlichen Vertrages zu machen, liegt allein in seinen Händen. Letztlich ist selbst die Verfügung über die eigene Staatlichkeit Ausdruck staatlicher Souveränität. Im Übrigen ist es kaum denkbar, dass die Vervölkerrechtlichung einzelner Materien die Staatsqualität tatsächlich gefährdet. Dies gilt umso mehr, da die völkerrechtliche Normierung nicht zum Verlust der grundsätzlichen staatlichen Zuständigkeit führt, sondern nur den *domaine réservé* um den entsprechenden Regelungsgegenstand und somit die Verteidigungsmöglichkeiten gegen eine mögliche Einmischung durch Drittstaaten reduziert. Schon deshalb ist grundsätzlich jede Materie, die zunächst ausschließlich nationaler Natur ist, der Vervölkerrechtlichung zugänglich. Es existiert kein Regelungsgegenstand, der „sich seinem Wesen *a priori* nach der völkerrechtlichen Normierung entzieht"[835] und somit auch keine rechtliche Grenze für die Öffnung des *domaine réservé* .

---

832 *Mosler/Bräutigam*, Staatliche Zuständigkeit, S. 317 (320); auch *Wengler* beschreibt enumerativ Bereiche, die zwangsläufig der staatlichen Zuständigkeit zuzuordnen sind. Demnach habe die „allgemeine Rechtsüberzeugung einen Katalog der typisch inneren Angelegenheiten gebildet [...], der sich jedoch im [E]inzelnen verändern kann. Als typische Angelegenheiten kraft gewohnheitsrechtlicher Enumeration gelten [...] insbesondere die Frage der Besetzung von Staatsämtern, der Verfassung, der Verwaltungsorganisation, sowie des materiellen Rechts eines Staates, soweit sich dieses auf Tatbestände bezieht, die keinerlei Auswirkungen auf das Ausland aufweisen." (Völkerrecht, Bd. II, S. 1045 f.).
833 *Wengler*, Völkerrecht, Bd. II, S. 1045.
834 Siehe etwa *Bockslaff*, Das völkerrechtliche Interventionsverbot, S. 108-111.
835 Vgl. auch *Dahm/Delbrück/Wolfrum*, Völkerrecht, Bd. I/3, S. 809; *Kelsen*, The Law of the United Nations, S. 771.

IV. In der Staatenpraxis reklamierte Materien

Trotz der unzweifelhaft zutreffenden Feststellung, dass der *domaine réservé* durch eine stete Internationalisierung von Regelungsmaterien an Umfang verloren hat, wird der Vorwurf der Einmischung in die inneren Angelegenheiten in der Staatenpraxis noch immer regelmäßig erhoben. Dabei betreffen die Rügen – ungeachtet der grundsätzlichen Relativität des *domaine réservé* – zumeist vergleichbare Einmischungshandlungen und Zuständigkeitsbereiche, die daher zu einer Reihe von Fallgruppen zusammengefasst werden können. Bei der folgenden Darstellung handelt es sich selbstverständlich lediglich um eine Auswahl aus der relevanten Praxis. Darüber hinaus soll nur von Interesse sein, welche Bereiche regelmäßig als innere Angelegenheiten reklamiert werden, nicht hingegen, ob die Reklamation im Einzelfall tatsächlich berechtigt war. Es liegt schließlich in der Natur der Sache politischer Vorgänge, dass einzelne Sachverhalte mehr als eine der gebildeten Fallgruppen berühren und eine trennscharfe Abgrenzung der Fallgruppen voneinander nicht immer möglich ist.

1. Vorwurf der Menschenrechtsverletzung

Wie bereits im Zusammenhang mit der absoluten Öffnung des *domaine réservé* dargestellt, wird als Einmischung in die inneren Angelegenheiten auch in der jüngeren Staatenpraxis in gewisser Regelmäßigkeit gerügt, wenn der Vorwurf einer Menschenrechtsverletzung öffentlich erhoben bzw. die Einhaltung von Menschenrechten gefordert wird.[836] Aber nicht nur die Rüge von Menschenrechtsverletzungen, sondern auch die Solidarisierung mit bestimmten Bevölkerungsgruppen durch ausländische Staatenvertreter führte in der Vergangenheit zum Vorwurf der unzulässigen Einmischung. Im September 2016 verbat sich etwa der chinesiche Präsident Xi Jinping eine Einmischung in die inneren Angelegenheiten Chinas, nachdem US-Präsident Barack Obama chinesische Exil-Dissidenten im Weißen Haus empfangen und die „unerschütterliche Unterstützung" der amerikanischen Regierung für die Einhaltung der Menschenrechte propagiert hatte.[837] In gleicher Weise reagierte ein Jahr zuvor der venezolanische Präsident Nicolás Maduro auf den Besuch von Ehefrauen inhaftierter

---

836 Siehe dazu D., II., 3., c., bb.
837 FAZ v. 5.9.2016, S. 6.

Regimegegner beim spanischen Ministerpräsidenten Mariano Rajoy.[838] Als 2011 die Botschafter der USA und einiger EU-Staaten in einem Brief ihre „Solidarität mit den lesbischen, schwulen, bisexuellen und Transgender-Gruppen in der Tschechischen Republik" forderten und zugleich ihre Unterstützung für ein Demonstrationsrecht aussprachen, erweckten diese Äußerung beim tschechischen Außenminister Schwarzenberg den „Eindruck der Einmischung in innere Angelegenheiten".[839]

Gerade im Bezug auf die Zugehörigkeit der Menschenrechte zu den inneren Angelegenheiten finden sich in der Staatenpraxis allerdings auch gegenteilige Äußerungen von zumeist westlichen Staatenvertretern. Entsprechende Stellungnahmen von Bundespräsident Johannes Rau oder Bundeskanzler Helmut Kohl sowie die Erklärung der Mitgliedstaaten der KSZE vom 10. Juli 1992 wurden bereits erwähnt.[840] Das amerikanische Außenministerium wies überdies im Jahr 2005 die Behauptung der Einmischung in die inneren Angelegenheiten Usbekistans unter Verweis auf die dortige Menschenrechtssituation zurück.[841] In ähnlicher Weise äußerte sich 1999 auch der estnische Staatschef Lennart Meri.[842]

2. Justiz

Häufig eng mit dem Vorwurf einer Menschenrechtsverletzung verbunden sind Äußerungen von Staatenvertretern zu Vorgängen innerhalb der Justiz und zu Strafverfahren in anderen Staaten. Auch hier reagieren Staaten nicht selten – wie etwa im Fall der vermehrten Festnahmen türkischer Journalisten 2011[843] – mit dem Vorwurf der unzulässigen Einmischung. Im gleichen Jahr wies beispielsweise der Iran kritische Äußerungen und die Forderung nach Aufklärung der niederländischen Regierung in Bezug auf ein Strafverfahren gegen eine iranisch-niederländische Frau als entsprechende Einmischung zurück.[844] Der Menschenrechtsbeauftragte des chinesischen Außenministeriums, Li Junhua, verwahrte sich Ende 2015 –

---

838 FAZ v. 17.4.2015, S. 7.
839 FAZ v. 10.8.2011, S. 5.
840 Siehe oben D., II., 3., c., bb.
841 NZZ v. 23.5.2005, S. 3.
842 NZZ v. 20.11.1999, S. 1.
843 NZZ v. 19.2.2011, S. 5.
844 „Niederländerin im Iran hingerichtet", FAZ.NET v. 29.1.2011.

unter Verweis auf die Einmischung in die inneren Angelegenheiten Chinas – gegen Fragen zu Einzelfällen in der chinesischen Gerichtsbarkeit. Dem Vorwurf der Einmischung sah sich auch die Bundesrepublik Deutschland ausgesetzt, nachdem sich die Bundesregierung 1997 wiederholt für den damals im Iran inhaftierten regimekritischen Schriftsteller Faradj Sarkuhi eingesetzt hatte.[845] Dass Handlungen in der (Straf-)Justiz zu den inneren Angelegenheiten eines Staates gehören, bestätigte 2003 auch der damalige Hohe Vertreter für die Gemeinsame Außen- und Sicherheitspolitik der EU – Javier Solana – in Bezug auf die Verhaftung des ehemaligen Yukos-Vorstandsvorsitzenden Michail Chodorkowskij in Russland. Die Frage, ob Solana diese im Zuge eines Besuchs in Moskau thematisieren würde, verneinte dieser mit dem Verweis, dass er Vorgänge, die zu den inneren Angelegenheiten Russlands zählten, nicht kommentieren werde.[846] Chile warf Spanien 1998 eine Einmischung in die inneren Angelegenheiten vor, nachdem der chilenische Diktator Pinochet aufgrund eines spanischen Auslieferungsantrags in London verhaftet wurde.[847] 1983 wies die chilenische Regierung eine vom spanischen Abgeordnetenkongress beschlossene Resolution als Einmischung in die inneren Angelegenheiten zurück, welche die chilenische Regierung als Reaktion auf die Verhaftung führender Politiker und Gewerkschafter aufforderte, „die Menschenrechte, die Menschenwürde und die demokratischen Freiheiten zu respektieren".[848] Die Arabische Liga sprach 1990 von einer britischen „Einmischung in innere arabische Angelegenheiten", nachdem Großbritannien gegen die Hinrichtung eines britischen Journalisten im Irak protestiert hatte.[849]

In ähnlicher Weise wurde in der jüngeren Vergangenheit auch auf den Umgang von Drittstaaten mit strafrechtlich Verurteilten reagiert. Zu einem diplomatischen Zerwürfnis kam es z.B. 2009 zwischen Kambodscha und Thailand. Kambodschas Regierung ernannte den in Thailand wegen Korruption zu zwei Jahren Gefängnis verurteilten, ehemaligen thailändischen Ministerpräsidenten Thaksin Shinawatra zum Wirtschaftsberater. Die Ernennung sei, so ein Sprecher des Außenministeriums, eine Einmischung in die inneren Angelegenheiten Thailands und eine Beleidigung der thailän-

---

845 NZZ v. 22.2.1997, S. 46; FAZ v. 8.2.1997, S. 5.
846 FAZ v. 5.11.2003, S. 1.
847 FAZ v. 9.11.1998, S. 2.
848 FAZ v. 14.7.1983, S. 2.
849 FAZ v. 27.3.1990, S. 4.

dischen Justiz.[850] Noch schärfer – nämlich als „krasse Einmischung in innere Angelegenheiten" – bezeichnete die chinesische Regierung die Verleihung des Sacharow-Preises für Meinungsfreiheit an den chinesischen Bürgerrechtler Hu Jia. Dieser verbüßte zum Zeitpunkt der Preisverleihung eine dreieinhalbjährige Haftstrafe.[851] In ähnlicher Weise reagierte Peking bereits 1989, als die USA dem in China per Haftbefehl gesuchten Astrophysiker Fang Lizhi Zuflucht in ihrer Botschaft gewährten.[852]

Auch Auslieferungs- und Freilassungsverlangen wurden als unzulässige Einmischung zurückgewiesen. So warnte 2001 das russische Außenministerium im Hinblick auf die westliche Forderung nach einer Auslieferung Milosevics davor, Druck auf die jugoslawischen Behörden auszuüben. Das Vorgehen der Polizei sei eine innere Angelegenheit Jugoslawiens und die Ausübung von Druck eine Einmischung in die Angelegenheiten eines souveränen Staates.[853] Die sudanische Regierung wies 2007 den Leiter der Vertretung der EU-Kommission und eine kanadische Diplomatin wegen einer entsprechenden Einmischung aus, nachdem diese die Freilassung eines inhaftierten Oppositionspolitikers gefordert hatten.[854]

3. Wahlen und Willensbildungsprozesse

Handlungen und Äußerungen im Zusammenhang mit Wahlen, der Regierungszusammensetzung oder Parlamentsbeschlüssen sind immer wieder – wie im Fall des bereits erwähnten Widerspruchs Russlands gegen eine Vergrößerung der Wahlbeobachterdelegation[855] – Gegenstand von Kontroversen. Zum Vorwurf der inakzeptablen Einmischung kam es daher auch, als der belgische Verteidigungsminister Flahaut im Vorfeld der US-Präsi-

---

850 NZZ v. 6.11.2009, S. 6.
851 NZZ v. 24.10.2008, S. 1; FAZ v. 24.10.2008, S. 2; In gleicher Weise reagierte die Volksrepublik auch 2010 auf die Verleihung des Friedennobelpreises an Liu Xiaobo („Friedensnobelpreis für Liu Xiaobo", FAZ.NET v. 10.12.2010) sowie 1995 auf Nachfragen von Staatsvertretern zu dem laufenden Strafverfahren gegen den Dissidenten Wei Jingsheng (NZZ v. 1.4.1995, S. 3) oder 1994 auf die Forderung der USA, inhaftierte Dissidenten aus der Haft zu entlassen (NZZ v. 9.3.1994, S. 3).
852 FAZ v. 15.6.1989, S. 6; vgl. auch FAZ v. 8.6.1989, S. 1.
853 NZZ v. 2.4.2001, S. 1.
854 FAZ v. 27.8.2007, S. 6.
855 NZZ v. 10.11.2007, S. 5.

dentschaftswahlen 2004 erklärte, er würde für einen Demokraten stimmen.[856] Im gleichen Jahr setzte Taiwan seine Kontakte zu Frankreich aus, nachdem sich Präsident Chirac kritisch zu einer geplanten Volksabstimmung über Fragen hinsichtlich der Bedrohung durch China äußerte.[857] Zwei Jahre zuvor beschuldigte die Ukraine die USA im Zusammenhang mit Parlamentswahlen der Einmischung in die inneren Angelegenheiten. Der amerikanische Kongress hatte zuvor eine Resolution angenommen, in der die Ukraine aufgefordert wurde, „demokratische, transparente und freie Wahlen" durchzuführen. Die Aufforderung wurde von Seiten der ukrainischen Regierung als Parteinahme für die Opposition verstanden.[858] Als „neokolonialistische", grobe Einmischung in die inneren Angelegenheiten bezeichnete die jugoslawische Regierung 2000 den Aufruf der EU-Außenminister, den amtierenden Ministerpräsidenten Milosevic abzuwählen.[859] Eine Einmischung in die Angelegenheiten Großbritanniens warf 1997 auch die britische Regierung der Bundesrepublik Deutschland vor, nachdem Außenminister Kinkel die anstehenden Unterhauswahlen mit dem Etikett der schicksalhaften Bedeutung für Europa versah und damit zumindest mittelbar eine Wahlempfehlung an die britischen Wähler zulasten der damals amtierenden Regierung um Premierminister John Major abgegeben hatte.[860] 1986 mahnte Österreich die israelische Regierung, sich nicht in den österreichischen Präsidentschaftswahlkampf einzumischen. Präsident Peres und Außenminister Schamir hatten zuvor den Präsidentschaftskandidaten Kurt Waldheim scharf angegriffen und seine mögliche Wahl als Tragödie deklariert.[861] In jüngerer Vergangenheit erhob z.B. die für die Durchführung von Wahlen zuständige Wahlkommission Venezuelas den Vorwurf der Einmischung in die inneren Angelegenheiten, als

---

856 NZZ v. 31.1.2004, S. 3.
857 NZZ v. 30.1.2004, S. 3.
858 NZZ v. 30.3.2002, S. 5; 1997 wurde den USA in ähnlicher Weise seitens Singapur eine Einmischung in die inneren Angelegenheiten vorgeworfen. Im Wahlkampf hatte der amtierende Premierminister *Goh Chock Tong* Wähler damit unter Druck gesetzt, dass Personen, die für die Opposition stimmen würden, nicht in den Genuss von Entwicklungsprogrammen für staatliche Wohnungen kommen, sondern sich ihre Lebensumstände erheblich verschlechtern würden. Washington reagierte mit der Stellungnahme, dass „Wähler überall ohne Furcht vor Vergeltungsmaßnahmen der Regierung abstimmen" sollten.
859 NZZ v. 22.9.2000, S. 2.
860 FAZ v. 2.1.1997, S. 8.
861 FAZ v. 13.5.1986, S. 3.

die USA und die OAS die Forderung des bei der Wahl unterlegenen Oppositionsführers nach einer erneuten Auszählung unterstützten.[862] Die Forderung Australiens an den Armeechef Bainimarama, der Fidschi 2010 bereits vier Jahre als „Übergangsministerpräsident" regierte, demokratische Wahlen durchzuführen, wies Fidschi ebenfalls als Einmischung in innere Angelegenheiten zurück und erklärte daraufhin die australische Botschafterin zur *persona non grata*.[863]

Zu entsprechenden Auseinandersetzungen führten auch Versuche, durch Rücktrittsforderungen auf die personelle Zusammensetzung von Regierungen Einfluss zu nehmen. So warf beispielsweise Estlands Außenminister Urmas Paet – ebenso wie Nato-Generalsekretär de Hoop Scheffer – Russland 2007 eine Einmischung in die inneren Angelegenheiten vor. Eine Duma-Delegation hatte zunächst den Rücktritt der estnischen Regierung gefordert, nachdem in Tallinn ein Denkmal für die sowjetischen Soldaten entfernt wurde. Russische Jugendorganisationen belagerten zeitgleich die estnische Botschaft in Moskau und forderten, dass das Denkmal entweder wiederaufgebaut werde oder die estnische Botschafterin das Land verlassen solle. Die russischen Sicherheitskräfte schritten auch bei starken Verunglimpfungen der Botschafterin nicht ein.[864] Den Vorwurf der Einmischung rief zudem die Veröffentlichung einer Liste durch die USA hervor, die russischen Funktionären im Zusammenhang mit dem gewaltsamen Tod des in Russland inhaftierten Anwalts Sergej Magnizki Menschenrechtsverletzungen vorwarf.[865] Syrien wies 2012 die Forderung der Arabischen Liga nach einem Rücktritt Assads als eine „ungeheuerliche Einmischung in die inneren Angelegenheiten" zurück.[866] 2010 erhob Israel einen entsprechenden Vorwurf gegen Frankreich, nachdem der französische Präsident Sarkozy den israelischen Außenminister Liebermann harsch kritisiert und Ministerpräsident Netanjahu einen personellen Austausch nahelegt hatte.[867] Kenia genügte 2008 die bloße Aufforderung zur Bildung einer großen Koalition durch die amerikanische Außenministerin

---

862 FAZ v. 17.4.2013, S. 8; vgl. dazu auch FAZ v. 10.5.2013, S. 10.
863 FAZ v. 14.7.2010, S. 5.
864 NZZ v. 2.5.2007, S. 5; FAZ v. 4.5.2007; Auch die chinesische Regierung sah ihre inneren Angelegenheiten in ähnlicher Weise durch ein Denkmal betroffen, nachdem Präsident Bush Mitte 2007 in Washington ein Mahnmal für die Opfer des Kommunismus eingeweiht hatte (FAZ v. 16.6.2007, S. 12).
865 FAZ v. 14.4.2013, S. 13.
866 FAZ v. 24.1.2012, S. 1, 5.
867 FAZ v. 1.7.2009, S. 6.

Rice, um eine Einmischung in die inneren Angelegenheiten festzustellen.[868] Palästina empfand 2004 die Kritik aus Washington in Bezug auf die Integrationsbemühungen zwischen der Fatah-Bewegung und Präsident Arafat als unzulässige Einmischung.[869] Ein Jahr zuvor bezichtigte Russland die USA, durch Druckausübung den Rücktritt des georgischen Präsidenten Schewardnadse herbeigeführt und sich damit in die inneren Angelegenheiten Georgiens eingemischt zu haben.[870] Ende der achtziger Jahre machten die USA eine Normalisierung der Beziehung zu Panama von einem Rücktritt des *de facto*-Machthabers Generals Noriega abhängig, worauf der panamaische Präsident in einer Rede vor den Vereinten Nationen mit dem Vorwurf der Einmischung reagierte.[871] Auch die Besetzung religiöser Ämter wurde bereits als innere Angelegenheit deklariert. Während der Vatikan darauf besteht, dass allein Rom Priester zu Bischöfen ernennt, sieht die Volksrepublik China darin eine unzulässige Einmischung und fordert daher die offizielle katholische Kirche in China auf, ihre Bischöfe selbst zu ernennen.[872] Der Vatikan dürfe sich nicht „unter dem Vorwand der Religion" in die inneren Angelegenheiten einmischen.[873]

Ähnliche Vorwürfe wurden darüber hinaus in Bezug auf die Einflussnahme auf parlamentarische Handlungen geäußert. Nachdem sich EU-Politiker kritisch wegen eines Straftatbestandes zur sexuellen Untreue äußerten, über den 2004 im türkischen Parlament abgestimmt werden sollte, wurde die Beratung über den Straftatbestand von der Tagesordnung gestrichen. Der türkische Regierungschef Erdogan warf der EU daraufhin eine Einmischung in die inneren Angelegenheiten vor. Die EU könne nicht über die Tagesordnung des türkischen Parlaments bestimmen.[874] Ähnlich reagierte Russland 1997, nachdem Deutschland auf diplomatischem Wege versuchte, hinsichtlich der Abstimmung über das Gesetz zur Beutekunst auf den russischen Föderationsrat einzuwirken.[875] 1983 bezeichnete der rumänische Staatsführer Ceausescu jede kritische ausländische Bemer-

---

868 FAZ v. 19.2.2008, S. 7.
869 FAZ v. 8.4.2004, S. 2.
870 FAZ v. 27.11.2003, S. 6.
871 FAZ v. 5.10.1989, S. 1.
872 FAZ v. 6.7.2012; siehe auch schon FAZ v. 2.7.2007, S. 6.
873 FAZ v. 26.10.2001, S. 6; FAZ v. 8.3.1999, S. 1; vgl. auch FAZ v. 15.1.1997, S. 12.
874 NZZ v. 18.9.2004, S. 3.
875 FAZ v. 1.3.1997, S. 35.

kung in Bezug auf das Bukarester Auswanderungsdekret als unzulässige Einmischung.[876]

4. Außenpolitik

Versuchte Einflussnahmen auf die außenpolitische Ausrichtung von Staaten – vor allem deren Beitritt zu internationalen Organisationen – haben ebenfalls regelmäßig den Vorwurf der Einmischung in innere Angelegenheiten hervorgerufen.

So wurde der Bundesrepublik Deutschland 2013 im Zuge der innenpolitischen Auseinandersetzung in der Ukraine in Bezug auf deren Beitrittsverhandlungen mit der Europäischen Union eine entsprechende Einmischung vorgeworfen. Außenminister Westerwelle hatte die außenpolitische Ausrichtung der Ukraine zuvor als „eine zutiefst europäische" Angelegenheit bezeichnet[877] und den russischen Aufbau einer Drohkulisse und die Ausübung wirtschaftlichen Drucks auf die Ukraine als inakzeptabel bezeichnet[878]. Die finnische Außenministerin Elisabeth Rehn warf Russland 1997 in ähnlicher Weise eine inakzeptable Einmischung in Finnlands innere Angelegenheiten vor. Auslöser war eine Äußerung Präsident Jelzins, dass Russland einen finnischen Beitritt zur NATO unter keinen Umständen akzeptieren und Russlands geopolitische Lage im Fall eines Beitritts derart geschwächt würde, dass Moskau sich zu notwendige Gegenmaßnahmen veranlasst sähe.[879] Bereits 1981 warnte die Sowjetunion Spanien in einem schriftlichen Memorandum vor einem NATO-Beitritt. Ebenso wie Finnland reagierte auch Spanien mit dem Vorwurf der Einmischung in die inneren Angelegenheiten, die nach spanischer Auffassung besonders schwer wog, da die Veröffentlichung des Memorandums zeitlich mit der

---

876 FAZ v. 2.4.1983, S. 6; FAZ v. 31.3.1983, S. 1.
877 Die Welt, „EU bietet der Ukraine eine ‚unabhängige Zukunft' an", http://www.w elt.de/politik/ausland/article122572132/EU-bietet-der-Ukraine-eine-unabhaengig e-Zukunft-an.html; vgl. auch „Russisches Parlament wirft Westen Einmischung vor", FAZ.NET v. 10.12.2013; „Ukraine wird zur Belastung im deutsch-russischen Verhältnis", FAZ.NET v. 6.12.2013.
878 Vgl. FAZ.NET v. 4.12.2013, „Regierung droht Demonstranten mit Strafe"; vgl. auch die Nachweise in Fn. 1.
879 NZZ v. 18.3.1997, S. 3.

Abstimmung der vom Volk gewählten spanischen Parlamentarier über den Beitritt zusammenfiel und diese beeinflusst werden sollte.[880]

Die Präsidenten der drei baltischen Staaten warben 1991 vor dem Europarat für ihre Unabhängigkeit und die Perspektive einer Aufnahme, worauf die sowjetische Führung mit dem Vorwurf der Einmischung in die inneren Angelegenheiten reagierte. Die Sowjetunion verwies darauf, dass nach den Bestimmungen des Europarates nur souveräne Staaten im Europarat Gästestatus erhalten können. Da die baltischen Staaten aber zweifelsohne Teil der Sowjetunion seien, bedürfe es zunächst eines Austritts aus der Sowjetunion, wofür die Bevölkerung in einer Volksabstimmung stimmen müsse.[881] Bereits drei Monate zuvor übermittelte die Sowjetunion eine Demarche an den Nordischen Rat, die den skandinavischen Regierungen einen Missbrauch der Beziehungen zu den baltischen Teilrepubliken und eine Unterstützung des Separatismus in der Sowjetunion vorwarf. Baltische Vertreter wurden zu der 39. Sitzung des Nordischen Rats eingeladen und dort demonstrativ begrüßt.[882]

Über den Beitritt zu internationalen Organisationen haben auch andere staatliche Handlungen mit außenpolitischem Bezug den Vorwurf der Einmischung hervorgerufen. Als eine „grobe Einmischung in souveräne Angelegenheiten der DDR" bezeichnete z.B. das SED-Zentralorgan „Neues Deutschland" 1989 die Aufnahme von Zufluchtsuchenden DDR-Bürgern in diplomatischen Missionen der Bundesrepublik.[883] Zu zahlreichen wechselseitigen Vorwürfen der unzulässigen Einmischung – insbesondere zwischen der Volksrepublik Polen, der Sowjetunion und den USA – kam es schon im Vorfeld der Ausrufung des Kriegsrechts in Polen am 13.12.1981 bis zu dessen Aufhebung am 22.7.1983. Insbesondere die Androhung westlicher Sanktionen bei Fortsetzung der sowjetischen Einmischung in die inneren Angelegenheiten Polens wurde von östlicher Seite gleichsam als unzulässige Einmischung zurückgewiesen. Zugleich warfen die sowjetischen Staaten den USA vor, Polen die eigenen „imperialistischen Bedingungen aufzuzwingen".[884] Bundeskanzler Helmut Schmidt äußerte in Be-

---

880 FAZ v. 10.9.1981, S. 1.
881 FAZ v. 28.6.1991, S. 6.
882 FAZ v. 1.3.1991, S. 7; FAZ v. 28.2.1991, S. 6.
883 FAZ v. 11.8.1989, S. 1.
884 Vgl. dazu z.B. FAZ v. 17.8.1981, S. 1; FAZ v. 15.12.1981, S. 3; FAZ v. 16.12.1981, S. 1; FAZ v. 31.12.1981, S. 3; FAZ v. 13.1.1982, S. 1; FAZ v. 21.1.1982, S. 1; FAZ v. 9.2.1982, S. 2; FAZ v. 11.11.1982, S. 4.

zug auf die damaligen Vorgänge in Polen den Wunsch, „dass Polen seine Probleme ohne Anwendung von Gewalt und ohne Einmischung von außen löst". Er versicherte zugleich, dass sich die Bundesrepublik an den Grundsatz strikter Nichteinmischung halten würde und mahnte sämtliche Staaten, die 1975 die Schlussakte von Helsinki unterschrieben hatten, sich ebenso zu verhalten.[885] Zuvor hatte auch die chinesische Regierung die Sowjetunion unter Verweis auf die inneren Angelegenheiten Polens vor einer Einmischung gewarnt.[886]

5. Subversion

Eine weitere Fallgruppe betrifft die Subversion, also das Hervorrufen bzw. die Begünstigung von Aufständen, inneren Unruhen und Aufwiegelungen und die Unterstützung von Aufständischen und Terroristen.

So bezichtigte z.B. der russische Präsident Putin die USA, im Anschluss an die Duma-Wahl 2011 Proteste gegen den Ausgang der Wahl durch Geldzahlungen angestiftet und unterstützt zu haben.[887] Die chinesische Regierung befürchtete im gleichen Jahr, dass von der amerikanischen Botschaft veröffentlichte Messwerte über den Grad der Pekinger Luftverschmutzung zu sozialen Aufwiegelungen führen könnten, und bezichtigte die USA der Einmischung in die inneren Angelegenheiten.[888] 2009 warf sie den USA eine entsprechende Einmischung vor, nachdem sich Präsident Bush mit fünf chinesischen Dissidenten getroffen hatte.[889] Die litauische Regierung wehrte sich 1988 gegen eine Einmischung in die inneren Angelegenheiten. Präsident Reagan hatte sich zuvor mit einem Aufruf an die litauische Bevölkerung gerichtet.[890] 1983 reagierte Jugoslawien mit einer Protestnote auf eine Einmischung durch albanische Veröffentlichungen, welche nach Auffassung der jugoslawischen Regierung die Aufforderung an jugoslawische Bürger zur Zerstörung der verfassungsrechtlichen Ordnung Jugoslawiens und zum Beginn nationaler Konflikte enthielten.[891]

---

885 FAZ v. 15.12.1981, S. 1.
886 FAZ v. 7.9.1981, S. 6.
887 NZZ v. 9.12.2011, S. 6.
888 NZZ v. 9.11.2011, S. 2.
889 FAZ v. 1.8.2008, S. 4; vgl. zuvor auch schon die Kritik an Präsident Clinton, FAZ v. 27.6.1998, S. 1.
890 FAZ v. 18.2.1988, S. 6.
891 FAZ v. 25.1.1983, S. 5.

1993 warf das algerische Staatspräsidium dem Iran eine entsprechende Einmischung durch die finanzielle Unterstützung der Ausbildung von Terroristen auf algerischem Territorium vor.[892] Den gleichen Vorwurf erhob Tunesien gegenüber Libyen im Zusammenhang mit dem Aufstand von Gasfa (1980), welcher „von Tripolis angezettelt worden war".[893] 1981 bezeichnete ein Sprecher des brasilianischen Außenministeriums eine gemeinsame Note Frankreichs und Mexikos, in der Vertreter der marxistischen Guerilla El Salvadors „als repräsentative politische Kraft" bezeichnet wurden, in Hinblick auf die Einmischung in die inneren Angelegenheiten eines souveränen Staates als „gefährlichen Präzedenzfall". Darüber hinaus lehnte fast der gesamte lateinamerikanische Kontinent die französisch-mexikanische Initiative mit ähnlicher Begründung ab.[894]

Nachdem die amerikanische Regierung im Januar 2010 ankündigt hatte, Waffen im Wert von 6,4 Milliarden US-Dollar an Taiwan zu liefern, forderte die chinesische Regierung unter Berufung auf die „Kern-Interessen" der Volksrepublik eine unmittelbare Annullierung des Beschlusses und bezeichnete die geplante Lieferung als eine „grobe Einmischung in die inneren Angelegenheiten", die Pekings Sicherheitsinteresse zuwiderlaufe und dem innerchinesischen Prozess der Wiedervereinigung entgegenlaufe.[895] Schon zuvor hatte die Pekinger Administration die USA unter Berufung auf die Souveränität Chinas aufgefordert, Waffenlieferungen an Taiwan zu stoppen oder die Errichtung eines satellitengestützten Raketenabwehrsystems und die Einbeziehung Taiwans zu unterlassen.[896]

Auch die bloße Äußerung von Zweifeln an der inneren Stabilität eines Landes genügte bereits für den Vorwurf der Einmischung in die inneren Angelegenheiten. Einen solchen erhob die argentinische Regierung nach einer Äußerung des CIA-Direktors im Jahr 2009, in der dieser die Stabilität Argentiniens, Ecuadors und Venezuelas durch die weltweite Wirtschaftskrise bedroht sah.[897]

---

892 NZZ v. 29.3.1993, S. 3.
893 FAZ v. 1.8.1987, S. 3.
894 FAZ v. 12.9.1981, S. 6.
895 NZZ v. 1.2.2010, S. 3; NZZ v. 13.1.2010, S. 6; die gesetzliche Grundlage für die Waffenlieferung bildet der bereits 1979 erlassene *Taiwan Relations Act* (US Code §§ 3301-3316; § 3301 lit. b) (5) ermöglicht die Lieferung von „arms of a defensive character"); vgl. auch schon NZZ v. 22.3.1996, S. 5.
896 FAZ v. 14.4.2004, S. 2; FAZ v. 25.4.2001, S. 1, 8; FAZ v. 28.7.2000, S. 4; FAZ v. 3.5.1999, S. 8; FAZ v. 16.3.1999, S. 6.
897 FAZ v. 28.2.2009, S. 5.

Schließlich wurde auch die Schlichtung bzw. Beendigung eines Bürgerkrieges als innere Angelegenheit deklariert. So z.B. 1989 im Zusammenhang mit einem vom angolanischen Präsidenten vorgelegten Friedensplan, dem acht afrikanische Länder ihre Unterstützung zusicherten. Die Zusammenarbeit sollte u.a. das Ziel verfolgen, eine fremde Einmischung in den Bürgerkrieg – und somit eine Einmischung in Angolas innere Angelegenheiten – zu garantieren.[898]

6. Territorialstreitigkeiten

Auch Handlungen und Äußerungen, die Berührungspunkte zu der territorialen Souveränität bzw. Gebietshoheit eines Staates haben, wurden als Einmischung in innere Angelegenheiten aufgefasst.

Das Angebot der amerikanischen Außenministerin Hillary Clinton, im Territorialstreit über die auf dem Festlandsockel im Ostchinesischen Meer liegenden Senkaku-Inseln zwischen China und Japan vermitteln zu wollen, wies die chinesische Regierung unter Verweis darauf zurück, dass man sich eine Einmischung der USA in die inneren Angelegenheiten verbitte.[899] Mit ähnlichen Äußerungen reagierte die chinesische Regierung auch immer wieder auf Treffen und Kontakte zwischen ausländischen Staatsführern und dem Dalai Lama, da die Tibet-Frage direkt Chinas Souveränität und territoriale Integrität betreffe.[900] So sah die chinesische Regierung z.B. auch in der Verleihung des Friedensnobelpreises an den Dalai Lama eine entsprechende Einmischung.[901] In der Tibet-Frage wurde auch Deutschland die Einmischung in die inneren Angelegenheiten vorgeworfen, nachdem der Bundestag 1996 die sog. Tibet-Resolution verabschiedet hatte, die nicht nur Menschenrechtsverletzungen in Tibet kritisierte, sondern China zugleich aufforderte, in einen konstruktiven Dialog mit der tibetischen Exilregierung und dem Dalai Lama zu treten.[902] In ähnlicher Weise reagierte die Regierung in Peking auf eine gemeinsame Stellung-

---

898 FAZ v. 18.5.1989, S. 7.
899 NZZ v. 1.11.2010, S. 5.
900 Siehe z.B. FAZ v. 20.2.2010, S. 6; NZZ v. 3.12.2008, S. 7; NZZ v. 26.4.2008, S. 1; NZZ v. 23.4.2008, S. 2; FAZ v. 31.10.2007, S. 7; FAZ v. 19.10.2007, S. 6; FAZ v. 17.10.2007, S. 7; FAZ v. 23.5.2001, S. 10; FAZ v. 12.11.1998, S. 2; FAZ v. 12.12.1989, S. 6.
901 FAZ v. 12.12.1989, S. 6; FAZ v. 11.12.1989, S. 1 u. 9; FAZ v. 26.10.1989, S. 4.
902 NZZ v. 22.10.1996, S. 3; NZZ v. 26.6.1996, S. 3; NZZ v. 21.6.1996, S. 2.

nahme der USA und Japan, in der – in zeitlicher Nähe zu einem in China geplanten Antisezessionsgesetz – das chinesisch-taiwanesische Verhältnis ausdrücklich als Grund für Sicherheitsbedenken genannt worden war[903], oder auf den Empfang des taiwanesischen Außenministers in den USA[904]. Die Volksrepublik bezeichnete darüber hinaus 1997 einen zwischen Japan und den USA vereinbarten Verteidigungspakt und daraus resultierende Unklarheiten hinsichtlich einer Parteinahme in einem möglichen Konfliktfall mit Taiwan als Einmischung in chinesische Angelegenheiten.[905] Nach der Rückgabe Hongkongs an die Volksrepublik im Jahr 1997 machte China (nicht nur) gegenüber Großbritannien mehrfach deutlich, dass Hongkongs Angelegenheiten chinesische innere Angelegenheiten seien und man sich daher jede britische Einmischung verbete.[906]

Aber nicht nur China verbat sich die Einmischung in Territorialstreitigkeiten. Nicht selten besteht ein Zusammenhang zwischen Territorialfragen und Willensbildungsprozessen. 2004 warf Zypern dem EU-Erweiterungskommissar Verheugen eine Einmischung in die inneren Angelegenheiten vor, nachdem dieser bei den auf der Insel beheimateten Türken und Griechen in Fernsehauftritten dafür werben wollte, bei der anstehenden Abstimmung für eine Wiedervereinigung Zyperns nach dem Schweizer Kantonsmodell zu stimmen.[907]

Ein enger Zusammenhang besteht darüber hinaus zwischen der territorialen Integrität und der Anerkennung von Separatisten. Als der Südjemen 1994 – vier Jahre nach der Vereinigung mit dem Norden des Landes – erneut seine Unabhängigkeit erklärte, warnte der jemenitische Präsident Ali Abdallah Saleh andere Staaten vor einer Anerkennung der Separatisten, die eine Einmischung in die inneren Angelegenheiten bedeutet hätte.[908] Russland wies 2000 die afghanische Anerkennung Tschetscheniens als entsprechende Einmischung zurück.[909]

Auch der Schutz der eigenen Grenzen wurde vereinzelt ausdrücklich als innere Angelegenheit reklamiert. Die DDR wies beispielsweise 1989

---

903 FAZ v. 1.3.2005, S. 7.
904 FAZ v. 18.3.2002, S. 2, 6; vgl. auch FAZ v. 23.5.2001, S. 10.
905 FAZ v. 13.11.1997, S. 7.
906 FAZ v. 22.7.2003, S. 2; FAZ v. 19.6.1997, S. 7; FAZ v. 9.4.1997, S. 4; FAZ v. 15.3.1997, S. 6.
907 FAZ v. 20.4.2004, S. 7.
908 NZZ v. 24.5.1994, S. 3.
909 FAZ v. 18.1.2000, S. 1.

einen Protest des EG-Ministerrats gegen mehrere Fälle von Schusswaffengebrauch an der Berliner Mauer als Einmischung in innere Angelegenheiten zurück, da sie das Recht habe, ihre Grenzen zu schützen.[910]

7. Wirtschaft (insb. politische Konditionalitäten)

Die letzte Fallgruppe betrifft die Wirtschaftspolitik. In diesem Zusammenhang wurde der Widerstand von Entwicklungsländern gegen die politische Konditionalität der Kreditvergabe durch die Weltbank bereits an anderer Stelle erwähnt.[911] In ähnlicher Weise äußerte sich auch Fidel Castro, indem er sich ausdrücklich jedem „Junktim zwischen ausländischen Investitionen und politischen Veränderungen" in Kuba verwehrte. Versuche, die künftige wirtschaftliche Zusammenarbeit mit der Verbesserung der Menschenrechtslage oder das Zulassen oppositioneller Strömungen zu verknüpfen, wurden als Einmischung in die inneren Angelegenheiten zurückgewiesen.[912] Ähnlich reagierte Pakistan 2009 in Bezug auf den sog. Kerry-Lugar-Bergman Act, der zwar ein 7,5 Milliarden Dollar Hilfspaket für Pakistan vorsah, dieses aber von politischen Auflagen abhängig machte.[913] 1991 verwehrte sich China gegen entsprechende politische Konditionalitäten. Das amerikanische Repräsentantenhaus hatte zuvor entschieden, die Fortgeltung einer Meistbegünstigungsklausel für den Handel mit China an Bedingungen zu knüpfen, welche vor allem Menschenrechte und den Waffenexport betrafen.[914] Vier Jahre zuvor reagierte bereits die rumänische Regierung mit dem Vorwurf der Einmischung auf den Beschluss des amerikanischen Senats, die Meistbegünstigungsklausel zugunsten Rumäniens wegen religiöser Verfolgung und mangelnder Freiheit für sechs Monate aufzuheben.[915] Einige afrikanische Staaten äußerten sich 1990 in gleicher Weise als Reaktion auf die Ankündigung des französischen Staatspräsidenten Mitterand, die Zahlung von Entwicklungshilfe zukünftig mit Auf-

---

910 FAZ v. 22.6.1989, S. 5.
911 Siehe oben C., IV., 1., b.; NZZ v. 20.9.1997, S. 23.
912 NZZ v. 4.12.1995, S. 9.
913 FAZ v. 20.10.2009, S. 7.
914 FAZ v. 12.7.1991, S. 4; vgl. auch FAZ v. 7.12.1990, S. 2.
915 FAZ v. 30.6.1987, S. 5; vgl. auch schon die entsprechende rumänische Reaktion auf die amerkanische Ankündigung, die Meistbegünstigungsklausel im Zusammenhang mit dem Bukarester Auswanderungsdekret auszusetzen, FAZ v. 12.3.1983, S. 5.

lagen – insbesondere der Forderung nach Demokratisierung – zu verknüpfen.[916]

Aber nicht nur politische Konditionalitäten wurden in Bezug auf die Wirtschaftspolitik als unzulässige Einmischung zurückgewiesen. 1981 wehrte sich beispielsweise Tansanias Präsident Nyerere gegen Warnungen des Weltwährungsfonds. Ratschläge, wie z.B. die Staatsausgaben einzudämmen, die Währung abzuwerten oder Staatsunternehmen zu privatisieren, wies er als unzumutbare Einmischung in Tansanias innere Angelegenheiten zurück.[917]

V. Zusammenfassung

Als Tatbestandsmerkmal des Interventionsverbots kommen dem *domaine réservé* zwei Funktionen zu. Er bestimmt einerseits den sachlichen Anwendungsbereich und andererseits den Kreis der passiv deliktsfähigen Völkerrechtssubjekte: Passiv deliktsfähig ist nur, wer Träger des *domaine réservé* ist. Somit kommen *de lege lata* ausschließlich Staaten (auch sog. „failed states") als passiv deliktsfähige Völkerrechtssubjekte in Betracht.

Der *domaine réservé* umfasst alle Regelungsmaterien, bezüglich derer ein Staat keine völkerrechtlichen Bindungen eingegangen ist. Er ist daher zeitlich, inhaltlich und personell relativ.

In seiner gedanklichen Urform umfasst der *domaine réservé* zunächst sämtliche Regelungsbereiche. Eine sichtbare Kontur erhält er erst durch völkerrechtliche Bindungen. Durch das Hinzutreten und den Wegfall völkerrechtlicher Verpflichtungen ist er einem ständigen Wandel unterworfen. Der quantitative und qualitative Umfang der Öffnung durch völkerrechtliche Verpflichtungen reicht dabei jeweils nur so weit wie die materielle Bindung. Die Öffnung des *domaine réservé* erfolgt also ausschließlich nach Maßgabe der jeweiligen Verpflichtungsstruktur. Demnach sind insbesondere die inhaltliche Reichweite der jeweiligen völkerrechtlichen Vorschrift sowie die Pflichtenkategorie zu berücksichtigen.

Völkerrechtliche Bindungen i.S.d. *domaine réservé* werden grundsätzlich nur durch Regeln begründet, die den klassischen Völkerrechtsquellen entspringen. Eine mittelbare Reduktion des *domaine réservé* durch „soft

---

916 FAZ v. 23.6.1990, S. 6.
917 FAZ v. 21.10.1981, S. 6.

law" kommt allerdings dann in Betracht, wenn durch das Hinzutreten einer klassischen völkerrechtlichen Regel, insbesondere dem Grundsatz von Treu und Glauben, eine völkerrechtliche Bindung begründet wird. Eine entsprechende Bindung ist anzunehmen, wenn sich ein gesteigerter Unterwerfungswille manifestiert. Ein solcher drückt sich regelmäßig dadurch aus, dass Sanktionen für Zuwiderhandlungen akzeptiert werden.

Die Öffnung des *domaine réservé* ist ferner adressiert und folgt der Erfüllungsstruktur völkerrechtlicher Verträge. Liegt einem multilateralen Vertrag eine bilaterale Erfüllungsstruktur zugrunde, vollzieht sich auch die Öffnung des *domaine réservé* nur im bilateralen Verhältnis. Weist ein Vertrag hingegen eine integrale Erfüllungsstruktur auf, wird der *domaine réservé* gegenüber allen Vertragsparteien geöffnet. Zwar scheint es überdies denkbar, den Kreis derjenigen, gegenüber denen sich der Verpflichtete nicht auf seinen *domaine réservé* berufen kann, im Rahmen von multilateralen Verträgen um potentielle Beitrittskandidaten zu erweitern, wenn eine Vertragspartei keinen oder nur begrenzten Einfluss auf die Parteienstruktur hat. Diesem steht aber die anzunehmende Reziprozitätserwartung der Vertragsparteien entgegen.

Das Konzept der inhaltlichen und personellen Relativität findet jedoch seine Grenzen, wenn völkerrechtliche Regeln universell gelten. Dies gilt insbesondere für Vorschriften des universellen Völkergewohnheitsrechts. Darüber hinaus gilt die inhaltliche Relativität aber für sämtliche Regelungsmaterien und somit auch für den Bereich der Menschenrechte, die nur dann dem *domaine réservé* entzogen sind, wenn und soweit tatsächlich eine völkerrechtliche Verpflichtung begründet wurde.

Das Völkerrecht setzt der Öffnung des *domaine réservé* keine Grenzen. Auch wenn die gegenwärtige Völkerrechtsordnung die Existenz von Staaten voraussetzt, ist nicht ersichtlich, inwieweit die Vervölkerrechtlichung einzelner Regelungsmaterien die Staatlichkeit gefährden kann. Es existiert demnach kein Regelungsgegenstand, der *a priori* der völkerrechtlichen Normierung entzogen ist.

Ungeachtet der fortschreitenden Reduktion des *domaine réservé* durch die Zunahme völkerrechtlicher Verpflichtungen wird der Vorwurf der Einmischung in die inneren Angelegenheiten in der Staatenpraxis noch immer regelmäßig erhoben. Die dabei als innere Angelegenheiten reklamierten Materien lassen sich zu wenigen Fallgruppen (Vorwurf der Menschenrechtsverletzung; Justiz; Wahlen und Willensbildungsprozesse; Außenpolitik; Hervorrufen oder Begünstigung von Aufständen, Aufwiegelungen und Terrorismus; Territorialstreitigkeiten; Wirtschaft) zusammenfassen.

E. Tatbestandsmerkmal: Zwangscharakter

Die meisten Autoren, die sich mit dem Interventionsverbot auseinandersetzen, betonen zutreffend, dass in der Abgrenzung zwischen noch rechtmäßigen und schon rechtswidrigen Einmischungen in die inneren Angelegenheiten – also der Bestimmung der qualitativen Anforderung an eine unzulässige Intervention – die eigentliche Kernproblematik des Interventionsverbots zu verorten ist.[918] Die Unsicherheiten im Umgang mit dem zweiten Tatbestandsmerkmal liegen dabei vor allem darin begründet, dass sich in der unmittelbar auf das Interventionsverbot bezogenen Staatenpraxis nur vereinzelt Hinweise auf die tatsächliche Ausgestaltung des Tatbestandsmerkmals finden.

Auch wenn die Frage nach der qualitativen Anforderung z.B. in der Debatte um die Formulierung des Interventionsverbots in der UN-Prinzipiendeklaration durchaus eine Rolle gespielt hat und zahlreiche Kodifikationen den Zwangscharakter der Handlung als Tatbestandsmerkmal voraussetzen, ist eine nähere Bestimmung bisher unterblieben. Gleiches gilt für die Rechtsprechung des IGH oder auch des Bundesverfassungsgerichts, die sich im Wesentlichen in der Benennung des Tatbestandsmerkmals erschöpft. Im Gegenzug zeigt aber nicht nur die wiederholte Aufnahme des Zwangscharakters als Tatbestandsmerkmal die Bedeutung eines die Einmischungshandlung betreffenden Qualitätserfordernisses. Gerade die Verhandlungen zur UN-Prinzipiendeklaration[919] oder auch der Beitritt Australiens und der Vereinigten Staaten zum TAC haben gezeigt, dass das Interventionsverbot nur dann Akzeptanz in der Staatengemeinschaft findet, wenn die qualitative Anforderung an eine rechtswidrige Interventionshandlung zumindest im Ansatz konturiert ist.[920]

Da sich in Staatenpraxis und Rechtsprechung zum Interventionsverbot also kaum Hinweise auf die Ausgestaltung des Tatbestandsmerkmals fin-

---

918 Siehe nur *Stein/von Buttlar*, Völkerrecht, Rdnr. 644; *Hobe*, Einführung in das Völkerrecht, S. 292.

919 Siehe oben B., II., 1., b., aa., (2); vgl. z.B. auch den von Jugoslawien und Frankreich eingebrachten Staatenentwurf in den Verhandlungen zur KSZE-Schlussakte (Fn. 338).

920 Zum Beitritt siehe B., II., 2., a., ee.

den, sollen zunächst die bisher in der wissenschaftlichen Auseinandersetzung entwickelten Ansätze zur inhaltlichen Ausgestaltung betrachtet werden (I.), bevor die Funktion des Tatbestandsmerkmals näher bestimmt wird (II.). Ausgehend von der Funktion und den bisherigen Ansätzen im Schrifttum, die das Tatbestandsmerkmal überwiegend durch Abwägungsmodelle ausfüllen, sind sodann die notwendigen Voraussetzungen für eine mit Zwang wirkende Handlung darzulegen (III.). Anschließend stellt sich die Frage, wie das Völkerrecht insgesamt mit Fallkonstellationen umgeht, denen ein dem Interventionsverbot vergleichbarer Souveränitätskonflikt zugrunde liegt. Durch die sich in der vergleichenden Betrachtung ergebenen Parallelen soll schließlich das Tatbestandsmerkmal des Zwangscharakters inhaltlich ausgefüllt werden (IV.).

I. Bisherige Lösungsansätze

Im Schrifttum lassen sich *grosso modo* drei Ansätze für den Umgang mit dem Tatbestandsmerkmal ausmachen. (1.) Teilweise wird auf eine abstrakte Definition des Zwangscharakters verzichtet und das Tatbestandsmerkmal durch die Bildung von Fallgruppen ausgestaltet. (2.) Andere Autoren ziehen für die Bestimmung Adäquanztheorien heran. (3.) *Bockslaff*, der im Ergebnis zu einer den Adäquanztheorien vergleichbaren Abwägungslösung gelangt, orientiert sich bei der Ausgestaltung vorrangig am Schutzgut des Interventionsverbots.

1. Fallgruppenorientierte Lösungsansätze

Stein/von Buttlar sprechen angesichts der notwendigen Abgrenzung für die völkerrechtliche Bewertung und der gleichzeitig von ihnen festgestellten Nichtexistenz eindeutiger Abgrenzungskriterien von einem „Dilemma". Da es keine generell akzeptierte Definition gebe, könne man sich innerhalb des Tatbestandsmerkmals ‚Zwang' schließlich nur darauf beschränken, zu Völkergewohnheitsrecht herangewachsene Fallgruppen herauszubilden.[921]

---

921 *Stein/von Buttlar*, Völkerrecht, Rdnr. 645.

Sie arbeiten in diesem Rahmen vier Fallgruppen heraus, die sich im Wesentlichen mit den in anderen Darstellungen aufzufindenden Beispielen decken.[922] Unter Verweis auf das *Nicaragua*-Urteil des IGH wird zunächst die Unterstützung von Aufständischen mit finanziellen Mitteln, logistischer Hilfe oder ähnlichen Handlungen genannt. Sodann wird die sog. subversive Intervention[923] beschrieben. In Bezug auf diese stelle sich allerdings die Frage, welche Qualität die Einmischung haben müsse, um tatsächlich die Schwelle zur rechtswidrigen Intervention zu überschreiten. Über die bloße Äußerung von Kritik hinaus müsse zumindest verlangt werden, dass planmäßig auf die Umwälzung der politischen Verhältnisse hingewirkt bzw. eine solche in Kauf genommen werde. Ähnliche Unsicherheiten bestünden für die Anwendung wirtschaftlicher Zwangsmittel. Zwar sei den einschlägigen Resolutionen der Vereinten Nationen zu entnehmen, dass auch die Ausübung wirtschaftlichen Drucks gegen das Interventionsverbot verstoßen könne; dies gelte ob der Legitimität der Wahrnehmung wirtschaftspolitischer Interessen aber nur für extreme Formen. Anhaltspunkte, wann die Grenze der erlaubten Druckausübung erreicht ist, werden aber nicht genannt. Letztlich wird auf die vorzeitige Anerkennung von Staaten hingewiesen. Da eine Anerkennung erst erfolgen dürfe, wenn sich eine neue Staatsgewalt tatsächlich herausgebildet habe, stelle die verfrühte Anerkennung einer sich abspaltenden Bewegung als Staat eine rechtswidrige Intervention zulasten des ursprünglichen Gesamtstaates dar.

Für die Orientierung an Fallgruppen innerhalb des Tatbestandsmerkmals „Zwangscharakter" gilt im Wesentlichen die für das Modell *Kunigs* bereits vorgebrachte Kritik.[924] Den Vertretern fallgruppenorientierter Lösungsansätze gelingt es nicht, das Tatbestandsmerkmal zu konturieren und praktikabel auszugestalten. Wie die Diskussionen um die genannten Fallgruppen der Ausübung wirtschaftlichen Zwangs und der subversiven Intervention zeigen, genügt eine Gruppierung möglicher Interventionshandlungen nicht, um deren Rechtswidrigkeit nachzuweisen. Vielmehr bedarf es auch innerhalb der genannten Beispiele weiterer Kriterien, um tatsächlich zwischen rechtmäßigen und rechtswidrigen Maßnahmen abzugrenzen,

---

922 *Stein/von Buttlar*, Völkerrecht, Rdnr. 646-651; vgl. auch die Darstellung bei *Kunig*, Prohibition of Intervention, in: Wolfrum, MPEPIL VI, S. 289 (Rdnr. 22-26).
923 Darunter verstehen die Autoren ein offenkundiges Handeln eines Staates, das auf eine Veränderung der Herrschaftsverhältnisse im Opferstaat gerichtet ist.
924 Oben C., V., 1., c.

was im Ergebnis nicht zu einer Lösung, sondern lediglich zu einer Verlagerung der Problemstellung führt.[925]

2. Adäquanztheorien

a. Sozialadäquanz

In Anlehnung an die Dogmatik des § 240 StGB zieht (insbesondere) *Gerlach*[926] den Begriff der Sozialadäquanz als Maßstab zur Abgrenzung zwischen der verbotenen Intervention und der noch erlaubten, politischen Beeinflussung heran.[927]

Während bei der Anwendung absoluter Gewalt bereits die Gestalt der Einmischung zur Feststellung der Rechtswidrigkeit genügen soll, bedarf es nach *Gerlach* bei der Anwendung kompulsiver Gewalt im Anschluss an die Abgrenzung zwischen „empfindlichem Übel und bloßer Unan[n]ehmlichkeit" einer zusätzlichen Einzelfallprüfung, um die Rechtswidrigkeit der konkreten Maßnahme festzustellen. Hierfür wird die Sozialadäquanz als anzulegender Maßstab herangezogen.[928] Der Begriff der Sozialadäquanz wird bei *Gerlach* anhand des nationalen deutschen Strafrechts sowie des Arbeitsrechts als allgemeines Rechtsprinzip eingeordnet, welches – jedenfalls in Deutschland – als Maßstab für die Abgrenzung von noch rechtmäßigem und schon rechtswidrigem Verhalten herangezogen wird. Die Übernahme des nationalen Prinzips in das Völkerrecht wird unproblematisch mit dem Argument gerechtfertigt, dass „es sich bei den in den verschiedenen Rechtsgebieten zugrundeliegenden Sachverhalten um durchaus vergleichbare Tatbestände" und im Ergebnis somit um dieselbe Problematik handele.[929]

---

925 So gelangt auch *Hobe* im Ergebnis bezeichnenderweise nur in Bezug auf die Unterstützung Aufständischer zu einer einigermaßen klar konturierten Fallgruppe (Einführung in das Völkerrecht, S. 292 f.).

926 Zuvor, wenn auch nicht in vergleichbarer Ausführlichkeit und unter untechnischer Verwendung der Begrifflichkeit, bereits *Dahm*, Völkerrecht, Bd. 1, S. 205-210 (insb. 206); ebenso *Berber*, Lehrbuch des Völkerrechts, Bd. 1, S. 185-194.

927 *Gerlach*, Die Intervention, S. 177-213; ähnlich *Ritterband*, Universeller Menschenrechtsschutz und Interventionsverbot, S. 351-361.

928 *Gerlach*, Die Intervention, S. 178 f.

929 *Gerlach*, Die Intervention, S. 193 f.

Gemessen am Maßstab der Sozialadäquanz werden alle Eingriffe in die inneren Angelegenheiten dritter Staaten als rechtmäßig beschrieben, „die sich völlig innerhalb des Rahmens der geschichtlich gewordenen sozial-ethischen Ordnung des (internationalen) Gemeinschaftsleben bewegen".[930] Zur Konkretisierung dieser schwer greifbaren Formel nimmt *Gerlach* eine dreistufige Prüfung vor.[931] Dabei untersucht er, (1.) inwieweit sich die Rechtswidrigkeit einer Maßnahme bereits allein aus der angewandten Methode ergeben kann, (2.) ob durch das verfolgte Ziel eine ansonsten rechtmäßige Handlung dennoch dem Interventionsverbot unterliegt und schließlich, (3.) inwiefern im Einzelfall gerade die Verknüpfung von Mittel und Zweck zur Rechtswidrigkeit führt.

Eine Maßnahme verstoße immer dann gegen das Interventionsverbot, wenn die angewandte Methode selbst rechtswidrig ist. Die Völkerrechtswidrigkeit der Maßnahme folge in diesen Fällen nicht unmittelbar aus dem Interventionsverbot, sondern aus anderen Normen des Völkerrechts, welche die Anwendung gerade dieses Mittels untersagen. Völkergewohnheitsrechtlich habe sich z.B. ein Verbot der „Beeinträchtigung der Entscheidungsfreiheit eines Staates durch Untergrundtätigkeiten, Wühlarbeit, Infiltration, Ausbildung von Guerillakämpfern oder Spionage" entwickelt.[932] Wenn nicht schon ein Verbot des eingesetzten Mittels dazu führe, dass die Maßnahme nicht sozialadäquat ist, so sei in einem zweiten Schritt zu prüfen, ob das angestrebte Ziel mit dem Maßstab der Sozialadäquanz vereinbar ist. An dieser Vereinbarkeit fehle es, wenn durch die Intervention ein völkerrechtswidriges Verhalten des Opferstaates erzwungen werden soll.[933] Trotz der Ausübung von Druck oder Zwang sei hingegen z.B. eine Maßnahme – soweit die Methode selbst nicht verboten ist – hinsichtlich des verfolgten Zieles zulässig, die den Austritt des beeinflussten Staates aus einem Bündnis oder ähnlichem unter Einhaltung der vertraglichen Vorschriften bezweckt. Allerdings könne sich die soziale Inadäquanz hier durch die dritte Prüfungsebene, die Verknüpfung von Mittel und Zweck, ergeben, wenn die „Verbindung von Mittel und Zweck als ‚verwerflich'

---

930 *Gerlach*, Die Intervention, S. 196; vgl. auch schon *Dahm*, Völkerrecht, Bd. 1, S. 207.
931 Vgl. auch *Ritterband*, Universeller Menschenrechtsschutz und Interventionsverbot, S. 353-359.
932 *Gerlach*, Die Intervention, S. 197-200.
933 *Gerlach*, Die Intervention, S. 201; so auch schon *Wengler*, Völkerrecht, Bd. II, S. 1049 f.; *Berber*, Lehrbuch des Völkerrechts, Bd. 1, S. 187-189.

anzusehen" ist.[934] Während für *Berber* die Schwelle des sozialadäquaten Verhaltens bereits bei einem Verstoß gegen die guten Sitten und Treu und Glauben überschritten, und die Maßnahme somit rechtswidrig ist[935], bemüht sich *Gerlach* um eine „sinnvolle" Begrenzung des Interventionstatbestandes durch einen erhöhten „Anspruch" an die Sozialinadäquanz der Maßnahme.[936] Um eine solche zu erreichen, seien an die Verwerflichkeit der Verbindung erhebliche Anforderungen zu stellen, die nur erfüllt sind, soweit „die Methode des Eingriffs in einem offensichtlichen Missverhältnis zum angestrebten Zweck [steht]".[937] Zur Bestimmung des offensichtlichen Missverhältnisses wird der Grundsatz der Verhältnismäßigkeit herangezogen. Eine Maßnahme sei z.B. insbesondere dann inadäquat, wenn das verfolgte Ziel für den intervenierenden Staat von vergleichsweise geringer Bedeutung ist, die Methode der Einmischung, z.B. in Gestalt eines Embargos, für den Opferstaat aber zu einer Existenzbedrohung führt.[938] Darüber hinaus sei eine Intervention immer dann sozialinadäquat, wenn keinerlei Sachzusammenhang zwischen dem erstrebten Ziel und dem verwendeten Mittel besteht.[939]

b. Zweck-Mittel-Adäquanz

Wie *Gerlach* zieht auch *Ritterband*[940] eine Adäquanzüberprüfung als Begrenzungsmaßstab heran. Dabei stützt er sich allerdings nicht auf die Sozialadäquanz, sondern auf den Verhältnismäßigkeitsgrundsatz, welchen er

---

934 *Gerlach*, Die Intervention, S. 203.
935 *Berber*, Lehrbuch des Völkerrechts, Bd. 1, S. 187.
936 Da das Tatbestandsmerkmal des Zwangs bei (fast) allen Autoren zu finden ist, fordert auch *Ritterband*, dass das Mittel der Intervention noch immer stark sein, „also in der Skala der Einwirkungsarten so weit ‚oben' liegen [muss], dass es geeignet ist, [… die] Entscheidungsfreiheit ‚erheblich' zu beeinträchtigen." (Universeller Menschenrechtsschutz und Interventionsverbot, S. 354).
937 *Gerlach*, Die Intervention, S. 204; ähnlich auch *Dahm*, der für ein sozialadäquates Verhalten lediglich fordert, dass sich der eingreifende Staat an die Mindestanforderungen hält, „die an ein soziales Verhalten im internationalen Rechtsleben gestellt werden müssen." (Völkerrecht, Bd. 1, S. 206 f.).
938 *Gerlach*, Die Intervention, S. 206.
939 *Gerlach*, Die Intervention, S. 206 f./212.
940 *Ritterband*, Universeller Menschenrechtsschutz und Interventionsverbot, S. 348-361.

als allgemeines völkerrechtliches Prinzip einordnet.[941] In Anlehnung an die Anerkennung des Verhältnismäßigkeitsprinzips im *Naulilaa*-Schiedsspruch zwischen dem Deutschen Reich und Portugal (1928)[942] sei „die Völkerrechtsverletzung, bzw. das durch die Intervention zu schützende Rechtsgut […] abzuwägen gegen das [völkerrechtlich] ebenfalls geschützte Rechtsgut Souveränität. [D]ie durch Intervention erfolgte Souveränitätsverletzung oder gar -einbuße soll möglichst geringgehalten werden, so dass das zu schützende Rechtsgut ‚gerade noch' verwirklicht werden kann." Entscheidend sei also, dass Ziel und Mittel in einem adäquaten Verhältnis zueinanderstehen. Es handele sich letztlich um eine „Ermessensfrage", die aber nur in „‚evidenten' Extremfällen" objektiv zu beantworten sei.[943]

c. Probleme der Adäquanzüberprüfung

Das zentrale Problem der Konstruktion *Gerlachs* liegt in der Übertragung eines innerstaatlichen Rechtsprinzips auf die eigenständige Völkerrechtsordnung. Während insbesondere *Dahm* (dies gilt wohl auch für *Berber*) eher untechnisch die Sozialadäquanz mit dem Interventionsverbot in Verbindung setzt, konkretisiert *Gerlach* den Maßstab mit Erkenntnissen, die er einer nationalen Rechtsordnung entlehnt. Die Rechtfertigung dieser Übertragung mit der Charakterisierung der Sozialadäquanz als allgemeines Rechtsprinzip im deutschen Recht sowie der Parallelität der Problemstellung überzeugt nicht.[944] Eine „Übertragung" der Sozialadäquanz aus nationalen Rechtsordnungen in das Völkerrecht kann nur dann erfolgen, wenn es sich bei dieser um ein allgemeines Rechtsprinzip i.S.d. Art. 38 Abs. 1 lit. c) des Statuts des Internationalen Gerichtshofs (IGH-Statut)[945] handelt. Allgemeine Rechtsgrundsätze des Völkerrechts sind aber nur diejenigen allgemeinen Prinzipien des Rechts, die sich in den innerstaatlichen

---

941 *Ritterband*, Universeller Menschenrechtsschutz und Interventionsverbot, S. 358.
942 Schiedsspruch v. 31.7.1928, *Responsabilité de l'Allemagne à raison des dommages causés dans les colonies portugaises du sud de l'Afrique*, RIAA 2, S. 1011 (1028).
943 *Ritterband*, Universeller Menschenrechtsschutz und Interventionsverbot, S. 358 f.
944 So schon *Dicke*, Intervention mit wirtschaftlichen Mitteln, S. 179; *Bryde*, Die Intervention mit wirtschaftlichen Mitteln, in: FS Schlochauer (1981), S. 227 (241); *Bockslaff*, Das völkerrechtliche Interventionsverbot, S. 98.
945 Abgedruckt in: BGBl. 1973 II, 505.

Rechtsordnungen von Staaten unterschiedlicher Rechtskreise finden. Nur im Fall der weltweiten Kohärenz dieser im Rechtsvergleich zu ermittelnden Prinzipien ist auch von ihrer universellen Geltung auszugehen.[946] *Gerlach* beschränkt seine Betrachtung hingegen ausschließlich auf die deutsche Rechtsordnung und bleibt den Nachweis einer universellen Geltung schuldig.[947]

Die tatsächliche Ausfüllung des Begriffs der Sozialadäquanz mit den drei oben beschriebenen Varianten kann hingegen dennoch fruchtbar gemacht werden. Die gebildeten Fallgruppen finden sich ebenso, wenn auch in andere dogmatische Kleider gewandt, bei anderen Autoren. Dies gilt insbesondere für die Anwendung des Verhältnismäßigkeitsgrundsatzes als Abgrenzungsmaßstab zwischen noch erlaubten und bereits rechtswidrigen Beeinflussungshandlungen, wie sie z.B. auch bei *Ritterband* zu finden ist. *Ritterbands* Ausführungen sind allerdings sehr knapp und vage. Er verzichtet auf eine weitere Konkretisierung und stellt die Unanwendbarkeit seiner Normkonstruktion auf umstrittene Fallkonstellationen *de facto* selbst fest.

3. „Schutzgutbezogenes Lösungsmodell"

a. Lösungsansatz

Bockslaff differenziert in seinem schutzgutbezogenen Lösungsmodell zwischen konstitutiven und ausfüllungsbedürftigen Tatbestandsmerkmalen. Während die Subsumtion eines Sachverhalts unter die konstitutiven Tatbestandsmerkmale die Einstufung einer Handlung als rechtswidrige Intervention überhaupt erst ermögliche, sei anhand der ausfüllungsbedürftigen Tatbestandsmerkmale, unter Beachtung der allgemeinen Regeln und Wertungen des Völkerrechts, die tatsächliche Differenzierung zwischen er-

---

946 Vgl. nur *Hobe*, Einführung in das Völkerrecht, S. 216 f.

947 *Dicke* fügt seiner Kritik an *Gerlach* hinzu, dass dieser Nachweis auch nicht zu führen sei. Selbst wenn die Sozialadäquanz in allen Staaten nachweisbar sein sollte, so wäre die konkrete Ausprägung derart unterschiedlich, „daß sich schon von daher die Möglichkeit einer fruchtbaren Anwendung auf das Völkerrecht ausschlösse" (Intervention mit wirtschaftlichen Mitteln, S. 181).

laubter und nicht erlaubter zwischenstaatlicher Beeinflussung vorzunehmen.[948]

Notwendige Voraussetzung – und somit konstitutives Tatbestandsmerkmal – ist auch für *Bockslaff* das objektive Vorliegen eines Drucks[949] in Gestalt des Inaussichtstellens eines Nachteils zur Beeinflussung der Willensbildung des Opferstaates im Sinne des Intervenienten. Mit Verweis auf die zunehmende Interdependenz in der modernen Staatenwelt begründet er sodann, dass die Ausübung von Druck allein noch nicht die Verbotswidrigkeit einer Maßnahme nach sich ziehen könne. Vielmehr sei die Ausübung zwischenstaatlichen Drucks in Ermangelung einer zentralen völkerrechtlichen Durchsetzungsgewalt notwendiges Mittel und Korrektiv, um völkerrechtliche Vorschriften durchzusetzen, und somit „eine zulässige, ja unter gewissen Umständen wünschenswerte Ausübung der staatlichen Souveränität". Da auch die Ausübung von Druck für *Bockslaff* Ausfluss staatlicher Souveränität ist, entsteht in Fällen der Ausübung eines solchen ein Spannungsverhältnis konkurrierender Souveränitätsansprüche. Eine Abgrenzung zwischen rechtmäßiger und verbotswidriger Einflussnahme gehe daher mit der Auflösung des entstandenen Souveränitätskonflikts einher.[950] Als zweites konstitutives Tatbestandsmerkmal zieht *Bockslaff* einen auf „den Entscheidungsprozess gerichtete Änderungswille[n]" heran.[951]

Kommt die Rechtswidrigkeit der Beeinflussung aufgrund der erfüllten konstitutiven Tatbestandsmerkmale in Betracht, so ist nach *Bockslaff* im Weiteren zu prüfen, ob die hinreichenden ausfüllungsbedürftigen Tatbestandsmerkmale erfüllt sind, unter welchen Umständen also aus der zuläs-

---

948 *Bockslaff*, Das völkerrechtliche Interventionsverbot, S. 82.
949 *Bockslaff* differenziert ausdrücklich (und begrifflich nachvollziehbar) zwischen den Begriffen des „Drucks" und des „Zwangs". Der Begriff „Zwang" sei als eine, die Ausübung von Druck juristisch bewertende, Formulierung zu verstehen und nehme somit das Ergebnis der juristischen Prüfung voraus. Demnach sei zunächst der Begriff „Druck" zu verwenden, welcher die objektive Feststellung des Vorliegens einer durchaus intensiven Einflussnahme umfasst; „Zwang" beschreibt hingegen eine Einflussnahme, die die Grenze der Rechtmäßigkeit überschritten hat. Ziel der Prüfung ist daher die Feststellung, ob der objektiv festgestellte „Druck" diese Grenze überschreitet.
950 *Bockslaff*, Das völkerrechtliche Interventionsverbot, S. 82-84.
951 *Bockslaff*, Das völkerrechtliche Interventionsverbot, S. 91; Zuvor stellte z.B. schon *Haedrich* für die Abgrenzung zwischen Interzession und Intervention auf den Willen des Interzedenten ab. Richte sich der Wille nicht auf eine zwangsweise Durchsetzung von Ratschlägen oder Mahnungen, handele es sich lediglich um eine Interzession (*Haedrich*, in: Strupp, Wörterbuch des Völkerrechts, S. 147).

sigen Ausübung von Druck ein unzulässiger Zwang entsteht. Dies sei zunächst der Fall, wenn der mit der Maßnahme angestrebte Erfolg rechtswidrig sei. Ein derart missbilligtes Handlungsziel liege dann vor, wenn die Maßnahme über die bloße Einflussnahme hinaus die Beraubung der Staatsqualität des Opferstaates verfolgt. *Bockslaff* sieht dabei das Problem der Nachweisbarkeit des tatsächlich verfolgten Zieles und zieht zu dessen objektiver Charakterisierung die Schwere des Eingriffs heran. Darüber hinaus handele es sich immer dann um eine Zwangsausübung, wenn das eingesetzte Mittel den Opferstaat zu einer Völkerrechtsverletzung verleiten soll. Schließlich läge – hier liegt der Schwerpunkt der Betrachtung – eine Verwirklichung des Interventionstatbestandes vor, wenn das grundsätzlich zulässige Mittel der Einmischung aufgrund seiner konkreten Art der Verwendung rechtswidrig sei. Zurückgeführt auf den „koexistenzrechtlichen Charakter" des Völkerrechts fände die eigene Handlungsfreiheit ihre Begrenzung in der Freiheit eines anderen Staates. Da die Handlungsfreiheit Ausfluss der staatlichen Souveränität sei, laufe die Abgrenzung auf die Auflösung einer Souveränitätskonkurrenz hinaus.[952] Zum Ausgleich dieser konkurrierenden Souveränitätsansprüche greift *Bockslaff* auf das – ebenfalls ausfüllungsbedürftige – Verhältnismäßigkeitsprinzip zurück.

Die Darstellung unterscheidet zwischen einer Verhältnismäßigkeitsprüfung im weiteren und im engeren Sinne. Für die erstgenannte Prüfung sei die sachliche Konnexität zwischen Maßnahme und bezweckten politischen Erfolg das entscheidende Kriterium. Besteht eine derartige Konnexität, so sei letztlich zu prüfen, ob die Maßnahme auch im engeren Sinne verhältnismäßig ist. Für diese Prüfung nennt *Bockslaff* drei Kriterien. (1) Aus der Perspektive des handelnden Staates sei die Adäquanz des eingesetzten Mittels in seiner konkreten Einwirkungsintensität mit der Bedeutung der Zielerreichung heranzuziehen. (2) Im nächsten Schritt sei die Bedeutung des Erfolgseintritts mit dem Interesse des Opferstaates, das eben dieser Erfolg ausbleibt, in Verhältnis zu setzen. (3) Letztlich folge eine Abwägung zwischen der Bedeutung des angestrebten Erfolgs und dem drohenden Schaden für den betroffenen Staat.[953]

---

952 *Bockslaff*, Das völkerrechtliche Interventionsverbot, S. 117-121.
953 *Bockslaff*, Das völkerrechtliche Interventionsverbot, S. 146-148.

b. Probleme

Bockslaff betont wiederholt die dem Völkerrecht immanente Notwendigkeit der Druckausübung als Durchsetzungsmechanismus. Diese Aussage verdient in Anbetracht der Tatsache, dass zentrale Durchsetzungsmechanismen im Völkerrecht noch immer eine Ausnahmestellung innehaben, vollkommene Zustimmung. Allerdings ist diese Erkenntnis für das Interventionsverbot irrelevant: Dient die Druckausübung der Durchsetzung des Völkerrechts, kommt ein Verstoß gegen das Interventionsverbot schon deshalb nicht in Betracht, weil der *domaine réservé* des Staates, von dem die Einhaltung einer völkerrechtlichen Regel verlangt wird, nicht betroffen und der Anwendungsbereich des Interventionsverbots somit nicht eröffnet ist.

Aufgrund der konsequenten Rechtfertigung der Einmischung unterhalb der Interventionsschwelle, die zutreffend ihrerseits als Ausfluss staatlicher Souveränität eingeordnet wird, ergibt sich mit dem Ausgleich konkurrierender Souveränitätsansprüche ein von anderen Darstellungen durchaus abweichender Abgrenzungsmaßstab. Im Gegensatz zur Übertragung der Sozialadäquanz in das Völkerrecht überzeugt auch die Herleitung des Verhältnismäßigkeitsprinzips als Ausgleichsregel (dazu sogleich). Wie die anderen dargestellten Lösungsansätze, die im Ergebnis auch zu einer Bestimmung der Rechtmäßigkeit über Verhältnismäßigkeitserwägungen gelangen, wird zwar der vorzunehmende Abwägungsvorgang dargelegt, ohne dass jedoch die zu berücksichtigenden Parameter und somit die in die Abwägung einzustellenden Kriterien näher bestimmt werden.

Das Hinzuziehen eines subjektiven Tatbestandsmerkmals ist nicht nur der Kritik der Beweisschwierigkeit ausgesetzt. *Bockslaff* sieht die Problematik eines subjektiven Tatbestandsmerkmals und versucht, diese durch den Rückschluss von der objektiv zu bestimmenden Schwere des Eingriffs abzumildern. Die Schwere und Intensität des Eingriffs ist – insbesondere in *Bockslaffs* Modell – jedoch ein entscheidendes Faktum in der Verhältnismäßigkeitsprüfung. Warum diese trotz der erwähnten Berücksichtigung auch für die Konstruktion eines ansonsten nur schwer nachweisbaren Änderungswillens herangezogen werden sollte bzw. welcher Gewinn mit einer doppelten Betrachtung eines Kriteriums einhergeht, wird nicht deutlich. Schließlich führt der Rückschluss von der Schwere des Eingriffs auf den Änderungswillen zu einer gewillkürten Verengung des Anwendungsbereichs, da ein Nachweis des Änderungswillens im Regelfall nur bei schweren Eingriffen möglich sein und eine rechtswidrige Intervention unterhalb dieser Schwelle – lediglich aufgrund der Beweisschwierigkeit – ausgeschlossen wird.

II. Funktion und Inhalt des Tatbestandsmerkmals

Die Funktion des Tatbestandsmerkmals „Zwangscharakter" leitet sich unmittelbar aus der Funktion des Interventionstatbestandes ab. Während die Betroffenheit des *domaine réservé* den persönlichen und sachlichen Anwendungsbereich der Norm bestimmt, bleibt allein das Merkmal des Zwangscharakters, um den zugrunde liegenden Souveränitätskonflikt[954] aufzulösen. Der Funktionsgehalt des Tatbestandsmerkmals liegt damit in der Bestimmung des eigentlichen Handlungsunrechts, des Zwangscharakters als Proprium der verbotenen Intervention[955], und damit in der Grenzziehung zwischen rechtmäßiger Interaktion und rechtswidriger Intervention.

Die nähere Bestimmung des Tatbestandsmerkmals hat sich damit zwangsläufig an dieser Funktion zu orientieren. Die Ausrichtung an der Funktion des Interventionsverbots entspricht dabei im Wesentlichen dem Ansatz *Bockslaffs*, der sich *expressis verbis* am Schutzgut des Interventionsverbots orientiert. Allerdings stellt vor allem dieser die Auflösung des Souveränitätskonflikts in den Mittelpunkt seiner Betrachtung, sodass es sich tatsächlich weniger um einen schutzgutorientierten, sondern vielmehr um einen funktionellen Lösungsansatz handelt.

In Ansehung der Funktion des Tatbestandsmerkmals ist es wenig verwunderlich, dass die meisten der soeben dargestellten Lösungsansätze ausdrücklich oder zumindest mittelbar auf den zugrundeliegenden Souveränitätskonflikt rekurrieren und Kriterien für dessen Auflösung anbieten. Trotz der unterschiedlichen dogmatischen Anknüpfungspunkte finden sich in allen dargestellten Lösungsansätzen, soweit sie sich nicht in der Aufzählung von Fallgruppen erschöpfen, Elemente der Einzelfallabwägung. Als maßgebliches Abwägungskriterium wird auf Verhältnismäßigkeitserwägungen zurückgegriffen. Dies gilt gleichermaßen für *Gerlach*, der die Zweck-Mittel-Relation aus der Perspektive der Sozialadäquanz bestimmt, wie auch

---

954 Siehe oben C., III., 2.

955 So etwa auch *Janik*, Das Interventionsverbot im Zeitalter der Demokratie, in: Bockley/Kriebaum/Reinisch, Nichtstaatliche Akteure und Interventionsverbot, S. 107 (114).

für *Ritterband, Bockslaff* und *Berstermann*, die von vornherein auf Verhältnismäßigkeitserwägungen zurückgreifen. Ähnlichkeiten sind daher auch in Bezug auf die vorgeschlagenen Abwägungsvorgänge, insbesondere hinsichtlich der heranzuziehenden Abwägungspositionen, auszumachen. Gemeinsam ist ihnen aber auch, dass die tatsächlich zu berücksichtigenden Abwägungskriterien keine nähere Bestimmung erfahren.

III. Notwendige Voraussetzungen für eine Zwangswirkung

Bevor der Versuch unternommen wird, den Abwägungsvorgang anhand der Betrachtung parallel gelagerter Konfliktsituationen im Völkerrecht zu konkretisieren, ist zu klären, inwiefern zunächst notwendige Voraussetzungen erfüllt sein müssen, damit tatsächlich ein für das Interventionsverbot relevanter Souveränitätskonflikt entsteht. Neben der vorausgesetzten Beeinträchtigung der staatlichen Handlungsfreiheit (1.) stellen sich vor allem Fragen nach der Notwendigkeit des Erfolgseintritts einer Interventionshandlung (2.) sowie der möglichen Existenz eines separat zu prüfenden subjektiven Tatbestandsmerkmals (3.).

1. Beeinträchtigung staatlicher Handlungsfreiheit

Notwendige Voraussetzung für einen interventionsrelevanten Sachverhalt ist zunächst die Beeinträchtigung der staatlichen Handlungsfreiheit des Opferstaates.[956] Die angedrohte bzw. ergriffene Handlung muss in Anbetracht des Schutzgutes – zumindest mittelbar – auf die Beeinflussung staatlichen Verhaltens gerichtet sein. Dazu bedarf es der ausdrücklichen oder konkludenten Inaussichtstellung eines Nachteils, welcher bei Nichtbefolgung des Handlungsdesiderats eintritt. Dabei kann es nicht darauf ankommen, dass der agierende Staat die Verknüpfung seiner Handlung mit

---

[956] Insoweit stimmen die meisten Darstellungen im Schrifttum, wenn auch bei abweichender Begriffswahl („Eingreifen", „Beeinträchtigung", „Verletzung"), überein. Vgl. nur *Hettlage*, Niemeyer's Zeitschrift für Internationales Recht 37 (1927), S. 11 (15); *Thomas/Thomas*, Non-Intervention, S. 72; *Gerlach*, Die Intervention, S. 137; *Bryde*, Die Intervention mit wirtschaftlichen Mitteln, in: FS Schlochauer (1981), S. 227 (235); *Dicke*, Intervention mit wirtschaftlichen Mitteln, S. 145; *Bockslaff*, Das völkerrechtliche Interventionsverbot, S. 82.

dem erwarteten Erfolg offenlegt. Die Konnexität zwischen Handlung und erstrebten Erfolg ist vielmehr anhand der objektiven Umstände zu bestimmen. In der Regel dürfte aber eine Offenlegung des Handlungsziels im Sinne des agierenden Staates sein, da diese schließlich regelmäßig die Erfolgsaussichten der Beeinflussungshandlung steigert.

Die Einflussnahme auf die Handlungsfreiheit kann durch unzählige Maßnahmen erfolgen. Daher lassen sich grundsätzlich auch keine Handlungsformen benennen, die in Bezug auf das Interventionsverbot *per se* die Rechtswidrigkeit einer Einmischung begründen. Die Rechtswidrigkeit ergibt sich unabhängig von der ergriffenen Maßnahme erst aus dem Zusammenspiel aus Handlung und erstrebten Erfolg. So geht auch der bei *Gerlach* vorgesehene Schluss von der Völkerrechtswidrigkeit der Einmischungshandlung selbst auf die tatbestandliche Einschlägigkeit des Interventionsverbots[957] fehl. Es ist nicht ersichtlich, warum eine Maßnahme, die aufgrund anderer völkerrechtlicher Vorschriften rechtswidrig ist, ausschließlich in Anbetracht dieser Feststellung den Tatbestand des Interventionsverbots und somit dessen spezifische Tatbestandsmerkmale erfüllen soll.

Ist die Beeinflussung staatlicher Handlungsfreiheit notwendige Voraussetzung, so folgt daraus, dass für die Verwirklichung des Interventionstatbestandes nur *vis compulsiva* in Betracht kommt.[958] Allein diese ist für eine Einflussnahme geeignet. Handelt ein Staat hingegen mit *vis absoluta*, nimmt er eben keinen Einfluss auf die Handlungsfreiheit eines Drittstaates, sondern ersetzt die Wahrnehmung dieser durch eine eigene Handlung. Derartige Überschreitungen der eigenen Souveränitätssphäre werden aber nicht durch das Interventionsverbot, sondern durch das völkerrechtliche Gewaltverbot und das Konzept der Unverletzlichkeit (territorialer) Souveränität erfasst.[959]

2. Handlungs- oder Erfolgsdelikt?

Darüber hinaus stellt sich die Frage, ob der Erfolg der Einflussnahme auf die staatliche Willensbildung bzw. – ausübung konstitutiv für die Rechts-

---

957 *Gerlach*, Die Intervention, S. 197 f.
958 Hingegen für eine Verletzung des Interventionsverbots auch durch die Ausübung realer Zwangsgewalt *von Arnauld*, Völkerrecht, Rdnr. 364.
959 C., VI., 1. und 2.

widrigkeit einer Einmischungshandlung ist, ob es sich also um ein Handlungs- oder Erfolgsdelikt handelt. Die Beantwortung dieser Frage steht ebenfalls im engen Zusammenhang mit der Funktion des Interventionsverbots: Der Ausgleich konkurrierender Souveränitätsansprüche zielt unmittelbar auf die Begrenzung staatlicher Handlungsfreiheit und führt damit – unabhängig vom eintretenden Erfolg einer Einwirkung durch Drittstaaten – zu einer Reduktion der staatlichen Handlungsalternativen. Es ist gerade die Aufgabe des Interventionsverbots, einen Maßstab für zulässiges zwischenstaatliches Verhalten zu benennen und nicht den Unwert eines Erfolges zu deklarieren, sodass es sich nicht um ein „Erfolgs-" sondern um ein „Handlungsdelikt" handeln kann.[960] Dass der Interventionstatbestand den Handlungsunwert erfasst, zeigen schließlich auch die im vorherigen Kapitel zusammengetragenen Beispiele aus der Staatenpraxis. Auch wenn diese allein der Illustration der üblicherweise als innere Angelegenheiten deklarierten Regelungsmaterien dienen sollen, wird dennoch deutlich, dass sich der Vorwurf der rechtswidrigen Einmischung durchgehend auf die tatsächliche Handlung und eben nicht auf einen eingetretenen Erfolg bezieht.

Die Einordnung als Erfolgsdelikt würde auch zu widersprüchlichen Ergebnissen führen: Die Zulässigkeit staatlicher Einflussnahme wäre damit zunächst von der Widerstandskraft des Opferstaates abhängig.[961] Dem ließe sich zwar noch entgegnen, dass eine fließende bzw. variable Grenze der Einwirkungsmöglichkeiten in der Natur des Tatbestandes liege, da dieser mit dem Rekurs auf die staatliche Handlungsfreiheit zwangsläufig mit der „Willensstärke" des Opferstaates verbunden ist. Überdies würde die Notwendigkeit des Erfolgseintritts aber dazu führen, dass ein völkerrechtswidriges Verhalten erst dann durch den Opferstaat geltend gemacht werden bzw. dieser in entsprechender Weise auf den Völkerrechtsverstoß reagieren könnte, wenn er sich der Beeinflussung beugt und sich im Sinne des intervenierenden Staates verhält.

Mit der Charakterisierung des Interventionsverbots als Handlungsdelikt ist allerdings noch nicht die Frage nach der tatsächlich geforderten Einwirkungsintensität beantwortet. Die qualitative Anforderung wird allerdings insoweit nach oben begrenzt, als die Einwirkungshandlung nicht notwendigerweise zum Eintritt des gewünschten Erfolges geeignet sein muss.

---

960 *Bockslaff*, Das völkerrechtliche Interventionsverbot, S. 86-89.
961 Vgl. auch *Berstermann*, Das Einmischungsverbot im Völkerrecht, S. 120.

3. Subjektives Element

Gelegentlich wird bzw. wurde neben objektiven Kriterien zur Bestimmung des Tatbestandes auch ein unabhängiges subjektives Element ausgemacht oder gefordert. Bei Autoren aus dem angelsächsischen Rechtskreis findet sich so die Forderung nach einer Schädigungs- oder Unterwerfungsabsicht[962], *Bockslaff* zieht einen auf „den Entscheidungsprozess gerichteten Änderungswillen"[963] als subjektives Tatbestandsmerkmal heran.

Über den Hinweis auf die üblichen Schwierigkeiten der Nachweisbarkeit subjektiver Tatbestandsmerkmale hinaus wendet *Trautner* ein, dass das Abstellen auf einen Schädigungs- oder Änderungswillen zu einer Vorverlagerung des Anwendungsbereichs führte. Nach seiner Ansicht würde der Tatbestand nämlich dann auch solche Vorgänge erfassen, die noch nicht „die Arena der Staatenpraxis" erreicht haben. Eine Intervention werde schon in dem Moment tatbestandlich erfasst, in dem sich der Staat zur Durchsetzung einer Forderung entschließt.[964] Der Einwand *Trautners* überzeugt allerdings schon deshalb nicht, da er seiner Kritik anscheinend eine tatbestandliche Architektur zugrunde legt, welche die Rechtswidrigkeit einer Einmischung allein anhand eines subjektiven Kriteriums bestimmt. Eine solche findet sich aber – soweit ersichtlich – weder im Schrifttum noch in der Staatenpraxis. Vielmehr stellt *Trautner* zuvor selbst fest, dass im Schrifttum übereinstimmend die tatsächliche „Einwirkung eines Staates in die Belange eines anderen Staates" als konstitutives Tatbestandsmerkmal herangezogen wird.[965] Somit stellt sich die Frage nach den subjektiven Anforderungen einer Einmischungshandlung erst, wenn objektiv eine entsprechende Beeinträchtigung festgestellt werden kann. Die Gefahr einer Vorverlagerung besteht daher nicht.

Dennoch überzeugt die separate Prüfung eines subjektiven Tatbestandsmerkmals im Sinne eines zusätzlichen, von der Feststellung der Beeinträchtigung trennbaren Erfordernisses nicht. Die Handlungsintention des potentiellen Intervenienten wird bereits durch die konstitutiv festzustellen-

---

962 Vgl. z.B. *Thomas/Thomas*, Non-Intervention, S. 410; *Bowett*, VJIL 13 (1972), S. 1 (5).

963 *Bockslaff*, Das völkerrechtliche Interventionsverbot, S. 91.

964 *Trautner*, Die Einmischung in innere Angelegenheiten und die Intervention als eigenständige Verbotstatbestände im Völkerrecht, S. 64.

965 *Trautner*, Die Einmischung in innere Angelegenheiten und die Intervention als eigenständige Verbotstatbestände im Völkerrecht, S. 59.

de Einwirkung auf die Handlungsfreiheit des Opferstaates erfasst. Es ist keine Konstellation erkennbar, in der ein Staat die Willensbildung oder – ausübung zielgerichtet beeinträchtigt, ohne mit einem entsprechenden Änderungswillen zu agieren. Entscheidend ist also allein das schon in der Formulierung der UN-Prinzipiendeklaration[966] oder der Schlussakte von Helsinki[967] angedeutete Erfordernis der Zielgerichtetheit staatlichen Handelns und die damit einhergehende objektive Indizwirkung für den existenten Beeinflussungswillen. Die Einmischungshandlung muss in Ansehung von Schutzgut und Funktion des Tatbestandes nach objektiven Maßstäben auf die Willensbeeinflussung eines oder mehrerer Staaten gerichtet sein. Objektiv vollständig neutrale Handlungen, welche dennoch die Willensbildung von Drittstaaten beeinflussen, ohne auf diese abzuzielen, werden tatbestandlich hingegen nicht erfasst. Die gegenseitige Beeinflussung ist schließlich die logische Konsequenz der Existenz gleichberechtigter und miteinander interagierender Völkerrechtssubjekte. Durch das (nicht nur hier) zugrunde gelegte Erfordernis der Zielgerichtetheit ist der Änderungswille der Einmischungshandlung schon begrifflich *a priori* immanent.

Darüber hinaus ist es die unmittelbare Konsequenz der Einordnung des Interventionsverbots als Handlungsdelikt, dass die tatsächlichen Auswirkungen der Einflussnahme auf die Willensbildung bzw. -ausübung nicht vom Änderungswillen erfasst werden müssen. Es ist ausreichend, dass diese auf die zielgerichtete Handlung rückführbar sind.

IV. Auflösung konkurrierender Souveränitätsansprüche

1. Souveränitätskonflikte im Völkerrecht

Es wurde schon mehrfach darauf hingewiesen, dass der Ausgleich konkurrierender Souveränitätskonflikte kein spezifisches Problem des Interventionsverbots darstellt. Vielmehr finden sich vergleichbare Konflikte – und damit auch die Frage nach ihrer Auflösung – überall dort, wo entweder territorial begrenzte Hoheitsansprüche mit grenzüberschreitenden Lebens-

---

966 Text abgedruckt in Fn. 273.
967 Dazu B., II., 2., a., aa.

sachverhalten in Konflikt geraten oder Handlungen eines Staates die Souveränität eines anderen Staates zielgerichtet beeinträchtigen.[968]

Es liegt in der Natur der Sache, dass staatliche Handlungen, die ihre Wirkung zumindest auch außerhalb des eigenen Staatsgebiets entfalten, die Souveränitätssphären anderer Staaten berühren. *Bockslaff* verwies schon in seiner Dissertation exemplarisch auf das Recht der Nutzung internationaler Wasserläufe und die mit dessen Entwicklung verbundene Erkenntnis, dass die intensive Ausübung von Souveränitätsrechten auf dem Gebiet eines Staates die Nutzung eben dieser Rechte durch einen anderen Staat erschwert oder sogar unmöglich machen kann, sowie die daraus erwachsende Notwendigkeit und Bereitschaft, bei der Ausübung eigener Souveränitätsrechte Interessen von Drittstaaten zu berücksichtigen.[969] Mit der 1997 beschlossenen UN-Wasserlaufkonvention[970] existiert mittlerweile ein völkerrechtliches Dokument, dessen Kernregelungen (Art. 5 und 6) den Ausgleich zwangsläufig entstehender Souveränitätskonflikte zwischen den jeweils existierenden Ansprüchen auf eine angemessene Teilhabe an der Nutzung des jeweiligen Wasserlaufes betreffen.

Entsprechende Konflikte entstehen im Umweltrecht in der Regel durch die räumliche Nähe konkurrierender Souveränitätsräume und betreffen vor allem solche Handlungsfolgen, die sich wie Wasser- und Luftverschmutzungen oder etwa Lärmbelästigungen nicht durch Staatsgrenzen räumlich einschränken lassen. Ähnlich gelagerte Sachverhalte finden sich darüber hinaus im Bereich der ebenfalls bereits problematisierten staatlichen Regelungen mit extraterritorialen Anwendungsbereichen.[971] Aber auch der Ausübung des Selbstverteidigungsrechts aus Art. 51 UN-Charta oder der Reaktion auf einen Völkerrechtsbruch mittels einer Repressalie liegen schließlich Souveränitätskonflikte zugrunde.

---

968 *Bockslaff*, Das völkerrechtliche Interventionsverbot, S. 122.
969 *Bockslaff*, Das völkerrechtliche Interventionsverbot, S. 122.
970 *Convention on the Law of Non-Navigational Uses of International Watercourses* v. 21.5.1997, ILM 36 (1997), S. 700; BGBl. 2006 II, S. 743.
971 Dazu bereits C., IV., 2., c.

2. Ausgleich konkurrierender Souveränitätsansprüche durch Verhältnismäßigkeitserwägungen

Unabhängig davon, ob der Souveränitätskonflikt durch die Spezifika des jeweiligen Lebenssachverhalts, durch die völkerrechtliche Ausdehnung von Handlungssphären oder durch gezielte Beeinträchtigungen von Souveränitätsrechten entsteht, ist es die Aufgabe der Völkerrechtsordnung – insbesondere wenn sie als Kooperationsordnung verstanden wird –, Mechanismen zur Vermeidung und Auflösung solcher Konflikte bereitzustellen. In Anbetracht der Tatsache, dass sich die Grundkonstellation des Souveränitätskonfliktes in allen erwähnten Rechtsbereichen ähnelt – Unterschiede ergeben sich allein hinsichtlich der aus der Souveränität abgeleiteten Rechtspositionen, die miteinander in Konkurrenz treten –, liegt die Annahme nahe, dass auch die Auflösungsmechanismen einen vergleichbaren Verwandtschaftsgrad aufweisen. In allen Konstellationen geht es schließlich darum, das Ausmaß rechtmäßiger Beeinträchtigungen fremder Souveränitätssphären durch die Beschränkung staatlicher Handlungsfreiheit zu begrenzen.

Betrachtet man den Kanon der entsprechenden völkerrechtlichen Regeln, die für den Ausgleich widerstreitender Souveränitätsrechte in Staatenpraxis, Rechtssprechung und Schrifttum herangezogen bzw. diskutiert werden, zeigt sich tatsächlich, dass die Auflösung von Souveränitätskonflikten regelmäßig über Verhältnismäßigkeitserwägungen erfolgt. Dies gilt einerseits, wenn das Verhältnismäßigkeitsprinzip die staatlichen Reaktionsmöglichkeiten auf völkerrechtswidriges Verhalten auf verhältnismäßige Gegenmaßnahmen (Art. 51 ILC Articles on State Responsibility) und Selbstverteidigungshandlungen reduziert, andererseits aber auch, wenn die Rechtmäßigkeit der Ausübung staatlicher Handlungsfreiheit von vornherein auf verhältnismäßige Maßnahmen beschränkt wird. Handlungsbeschränkungen im letzteren Sinne finden sich z.B. im humanitären Völkerrecht (Art. 51 Abs. 5 lit. b) I. ZP Genfer Abkommen) und in den bereits erwähnten Regelungen über die Nutzung internationaler Wasserläufe (Art. 5, 6 UN-Wasserlaufkonvention); für die Beschränkung der nationalen Rechtsetzung von Normen mit extraterritorialem Anwendungsbereich wird die Heranziehung von Verhältnismäßigkeitserwägungen zumindest diskutiert.

Insoweit besteht eine offenkundige Parallele zu den bisher im Schrifttum für die Bestimmung des Zwangscharakters herangezogen Kriterien, die allesamt auf eine Zweck-Mittel-Relation und somit auf die Verhältnismäßigkeit staatlicher Handlungen als Ausgleichsmaßstab zurückgreifen.

Trotz der insoweit festzustellenden Uniformität der Ausgangskonstellationen sind bisher keine tatbestandsübergreifenden Parameter für die inhaltliche Ausgestaltung des völkerrechtlichen Verhältnismäßigkeitsprinzips entwickelt worden. Dies gilt gleichermaßen für die Struktur der Verhältnismäßigkeitsprüfung, wie auch für die heranzuziehenden Abwägungskriterien. Im Folgenden soll daher versucht werden, über den Nachweis der tatbestandsübergreifenden Geltung des völkerrechtlichen Verhältnismäßigkeitsprinzips hinaus Parallelen in Bezug auf den Anwendungsmodus und die heranzuziehenden Abwägungskriterien zu bestimmen und somit den auf das Interventionsverbot zu übertragenden Abwägungsvorgang zu konturieren.

a. Geltung des Verhältnismäßigkeitsprinzips im Völkerrecht

Die Geltung des Verhältnismäßigkeitsprinzips im Völkerrecht ist bis heute nicht unbestritten. Während es in Teilen des Schrifttums als allgemeines Rechtsprinzip („general principle of law") i.S.d. des Art. 38 Abs. 1 lit. c) IGH-Statut bzw. als „general principle of international law" charakterisiert wird[972], lehnen andere Autoren die generelle Geltung oder die Geltung von Teilbereichen des Prinzips ab[973]. Teilweise wird dabei vertreten, dass es sich bei dem Verhältnismäßigkeitsprinzip nicht um ein allgemeines Rechtsprinzip i.S.d. des Art. 38 Abs. 1 lit. c) IGH-Statut handeln könne, da – selbst wenn seine Geltung in allen Rechtskreisen nachweisbar wäre – die Ausgestaltung in den nationalen Rechtsordnungen nicht uniform sei.[974] Dieser Einwand überzeugt schon deshalb nicht, weil eine uniforme Ausgestaltung nicht Voraussetzung für die Geltung eines allgemeinen Rechtsgrundsatzes sein kann. Geltungsgrund – und den Inhalt eines allgemeinen

---

972 Vgl. *Crawford*, Proportionality, in: Wolfrum, MPEPIL VIII, S. 533 (Rdnr. 1); *Schweisfurth*, Völkerrecht, 2 Rdnrn. 151, 156 f.; *Wandscher*, Internationaler Terrorismus und Selbstverteidigungsrecht, S. 176; *Bockslaff*, Das völkerrechtliche Interventionsverbot, S. 134 f.; *Bleckmann*, Allgemeine Staats- und Völkerrechtslehre, S. 680; *Mosler*, ZaöRV 36 (1976), S. 6 (45); vgl. auch die Formulierung des israelischen High Court of Justice, Urt. v. 14.12.2006, *Public Committee against Torture in Israel case*, § 41.
973 Vgl. *Krugmann*, Der Grundsatz der Verhältnismäßigkeit im Völkerrecht, S. 75-84; *Dicke*, Intervention mit wirtschaftlichen Mitteln, S. 181; *Meessen*, Völkerrechtliche Grundsätze des internationalen Kartellrechts, S. 198-219.
974 *Dicke*, Intervention mit wirtschaftlichen Mitteln, S. 181.

Rechtsgrundsatzes bestimmendes Element – ist vielmehr allein die Nachweisbarkeit einer rechtskreisübergreifenden „Essenz"[975] nationaler Regelungen, bei deren Bestimmung den spezifischen Bedingungen der jeweiligen Rechtsordnung Rechnung zu tragen ist.[976] Zumindest für die Beurteilung der Rechtmäßigkeit einer Selbstverteidigungshandlung wurde die Geltung des Verhältnismäßigkeitsprinzips als allgemeines Rechtsprinzip schon in den 1950er Jahren nachgewiesen.[977]

Auch der Einwand, das Verhältnismäßigkeitsprinzip könne im Völkerrecht schon deshalb keine Anwendung finden, weil es nur in Subordinationsrechtsordnungen Geltung beansprucht[978], überzeugt nicht. Soll ein übergreifender Anknüpfungspunkt für den Interessenausgleich durch das Verhältnismäßigkeitsprinzip benannt werden, so ist dieser nicht in einem bestehenden Subordinationsverhältnis zwischen den beteiligten Parteien zu sehen, sondern vielmehr in einem der entsprechenden Rechtsfrage zugrundeliegenden Regel-Ausnahme-Verhältnis. In Interessenskonflikten, in denen eine Norm „als Ausdruck einer Grundregel zu verstehen ist, während einer anderen Norm die Rolle einer begrenzten Ausnahme zukommt, erscheint es einigermaßen evident," dass nur verhältnismäßige Mittel als von der Ausnahme gerechtfertigt angesehen werden können.[979]

---

975 Ebenso bereits *Bogdan*, Nordisk Tidsskrift for International Ret 46 (1977), S. 40 (50).

976 So schon die Separate Opinion des Richters McNair, *International Status of South-West Africa*, ICJ Rep. 1950, S. 128 (148): „The way in which international law borrows from this source is not by means of importing private law institutions "lock, stock and barrel", ready-made and fully equipped with a set of rules. It would be difficult to reconcile such a process with the application of ‚the general principles of law'. In my opinion, the true view of the duty of international tribunals in this matter is to regard any features or terminology which are reminiscent of the rules and institutions of private law as an indication of policy and principles rather than as directly importing these rules and institutions."; vgl. auch Dissenting Opinion des Richters Tanaka, *South West Africa (Liberia v. South Africa; Second Phase)*, ICJ Rep. 1966, S. 6 (295); *Pellet*, in: Zimmermann, The Statute of the International Court of Justice, Art. 38 Rdnr. 262-264; *Doehring*, Völkerrecht, Rdnr. 412; *Bogdan*, Nordisk Tidsskrift for International Ret 46 (1977), S. 40 (50).

977 Mit Nachweisen aus dem kontinentaleuropäischen, islamischen, hinduistischen, jüdischen, chinesischen und afrikanischen Recht: *Jenks*, Common Law of Mankind, S. 139-143.

978 *Krugmann*, Der Grundsatz der Verhältnismäßigkeit im Völkerrecht, S. 124.

979 *Vranes*, AVR 47 (2009), S. 1 (12 f.).

Das beschriebene Regel-Ausnahme-Verhältnis lässt sich in allen völker-rechtlichen Konstellationen nachweisen, in denen das Verhältnismäßig-keitsprinzip bisher Anwendung findet. Dies gilt insbesondere für das in Art. 51 UN-Charta niedergelegte Selbstverteidigungsrecht im Fall eines bewaffneten Angriffs. Die Ausübung der Selbstverteidigung ist als Aus-nahme zum Gewaltverbot[980] nur dann rechtmäßig, wenn sie erforderlich und verhältnismäßig ist. Ebenso verhält es sich mit der Repressalie. Auch in Bezug auf nationale Rechtssätze mit extraterritorialem Anwendungsbe-reich soll gelten, dass eine Ausdehnung des Anwendungsbereichs über das eigene Territorium zulässig ist, soweit diese nicht ausnahmsweise unver-hältnismäßig ist.

Dem Interventionsverbot liegt ein vergleichbares Regel-Ausnahme-Ver-hältnis zugrunde: Die Beeinträchtigung staatlicher Handlungsfreiheit eines anderen Staates durch die Ausübung der eigenen Handlungsfreiheit ist grundsätzlich rechtmäßig, wenn sie nicht ausnahmsweise unverhältnismä-ßig ist.[981] Dass die Zulässigkeit zwischenstaatlicher Einflussnahme die Grundregel darstellt, zeigt sich schon in der oben dargelegten und heute einhellig vertretenen Auffassung hinsichtlich des Erfordernisses einer qua-litativen Anforderung an die Interventionshandlung. Daher ist innerhalb des Tatbestandsmerkmals zunächst festzustellen, ob die Handlungsfreiheit des Opferstaates tatsächlich beeinträchtigt wird.[982] Sodann ist der negati-

---

980 Für den Ausnahmecharakter des Selbstverteidigungsrechts z.B. *Heintschel von Heinegg*, in: Ipsen, Völkerrecht, § 52 Rdnr. 2; *von Arnauld*, Völkerrecht, Rdnr. 1022; *Randelzhofer/Dörr*, in: Simma/Khan/Nolte/Paulus, The Charter of the United Nations, Art. 2(4) Rdnr. 51; *Randelzhofer/Nolte*, in: Simma/Khan/Nolte/Paulus, The Charter of the United Nations, Art. 51 Rdnr. 3; *Stein/von But-tlar*, Völkerrecht, Rdnr. 782; *Hobe*, Einführung in das Völkerrecht, S. 256; *Schweisfurth*, Völkerrecht, 9 Rdnr. 278; *Wandscher*, Internationaler Terrorismus und Selbstverteidigungsrecht, S. 176; *Thürer*, AVR 38 (2000), S. 1 (5); *Verdross/Simma*, Universelles Völkerrecht, § 469; hingegen für die Einordnung als tatbe-standsimmanente Schranke des Gewaltverbots *Krugmann*, Der Grundsatz der Verhältnismäßigkeit im Völkerrecht, S. 98-101.

981 So bereits *Bockslaff*, Das völkerrechtliche Interventionsverbot, S. 142; Die grund-sätzliche Rechtmäßigkeit von Handlungen souveräner Staaten, die nicht gegen einen Verbotssatz des Völkerrechts verstoßen, stellte bereits der StIGH fest (*The Case of the S.S. „Lotus"*, Urt. v. 7.9.1927, PCIJ Series A No. 10, S. 18 f.); anders hingegen (allerdings unter Zugrundelegung des „klassischen" Interventionsver-ständnisses) *Geffcken*, Das Recht der Intervention, in: von Holtzendorff, Hand-buch des Völkerrechts, Bd. 4, S. 131 (135).

982 Dazu bereits E., III., 1.

ven Handlungsfreiheit des Opferstaates dadurch Rechnung zu tragen, dass eine Beeinträchtigung ausnahmsweise dennoch rechtswidrig ist, wenn sie einer Verhältnismäßigkeitsprüfung nicht standhält. Damit – dazu sogleich näher – wird die eigene Handlungsfreiheit im Fall kollidierender Souveränitätsansprüche durch das Interventionsverbot auf solche Handlungen beschränkt, deren Intensität angemessen ist.

Die Wurzeln des Verhältnismäßigkeitsgrundsatzes gehen darüber hinaus bis in die griechische Antike zurück. Bereits *Solon* erklärte „das Gebot, Ziele nicht mit unverhältnismäßigen Mitteln zu verfolgen, zu einem Leitprinzip der Gesetzgebung".[983] Bei *Aristoteles* kommt der Billigkeit (*epieikeia*) die Rolle des Ausgleichs zwischen allgemeinem Gesetz und Einzelfallgerechtigkeit und somit der Herstellung materieller Gerechtigkeit zu[984]. Für ihn ist „das Billige zwar ein Recht [...], aber nicht im Sinne des gesetzlichen Rechts, sondern als eine Korrektur desselben".[985] Die Unzulänglichkeit des Gesetzes, welches nur das Allgemeine zu regeln vermag, bedarf danach der fortwährenden Korrektur durch eine Einzelfallabwägung, bei der das Gesetz mit Hilfe der Billigkeit ergänzt wird.[986] Bei den römischen und griechischen Philosophen waren die Maximen *ne quid nimis* und *pan métron ariston* (nichts im Übermaß; alles in Maßen) leitende Prinzipien für private und staatliche Angelegenheiten und somit Bestandteil der angestrebten Lebensführung.[987] Diese Vorstellung des Verhältnismäßigkeitprinzips als allgemeiner Handlungsmaxime gilt bis in die Gegenwart fort. So stellt *Hirschberg* fest, dass Ziel und Mittel Grundkategorien menschlichen Denkens darstellen und sich somit in allen Disziplinen wiederfinden, die sich mit menschlichen (und somit auch staatlichen) Handlungen und Entscheidungen befassen.[988] In ähnlicher Weise bezeichnet *Hoffmann* den Verhältnismäßigkeitsgrundsatz als Grundaxiom rationalen Verhaltens, sodass dieser auch in Entscheidungssituationen außerhalb

---

983 *Vranes*, AVR 47 (2009), S. 1 (9).

984 Vgl. *Pernice*, Billigkeit und Härtefallklauseln im öffentlichen Recht, S. 38.

985 *Aristoteles*, Nikomachische Ethik, 1137 b 10.

986 Vgl. auch *Krugmann*, Der Grundsatz der Verhältnismäßigkeit im Völkerrecht, S. 124; *Pernice*, Billigkeit und Härtefallklauseln im öffentlichen Recht, S. 35; *Wolf*, Aristoteles' Nikomachische Ethik, S. 113.

987 *Vranes*, AVR 47 (2009), S. 1 (9); *Bockslaff*, Das völkerrechtliche Interventionsverbot, S. 134; siehe z.B. *Cicero*, De re puplica, II, XLII, 69.

988 *Hirschberg*, Der Grundsatz der Verhältnismäßigkeit, S. 43, 121, 208.

des Rechts Geltung beansprucht.[989] Auch *Haltern* verweist ebenso auf die allgemeingültige utilitaristische Überlegung, dass Kosten und Nutzen in einem vernünftigen Verhältnis stehen.[990] Wenn die Anwendung des Verhältnismäßigkeitsgrundsatzes also schon nicht auf das Recht beschränkt ist, ist sie auch von vornherein nicht auf bestimmte Rechtsordnungen begrenzt.

Schließlich – und dies ist der eindeutigste Nachweis für die Geltung des Verhältnismäßigkeitsprinzips auch im Völkerrecht – setzt eine Reihe völkerrechtlicher Rechtssätze die Anwendung des Verhältnismäßigkeitsprinzips voraus. Verhältnismäßigkeitserwägungen finden sich im Völkerrecht in drei Grundkonstellationen: in der klassischen Funktion als Schranken-Schranke für Eingriffe in menschenrechtliche Verbürgungen[991], als Kompetenzausübungsschranke im Verhältnis internationaler Organisationen zu ihren Mitgliedstaaten (vgl. nur Art. 5 Abs. 4 EUV)[992] und als Instrument zur Auflösung konkurrierender Souveränitätskonflikte. So gilt für das völkerrechtliche Verhältnismäßigkeitsprinzip heute die bereits im Abschlussbericht des *ICTY Review Committee* zur Untersuchung der NATO-Bombardierung Jugoslawiens niedergelegte Feststellung:

> „The main problem with the principle of proportionality is not whether or not it exists but what it means and how it is to be applied".[993]

Im Folgenden soll daher durch den Vergleich der Anwendungsmodi in den einzelnen Anwendungsbereichen eine tatbestandsübergreifende Konturie-

---

989 *Hoffmann*, The Influence of the European Principle of Proportionality Upon UK Law, in: Ellis, The Principle of Proportionality in the Laws of Europe, S. 107 (108-111).

990 *Haltern*, Was bedeutet Souveränität?, S. 83.

991 Vgl. für die EMRK nur EGMR, Urt. v. 4.12.1995, *Ribitsch v. Österreich,* Beschwerde Nr. 18896/91, A336, para. 38; m.w.N. zur Rechtsprechung des EGMR, *Nußberger*, NVwZ-Beilage 2013, S. 36 (39-41); *Marauhn/Merhof*, in: Dörr/Grote/Marauhn, EMRK/GG, Kap. 7 Rdnr. 43-54; für Art. 12 des Internationalen Paktes über bürgerliche und politische Rechte z.B. IGH, *Legal Consequences of the Construction of a Wall in the Occupied Palestinian Territory*, Gutachten v. 9.7.2014, ICJ Rep. 2004, S. 136 (192 f., § 136); HRC, CCPR/C/21/Rev.I/Add.9, General Comment No. 27, para. 14-17.

992 Siehe dazu z.B. *Saurer*, JZ 2014, S. 281-286; *Bast*, in: Grabitz/Hilf/Nettesheim, Das Recht der Europäischen Union, Art. 5 EUV Rdnrn. 66-73; *Calliess*, in: ders./Ruffert, EUV/AEUV, Art. 5 EUV Rdnrn. 44-55.

993 *Committee Established to Review the NATO Bombing Campaign Against the Federal Republic of Yugoslavia*, Final Report to the Prosecutor, § 48; abrufbar unter: www.icty.org/sid/10052.

rung des für den zwischenstaatlichen Verkehr geltenden völkerrechtlichen Verhältnismäßigkeitsgrundsatzes versucht werden. Aufgrund der Spezifika der Ausgestaltung in den jeweiligen Anwendungsbereichen sind für die vorliegende Betrachtung vor allem Normen relevant, die tatsächlich im zwischenstaatlichen Verhältnis Anwendung finden. Diese sind insbesondere im Hinblick auf den Anwendungsmodus, also die Frage, ob es sich um eine mehrstufige Verhältnismäßigkeitsprüfung nach dem Vorbild deutscher Rechtsdogmatik oder um eine einstufige Interessenabwägung im Sinne einer Verhältnismäßigkeitsprüfung im engeren Sinne handelt, und die inhaltliche Ausgestaltung zu untersuchen.

b. Inhalt des völkerrechtlichen Verhältnismäßigkeitsprinzips

Verhältnismäßigkeitserwägungen – und deren den staatlichen Handlungsspielraum begrenzende Wirkung – finden sich heute in zahlreichen völkerrechtlichen Vorschriften. Ihren völkerrechtlichen Ursprung haben sie im Recht der Repressalie und der Selbstverteidigung. Darüber hinaus finden sich Verhältnismäßigkeitserwägungen etwa im humanitären Völkerrecht (insbesondere Art. 51 Abs. 5 lit. b) 1. Zusatzprotokoll Genfer Abkommen), im Zusammenhang mit nationalen Regelungen mit extraterritorialem Anwendungsbereich und der Nutzung internationaler Wasserläufe. Zur Geltung und zum Inhalt des Verhältnismäßigkeitsgrundsatzes im Einzelnen:

aa. Selbstverteidigung (Art. 51 UN-Charta)

Das Recht der Selbstverteidigung wird – soweit dieses durch die weiteren Voraussetzungen des Art. 51 UN-Charta ausgelöst ist – durch das Erfordernis der Verhältnismäßigkeit begrenzt. Damit Selbstverteidigungshandlungen den Anforderungen des Art. 51 UN-Charta genügen, dürfen sie nicht über das zur Abwehr des bewaffneten Angriffs notwendige Maß hinausgehen. Dies hat der IGH in ständiger Rechtsprechung durch die Prüfung der Erforderlichkeit („necessity") und Verhältnismäßigkeit („proportionality") von Verteidigungshandlungen bestätigt.[994] Der Prüfung der „necessity" und „proportionality" sind in der Rechtsprechung des IGH da-

---

994 IGH, *Case concerning Military and Paramilitary Activities in and against Nicaragua*, Urt. v. 27.6.1986, ICJ Rep.1986, S. 14 (103, § 194); *Legality of the Threat*

bei nicht immer eindeutig voneinander zu trennen. Der Grundtenor lässt sich aber wie folgt wiedergeben: Während sich die Prüfung der Erforderlichkeit auf die Frage nach der Notwendigkeit bestimmter Maßnahmen zur Erreichung des Selbstverteidigungsziels bezieht, geht die Angemessenheitsprüfung der Frage nach dem legitimen Ausmaß und Umfang der gewählten Maßnahme nach.[995] Eine noch deutlichere Trennung der einzelnen Prüfungsschritte findet sich im Urteil des israelischen High Court of Justice betreffend die Legalität des israelischen Sperrzauns zur Abgrenzung der palästinensischen Gebiete.[996] Das Gericht prüft intensiv „und geradezu schulmäßig"[997] die Geeignetheit, Erforderlichkeit und Angemessenheit des Sperrzauns in Bezug auf das Verhältnis von Sicherheitsgewinn und Verletzung der Rechte von Anwohnern.

Auch wenn das Grundgerüst der Verhältnismäßigkeitsprüfung in zwei Prüfungsschritten durch die ständige Rechtsprechung des IGH auf einem belastbaren Fundament steht, sind allgemeine Kriterien zu ihrer Ausfüllung nur schwer zu gewinnen. Gesichert ist in diesem Zusammenhang zumindest, dass Selbstverteidigungshandlungen nicht mit dem Verhältnismäßigkeitserfordernis vereinbar sind, wenn sie nicht allein der Verteidigung dienen, sondern einen vergeltenden, abschreckenden oder bestrafenden Charakter aufweisen.[998] Damit ist für die Prüfung der vom IGH ange-

---

or Use of Nuclear Weapons, Gutachten v. 8.7.1996, ICJ Rep. 1996, S. 226 (245, § 41); *Oil Platforms*, Urt. v. 6.11.2003, ICJ Rep. 2003, S. 161 (196-199, §§ 73-77); *Armed Activities on the Territory of the Congo (Congo v. Uganda)*, Urt. v. 19.12.2005, ICJ Rep. 2005, S. 168 (223, § 147); so findet sich die Trennung von „necessity" und „proportionality" auch im englischsprachigen Schrifttum, vgl. z.B. *Shaw*, International Law, S. 1031; *Gardam*, Necessity, Proportionality and the Use of Force by States, (z.B.) S. 4-19; *Dinstein*, War, Agression and Self-Defence, S. 230-233; *Aust*, Handbook of International Law, S. 210; *Gray*, in: Evans, International Law, S. 615 (625 f.).

995 *Randelzhofer/Nolte*, in: Simma/Khan/Nolte/Paulus, The Charter of the United Nations, Art. 51 Rdnr. 58.

996 HCJ 2056/04, *Beit Sourik Village v. Government of Israel*, Urt. v. 20.6.2004 (abrufbar unter: www.court.gov.il/eng).

997 So *Stein*, Proportionality Revisited, in: FS Delbrück, S. 727 (736 f.).

998 *Ago*, Addendum to the Eighth Report on State Responsibility, YbILC 1980-II, S. 13 (52); Dissenting Opinion des Richters Higgins, *Legality of the Threat or Use of Nuclear Weapons*, ICJ Rep. 1996, S. 226 (583 f.); *Randelzhofer/Nolte*, in: Simma/Khan/Nolte/Paulus, The Charter of the United Nations, Art. 51 Rdnr. 57; *Cassese*, International Law, S. 355; *Schweisfurth*, Völkerrecht, 9 Rdnr. 290; *Wandscher*, Internationaler Terrorismus und Selbstverteidigungsrecht, S. 176; *Fischer*, in: Ipsen, Völkerrecht (2004), § 59 Rdnr. 39.

legten Kriterien der Erforderlichkeit und Angemessenheit aber wenig gewonnen. Die Benennung von Zielen, die mit dem Selbstverteidigungsrecht unvereinbar sind, betrifft vielmehr die der Erforderlichkeit und Angemessenheit vorgelagerten Fragen nach der Legitimität des Handlungsziels und der Geeignetheit der Maßnahme zur Zielerreichung (also der Verteidigung).

Darüber hinaus lassen sich für die Verhältnismäßigkeitsprüfung zumindest einige allgemeine Voraussetzungen benennen: Die Prüfung bezieht sich auf das Verhältnis zwischen dem Zweck der jeweiligen Selbstverteidigungshandlung und dem dazu eingesetzten Mittel; Verteidigungsmaßnahmen sind also an der Intensität des Angriffs auszurichten.[999] Die Bestimmung der Erforderlichkeit und Verhältnismäßigkeit erfolgt nach objektiven Maßstäben, sodass kein politischer Ermessensspielraum besteht.[1000] Aus der Begrenzung der Selbstverteidigungshandlung auf die Reaktion auf einen bewaffneten Angriff folgt aber nicht notwendigerweise, dass die für die Verteidigung eingesetzten Waffen identisch mit denen des ursprünglichen Angriffs sein müssen.[1001] Dennoch ist gerade bei Angriffen, die sich auf der untersten Stufe des Einsatzes von Waffengewalt ansiedeln, zu prüfen, inwieweit die Reaktion mit Waffen deutlich höherer Zerstörungskraft tatsächlich erforderlich ist.[1002] Neben der Auswahl der konkreten Maßnahme muss auch das Ziel des Gegenschlages den Anforderungen der Erforderlichkeit genügen. Dies ist nicht der Fall, wenn er sich gegen nichtmilitärische Ziele richtet.[1003] Einen Einsatz von Nuklearwaffen als *ultima ratio* hat der IGH zumindest nicht generell ausgeschlossen.[1004]

Die Angemessenheitsprüfung ist in jedem Einzelfall im Wege eines wertenden Vergleichs zwischen Umfang und Wirkung der Selbstverteidigungshandlung und der Schwere des vorherigen Angriffs durchzufüh-

---

999 *Gardam*, Necessity, Proportionality and the Use of Force by States, S. 11; *Schweisfurth*, Völkerrecht, 9 Rdnr. 290; *Wandscher*, Internationaler Terrorismus und Selbstverteidigungsrecht, S. 176.

1000 IGH, *Oil Platforms*, Urt. v. 6.11.2003, ICJ Rep. 2003, S. 161 (196, § 73).

1001 *Randelzhofer/Nolte*, in: Simma/Khan/Nolte/Paulus, The Charter of the United Nations, Art. 51 Rdnr. 60; *Krugmann*, Der Grundsatz der Verhältnismäßigkeit im Völkerrecht, S. 21.

1002 *Heintschel von Heinegg*, in: Ipsen, Völkerrecht, § 52 Rdnr. 32; *Shaw*, International Law, S. 1031.

1003 IGH, *Oil Platforms*, Urt. v. 6.11.2003, ICJ Rep. 2003, S. 161 (196 f.; § 74 f.).

1004 IGH, *Legality of the Threat or Use of Nuclear Weapons*, Gutachten v. 8.7.1996, ICJ Rep. 1996, S. 226 (266).

ren.[1005] Als abwägungsfähige Kriterien wurden bisher u.a. genannt: die eigene sowie die durch die Abwehrmaßnahme zu erwartende Schadensbilanz, die generelle militärische Schlagkraft des Angreifers, die Art und Weise seiner Kampfführung oder die geopolitischen Rahmenbedingungen (z.b. Beteiligung von Drittstaaten).[1006] Auch kann sich die Unangemessenheit einer Verteidigungshandlung aus der geographischen Ausdehnung der Verteidigungshandlungen ergeben. Dies hat der IGH zumindest für Maßnahmen hunderte Kilometer hinter der Grenze festgestellt, wenn diese als Reaktion auf grenznahe Angriffe ergriffen wurden.[1007] Eine zeitliche Überdehnung der Verteidigungshandlungen kann ebenfalls zu einer Unverhältnismäßigkeit führen, soweit die Voraussetzungen des Selbstverteidigungsrechts nicht ohnehin entfallen sind.[1008] Schließlich sind bei der Beurteilung der Erforderlichkeit und Angemessenheit die Auswirkungen von Kampfhandlungen auf die natürliche Umwelt zu berücksichtigen.[1009]

bb. Repressalien

Wie Selbstverteidigungshandlungen dürfen auch Repressalien nicht außer Verhältnis zu dem von der ursprünglichen Rechtsverletzung hervorgerufenen Schaden stehen. Das heute in Art. 51 ILC Articles on State Responsibility niedergelegte Verhältnismäßigkeitserfordernis war spätestens seit Beendigung des Zweiten Weltkriegs kraft Völkergewohnheitsrecht Tatbestandsmerkmal der völkerrechtlichen Repressalie.[1010]

1005 Vgl. *Dinstein*, War, Aggression and Self-defence, S. 262; *Schachter*, Mich. LR 82 (1983/84), S. 1620 (1637).

1006 *Stein/von Buttlar*, Völkerrecht, Rdnr. 794; *von Arnauld*, Völkerrecht, Rdnr. 1069.

1007 IGH, *Armed Activities on the Territory of the Congo (Congo v. Uganda)*, Urt. v. 19.12.2005, ICJ Rep. 2005, S. 168 (223, § 147); vgl. dazu auch *Schachter*, Mich. LR 82 (1983/84), S. 1620 (1637 f.); kritisch *Dinstein*, War, Aggression and Self-defence, S. 264.

1008 *Krugmann*, Der Grundsatz der Verhältnismäßigkeit im Völkerrecht, S. 22.

1009 IGH, *Legality of the Threat or Use of Nuclear Weapons*, Gutachten v. 8.7.1996, ICJ Rep. 1996, S. 226 (242, § 30).

1010 *Kämmerer*, AVR 37 (1999), S. 283 (303). Vgl. auch den 1978 ergangenen Schiedsspruch zum *Air Service Agreement* im Streit zwischen den USA und Frankreich (ILR 54 (1979), S. 303); dazu z.B. *Malanczuk*, ZaöRV 45 (1985), S. 293 (insb. 318 f.). Deutlich früher bereits der *Naulilaa*-Schiedsspruch aus dem Jahr 1928 (RIAA 2 (1928), S. 1011 (1026)).

Das Verhältnismäßigkeitserfordernis steht in unmittelbarem Zusammenhang mit dem in Art. 49 ILC Articles on State Responsibility genannten Ziel der Repressalie. Sie darf – in Parallele zu den Rechtsmäßigkeitsanforderungen an Selbstverteidigungshandlungen – nur „in order to induce that State to comply with its obligations" ergriffen werden. Art. 49 ILC Articles macht die Rechtmäßigkeit der Repressalie also von der Verfolgung eines bestimmten Zieles abhängig. Eine als Repressalie ergriffene Maßnahme kann nur dann verhältnismäßig und somit rechtmäßig sein, wenn sie tatsächlich das durch Art. 49 ILC Articles benannte Ziel verfolgt.[1011] Zugleich wird damit der maßgebliche Bezugspunkt für die Verhältnismäßigkeitsprüfung benannt.

Zur Bestimmung der Verhältnismäßigkeit sind vor allem die Bedeutung der durch die Repressalie beeinträchtigten Rechtsgüter („the rights in question") sowie die Schwere der Rechtsverletzung („gravity of the internationally wrongful act") heranzuziehen.[1012] In der Abwägung sind dabei nicht nur die ursprünglich verletzten Rechte des Opferstaates, sondern auch die durch die Repressalie beeinträchtigten Rechtsgüter des Täterstaates zu berücksichtigen. Darüber hinaus fließen auch möglicherweise betroffene Rechte von Drittstaaten in die Abwägung ein.[1013] Dass der von der Rechtsverletzung betroffene Staat eine Maßnahme wählt, die einen vollständig anderen Bereich der bilateralen Beziehungen betrifft als die ursprüngliche Rechtsverletzung, wird durch das Verhältnismäßigkeitserfor-

---

1011 Vgl. z.B. IGH, *Gabčíkovo-Nagymaros Project (Hungary/Slovakia)*, Urt. v. 25.9.1997, ICJ Rep. 1997, S. 7 (55 f., § 83); *Schweisfurth*, Völkerrecht, 7 Rdnr. 107; *Shaw*, International Law, S. 794 f.; *Kämmerer*, AVR 37 (1999), S. 283 (298); *Tomuschat*, ZaöRV 33 (1973), S. 179 (186).

1012 *Klein*, Gegenmaßnahmen, in: Berichte DGVR 37 (1997), S. 39 (62).

1013 Vgl. vor allem den entsprechenden Kommentar der ILC zu Art. 51 Draft Articles on the Responsibility of States for Internationally Wrongful Acts: "Considering the need to ensure that the adoption of countermeasures does not lead to inequitable results, proportionality must be assessed taking into account not only the purely "quantitative" element of the injury suffered, but also "qualitative" factors such as the importance of the interest protected by the rule infringed and the seriousness of the breach. Article 51 relates proportionality primarily to the injury suffered but "taking into account" two further criteria: the gravity of the internationally wrongful act, and the rights in question. The reference to "the rights in question" has a broad meaning, and includes not only the effect of a wrongful act on the injured State but also on the rights of the responsible State. Furthermore, the position of other States which may be affected may also be taken into consideration." (YbILC 2001, Vol. 2, S. 31 (135)).

dernis nicht ausgeschlossen.[1014] Teilweise wird allerdings vertreten, dass die Angemessenheit einer Repressalie umso eher anzunehmen sei, je näher sie sich an der vorangegangenen Völkerrechtsverletzung orientiert.[1015]

cc. Humanitäres Völkerrecht

Im Gegensatz zum Verhältnismäßigkeitsgrundsatz im Recht der Selbstverteidigung und der Repressalien begrenzt dieser im humanitären Völkerrecht nicht die Reaktionsmöglichkeiten eines zuvor geschädigten Staates, sondern setzt der ursprünglichen staatlichen Handlung eine Schranke.

Nach Art. 51 Abs. 5 lit. b) I. Zusatzprotokoll Genfer Abkommen gelten Angriffshandlungen als unterschiedslos – und damit als völkerrechtswidrig – wenn diese außer Verhältnis zum erwarteten konkreten und unmittelbaren militärischen Vorteil stehen. Der Verhältnismäßigkeitsgrundsatz öffnet also die Tür zu einem Abwägungsprozess zwischen militärischen Belangen und humanitären Erwägungen. Die Rechtmäßigkeit militärischer Handlungen im internationalen bewaffneten Konflikt wird dadurch auf die zur Zielerreichung unbedingt erforderlichen Maßnahmen beschränkt.[1016] Für die vorzunehmende Abwägung ist zunächst der konkrete und unmittelbare militärische Vorteil zu bestimmen. Dieser ist anschließend mit den durch die militärische Handlung bedingten zivilen Verlusten, Verletzungen und Schäden an zivilen Objekten abzuwägen.

Der militärische Vorteil muss konkret und unmittelbar aus der ergriffenen Maßnahme folgen. Demnach sind nur solche Vorteile relevant, die ohne eine weitere Zwischenursache eintreten. Fernliegende, irgendwann in unbestimmter Zeit eintretende Vorteile sind für die Abwägung hingegen irrelevant.[1017] Zumeist wird der militärische Vorteil in einem Gebietsgewinn oder der Vernichtung oder Schwächung feindlicher Truppen liegen.[1018] Aber auch Maßnahmen, die der Sicherheit der eigenen Truppen

---

1014 *Fischer*, in: Ipsen, Völkerrecht (2004), § 59 Rdnr. 45; *Kämmerer*, AVR 37 (1999), S. 283 (304).
1015 *Aust*, Handbook of International Law, S. 392.
1016 *Bockslaff*, Das völkerrechtliche Interventionsverbot, S. 137.
1017 *Dörmann*, in: MüKo StGB, § 11 VStGB Rdnr. 85.
1018 *Pilloud/Pictet*, in: Sandoz/Swinarski/Zimmermann, Commentary on the Additional Protocols of 8 June 1977 to the Geneva Conventions of 12 August 1949, Art. 57 Rdnr. 2218.

dienen, können als militärische Vorteile in die Abwägung eingestellt werden.[1019]
Auf der anderen Seite sind die zivilen Schäden zu ermitteln. Diese dürften regelmäßig numerisch zu erfassen sein. Problematisch ist allerdings, ob ausschließlich unmittelbar auf den Angriff zurückzuführende Schäden (Tötungen, Zerstörung von Häusern, etc.) oder auch daraus resultierende Folgeschäden zu berücksichtigen sind. *Dörmann* rekurriert diesbezüglich auf die Zerstörung von Elektrizitätswerken. Hier sind unstreitig die zivilen Schäden (also in der Regel auch die Zerstörung des Kraftwerks) in die Abwägung einzustellen, die durch die Zerstörung unmittelbar herbeigeführt werden. Wie verhält es sich aber mit mittelbaren Schäden, die etwa in Krankenhäusern entstehen, wenn lebenswichtige Apparaturen ohne Strom nicht betrieben werden können? Für die Bestimmung der abwägungsrelevanten mittelbaren Schäden wird, so auch *Dörmann*, auf die Vorhersehbarkeit abzustellen sein.[1020] Ist im genannten Beispiel also die Bedeutung für die medizinische Versorgung ersichtlich, so sind auch die Folgeschäden zu berücksichtigen.

Darüber hinaus werden in nationalen Militärhandbüchern und Dienstanweisungen vereinzelt weitere Abwägungsparameter genannt: Über den klassischen Schutz der Zivilbevölkerung hinaus verweist das niederländische Militärhandbuch beispielsweise auf den Schutz von Kulturgütern als abwägungsrelevantes Kriterium.[1021] Schließlich sind auch Auswirkungen militärischer Handlungen auf die Umwelt zu berücksichtigen: Dies gilt insbesondere in Ansehung von Art. 8 Abs. 2 lit. b) (iv) des Statuts des Internationalen Strafgerichtshofs (entspricht § 11 Abs. 3 VStGB), dessen Regelungsgehalt das völkerstrafrechtliche Pendant zu Art. 51 Abs. 5 lit. b) I. ZP Genfer Abkommen darstellt. Danach sind militärische Handlungen unter anderem dann (völker-)strafrechtlich relevant, wenn diese weitreichende, langfristige und schwere Schäden an der natürlichen Umwelt verursachen.

Die nationalen Militärhandbücher und Dienstanweisungen beschränken sich darüber hinaus zumeist auf den Hinweis der notwendig durchzuführenden Abwägung; eine Konkretisierung des Abwägungsprozesses unterbleibt zumeist. Kolumbiens *Instructor's Manual* schreibt beispielsweise

---

1019 *Dörmann*, in: MüKo StGB, § 11 VStGB Rdnr. 85.
1020 *Dörmann*, in: MüKo StGB, § 11 VStGB Rdnr. 87.
1021 Humanitair Oorlogsrecht: Handleiding, Voorschift No. 27-412, Koninklijke Landmacht, Militair Juridische Dienst, 2005, § 0529.

nur vor, dass das Ausmaß der Gewalt, die eingesetzten Waffen und die ergriffenen Maßnahmen der Bedeutung der konkreten Situation entsprechen müssen.[1022] Ähnliche oder entsprechende Ausführungen sind in einer Vielzahl von nationalen Militärhandbüchern enthalten.[1023] Konkretere Hinweise finden sich hingegen in der *Australian Defence Doctrine Publication 06.4*, die für die Wahrung des Verhältnismäßigkeitserfordernisses nicht nur das Ergreifen von Vorsichtsmaßnahmen verlangt um zivile Verluste zu minimieren, sondern auch das der Angreifer eine Abwägung zwischen sämtlichen zur Verfügung stehenden Angriffsmethoden und „axes of attack" vornimmt.[1024] Für die nähere Bestimmung werden – unter Verweis auf „authoritative writers on the laws of war" – darüber hinaus Grundregeln wiedergegeben, welche die Verhältnismäßigkeitsprüfung konturieren sollen. Hier wird als zu berücksichtigendes Kriterium unter anderem die zeitliche Ausdehnung der Angriffshandlung genannt.[1025] Das kanadische Handbuch zum humanitären Völkerrecht betont überdies, dass die Verhältnismäßigkeitsprüfung als Einzelfallprüfung bei der Auswahl eines jeden Zieles zu erfolgen habe.[1026] Stehen für einen militärischen An-

1022 Derechos Humanos & Derecho Internacional Humanitario – Manual de Instrucción de la Guía de Conducta para el Soldado e Infante de Marina, Ministerio de Defensa Nacional, Oficina de Derechos Humanos, Fuerzas Militares de Colombia, Santafé de Bogotá, 1999, S. 19.

1023 Entsprechende Auszüge aus Militärhandbüchern und Dienstanweisungen können über die Customary IHL Database des ICRC abgerufen werden: www.icrc.o rg/customary-ihl/eng/docs/v 2_rul_rule14.

1024 Australian Defence Doctrine Publication 06.4 – Law of Armed Conflict (2006), 2.9.

1025 Australian Defence Doctrine Publication 06.4 – Law of Armed Conflict (2006), 2.10. Die drei Prinzipien für die Bestimmung eines verhältnismäßigen Angriffs lauten: „(1) Only that degree and kind of force, not otherwise prohibited by the LOAC, required for the partial or complete submission of the enemy with a minimum expenditure of time, life and physical resources may be applied. (2) The employment of any kind or degree of force not required for the purpose of the partial or complete submission of the enemy with the minimum expenditure of time, life, and physical resources, is prohibited. (3) Dishonourable (treacherous) means, dishonourable expedients, and dishonourable conduct during armed conflict are forbidden."

1026 Joint Doctrine Manual – The Law of Armed Conflict at the Operational and Tactical Level (2001), S. 4-3 (para. 413).

griff mehrere Ziele zur Auswahl, so ist das Ziel mit dem geringsten zu erwartenden zivilen Schaden auszuwählen.[1027]

Als Beispiel für eine unverhältnismäßige Militärhandlung nennt die einschlägige Dienstvorschrift Burundis die Bombardierung eines Dorfes aufgrund eines dort positionierten Scharfschützen[1028]; das *Instructor Manual Sierra Leones* die Bombardierung dicht besiedelter Zonen, in denen sich nur eine geringfügige Zahl Streitkräfte aufhält.[1029] In ähnlicher Weise rekurriert das niederländische Militärhandbuch auf den Beschuss von in Wohngebieten stationierten irakischen Kampflugzeugen während des zweiten Golfkrieges.[1030] Im Gegensatz dazu ist etwa die Bombardierung eines Funkhauses in Belgrad durch die NATO mit der absehbaren Folge zahlreicher ziviler Toter als nicht außer Verhältnis stehend angesehen worden, obwohl der zu erwartende taktische Vorteil nur in einer stundenweisen Unterbrechung der Telekommunikation der Gegenseite lag.[1031] Auch der Generalbundesanwalt hielt im Verfahren gegen Oberst Klein eine Bombardierung von entführten Tanklastzügen selbst dann für „nicht außerhalb jeden Verhältnisses zu den erwarteten militärischen Vorteilen" stehend, wenn Oberst Klein mit der Tötung mehrerer Dutzend geschützter Zivilisten hätte rechnen müssen.[1032] Kameruns *Instructor's Manual* ordnet

---

1027 Joint Doctrine Manual – The Law of Armed Conflict at the Operational and Tactical Level (2001), S. 4-3 (para. 414); vgl. auch die entsprechende Vorschrift im niederländischen Militärhandbuch, Humanitair Oorlogsrecht, Handleiding, Voorshift No. 27-412, Koninklijke Landmacht, Militair Juridische Dienst, 2005, § 0504.

1028 Règlement n° 98 sur le droit international humanitaire, Ministère de la Défense Nationale et des Anciens Combattants, Projet "Moralisation" (BDI/B-05), August 2007, Part I bis, S. 33; siehe auch Part I bis, S. 3, 17, 23, 26, 40, 54, 63, 86 und 93.

1029 The Law of Armed Conflict, Instructor Manual for the Republic of Sierra Leone Armed Forces (RSLAF), Armed Forces Education Centre, September 2007, S. 20; vgl. auch S. 34; vgl. auch die entsprechenden Ausführungen des Generalbundesanwalts im Verfahren gegen Oberst Klein, Einstellung v. 10.4.2010, 3 Bjs 6/10-4, S. 66.

1030 Humanitair Oorlogsrecht: Handleiding, Voorshift No. 27-412, Koninklijke Landmacht, Militair Juridische Dienst, 2005, § 0229 und S. 33.

1031 Final Report to the Prosecutor by the Committee Established to Review the NATO Bombing Campaign Against the Federal Republic of Yugoslavia, § 78; abrufbar unter: www.icty.org/sid/10052.

1032 Generalbundesanwalt im Verfahren gegen Oberst Klein, Einstellung v. 10.4.2010, 3 Bjs 6/10-4, S. 66.

hingegen jede „blinde Bombardierung" als unverhältnismäßig ein.[1033] Im Zusammenhang mit dem *Nuclear Weapons*-Gutachten des IGH haben einige Staaten Stellungnahmen abgegeben, die in weitgehender Übereinstimmung eine grundsätzliche Unvereinbarkeit des Einsatzes von Nuklearwaffen mit dem Verhältnismäßigkeitsgrundsatz feststellen.[1034]

dd. Extraterritorialer Anwendungsbereich nationaler Vorschriften

Verhältnismäßigkeitserwägungen finden sich auch in Bezug auf die Begrenzung extraterritorialer Anwendungsbereiche nationaler Vorschriften. Insbesondere für das Wirkungsprinzip wird vorrangig im Schrifttum und vereinzelt auch in der Staatenpraxis auf eine Interessenabwägung abgestellt. Der bereits in diesem Zusammenhang angesprochene *Sherman Act* deutet eine Interessenabwägung zumindest an.[1035] Im Schrifttum wird zum Teil ausdrücklich auf eine Begrenzung durch Verhältnismäßigkeitserwägungen bzw. eine „Abwägungslösung" zurückgegriffen.[1036] Danach lässt das Wirkungsprinzip eine Regelung mit extraterritorialem Anwendungsbereich nur dann zu, „wenn das Interesse des regelnden Staates an einem eigenen Tätigwerden das Interesse anderer Staaten, von deren Staatsangehörigen oder Staatsgebiet die Wirkungen ausgehen, überwiegt".[1037] Wie die

---

1033 Droit des conflits armés et droit international humanitaire, Manuel de l'instructeur en vigueur dans les forces de défense, Ministère de la Défense, Présidence de la République, Etat-major des Armées, 2006, S. 59, § 251; vgl. auch S. 85, § 341, S. 230, § 542 und S. 259, § 614.

1034 Siehe z.B. Ägypten, Schriftliche Stellungnahme v. 20.6.1995, § 18; Iran, Schriftliche Stellungnahme v. 19.6.1995, S. 2; Salomonen, Schriftliche Stellungnahme v. 19.6.1995, § 3.10.

1035 Siehe oben C., VI., 2., c., bb., (3).

1036 Mit Nachweisen zur entsprechenden Rechtsprechung des *United States Court of Appeals*, *Kment*, Grenzüberschreitendes Verwaltungshandeln, S. 118 f.; vgl. auch *Fezer/Koos*, in: Staudinger, BGB, EGBGB/IPR, Internationales Wirtschaftsrecht, Rdnr. 135-137; *Brown*, NC JIL & Com. Reg. 26 (2001), 239 (330); kritisch (insb. zur amerikanischen Rechtsprechung) *Stockmann*, in: Loewenheim/Meessen/Riesenkampff, Kartellrecht, § 130 GWB Rdnr. 47 f.; siehe auch die Nachweise in Fn. 628.

1037 *Kment*, Grenzüberschreitendes Verwaltungshandeln, S. 118; ähnliche Formulierung bei *Fezer/Koos*, in: Staudinger, BGB, EGBGB/IPR, Internationales Wirtschaftsrecht, Rdnr. 135; *Kevekordes*, Auslandszusammenschlüsse im internationalen und materiellen Kartellrecht, S. 112; *Rehbinder*, Extraterritoriale Wirkun-

Interessenabwägung ausgefüllt werden soll, welche Kriterien also auf welche Weise in die Abwägung einzustellen sind, bleibt aber weitgehend unklar.

ee. Nutzung internationaler Wasserläufe

Eine kodifizierte Ausgestaltung des Verhältnismäßigkeitsprinzips findet sich in den eingangs erwähnten Art. 5 und 6 der UN-Wasserlaufkonvention. Die Vorschriften begrenzen den grundsätzlichen Anspruch eines jeden Anrainerstaates auf einen angemessenen Anteil an der Nutzung eines internationalen Wasserlaufes.[1038] Nach Art. 5 der Konvention nutzen die Wasserlaufstaaten in ihrem jeweiligen Hoheitsgebiet einen internationalen Wasserlauf in „an equitable and reasonable manner".

In Parallele zu der hier vorgeschlagenen Konstruktion des Interventionstatbestandes ist auch für den Grundsatz der angemessenen Nutzung die grundlegende Idee, dass Drittstaaten durch die Wahrnehmung von Souveränitätsrechten nicht übermäßig in ihren eigenen Nutzungsmöglichkeiten beschränkt werden.[1039] Der Anwendungsbereich des Grundsatzes ist nicht nur auf die bereits erwähnten Binnengewässer begrenzt, sondern vielmehr auf sämtliche natürliche Ressourcen, die gemeinsam durch mehrere Staaten genutzt werden, übertragbar.[1040] Wie der Interventionstatbestand entspringt auch der Grundsatz angemessener Nutzung dem Prinzip der Staatengleichheit (vgl. nur Art. 8 Abs. 1 UN-Wasserlaufkonvention[1041]).[1042] In einem am Prinzip der Gleichheit orientierten Abwägungsvorgang werden

---

gen des deutschen Kartellrechts, S. 56; *Bär*, Kartellrecht und Internationales Privatrecht, S. 134.

1038 Zum Recht auf angemessene Nutzung, IGH, *Gabčíkovo-Nagymaros Project (Hungary/Slovakia)*, Urt. v. 25.9.1997, ICJ Rep. 1997, S. 7 (54, 56); vgl. auch *McCaffrey*, J. Land Resources & Envtl. Law 20 (2000), S. 57 (60).

1039 *Behrmann*, Das Prinzip der angemessenen und vernünftigen Nutzung und Teilhabe nach der VN-Wasserlaufkonvention, S. 63.

1040 Vgl. z.B. *Reszat*, Gemeinsame Naturgüter im Völkerrecht, S. 249-304.

1041 Art. 8 Abs. 1 UN-Wasserlaufkonvention: „Watercourse states shall cooperate *on the basis of sovereign equality*, territorial integrity, mutual benefit and good faith in order to attain optimal utilization and adequate protection of an international watercourse."

1042 *Behrmann*, Das Prinzip der angemessenen und vernünftigen Nutzung und Teilhabe nach der VN-Wasserlaufkonvention, S. 65; *Fuentes*, BYbIL 67 (1996), S. 337 (401); *Buirette*, RGDIP 95 (1991), S. 5 (37).

die (gegenläufigen) Interessen der Anrainerstaaten austariert. Maßstab für den Abwägungsprozess sind einerseits die Bedürfnisse des Nutzungsstaates, andererseits sind sämtliche faktischen Besonderheiten des Einzelfalls zu berücksichtigen.[1043]

Art. 6 der Konvention hält diesbezüglich eine nicht abschließende („including")[1044] Aufzählung von gleichwertigen „factors and circumstances" bereit, die bei einer angemessenen Nutzung zu berücksichtigen sind. In die Prüfung der Angemessenheit müssen demnach eingestellt werden: die geographischen, hydrographischen, hydrologischen, klimatischen, ökologischen und sonstigen Faktoren natürlicher Art (lit. a); die sozialen und wirtschaftlichen Bedürfnisse der betroffenen Wasserlaufstaaten (b); die in den einzelnen Wasserlaufstaaten von dem Wasserlauf abhängige Bevölkerung (c); die Auswirkungen der Nutzung oder Nutzungen der Wasserläufe in einem Wasserlaufstaat auf andere Wasserlaufstaaten (d); bestehende und mögliche Nutzungen des Wasserlaufs (e); Erhaltung, Schutz, Entwicklung und Sparsamkeit bei der Nutzung der Wasservorkommen des Wasserlaufes und die Kosten der zu diesem Zweck ergriffenen Maßnahmen (f) sowie die Verfügbarkeit gleichwertiger Alternativen für eine bestimmte geplante oder bestehende Nutzung (g).

In einer andersartigen Funktion findet der Verhältnismäßigkeitsgrundsatz im Zusammenhang mit der Grenzziehung eines Festlandsockels zwischen zwei Staaten Anwendung. Bereits 1969 stellte der IGH im entsprechenden Rechtsstreit zwischen Deutschland und den Niederlanden bzw. Dänemark fest, dass die Grenzbestimmung durch Übereinkunft der betroffenen Staaten nach dem Prinzip der Angemessenheit zu erfolgen hat.[1045] Damit wich der IGH von der in Art. 6 der Festlandsockelkonvention[1046] grundsätzlich vorgesehenen formalen equidistance-Methode ab. Um dem Umstand Rechnung zu tragen, dass der ungünstige Küstenverlauf Deutschlands zu einem deutlich zu geringen Festlandsockelanteil führen würde, orientierte sich der IGH am mathematischen Verhältnis zwischen

---

1043 *Behrmann*, Das Prinzip der angemessenen und vernünftigen Nutzung und Teilhabe nach der VN-Wasserlaufkonvention, S. 66; *Fuentes*, BYbIL 67 (1996), S. 337-356.

1044 *McCaffrey*, J. Land Resources & Envtl. Law 20 (2000), S. 57 (61).

1045 IGH, *North Sea Continental Shelf*, Urt. v. 20.2.1969, ICJ Rep. 1969, S. 3 (46 f.).

1046 Convention on Continental Shelf v. 29.4.1958, UNTS 495 (1964), S. 311.

Küstenlänge und Festlandsockel.[1047] Die Billigkeit der Grenzziehung wird also zunächst durch eine mathematische Operation hergestellt. Diese Objektivierung stößt allerdings an ihre Grenzen, wenn die Küstenlänge nicht mit Sicherheit bestimmbar ist. Dementsprechend stellte das Schiedsgericht im britisch-französischen Schiedsverfahren über die Abgrenzung des Festlandsockels im Ärmelkanal fest, dass sich der anzulegende Verhältnismäßigkeitsgrundsatz nicht allein auf die Proportionalitätsanforderung – und somit eine mathematische Formel – reduzieren lasse. Diese stelle vielmehr nur eines der heranzuziehenden Kriterien dar.[1048]

Bei genauer Betrachtung wird der Verhältnismäßigkeitsgrundsatz allerdings – auch wenn die Abkehr von der equidistance-Methode durch Angemessenheitserwägungen begründet wurde – weniger als positiver Maßstab für die Grenzziehung herangezogen. Allein durch seine Anwendung ist eine geographische Grenze auch kaum bzw. nicht bestimmbar. Vielmehr – und hier liegt seine wesentliche Funktion – greift er als Korrekturinstrument ein, in dem die zuvor gefundene Lösung einer umfassenden Billigkeitsprüfung unterzogen wird.[1049] Durch die abschließende Prüfung ergibt sich die Möglichkeit, besondere Umstände der jeweiligen Fallkonstellation zu berücksichtigen, die bei der vorherigen Bestimmung der Grenzen keine Beachtung gefunden haben.[1050]

1047 Vgl. auch IGH, *Continental Shelf (Tunisia/Libyan Arab Jamahiriya)*, Urt. v. 24.2.1982, ICJ Rep. 1982, S. 18 (91, § 130); *Delimitation of the Maritime Boundary in the Gulf of Maine Area (Canada/United States of America)*, Urt. v. 12.10.1984, ICJ Rep. 1984, S. 246 (334 f., § 218); *Maritime Delimitation in the Area between Greenland and Jan Mayen (Denmark v. Norway)*, Urt. v. 14.6.1993, ICJ Rep. 1993, S. 34 (68 f., § 68); *Land and Maritime Boundary between Cameroon and Nigeria*, Urt. v. 10.10.2002, ICJ Rep. 2002, S. 303 (446 f., § 301).

1048 *Arbitration between the United Kingdom of Great Britain and Northern Ireland and the French Republic on the Delimitation of the Continental Shelf* (1977/1978), ILM 18 (1979), S. 397 (427).

1049 Vgl. z.B. *Stein*, Proportionality Revisited, in: FS Delbrück, S. 727 (733).

1050 *Arbitration between Barbados and the Republic of Trinidad and Tobago* v. 11.4.2006, Rdnr. 335-338; zuvor bereits *Award of the Arbitral Tribunal in the second stage of the proceedings between Eritrea and Yemen (Maritime Delimitation)* v. 17.12.1999, RIAA XXII (2006), S. 335 (372, § 165): "The principle of proportionality [...] is not an independent mode or principle of delimitation, but rather a test of equitableness of a delimitation arrived at by some other means."

ff. Angemessenheit als allgemeiner Auslegungstopos des
     Völkervertragsrechts

Der IGH hat den Grundsatz der Angemessenheit darüber hinaus in der
jüngsten Rechtsprechung als allgemeinen Auslegungstopos des Völkervertragsrechts herangezogen. Australien und Japan stritten über die Vereinbarkeit des japanischen Forschungsprogramms JARPA II mit Art. 8 der
Convention for the Regulation of Whaling[1051]. Die Vorschrift sieht eine
Ausnahme für die Regulierung des Walfanges vor, soweit Wale „for pur-
poses of scientific research" getötet oder gefangen werden.

   Obwohl die Angemessenheit in Art. 8 der Konvention nicht ausdrücklich als Rechtmäßigkeitskriterium für entsprechende Forschungsprogram-
me genannt ist, wird sie vom IGH als zentraler Prüfungsmaßstab im Hinblick auf das Verhältnis zwischen der Ausgestaltung und Umsetzung des
Forschungsprogramms und den festgesetzten wissenschaftlichen Zielen
angewendet.[1052] Anknüpfungspunkt ist dabei allein die Wendung „for pur-
poses of" in Art. 8 Abs. 1 der Konvention.[1053] In der Folge konkretisiert
der IGH den Prüfungsmaßstab und nennt – zum Teil den Argumenten der
Parteien entlehnte – Abwägungskriterien, wie etwa das Ausmaß der vorgesehenen Tötung, die Methode zur Auswahl der Probengröße, den Vergleich der Probengröße zur Zahl der bereits getöteten Tiere, den vorgesehenen Zeitrahmen, den wissenschaftlichen Ertrag und die Kooperation mit
verwandten Wissenschaftsprogrammen.[1054]

   Auch wenn die Heranziehung der „reasonableness" als generellem Aus-
legungskriterium sicherlich nicht das geltende Völkerrecht widerspiegelt,
enthält das Urteil durch die Nennung konkreter Abwägungskriterien im

---

1051 International Convention for the Regulation of Whaling v. 12.2.1946, UNTS
       161, S. 72.
1052 IGH, *Whaling in the Antarctic (Australia v. Japan)*, Urt. v. 31.3.2014, ICJ Rep.
       2014, S. 226 (258, § 88).
1053 Daher auch die kritische Anmerkung des Richters *Yusuf* in seinem abweichen-
       den Votum: „It bears to be emphasized that neither the design and implementa-
       tion of scientific research programmes nor their reasonableness in relation to
       achieving a programme's stated objectives are mentioned in Article VIII of the
       ICRW or in the related instruments mentioned above. Nonetheless, they have
       surprisingly managed to occupy centre stage in the Judgment."; ebenfalls kri-
       tisch zur Anwendung der „reasonableness" als „substantive assessment" das ab-
       weichende Votum des Richters *Owada* (z.B. §§ 25, 39).
1054 IGH, *Whaling in the Antarctic (Australia v. Japan)*, Urt. v. 31.3.2014, ICJ Rep.
       2014, S. 226 (258, § 88).

vorliegenden Einzelfall doch zumindest ergänzende Hinweise darauf, anhand welches Prüfungsmaßstabs eine völkerrechtliche Verhältnismäßigkeitsprüfung durchzuführen ist.

c. Inhaltliche Essenz

Maßgebliches Charakteristikum des Verhältnismäßigkeitsgrundsatzes im Völkerrecht ist die Bemühung, den Staat und seine Handlungen nicht isoliert, sondern durch die Abwägung widerstreitender Souveränitätsansprüche als Teil der Staatengemeinschaft zu betrachten und dadurch eine für alle Beteiligten akzeptable Einzelfallgerechtigkeit herzustellen.[1055] Trotz der unterschiedlichen Erscheinungsformen und im Detail unterschiedlicher Zielrichtungen kommt dem Verhältnismäßigkeitsprinzip auch im Völkerrecht die Funktion des Ausgleichs von Rechten und Interessen zu.[1056] Diese erfüllt der Verhältnismäßigkeitsgrundsatz, indem er die Handlungsfreiheit des agierenden Staates durch eine Abwägung mit den Interessen des von der entsprechenden Handlung betroffenen Staates begrenzt. Völkerrechtlich grundsätzlich zulässige Handlungen werden rechtswidrig, wenn ein Staat exzessiv handelt.[1057] Oder mit den Worten von *Schwarze*: „[Der Verhältnismäßigkeitsgrundsatz] verlangt von den Staaten mit Rücksicht auf andere Völkerrechtssubjekte und wichtige Gemeinschaftsgüter eine schonende, eben verhältnismäßige Ausübung der ihnen zustehenden Hoheitsgewalt".[1058]

Trotz der weitestgehend einheitlichen Funktion, die der Verhältnismäßigkeitsgrundsatz in den dargestellten Konstellationen erfüllt, scheint eine umfassende und normübergreifende Inhaltsbestimmung im Detail schwierig. Die heranzuziehenden Abwägungskriterien divergieren nach anzuwendender Norm und den Umständen des Einzelfalls. Dennoch lassen sich aus den dargestellten Anwendungsfällen einige Grundlinien abstrahieren:

1055 *Bockslaff*, Das völkerrechtliche Interventionsverbot, S. 141.
1056 *Klein*, Gegenmaßnahmen, in: Berichte DGVR 37 (1997), S. 39 (61).
1057 Vgl. *Schweisfurth*, Völkerrecht, 2 Rdnr. 155.
1058 *Schwarze*, Dimensionen des Rechtsgrundsatzes der Verhältnismäßigkeit, in: FS Rengeling, S. 633 (639).

aa. Abwägungsvorgang

Hinsichtlich des vorzunehmenden Abwägungsvorgangs ist zwischen den Verhältnismäßigkeitserwägungen zur Begrenzung von Reaktionsmöglichkeiten und denen zur Begrenzung einer ursprünglichen Handlung zu differenzieren. Nur in der ersten Gruppe lässt sich eine mehrstufige Verhältnismäßigkeitsprüfung in Gestalt einer (mehr oder weniger deutlich) getrennten Prüfung von Erforderlichkeit und Angemessenheit nachweisen. Beschränken Verhältnismäßigkeiterwägungen hingegen die Ausübung der Handlungsfreiheit, wie etwa im humanitären Völkerrecht oder der UN-Wasserlaufkonvention, ist eine Aufgliederung in mehrere Prüfungsschritte nicht nachweisbar. Vorgesehen ist vielmehr eine eingliedrige Abwägung zwischen völkerrechtlich grundsätzlich zulässigen Handlungen des agierenden Staates und den dadurch berührten Interessen von Drittstaaten. Im Vergleich zur nationalen Verhältnismäßigkeitsdogmatik handelt es sich also ausschließlich um eine Prüfung der Verhältnismäßigkeit im engeren Sinne.[1059]

Die vorfindbare Differenzierung überzeugt auch dogmatisch. Die Begrenzung von Gegenmaßnahmen auf erforderliche Handlungen folgt aus der Ausrichtung des Selbstverteidigungs- bzw. Repressalienrechts auf ein zuvor bestimmtes Handlungsziel. Die Zulässigkeit einer Gegenmaßnahme bestimmt sich ausnahmslos im Verhältnis zur vorgelagerten völkerrechtswidrigen Handlung des Aggressors und ist durch das die Ausnahme begründende Ziel, der völkerrechtswidrigen Handlung des Aggressors entgegenzutreten, auf solche Maßnahmen beschränkt, die für die Zielerreichung erforderlich sind. Anders verhält es sich in den gegenläufigen Konstellationen, in denen nicht die zulässigen Reaktionen, sondern der Kanon zulässiger Aktionen eines Staates begrenzt wird. Im Gegensatz zu Selbstverteidigungshandlung und Repressalie ist nicht die Zulässigkeit bestimmter Handlungen die Ausnahme, sondern deren Unzulässigkeit. Die staatliche Handlungsfreiheit ist zunächst unbegrenzt und findet ihre Grenze nur dort, wo gegenläufige Interessen von Drittstaaten eine Beschränkung erfordern.

1059 Vgl. auch die entsprechenden Ausführungen des israelischen *High Court of Justice* zur Anwendung des Verhältnismäßigkeitsgrundsatzes im humanitären Völkerrecht, Urt. v. 14.12.2006, *Public Committee against Torture in Israel case,* § 44 („The requirement of proportionality in the laws of armed conflict focuses primarily upon what our constitutional law calls proportionality ‚*stricto senso*' [...]").

Der agierende Staat ist daher nicht von vornherein auf bestimmte Handlungsformen – und somit auch nicht auf zur Zielereichung erforderliche Maßnahmen – beschränkt. Dem agierenden Staat steht vielmehr eine umfassende Wahlfreiheit betreffend die Auswahl der verfolgten Ziele und der dafür eingesetzten Mittel zu. Unabhängig vom eingesetzten Mittel hat der Akteur im Falle eines entstehenden Souveränitätskonfliktes allerdings die Interessen von Drittstaaten zu berücksichtigen und die Ausübung seiner Handlungsfreiheit auf deren Angemessenheit zu überprüfen.

bb. Abwägungsgegenstände

Für die Ermittlung der Angemessenheit kommen verschiedene (Einzel-) Bezugspunkte in Betracht, sodass zunächst zu klären ist, welche Kriterien überhaupt in welcher Weise miteinander abzuwägen sind. Dabei stellen sich zwei grundsätzliche Fragen: Erfolgt die Abwägung ausschließlich anhand zuvor feststehender Abwägungskriterien oder in Gestalt einer umfassenden Gesamtabwägung? Ist die Abwägung sodann abstrakt, also anhand eines vom Einzelfall losgelösten Vergleichs der herangezogenen Kriterien, oder unter Berücksichtigung der Spezifika – insbesondere der Auswirkungen – des jeweiligen Einzelfalls durchzuführen?[1060]

Die Frage nach den heranzuziehenden Abwägungskriterien lässt sich unter Hinzuziehung der einzelnen Anwendungsfelder der Angemessenheitsprüfung im Völkerrecht weder eindeutig zu Gunsten eines feststehenden Kanons an Abwägungskriterien noch zu Gunsten einer Gesamtabwägung beantworten. Die Antwort liegt vielmehr in der Mitte beider Alternativen. Auf der einen Seite lassen sich in Staatenpraxis, Rechtsprechung und Schrifttum durchaus Kriterien ausfindig machen, die tatbestandsübergreifend in die entsprechenden Abwägungen eingestellt werden. Dazu zählen insbesondere die Berücksichtigung des Handlungsinteresses des agierenden Staates in Gestalt von Ziel und Zweck einer Maßnahme, die Intensität der Beeinträchtigung des bzw. der Opferstaat(en), die Auswirkungen einer „erfolgreichen" Maßnahme auf Drittstaaten oder die Dauer der Beeinträchtigung. Auf der anderen Seite sind die verallgemeinerungsfähigen Abwägungskriterien in der Summe so weit gefasst, dass eine ku-

---

1060 Vgl. *Krugmann*, Der Grundsatz der Verhältnismäßigkeit im Völkerrecht, S. 86 f.

mulative Betrachtung einer Gesamtabwägung der widerstreitenden Interessen sehr nahekommt.

Eindeutiger ist die zweite Frage zu beantworten. Eine abstrakte Abwägung zweier (Rechts-)Güter ist von vornherein solchen Rechtsordnungen vorbehalten, die eine Normenhierachie kennen und somit eine Gewichtung von Rechtsgütern und Interessen zulassen bzw. ausdrücklich vorsehen. Das Völkerrecht kennt, mit der Ausnahme solcher Rechtsgüter, die durch Vorschriften des *ius cogens* geschützt werden, grundsätzlich keine abstrakte Gewichtung von Rechtsgütern oder politischen Interessen.[1061] Ohne Kenntnis sämtlicher Details eines Einzelfalls lässt das Völkerrecht eine abstrakte Gewichtung daher in kaum einer Konstellation zu.[1062] Dies gilt gleichermaßen für die Beurteilung der Angemessenheit von Aktionen und Reaktionen. Abstrakt lässt sich weder bestimmen, ob das Einfrieren ausländischer Konten als Reaktion auf eine Hafenblockade in einem angemessenen Verhältnis steht, noch ob das Interesse an der Durchsetzung eines Handelsembargos schwerer wiegt als der dadurch entstehende wirtschaftliche Schaden beim Adressaten oder ob die Einflussnahme auf die politische Willensbildung eines Drittstaates zur Durchsetzung eigener politischer Interessen grundsätzlich hinter den Anspruch der politischen Selbstbestimmung zurücktritt. Eine tatsächliche Beurteilung kann somit zwangsläufig nur unter Berücksichtung der Spezifika und der Auswirkungen der jeweiligen Handlungen im jeweiligen Einzelfall erfolgen.

Somit bleibt für die Feststellung nur eine auf den Einzelfall ausgerichtete Abwägung zwischen dem Ziel und Zweck einer Maßnahme (also dem Handlungsinteresse) sowie ihrer Einwirkungsintensität.[1063] Dabei sind auch die jeweils entstandenen Schäden miteinander in Verhältnis zu setzen. Es ist also zwischen entstehendem Schaden bei dem bzw. den Drittstaat(en) bei Durchführung einer bestimmten Handlung und den Einbußen abzuwägen, die für den agierenden Staat entstehen, wenn er die entsprechende Handlung unterlässt.[1064]

1061 Siehe dazu schon C., II., 2. und 3.

1062 *Krugmann*, Der Grundsatz der Verhältnismäßigkeit im Völkerrecht, S. 86 f.

1063 Vgl. für das Interventionsverbot bereits *Gerlach*, Die Intervention, S. 196; *Ritterband*, Universeller Menschenrechtsschutz und Interventionsverbot, S. 353-359; *Bockslaff*, Das völkerrechtliche Interventionsverbot, S. 146.

1064 Für das Interventionsverbot bereits *Bockslaff*, Das völkerrechtliche Interventionsverbot, S. 147.

d. Übertragung auf das Interventionsverbot

Übertragen auf das Interventionsverbot bedeutet dies, dass für die Bestimmung des Zwangscharakters zunächst das Handlungsinteresse des agierenden Staates sowie die Einwirkungsintensität der Maßnahme zu bestimmen und anschließend miteinander abzuwägen sind.

aa. Handlungsinteresse

Auf der Seite des agierenden Staates ist also vor allem sein Interesse an der Wahrnehmung der ihm zustehenden Hoheitsrechte, insbesondere seiner Handlungsfreiheit zu berücksichtigen. Dass grundsätzlich auch die Rechte des agierenden Staates in die Abwägung einzustellen sind, zeigt schon die im Plural gefasste Formulierung des Art. 51 ILC Articles on State Responsibility, welcher die Berücksichtigung der „rights in question" anordnet.

Die Bestimmung des Handlungsinteresses und der Bedeutung von dessen Ausübung für den intervenierenden Staat ist dabei grundsätzlich nur im jeweiligen Einzelfall möglich. Als abstraktes Kriterium wird allerdings vereinzelt auf die sachliche Konnexität zwischen Aktion und erwünschter Reaktion verwiesen.[1065] Die oben vorgenommene Darstellung der bisherigen Anwendungsfelder zeigt allerdings, dass zumindest im Hinblick auf staatliche Reaktionen – dies gilt vor allem für die Repressalie – ein Mangel an sachlicher Konnexität nicht zwangsläufig die Unverhältnismäßigkeit einer Handlung begründet. Dies muss auch für die Begrenzung der staatlichen Handlungsfreiheit gelten. Es ist kein Grund ersichtlich, warum die sachliche Verknüpfung allein über die Rechtmäßigkeit der Druckausübung entscheiden soll. Im Gegenteil: Wird die Unverhältnismäßigkeit einer Handlung allein durch die fehlende sachliche Konnexität begründet, würde dies dazu führen, dass ein Staat möglicherweise auf eine deutlich intensiver auf andere Staaten wirkende Maßnahme zurückgreifen müsste, nur um eine sachliche Konnexität zwischen Handlung und gewünschter Reaktion herzustellen und somit dem Vorwurf der Unverhältnismäßigkeit mangels sachlicher Verbundenheit zu entgehen. Verfolgt Staat A also das Ziel, auf eine Veränderung der Handelspolitik von Staat B hinzuwirken,

---

1065 M.w.N. *Bockslaff*, Das völkerrechtliche Interventionsverbot, S. 143-146.

müsste er, um dem Erfordernis der Konnexität gerecht zu werden, auf ein Handelsembargo oder eine ähnliche Maßnahme zurückgreifen, auch wenn diese zu einer akuten Lebensmittelknappheit führen würde und durchaus andere, weniger intensiv wirkende Druckmittel, die ihrerseits aber in keiner sachlichen Verbindung stehen, zur Verfügung stünden.

Darüber hinaus würde eine von vornherein geltende Beschränkung auf solche Maßnahmen, die eine hinreichende sachliche Verknüpfung mit der Interventionshandlung aufweisen, die staatliche Handlungsfreiheit ohne Ansehung der tatsächlichen Umstände des Einzelfalls über Gebühr beschränken und käme dem Erfordernis der Erforderlichkeit, das sich für die Bestimmung der Verhältnismäßigkeit einer Aktion in der Staatenpraxis nicht nachweisen lässt, zumindest sehr nahe.[1066] Die Funktion des Interventionsverbots bzw. des Tatbestandsmerkmals „Zwangscharakter" ist aber gerade die auf Einzelfallgerechtigkeit ausgerichtete Auflösung eines Souveränitätskonfliktes. Dieser kann das Interventionsverbot nur gerecht werden, wenn die nur durch Rechte dritter Staaten begrenzten Handlungsfreiheit des agierenden Staates eine ihrer Weite entsprechende Berücksichtigung findet.

Daher wurde für das Interventionsverbot (wie auch für das Repressalienrecht[1067]) vorgeschlagen, die Konnexität nicht als absolut geltendes Kriterium für die Unverhältnismäßigkeit anzuwenden, sondern sie für eine Vermutungsregel heranzuziehen, nach der die fehlende sachliche Verknüpfung eine Indizwirkung für die Unverhältnismäßigkeit der Druckausübung entfaltet.[1068] Der Anwendung als Vermutungsregel stehen allerdings die gleichen Einwände entgegen, die soeben gegen die Anwendung als absoluten Verhältnismäßigkeitsmaßstab erhoben wurden. Wird der Konnexität eine Indizwirkung zugesprochen, so lässt sich diese in Ansehung der Funktion des Verhältnismäßigkeitsprinzips als materieller Ausgleichsnorm und der zuvor herausgestellten Bedeutung der Einwirkungsintensität für den Abwägungsprozess allein durch die Annahme begründen, dass eine sachliche Verknüpfung in der Regel zu einer geringeren Einwirkungsintensität führt. Dass dieser Schluss keineswegs zwingend, regelmäßig sogar unzutreffend sein dürfte, zeigt schon das oben angeführte Beispiel. Der

---

1066 Zur Erforderlichkeit bereits E., IV., 2., c., aa.
1067 Siehe dazu E., IV., 2., a., bb.
1068 Für das Interventionsverbot *Kewenig*, Die Anwendung wirtschaftlicher Zwangsmaßnahmen im Völkerrecht, in: Berichte DGVR 22 (1981), S. 7 (16); zustimmend *Bockslaff*, Das völkerrechtliche Interventionsverbot, S. 144.

Rekurs auf die Konnexität ist für die Abwägung – und somit die Bestimmung der Rechtmäßig- bzw. Rechtswidrigkeit von die Handlungsfreiheit beeinträchtigenden Maßnahmen – nicht zielführend.

In Verbindung mit dem Merkmal der Konnexität wurde zudem darauf hingewiesen, dass die Druckausübung nur dann rechtmäßig sein könne, wenn „der handelnde Staat von der angestrebten Politikänderung überhaupt betroffen ist".[1069] Das Merkmal der Betroffenheit unterscheidet sich, auch wenn unter dem Stichwort der Konnexität diskutiert, sehr deutlich von dem Erfordernis der inhaltlichen Verknüpfung. Während die Konnexität eine Beschränkung auf Maßnahmen vorsieht, die kongruente Sachmaterien betreffen, erfasst das Merkmal der Betroffenheit nicht die Auswahl der Maßnahme, sondern deren Wirkung auf den agierenden Staat. Die Ausübung von Druck soll nur dann rechtmäßig sein können, wenn ein Staat entweder eine Politikänderung gegenüber sich selbst anstrebt oder wenn die angestrebte Änderung der Verwirklichung eines Rechtssatzes mit *erga omnes*-Charakter dient. Fehlt es an einer entsprechenden Betroffenheit, soll die Handlung rechtswidrig sein.

Auch für das Merkmal der Betroffenheit gilt, dass es als starres Kriterium zunächst nicht geeignet ist, um die Rechtmäßigkeit in einem Abwägungsvorgang zu bestimmen. Vielmehr ist es der Abwägung vorgelagert und reduziert, ähnlich wie der Maßstab der Konnexität, den Kanon der überhaupt abwägungsfähigen Maßnahmen. Die Frage der Betroffenheit fungiert damit quasi als Kehrseite des Tatbestandsmerkmals *domaine réservé*. Da der *domaine réservé* den Anwendungsbereich des Interventionsverbots nur für solche Sachmaterien eröffnet, für die ein Staat keine völkerrechtlichen Verpflichtungen eingegangen ist, ist der Rekurs auf das Interventionsverbot für den Opferstaat auch auf diese Bereiche beschränkt. Das Merkmal der Betroffenheit ist insoweit das Gegenstück zur Begrenzung des Interventionsverbots auf den *domaine réservé*, da es die Rechtmäßigkeit der Druckausübung ausschließt, wenn kein eigenes, bzw. im Fall von *erga omnes*-Normen allgemeines, Interesse an der Einflussnahme auf die Handlungsfreiheit besteht. Im Gegensatz zum Erfordernis der Konnexität lässt sich das Erfordernis der Betroffenheit in der Staatenpraxis nachweisen. So setzt z.B. die Formulierung des Interventionstatbestandes in der Schlussakte von Helsinki die eigene Vorteilserlangung ebenso voraus wie der zweite Absatz zum Interventionsverbot in der UN-Prinzipien-

---

1069 *Bockslaff*, Das völkerrechtliche Interventionsverbot, S. 145.

deklaration.[1070] Auch der in Art. 51 Abs. 5 lit. b) I. ZP Genfer Abkommen verlangte militärische Vorteil ist eine spezielle Ausprägung des Betroffenheitserfordernisses.[1071]

Über den reduzierenden Charakter hinaus kann das Merkmal der Betroffenheit aber auch für die Gewichtung des Handlungsinteresses und somit für den Abwägungsprozess fruchtbar gemacht werden. An die Feststellung der grundsätzlichen Betroffenheit ist nämlich die Frage nach der Qualität, also dem Ausmaß der Betroffenheit anzuschließen. Sind die Auswirkungen der angestrebten Politikänderungen auf den agierenden Staat gering, so ist auch nur eine Einwirkung geringer Intensität auf die Handlungsfreiheit des Opferstaates angemessen. Sind die Auswirkungen hingegen von essentieller Bedeutung, verschiebt sich die Grenze der Angemessenheit entsprechend.

Auch wenn durch die Verletzung einer anderen völkerrechtlichen Vorschrift allein kein Verstoß gegen das Interventionsverbot begründet wird,[1072] entfaltet der parallele Verstoß gegen anderweitige völkerrechtliche Verpflichtungen durch die Einwirkungshandlung zumindest eine Indizwirkung für ein schwaches Handlungsinteresse. Die insoweit relevanteste Konstellation dürften Sachverhalte bilden, in denen die Erfüllung einer zwischen den entsprechenden Staaten getroffenen vertraglichen Vereinbarung von einem bestimmten Verhalten abhängig gemacht wird. Dazu folgendes Beispiel:

Die Staaten A und B haben ein Handelsabkommen geschlossen und darin eine unbegrenzte Einfuhr bestimmter Waren vereinbart. Nach Inkrafttreten des Vertrages tritt Staat B in Beitrittsverhandlungen mit einer Internationalen Organisation. Staat A möchte, da sich der Einflussbereich der Organisation durch den Beitritt in eine Region erstrecken würde, in der Staat A bisher einen großen politischen Einfluss ausübt und daher um seine politische Vormachtstellung besorgt ist, den Beitritt unbedingt verhindern. Staat A teilt Staat B mit, dass er, sollten die Beitrittsverhandlungen fortgesetzt werden, einen sofortigen Einfuhrstopp für Waren aus Staat B verhängen wird.

Staat A übt im vorliegenden Beispiel durch die Androhung des Importstopps nicht nur Druck auf Staat B aus, sondern würde spätestens im Fall

---

1070 Für den Text der UN-Prinzipiendeklaration siehe Fn. 273.
1071 Dazu oben E., IV., 2., b., cc.
1072 So aber *Gerlach*, Die Intervention, (insb.) S. 197-200; siehe dazu E., I., 2., a. und c.

der Umsetzung seiner Drohung auch gegen seine vertraglich begründete Verpflichtung und somit gegen den völkergewohnheitsrechtlichen Grundsatz *pacta sunt servanda* verstoßen. Durch die Begründung einer vertraglichen Verpflichtung hat Staat A sein legitimes Handlungsinteresse grundsätzlich auf die durch das Völkervertragsrecht vorgesehenen Änderungs-, Suspendierungs- und Beendigungsmöglichkeiten reduziert. Der Verstoß gegen Vorschriften des Völkervertragsrechts selbst begründet zwar keinen unmittelbaren Verstoß gegen das Interventionsverbot; das Handlungsinteresse wird aber in vergleichbaren Konstellationen regelmäßig hinter dem Integritätsinteresse des beeinträchtigten Staates zurücktreten.

Für die Bestimmung des Handlungsinteresses können auch Vorschriften des „soft-law" relevant sein. Sieht eine entsprechende Vorschrift bestimmte Handlungsformen bzw. „Unterlassungspflichten" vor, entfalten durch die Druckausübung begründeten Verstöße in Ermangelung von Rechtsverbindlichkeit zwar keine dem Verstoß gegen vertragliche Verpflichtungen identische Indizwirkung; dennoch können sie zu einer Abschwächung des Handlungsinteresses führen. Inwieweit sich ein Verstoß gegen „soft-law" negativ auf das Handlungsinteresse auswirkt, ist – in Parallele zur Öffnung des *domaine réservé* durch entsprechende Regelungen[1073] – anhand der durch den agierenden Staat hervorgerufenen Befolgungserwartung bei Drittstaaten zu bestimmen.

bb. Beeinträchtigungsintensität

Bedingt durch die grundsätzliche Gleichrangigkeit der Rechtsgüter im Völkerrecht kommt der Beeinträchtigungsintensität eine gewichtige Rolle innerhalb der Abwägung zu. Sie spiegelt sich daher auch in den Diskussionen zu den meisten hier herangezogenen Anwendungsfällen wider. Die Bestimmung der Intensität erfolgt dabei anhand von drei Kriterien, nämlich durch Berücksichtigung der Beeinträchtigungstiefe (Wie stark werden einzelne Rechtsgüter/Interessen beeinträchtigt?), der Beeinträchtigungsbreite (Wie viele Rechtssubjekte/Interessen werden berührt?) und der Beeinträchtigungsdauer (Über welchen Zeitraum erfolgt die Beeinträchtigung?).

1073 Dazu oben D., II., 2., b., bb., (4), (b).

(1) Beeinträchtigungstiefe

Die Schwere der Beeinträchtigung findet sich als evidentes Abwägungskriterium in allen dargestellten Anwendungsbereichen. Für die Bestimmung der Angemessenheit einer Selbstverteidigungshandlung wird regelmäßig auf einen wertenden Vergleich in Gestalt einer Schadensbilanz aus
Schwere des Angriffs und Wirkung der Selbstverteidigungshandlung verwiesen. Für die Angemessenheit einer Repressalie ist die „gravity of the
internationally wrongful act" nach Art. 51 ILC Articles on State Responsibility maßgebliches Abwägungskriterium. In den dargestellten Auszügen
aus nationalen Militärhandbüchern zu Art. 51 Abs. 5 lit. b) I. ZP Genfer
Abkommen wird der Beeinträchtigungstiefe ebenfalls eine übergeordnete
Rolle zugewiesen, wenn diese z.B. anordnen, die Angriffsmethode mit der
geringsten Zerstörungswirkung zu wählen. Für die Begrenzung extraterritorialer Anwendungsbereiche nationaler Vorschriften durch Verhältnismäßigkeitserwägungen wird auf die Wirkung – und somit ebenfalls auf die
Qualität – der vom fremden Staatsgebiet ausgehenden Beeinträchtigung
rekurriert. Die durch Art. 6 UN-Wasserlaufkonvention für eine angemessene Nutzung vorgeschriebene Berücksichtigung verschiedenster Faktoren
setzt die Beachtung der Beeinträchtigungstiefe ebenso voraus: Ohne die
Berücksichtigung der Beeinträchtigungsqualität wäre eine Abwägung zwischen zunächst gleichrangigen Kriterien und Interessen nur anhand quanti-
tativer Erwägungen, also der Anzahl betroffener Kriterien, möglich. Damit
ließe sich ein gerechter Ausgleich der konkurrierenden Ansprüche aber
wohl kaum herstellen. Auch der IGH greift in seinem Urteil zum „Whaling in the Antarctic" schließlich auf qualitative Erwägungen (insbesondere das Ausmaß der Tötung) zurück.

(2) Beeinträchtigungsbreite

Die Intensität einer Beeinträchtigung bestimmt sich darüber hinaus durch
die Anzahl der betroffenen Rechtsgüter und Rechtssubjekte. Insbesondere
für die Angemessenheit von Selbstverteidigungshandlungen wird regelmäßig auf die notwendige Beachtung geopolitischer Rahmenbedingungen
und somit auf Auswirkungen der Selbstverteidigungshandlungen auf
Drittstaaten hingewiesen. Dem Grundsatz der angemessenen Nutzung internationaler Wasserläufe ist die Berücksichtigung von Drittstaateninteres-
sen immanent und zugleich durch diverse Kriterien des Art. 6 UN-Wasser-

laufkonvention ausdrücklich kodifiziert. Aber auch außerhalb des Bereichs klassischer Souveränitätskonflikte hat die Bezugnahme auf die Folgen bestimmter Handlungen bzw. Zustände für Drittstaaten in den vergangenen zwei Jahrzehnten eine bedeutende Rolle gespielt. So hat der Sicherheitsrat der Vereinten Nationen die Feststellung einer Bedrohung des Weltfriedens nach Art. 39 UN-Charta bei rein innerstaatlichen Konflikten – bevor er eine Friedensbedrohung auch ohne Drittstaatbezug angenommen hat[1074] – zunächst mit den Auswirkungen des Konflikts auf Drittstaaten, wie etwa durch die Umstände bedingte Flüchtlingsströme begründet. Wegweisend war insoweit die den Irak betreffende Resolution 688 (1991), die unmittelbar auf den durch die Unterdrückung der Zivilbevölkerung bedingten Flüchtlingsstrom („massive flow of refugees") in Nachbarstaaten und die dadurch entstehende Bedrohung für den internationalen Frieden und den Frieden in der Region abstellte. In seiner Jugoslawien betreffenden Resolution 713 (1991) verwies der Sicherheitsrat ebenfalls ausdrücklich auf die „consequences for the countries of the region, in particular in the border areas of neighbouring countries". Auch die Kosovoresolution 1199 (1998) drückt die Sorge über Flüchtlingsströme nach Albanien, Bosnien und Herzegowina und andere europäische Länder aus.[1075]

Dass die Angemessenheit einer staatlichen Handlung nicht allein in Bezug auf die Intensität der Beeinträchtigung für den Staat bestimmt werden kann, auf den die jeweilige Handlung abzielt, liegt in einer Welt, in der durch globale Interdepenzen nahezu alle Handlungen Auswirkungen auf zunächst unbeteiligte Akteure haben können, auf der Hand. Die Berücksichtigung der Auswirkung auf Drittstaaten lässt sich über zwei Argumentationsstränge begründen. Zunächst können sich Handlungen auf Drittstaaten derart auswirken, dass sie die Intensität der Beeinträchtigung des ursprünglichen Handlungsadressaten unmittelbar oder mittelbar vergrößern. Dies ist z.B. der Fall, wenn Staat A durch die ihn beeinträchtigende Handlungen nicht mehr in der Lage ist, seinen vertraglichen Verpflichtungen

---

1074 Erstmalig in Resolution 794 (1992), in welcher die „human tragedy caused by the conflict in Somalia" als internationale Angelegenheit gewertet wurde. In gleicher Weise hat der Sicherheitsrat eine Friedensbedrohung in seinen Resolutionen 940 (1994) in Bezug auf Haiti, 955 (1994) hinsichtlich der Situation in Ruanda und 1556 (2004) zum Darfur-Konflikt begründet.

1075 Vgl. dazu z.B. *Stein/von Buttlar*, Völkerrecht, Rdnr. 859 f.; *Bothe*, in: Graf Vitzthum/Proelß, Völkerrecht, VIII Rdnr. 44; *Hobe*, Einführung in das Völkerrecht, S. 271; *Schweisfurth*, Völkerrecht, 11 Rdnr. 104 f.

gegenüber Staat B nachzukommen und somit möglicherweise zu einem Vertragsbruch gezwungen ist. In solchen oder ähnlichen Konstellationen sieht sich Staat A, obwohl eigentlich in der Opferrolle, möglicherweise selbst dem Vorwurf des völkerrechtswidrigen Handelns und den damit verbundenen Konsequenzen ausgesetzt.

Darüber hinaus ist die Berücksichtigung dieser Auswirkungen bei der Bestimmung einer angemessenen staatlichen Handlung notwendiges Korrektiv für die – nicht nur für das Interventionsverbot – geforderte Zielgerichtetheit staatlicher Handlungen bei der Verwirklichung völkerrechtlicher Delikte.[1076] Der Schutz berechtigter Interessen von Drittstaaten, die nicht Opfer der Verwirklichung eines völkerrechtlichen Delikts geworden, aber dennoch von den Folgen betroffen sind, hängt maßgeblich davon ab, inwieweit diese bei der Beurteilung der Rechtmäßigkeit der die Folgen auslösenden Handlung berücksichtigt werden. Dies gilt insbesondere, wenn der völkerrechtlichen Verbotsnorm – wie dem Interventionsverbot[1077] – kein *erga omnes*-Charakter zugesprochen wird und somit eine eigene unmittelbare Reaktion, z.b. mittels einer Repressalie, völkerrechtlich unzulässig ist. Die Bedeutung der Berücksichtigung wird vor allem in Fallkonstellationen deutlich, in denen die Handlung eines Staates sich vergleichsweise gering auf den Staat auswirkt, auf den sie ursprünglich abzielte, in Nachbarstaaten aber zu einer deutlich massiveren Beeinträchtigung führt, ohne dass gegen letztere ein völkerrechtliches Delikt verwirklicht wird. Wenn Staat A beispielsweise durch ein Handelsembargo auf eine Veränderung der Wirtschaftspolitik in Staat B hinwirkt, ist es ohne Weiteres denkbar, dass Staat C, der in besonderem Maße vom Handel mit den durch das Embargo betroffenen Gütern abhängig ist, durch die Maßnahme intensiver beeinträchtigt wird als Staat B. Verwirklicht Staat A durch das Embargo kein völkerrechtliches Delikt gegen Staat C, bleibt letzterem nur die Reaktion mit einer Retorsion, nicht aber mit einer Repressalie. Gleiches gilt gegenüber Staat B, wenn die Auswirkungen nicht durch ein völkerrechtswidriges Verhalten seinerseits ausgelöst werden. Bleibt die Beeinträchtigung des Staates C unberücksichtigt, besteht überdies die Möglichkeit, dass die Handlung des Staates A in Ansehung der

---

1076 Für die Androhung von Gewalt siehe C., VI., 1.

1077 So der IGH, wenn er feststellt, dass Verstöße gegen das Interventionsverbot „could not justify counter-measures taken by a third State", *Case concerning Military and Paramilitary Activities in and against Nicaragua*, Urt. v. 27.6.1986, ICJ Rep. 1986, S. 14 (127, § 249)

geringen Auswirkungen auf die Handlungsfreiheit des Staates B, trotz der in der Summe durchaus erheblichen Gesamtintensität, angemessen und somit als nicht völkerrechtswidrig einzustufen ist. Auch Staat B wäre dann auf politische Verteidigungsmöglichkeiten beschränkt. Der Unrechtscharakter der von Staat A gewählten Maßnahme kann also nur dann adäquat erfasst werden, wenn die bei Staat C auftretenden Folgen bei der Bestimmung der Rechtmäßigkeit dieser Handlung berücksichtigt werden.

Neben Rechten einzelner Drittstaaten ist auch die mögliche Beeinträchtigung von Gemeinschaftsgütern (*common heritage of mankind*) zu berücksichtigen.[1078] Auch wenn die Gefahr negativer Auswirkungen vor allem im Zusammenhang mit militärischen Handlungen besteht, ist eine Beeinträchtigung durch interventionsrelevante Handlungen nicht ausgeschlossen. Es ist im Gegenteil durchaus denkbar, dass die Einwirkung auf die Handlungsfreiheit negative Auswirkung auf Gemeinschaftsgüter haben kann: Dies gilt beispielsweise für Fälle, in denen Drittstaaten aus eigenen wirtschaftlichen Interessen die Forderung nach einer Handlung, die signifikant negative Auswirkungen auf die Umwelt hat, mit der Inaussichtstellung negativer Konsequenzen für den Fall der Nichtbefolgung, wie etwa wirtschaftlichen Sanktionen, verbinden.

(3) Beeinträchtigungsdauer

Zudem kann die Intensität durch die Dauer der Beeinträchtigung bestimmt werden. Temporäre Gesichtspunkte wurden bisher vor allem im Zusammenhang mit Selbstverteidigungshandlungen berücksichtigt. Aber auch die oben exemplarisch zitierte *Australian Defence Doctrine Publication* führt die Dauer des Angriffs als zu berücksichtigendes Abwägungskriterium auf. Ebenso stellt der IGH in seinem *Whaling in the Antarctic*-Urteil im Hinblick auf die Verhältnismäßigkeit des Walfangprogramms auf den dafür vorgesehenen Zeitrahmen („the time frame associated with the program") ab.[1079]

1078 Dies hat der IGH für die Verhältnismäßigkeit von Selbstverteidigungshandlung zumindest angedeutet, IGH, *Legality of the Threat or Use of Nuclear Weapons*, Gutachten v. 8.7.1996, ICJ Rep. 1996, S. 226 (242, § 30).

1079 IGH, *Whaling in the Antarctic (Australia v. Japan)*, Urt. v. 31.3.2014, ICJ Rep. 2014, S. 226 (258, § 88 sowie §§ 214-216).

Über die Hinzuziehung der Beeinträchtigungsdauer in den dargestellten Anwendungsbereichen hinaus ist es zudem evident, dass die Dauer einer Maßnahme entscheidenden Einfluss auf die Intensität haben kann. Eine einmalige, auf einen kurzen Zeitraum begrenzte Maßnahme, wie z.B. eine Hafenblockade für wenige Stunden, wird regelmäßig eine geringere Intensität aufweisen, als eine mehrere Tage andauernde Blockade. Eine entsprechende Feststellung traf der IGH auch in Bezug auf das japanische Walfangprogramm, indem er darauf hinwies, dass ein im Vergleich zum unbegrenzten Programm JARPA II temporär begrenztes Walfangprogramm im Hinblick auf die Ziele der *Convention for the Regulation of Whaling* angemessener sei.[1080] Dennoch ist selbstverständlich nicht ausgeschlossen, dass eine Beeinträchtigung von kurzer Dauer im Einzelfall intensiver wirken kann, als eine auf einen längeren Zeitraum angelegte Maßnahme, sodass sich die tatsächliche Intensität nicht allein über die Dauer, sondern nur in einer Gesamtschau mit der Beeinträchtigungstiefe und –breite bestimmen lässt. Die dergestalt bestimmte Beeinträchtigungsintensität ist sodann mit dem zuvor bestimmten Handlungsinteresse abzuwägen. Die Praktikabilität des vorgeschlagenen Abwägungsvorganges soll im folgenden Abschnitt anhand von Anwendungsbeispielen illustriert werden.

V. Zusammenfassung

Trotz unterschiedlicher dogmatischer Anknüpfungspunkte gelangt der überwiegende Teil des bisherigen Schrifttums zu einer Ausgestaltung des Tatbestandsmerkmals „Zwangscharakter" durch Abwägungslösungen, die sich vorrangig an Verhältnismäßigkeitserwägungen orientieren. Diese vorwiegende Einschätzung findet ihre Stütze in der Funktion des Tatbestandsmerkmals, nämlich der Auflösung des dem interventionsrelevanten Sachverhalt zugrundeliegenden Souveränitätskonflikts.

Die Entstehung eines für den Interventionstatbestand relevanten Konflikts setzt voraus, dass die in Rede stehende Einmischung zumindest mittelbar auf die Handlungsfreiheit des Opferstaates einwirkt. Ein *numerus clausus* interventionsrelevanter Handlungen existiert dabei nicht; die Beeinträchtigung kann durch unterschiedlichste Maßnahmen erfolgen. Der

---

1080 IGH, *Whaling in the Antarctic (Australia v. Japan)*, Urt. v. 31.3.2014, ICJ Rep. 2014, S. 226 (290, § 216).

Eintritt des durch die Einflussnahme beabsichtigten Erfolges ist für die Beurteilung der Rechtswidrigkeit irrelevant. Für die Existenz eines zusätzlichen subjektiven Tatbestandsmerkmals, wie etwa der Prüfung einer Schädigungs- oder Unterwerfungsabsicht, bestehen keine Anhaltspunkte. Allerdings lässt sich in der Staatenpraxis die Anforderung einer gewissen Zielgerichtetheit der in Rede stehenden Handlung nachweisen.

Der unmittelbar auf das Interventionsverbot bezogenen Staatenpraxis können kaum erhellende Hinweise darauf entnommen werden, wie die Auflösung des Souveränitätskonflikts zu vollziehen ist. Die Betrachtung der Staatenpraxis zu parallel gelagerten Problemstellungen, also dem Umgang mit Sachverhalten, denen ein vergleichbarer Souveränitätskonflikt zugrunde liegt, zeigt allerdings deutlich, dass entsprechende Konflikte regelmäßig über eine Verhältnismäßigkeitsprüfung aufgelöst werden.

Soweit Verhältnismäßigkeitserwägungen nicht zur Beschränkung staatlicher Reaktionsmöglichkeit (Selbstverteidigung, Repressalie) sondern – wie im Fall des Interventionsverbots – zur Beschränkung staatlicher Aktionen herangezogen werden, vollzieht sich die Abwägung der widerstreitenden Souveränitätsrechte in einer der deutschen Verhältnismäßigkeit im engeren Sinne (also der Angemessenheit) entsprechenden Prüfung. Dabei ist das Handlungsinteresse des intervenierenden Staates mit der Intensität der Beeinträchtigung staatlicher Handlungsfreiheit auf Seiten des Opferstaates abzuwägen.

Ein abwägungsfähiges Handlungsinteresse des agierenden Staates besteht nur dann, wenn er durch das avisierte Verhalten des beeinträchtigten Staates selbst betroffen ist. Darüber hinaus indiziert eine durch die entsprechende Handlung gleichzeitig begründete Verletzung anderer völkerrechtlicher Vorschriften ein gegenüber dem Integritätsinteresse des Opferstaates zurücktretendes Handlungsinteresse. Die Beeinträchtigungsintensität ist anhand der Beeinträchtigungstiefe, -breite und -dauer der Einflussnahme auf die staatliche Handlungsfreiheit des Opferstaates zu bestimmen. In Bezug auf die Beeinträchtigungstiefe ist der Frage nach der qualitativen Auswirkung der Einmischungshandlung auf die Handlungsfreiheit nachzugehen. Bei der Bestimmung der Beeinträchtigungsbreite sind vor allem die Auswirkungen auf Drittstaaten, die nicht unmittelbar Opfer der Einmischungshandlung sind, zu berücksichtigen. Die zeitliche Ausdehnung der Einwirkung bestimmt schließlich die Beeinträchtigungsdauer.

F. Anwendungsbeispiele

Abschließend soll die vorgeschlagene dogmatische Konstruktion des Interventionstatbestandes auf Sachverhalte, in denen der Vorwurf der rechtswidrigen Einmischung erhoben wurde, angewendet werden. Die folgenden Fallbeispiele dienen dabei einerseits der Illustration des im vorherigen Kapitel vorgeschlagenen Abwägungsvorgangs; andererseits sollen sie die Praktikabilität des vorgeschlagenen Lösungsansatzes verdeutlichen. Sie sind dabei lediglich als Beispiele und keineswegs als abschließende Benennung von Fallgruppen zu verstehen. Die Auswahl der Fallbeispiele orientiert sich vor allem an den Kriterien der Aktualität, der über den Einzelfall hinausgehenden Relevanz und der Zugänglichkeit von Sachverhaltsinformationen. Letztere führten zur Aufnahme der Fallstudie betreffend die Suspendierung von Entwicklungshilfeleistungen durch die Niederlande im Jahr 1982. Auch wenn sich der – ausführlich dokumentierte – Sachverhalt vor mehr als dreißig Jahren abgespielt hat, ist die zugrundeliegende Frage nach einem möglichen Verstoß gegen das Interventionsverbot durch die Verknüpfung von vertraglich zugesicherten Leistungen und einer bestimmten Verhaltenserwartung ohne Weiteres auf aktuelle Sachverhalte übertragbar.

I. Einflussnahme auf Außenpolitik (Ukraine 2013)

Die fortwährende Bedeutung des Interventionsverbots zeigte sich zuletzt im besonderen Maße im Zusammenhang mit der Krise in der Ukraine.

1. Sachverhalt

Tatbestandsrelevant waren vor allem die Drohungen Russlands im Vorfeld der Eskalation, für den Fall der Unterzeichnung eines Assoziierungsabkommens[1081] der Ukraine mit der Europäischen Union wirtschaftliche

---

1081 Der Text des Abkommens ist abrufbar unter: http://eeas.europa.eu/ukraine/assoa greement/assoagreement-2013_en.htm.

Sanktionen zu ergreifen. Bereits im November 2013 setzte Moskau seine Drohungen in Gestalt von Importstopps für ukrainische Waren (u.a. für wichtige ukrainische Exportprodukte wie Zucker und Stahlröhren) und umfassenden Zollkontrollen teilweise um.[1082] Diese präventiven Maßnahmen brachten den ukrainischen Export beinahe zum Erliegen.[1083] Darüber hinaus wies Russland immer wieder auf noch ausstehende Zahlungen für Erdgaslieferungen hin und drohte mit der Forderung nach Vorauszahlungen und einem Lieferstopp.[1084] Auch wurde mit sich verschlechternden Bedingungen – insbesondere mit der Erschwerung des Reiseverkehrs zwischen den Ländern – für die mehr als 1,5 Millionen ukrainischen Gastarbeiter in Russland gedroht.[1085] Im Ergebnis führten die russischen Drohungen dazu, dass die Ukraine von dem bereits am 30. März 2012 paraphierten Assoziierungsabkommen zunächst Abstand nahm.

Vergleichbaren Druck übt(e) Russland auch auf andere Länder aus. Im Fall von Armenien ebenfalls mit der Folge, dass die Unterzeichnung des vollständig ausgehandelten Abkommens mit der EU nicht erfolgte und Armenien sich stattdessen für einen Beitritt zur Zollunion mit Weißrussland und Kasachstan entschied. Bundeskanzlerin Angela Merkel wies in einer Regierungserklärung auf die Geltung des „Prinzip[s] der Nichteinmischung" hin und betonte, dass die betroffenen Länder allein über den Beitritt entschieden und kein Vetorecht dritter Staaten bestehe.[1086] In nahezu identischer Weise versucht(e) Moskau ein entsprechendes Assoziierungsabkommen zwischen der EU und Moldau zu verhindern. Im September 2013 untersagte Russland die für Moldau wirtschaftlich bedeutsame Einfuhr von alkoholischen Getränken. Weiterhin droht(e) Russland mit Engpässen bei der Versorgung mit Erdgas sowie weiteren Importbeschränkungen und Restriktionen für in Russland arbeitende Moldauer.[1087]

1082 FAZ v. 18.12.2013, S. 6.
1083 FAZ v. 23.11.2013, S. 14.
1084 Siehe z.B. Frankfurter Allgemeine Sonntagszeitung v. 24.11.2013, S. 12.
1085 FAZ v. 18.12.2013, S. 6.
1086 Frankfurter Allgemeine Sonntagszeitung v. 24.11.2013, S. 12; FAZ.NET v. 18.11.2013, „Merkel warnt Moskau vor Einmischung in Osteuropa"; zur wirtschaftlichen Abhängigkeit Armeniens siehe z.B. FAZ v. 16.12.2013, S. 20.
1087 FAZ v. 28.11.2013, S. 5.

2. Vereinbarkeit mit dem Interventionsverbot

a. Domaine réservé

Der Abschluss von völkerrechtlichen Verträgen mit Internationalen Organisationen sowie die Eingliederung in diese zählen mangels ersichtlicher, im Verhältnis zu Russland bestehender völkerrechtlicher Verpflichtungen zu den inneren Angelegenheiten der Ukraine bzw. Armeniens oder Moldaus. Für die Ukraine ergeben sich entsprechende Verpflichtungen insbesondere weder aus dem am 31.5.1997 mit Russland geschlossenen Nachbarschafts- und Freundschaftsvertrag, noch aus dem am 28.5.1997 geschlossenem Vertrag über die Stationierung der Schwarzmeerflotte auf ukrainischem Territorium.

b. Zwangscharakter

Die russische Androhung von wirtschaftlichen Sanktionen für den Fall, dass die betroffenen Staaten die jeweiligen Assoziierungsabkommen mit der Europäischen Union unterzeichnen, wirkt offenkundig auf die Handlungsfreiheit der betroffenen Staaten ein. Dass der gewünschte Erfolg im Fall von Moldau zumindest vorerst nicht eintrat, ist für die Verwirklichung des Tatbestandes unbeachtlich. An der geforderten Zielgerichtetheit staatlichen Handelns bestehen keinerlei Zweifel.

Somit bleibt zu prüfen, ob die russischen Handlungen tatsächlich in einem unangemessenen Verhältnis zu den damit verfolgten Zielen stehen. Dafür ist das russische Handlungsinteresse zu bestimmen und dieses mit der Beeinträchtigungsintensität auf Seiten der Opferstaaten abzuwägen.

Russlands Druckausübung gilt vorrangig der Wahrung traditioneller Einflusssphären. Die zunehmende Bindung der Ukraine an die EU und ein damit absehbarer Beitritt auch zur NATO würde die politische und militärische Vormachtstellung Russlands auf dem Territorium der ehemaligen Sowjetunion erheblich schwächen. Betont wird darüber hinaus immer wieder die innenpolitische Bedeutung, die eine Annäherung von Nachbarstaaten an die EU für Russland haben kann. So könnte ein den Werten der EU verpflichteter ostslawischer Staat in das russische Territorium hineinstrahlen und das dortige von Autoritarismus geprägte politische System dauerhaft in Frage stellen.[1088] Die Drohungen sowie die bereits ergriffenen Maßnahmen dienen damit vor allem dem Machterhalt und der Aufrechterhaltung der gewählten politischen Binnenordnung, sodass an einer russischen Betroffenheit von der erwünschten Verhaltensänderung keine Zweifel bestehen. Schwerlich zu bestimmen ist hingegen, inwieweit Russland durch den Abschluss der Abkommen tatsächlich wirtschaftliche Einbußen entstehen. Zumindest sehen die Assoziierungsabkommen nicht die Kündigung der Beziehungen oder Freihandelsabkommen der unterzeichnenden Staaten mit Russland vor. Aus der russischen Perspektive würde allerdings die Unterzeichnung eine gleichzeitige Beteiligung an der von Moskau vorangetriebenen Zollunion von früheren Mitgliedstaaten der Sowjetunion ausschließen.[1089] Das oben geforderte Kriterium der eigenen Betroffenheit von der avisierten Politikänderung ist damit grundsätzlich erfüllt, sodass die notwendige Voraussetzung für eine Abwägung mit der Beeinträchtigungsintensität erfüllt ist.

Allerdings würde eine Indizwirkung für ein gegenüber dem Integritätsinteresse der betroffenen Staaten zurücktretendes Handlungsinteresse bestehen, wenn die von Russland ergriffenen Maßnahmen gegen andere völkerrechtliche Vorschriften verstoßen würden. In Betracht kommt vor allem ein Verstoß gegen Art. XI GATT. Alle beteiligten Staaten sind Mitglieder der WTO, sodass die Norm Anwendung findet. Art. XI Abs. 1 GATT verbietet den Erlass oder die Beibehaltung von Verboten oder Beschränkungen bei der Einfuhr aus oder der Ausfuhr in andere WTO-Mitgliedstaaten, soweit keine der in Art. XI Abs. 2 oder Art. XX GATT niedergelegten Ausnahmen greift. Die von Russland erlassenen Importverbote verstoßen offensichtlich gegen Art. XI Abs. 1 GATT, sodass eine nähere Auseinandersetzung mit dem Anwendungsbereich der Vorschrift entbehrlich ist. Auch ist nicht ersichtlich, dass eine der Ausnahmevorschriften eingreift. Aber selbst wenn sich die Importverbote unter eine der Ausnahmeregelungen subsumieren ließen, würden die nur gezielt gegen Waren aus vereinzelten Staaten verhängten Maßnahmen gegen den zugleich zu beachtenden Grundsatz der Meistbegünstigung (Art. XIII GATT)[1090] verstoßen. Der

---

1088 Siehe z.B. Frankfurter Allgemeine Sonntagszeitung v. 15.12.2013, S. 12.
1089 Siehe z.B. FAZ.NET v. 12.12.2013, „Putin bietet Ukraine Partnerschaft an".
1090 Vgl. dazu z.B. *Weiß*, in: Hermann/Weiß/Ohler, Welthandelsrecht, § 11 Rdnrn. 487-493; Appellate Body, *EC – Regime for the Importation, Sale and Distribution of Bananas*, Report v. 9.9.1997, WT/DS27/AB/R, Rdnr. 160; Panel, *EC – Re-*

Verstoß gegen das GATT indiziert daher ein im Zweifelsfall zurücktretendes Handlungsinteresse Russlands.

Unabhängig davon war bzw. ist aber auch die Intensität der angedrohten bzw. bereits ergriffenen wirtschaftlichen Sanktionen für alle Staaten
erheblich. So ist vor allem eine beträchtliche Beeinträchtigungstiefe festzustellen: Für die Ukraine ist Russland – noch vor der EU – der wichtigste
Handelspartner. Circa ein Viertel der ukrainischen Exporte werden nach
Russland verkauft; 30 Prozent der Importe stammen aus Russland. Noch
deutlicher wird die Abhängigkeit, wenn nicht nur die unmittelbaren Beziehungen zu Russland betrachtet, sondern die russische Einflusssphäre insgesamt herangezogen wird. Der ukrainische Warenumsatz zu der Gemeinschaft Unabhängiger Staaten ist 40 Prozent höher als der Warenumsatz mit
der EU.[1091] Ein Viertel des Energiebedarfs wird darüber hinaus durch russisches Erdgas gedeckt. Gerade im Bereich der Wirtschaft besteht also
eine Abhängigkeit, die es Russland ohne Weiteres ermöglicht, durch die
Umsetzung der angedrohten Sanktionen erhebliche Schäden anzurich-
ten[1092] und somit die vitalen Staatsinteressen zu beeinträchtigen. In einer
entsprechenden wirtschaftlichen Abhängigkeit befinden sich Armenien
und Moldau.

Darüber hinaus sind auch die für die drei Staaten entstehenden Vorteile
zu betrachten, die ihnen durch den Abschluss der Assoziierungsabkommen zukommen. Im Zentrum des Assoziierungsabkommens mit der
Ukraine steht ein umfassendes Freihandelsabkommen für die Dauer von
zehn Jahren (vgl. Art. 25 des Abkommens). Vorgesehen ist eine vollständige Öffnung des europäischen Binnenmarktes für die Ukraine sowie des
ukrainischen Binnenmarktes für die EU-Mitgliedstaaten. Gleichzeitig
stellt das Abkommen Einreiseerleichterungen für ukrainische Arbeitneh-
mer in Aussicht (Art. 18). Darüber hinaus betrifft der Vertrag insbesondere
die politische Zusammenarbeit in Gestalt einer engen Kooperation in der
Außenpolitik sowie in Justiz- und Grundrechtsfragen.

In Bezug auf die Beeinträchtigungsbreite sind vor allem die potentiellen
Auswirkungen einer erfolgreichen russischen Beeinträchtigung zu berücksichtigen: Die Mitgliedstaaten der EU sind dabei teilweise unmittelbar von
den Sanktionen betroffen. So führen etwa die Erdgaspipelines, durch wel-

---

gime for the Importation, Sale and Distribution of Bananas, Report
v. 22.5.1997, WT/DS27/R, Rdnr. 7.69.
1091 FAZ v. 23.11.2013, S. 14.
1092 FAZ v. 27.11.2013, S. 1.

che auch die Lieferung von Erdgas an die EU-Mitgliedstaaten erfolgt, durch die Ukraine. Vor allem aber haben die EU bzw. ihre Mitgliedstaaten, dies zeigen die Inhalte der Assoziierungsabkommen in aller Deutlichkeit, ein Interesse am Zugang zu den ukrainischen Märkten. Die osteuropäischen Mitgliedstaaten bekundeten darüber hinaus ihre Befürchtung, im Fall einer weiteren Ausdehnung der russischen Machtsphäre selbst Opfer Moskauer Machtstrebens zu werden. So drang auch gerade Litauen im besonderen Maße auf die Unterzeichnung des Assoziierungsabkommens zwischen EU und Ukraine.[1093]

Schließlich ist auch die Beeinträchtigungsdauer erheblich. Die Drohungen selbst sowie auch die angedrohten Sanktionen waren nicht zeitlich begrenzt.

Auch wenn die Interessen Russlands aus einer politischen Perspektive durchaus ein gewisses Gewicht aufweisen, ist die Einflussnahme in Anbetracht des durch den Verstoß gegen das GATT indizierten schwachen Handlungsinteresse und der erheblichen Beeinträchtigungsintensität unverhältnismäßig und erfüllt somit den Tatbestand des Interventionsverbots. Ein Verzicht auf die Androhung und Durchführung von Sanktionen würde die russischen Souveränitätsrechte nur unerheblich berühren bzw. erschöpfte sich sogar in der vergleichsweise geringen Beschränkung der Handlungsfreiheit. Mögliche Nachteile machtpolitischer und wirtschaftlicher Natur werden nicht durch den Abschluss der Assoziierungsabkommen, sondern durch die zukünftige Gestaltung der bilateralen Beziehung bestimmt. Demgegenüber beeinträchtigen die angedrohten Sanktionen die Handlungsfreiheit der drei Opferstaaten erheblich: Unter Berücksichtigung der besonderen wirtschaftlichen Abhängigkeit ist es den betroffenen Staaten nicht möglich, ihre Handlungsfreiheit in Bezug auf die Assoziierungsabkommen ohne die wirtschaftliche Unterstützung von Drittstaaten auszuüben. So wurde der moldauische Widerstand gegen die russische Beeinträchtigung nicht zuletzt dadurch ermöglicht, dass die gegen in Moldau produzierten Weine verhängte Importsperre durch eine Liberalisierung des Weinimports in die EU aufgefangen wurde.[1094]

1093 FAZ v. 27.11.2013, S. 1.
1094 Frankfurter Allgemeine Sonntagszeitung v. 24.11.2013, S. 12.

II. Herbeiführung eines Regimewechsel (Libyen 2011)

Verstöße gegen das Interventionsverbot wurden auch im Zusammenhang mit dem sog. „Arabischen Frühling", vor allem für den Regimewechsel in Libyen diskutiert.

1. Sachverhalt[1095]

Im Februar 2011 begann der Aufstand gegen den libyschen Machthaber Muammar Gaddafi. Die Aufständischen gewannen schnell Sympathien in der Bevölkerung und konnten erste Erfolge erringen, indem sie unter anderem die Stadt Benghasi unter ihre Kontrolle brachten. Es folgten massive Kämpfe zwischen Rebellen und Regierungstruppen. Am 5. März wurde in Benghasi der Nationale Übergangsrat unter dem Vorsitz des früheren Justizministers Jalil ausgerufen.

Unmittelbar danach wurden einige Handlungen von Internationalen Organisationen und Staaten vorgenommen, die möglicherweise gegen das Interventionsverbot verstießen. Zunächst wurde der Nationale Übergangsrat von Frankreich[1096], sodann von weiteren Staaten, wie etwa Deutschland und Spanien als legitime Vertretung des libyschen Volkes[1097] bzw. als legitime libysche Regierung[1098] anerkannt. Darüber hinaus erarbeitete die im März 2011 in Rom gegründete Libyen-Kontaktgruppe eine Roadmap für die Zeit nach der Gaddafi-Ära. Dabei beschlossen die über 40 beteiligten Staaten u.a. auch, den Übergangsrat mit finanziellen Mitteln in Milliardenhöhe[1099] zu unterstützen sowie den Druck auf Gaddafi zu verstärken und so seinen Rücktritt herbeizuführen[1100].

Am 17. März 2011 erließ der Sicherheitsrat der Vereinten Nationen, nachdem er sowohl vom Nationalen Übergangsrat[1101] wie auch dem Golfkooperationsrat und der Arabischen Liga dazu aufgefordert wurde, in „großer Besorgnis über die sich verschlimmernde Lage" die Resolution

---

1095 Darstellung nach *Odendahl*, AVR 50 (2012), S. 318 (322-330).
1096 FAZ v. 23.8.2011, S. 1.
1097 FAZ v. 14.6.2011, S. 6; FAZ v. 18.6.2011, S. 5.
1098 So etwa die USA, FAZ v. 16.7.2011, S. 2.
1099 FAZ v. 11.6.2011, S. 7.
1100 FAZ v. 14.4.2011, S. 7.
1101 FAZ v. 8.3.2011, S. 11.

1973[1102]. In dieser forderte der Sicherheitsrat ein sofortiges Ende der Kämpfe und die Einhaltung völkerrechtlicher Verpflichtungen Libyens. Vor allem aber autorisierte er die UN-Mitgliedstaaten, „all necessary measures" zum Schutz der von Angriffen bedrohten Zivilbevölkerung zu ergreifen (Rdnrn. 4/5). Darüber hinaus wurde eine Flugverbotszone über Libyen eingerichtet (Rdnrn. 6-12). Zur ausländischen Besatzung libyschen Hoheitsgebiets autorisierte die Resolution hingegen ausdrücklich nicht (Rdnr. 4).

In der Nacht des 19. März 2011 wurden die ersten französischen und britischen Luftangriffe gegen Stellungen libyscher Regierungstruppen durchgeführt.[1103] Die NATO übernahm kurze Zeit später die Führung der alliierten Kräfte.[1104] Militärische Hauptakteure blieben allerdings Frankreich und Großbritannien.[1105] Der Militäreinsatz bezweckte letztlich nicht nur die Umsetzung der Resolution, sondern diente faktisch auch der Unterstützung der Aufständischen und somit der Herbeiführung eines Regimewechsels.[1106] Der französische Staatspräsident Sarkozy sicherte dem libyschen Übergangsrat sogar ausdrücklich weitere Unterstützung durch eine Intensivierung der Luftangriffe zu.[1107]

Drei Monate nach dem Ausbruch der Unruhen häuften sich sodann die Rücktrittsforderungen.[1108] Die USA und Großbritannien verbanden ihre Forderung nach dem Rücktritt Gaddafis deutlich mit der Androhung weiterer militärischer Maßnahmen. Präsident Obama äußerte unmissverständlich, dass sich der Druck auf Gaddafi weiter erhöhen werde, wenn er seine Politik nicht ändere. Der britische Premierminister Cameron fügte diesbezüglich hinzu, dass die Zeit gegen Gaddafi arbeite und dass er die Macht abgeben und Libyen verlassen müsse.[1109]

Einzelne Staaten unterstützten darüber hinaus die Rebellen durch finanzielle und logistische Hilfe: Großbritannien, Frankreich, Italien und Qatar entsandten Militärausbilder und Fachkräfte für den Aufbau von Radio-

---

1102 S/RES/1973 v. 17.3.2011.
1103 Frankfurter Allgemeine Sonntagszeitung v. 20.3.2011, S. 1; NZZ v. 21.3.2011, S. 3.
1104 Siehe z.B. FAZ v. 26.3.2011, S. 4; FAZ.NET v. 28.3.2011, „NATO übernimmt vollständiges Kommando"; NZZ v. 29.3.2011, S. 1.
1105 Vgl. FAZ v. 24.8.2011, S. 6.
1106 Vgl. *Merkel*, in: FAZ v. 22.3.2011, S. 31/33 sowie v. 14.4.2011, S. 34.
1107 NZZ v. 21.4.2011, S. 5.
1108 FAZ v. 16.5.2011, S. 10; FAZ v. 26.5.2011, S. 5; FAZ v. 20.7.2011, S. 4.
1109 Vgl. FAZ v. 26.5.2011, S. 5.

und Fernsehstationen.[1110] Frankreich lieferte Waffen an die Aufständischen[1111]; Qatar schickte zudem – wie auch Frankreich – Bodentruppen und übernahm ferner die Vermarktung des von den Rebellen exportierten Erdöls.[1112]

2. Vereinbarkeit mit dem Interventionsverbot

a. Domaine réservé

Im Gegensatz zur Druckausübung Russlands auf Armenien, Moldau und die Ukraine ist in Bezug auf die Handlungen der Staaten(gemeinschaft) in Libyen bereits unklar, inwieweit sich Libyen überhaupt auf eine Beeinträchtigung des *domaine réservé* berufen kann. Insoweit ist zunächst in Hinblick auf die tatsächlichen Handlungsziele zu differenzieren: Maßnahmen, die tatsächlich durch die Resolution 1973 des Sicherheitsrates gedeckt sind, berühren den *domaine réservé* Libyens nicht. Durch die Resolution 1973 wird die Behandlung eigener Staatsangehöriger dem Bereich innerer Angelegenheiten entzogen, indem sie sämtliche Maßnahmen der Staatengemeinschaft zum Schutz der Zivilbevölkerung legitimiert. Auch vor Erlass der Resolution haben zumindest entsprechende Maßnahmen in Bezug auf die Einhaltung von Menschenrechten den *domaine réservé* nicht berührt, da Libyen u.a. den IPbürgR ratifiziert hat und somit gegenüber allen Konventionsstaaten (insbesondere auch Frankreich und dem Vereinigten Königreich) seinen *domaine réservé* geöffnet hatte.

Nicht dem *domaine réservé* entzogen war hingegen der Bereich der Regierungsbildung. Weder ist eine entsprechende Verbindlichkeit aus Verträgen ersichtlich, noch reduziert die Sicherheitsratsresolution diesbezüglich den *domaine réservé*. Die Resolution ermächtigte ausschließlich dazu, alle notwendigen Maßnahmen zum Schutz der Zivilbevölkerung zu ergreifen. Maßnahmen, die diese Sachmaterie nicht betreffen, sondern vielmehr vorrangig das Ziel einer Entscheidung des Bürgerkrieges und dem daraus folgenden Regimewechsel verfolgen, beeinträchtigten mangels einer entsprechenden völkerrechtlichen Bindung Libyens sehr wohl dessen *domaine*

1110   FAZ v. 20.4.2011, S. 6; FAZ v. 14.5.2011, S. 8; FAZ v. 21.4.2011, S. 1; FAZ v. 3.9.2011, S. 6.
1111   FAZ v. 23.8.2011, S. 10.
1112   FAZ v. 27.10.2011, S. 6; FAZ v. 29.10.2011, S. 7.

réservé.[1113] In damaligen Äußerungen von Staatenvertretern wird teils sehr deutlich, dass die Herbeiführung eines Regimewechsels nicht nur mittelbares, sondern unmittelbares Ziel der Angriffe war. So äußerten sich Obama, Cameron und Sarkozy in einem gemeinsamen Artikel folgendermaßen:

> „Our duty and our mandate under U.N. Security Council Resolution 1973 is to protect civilians, and we are doing that. It is not to remove Qaddafi by force. But it is impossible to imagine a future for Libya with Qaddafi in power."[1114]

Es ist also durchaus fraglich, ob der gezielte „Regimewechsel aus der Luft"[1115] tatsächlich das in der Resolution 1973 vorgegebene Ziel verfolgte. Teilweise wird argumentiert, dass das Blutvergießen in Libyen ohne einen Sturz Gaddafis kein Ende genommen hätte und der Sturz des amtierenden Machthabers als Nebenfolge somit vom Sicherheitsratsmandat gedeckt war.[1116] Dieser Beurteilung der Geschehnisse – insbesondere der Einstufung als Nebenfolge – stehen allerdings durchaus gewichtige Erwägungen entgegen: So ist vor allem nicht ersichtlich, wie die Bombardierung des Wohnhauses von Gaddafis Sohn und dreier seiner Enkel, eines Fernsehsenders oder der Einrichtungen ziviler Infrastruktur unter das Mandat zu subsumieren sind.[1117] Darüber hinaus wurden diverse Waffenstillstandsangebote Gaddafis abgelehnt, da diese nicht den bedingungslosen Verzicht auf die Macht vorsahen.[1118] Statt eines Waffenstillstandes sollte daher vielmehr der Druck auf Gaddafi erhöht werden.[1119] Nach dem Tod Gaddafis äußerte sich der französische Außenminister sehr deutlich zu den vorrangigen Beweggründen: „Unser Ziel bestand darin, ihn zum

---

1113 *Brunner/Frau*, HuV-I 24 (2011), S. 192 (200); wenn auch nicht auf den *domaine réservé* bezogen *Merkel*, in: FAZ v. 14.4.2011, S. 34; *ders.*, ZIS 6 (2011), S. 771 (772); *Geiß/Kashgar*, VN 59 (2011), S. 99 (103); *Wagner*, in: Becker/Sommer, Der Libyen-Krieg, S. 113 (113 f.).

1114 *Obama, Cameron* und *Sarkozy*, Libya's Pathway to Peace, The New York Times v. 14.4.2011, S. 1.

1115 *Wagner*, in: Becker/Sommer, Der Libyen-Krieg, S. 113 (113 f.).

1116 Im Schrifttum z.B. *Odendahl*, AVR 50 (2012), S. 318 (341).

1117 Vgl. z.B. FAZ v. 2.5.2011, S. 1; NZZ v. 2.5.2011, S. 1 sowie den Kommentar von *Barber* in The Guardian v. 2.5.2011; dazu auch *Merkel*, ZIS 6 (2011), S. 771 (773 f.).

1118 Siehe z.B. FAZ v. 1.5.2011, S. 2; FAZ v. 24.6.2011, S. 7.

1119 FAZ v. 24.6.2011, S. 7.

Abdanken zu zwingen."[1120] In Hinsicht auf das von der Resolution vorge-gebene Ziel, die libysche Zivilbevölkerung zu schützen, spricht allerdings vieles dafür, dass dieses mit einer entsprechenden Vereinbarung zumindest vorübergehend hätte erreicht werden können.[1121] Schließlich setzte die NATO ihre Angriffe auch nach der faktischen Entmachtung Gaddafis Mit-te August 2011 fort.[1122] Obama sah die Mission der Staatengemeinschaft in Libyen erst nach der Tötung Gaddafis am 20. Oktober 2011 als erfüllt an.[1123]

Es ist an dieser Stelle nicht abschließend zu klären, inwieweit die Ab-setzung Gaddafis tatsächlich für den Schutz der Zivilbevölkerung notwen-dig war. Die Zielrichtung der soeben geschilderten Maßnahmen legt aber den Schluss nahe, dass die Herbeiführung des Regimewechsels sehr früh zum Primärziel der ergriffenen Maßnahmen wurde, hinter dem der Schutz der Zivilbevölkerung nahezu vollständig verschwand.[1124] Daher soll für die vorliegende Beurteilung davon ausgegangen werden, dass die staatli-chen Handlungen in Hinblick auf den Sturz des amtierenden Machthabers trotz der Resolution 1973 den libyschen *domaine réservé* berührten.

b. Zwangscharakter

Hinsichtlich der Beeinträchtigung des *domaine réservé* kommen im Fol-genden drei Arten von auf den Regimewechsel gerichteten Handlungen in Betracht: Die ausdrücklichen Rücktrittsforderungen, die militärischen Maßnahmen und die Unterstützung der Aufständischen. Alle Maßnahmen zielten auf einen Regimewechsel und somit auf die Beeinträchtigung der libyschen Handlungsfreiheit. Am offenkundigsten war die Beeinträchti-gung im Fall der Rücktrittsforderung. Die an einen Regierungschef gerich-tete Rücktrittsforderung allein ist zwar grundsätzlich nicht geeignet, die Handlungsfreiheit tatsächlich zu beeinträchtigen.[1125] In Bezug auf Gaddafi wurde sie allerdings mit der Androhung weiterer militärischer Maßnah-

---

1120   FAZ v. 22.10.2011, S. 6.
1121   *Merkel*, ZIS 6 (2011), S. 771 (773).
1122   Vgl. nur FAZ v. 27.9.2011, S. 6.
1123   FAZ v. 22.10.2011, S. 6.
1124   *Merkel*, ZIS 6 (2011), S. 771 (773); *Wagner*, Der Libyen-Krieg und die Interes-sen der NATO, in: Becker/Sommer, Der Libyen-Krieg, S. 113 (113 f.).
1125   Im Ergebnis ebenfalls *Odendahl*, AVR 50 (2012), S. 318 (335); *Stein/von But-tlar*, Völkerrecht, Rdnr. 647; *Hobe*, Einführung in das Völkerrecht, S. 292 f.

men (bzw. mit einer Steigerung des Drucks) – und somit mit der Inaussichtstellung empfindlicher Konsequenzen – verbunden. Auch wenn nach der hier vertretenen Auffassung die Anwendung von Gewalt selbst nicht geeignet ist, die staatliche Handlungsfreiheit zu beeinträchtigen, so hing die Fortsetzung der Angriffe – und somit die Androhung von Gewalt – doch unmittelbar von Gaddafis Verbleib im Amt ab. Gleiches gilt für die finanzielle und logistische Unterstützung der Aufständischen: Diese erfolgte maßgeblich, um den Druck auf den Machthaber zu erhöhen und ihn damit zu einem Verzicht auf seinen Herrschaftsanspruch zu bewegen. Die Zielgerichtetheit der ergriffenen Maßnahmen war darüber hinaus offenkundig.

Somit ist also das Handlungsinteresse der agierenden Staaten sowie der NATO mit der Beeinträchtigungsintensität der libyschen Handlungsfreiheit abzuwägen.

Das Handlungsinteresse beschränkte sich nach der Betrachtung der objektiven Umstände nicht allein auf den Schutz der Zivilbevölkerung, sondern zielte unmittelbar auf die Absetzung Gaddafis. Die tatsächlichen Motive der sich einmischenden Staaten lassen sich nicht mit aller Klarheit bestimmen. In Ansehung der objektiven Umstände war der Schutz der Menschenrechte aber nicht alleiniges Ziel. Vielmehr ging es auch darum, den aus westlicher Perspektive unzuverlässigen Machthaber durch eine verlässlichere Regierung zu ersetzen und so ureigene Interessen zu schützen. Dabei lässt sich in Ansehung der öffentlich zugänglichen Quellen nur darüber spekulieren, welche Bedeutung die in Libyen vorhandenen größten Ölvorkommen Afrikas für die Einmischung hatten. Dass die Sicherung der eigenen Ölversorgung zumindest auch eine Rolle gespielt hat, liegt in Anbetracht der relevanten Importmengen in den Raum der Europäischen Union nahe.[1126] Aus der gegenwärtigen Perspektive ist relativ unproblematisch feststellbar, dass sich der vollzogene Regimewechsel auf die agierenden Staaten ausgewirkt hat und das notwendige Merkmal der Betroffenheit erfüllt ist.[1127] In Bezug auf die militärischen Maßnahmen wäre darüber hinaus zu diskutieren, inwieweit diese auch gegen das Gewaltverbot verstießen und somit ein Indiz für ein schwaches Handlungsinteresse bestehen würde. Die Beurteilung der Rechtmäßigkeit der Handlungen würde

---

1126 Vgl. dazu *Wagner*, Der Libyen-Krieg und die Interessen der NATO, in: Becker/Sommer, Der Libyen-Krieg, S. 113 (118).

1127 Z.B. in Bezug auf Öllieferungen *Wagner*, in: Becker/Sommer, Der Libyen-Krieg, S. 113 (121).

allerdings eine umfassende Debatte um die mögliche Rechtfertigung der Gewaltanwendung aufgrund des humanitären Charakters der militärischen Intervention oder einer Schutzverantwortung voraussetzen. Auf die Auseinandersetzung kann allerdings verzichtet werden, wenn das Handlungsinteresse schon ohne die Hinzuziehung der Indizwirkung in einem unangemessenen Verhältnis zur Beeinträchtigungsintensität steht.

Dem Interesse der agierenden Staaten an einem Regimewechsel steht eine hohe Eingriffsintensität entgegen. Der Regimewechsel wurde durch massive Drohungen, Militäreinsätze[1128] und eine weitreichende Unterstützung oppositioneller Kräfte erzwungen, sodass die Beeinträchtigungstiefe hätte größer kaum sein können. Insgesamt wurden mehr als 26 000 Einsätze geflogen; 9618 davon waren Kampfeinsätze. In Bezug auf die Beeinträchtigungsbreite sind vor allem die durch die Auseinandersetzungen bedingten Flüchtlingsströme relevant. Schon vor den ersten Militäreinsätzen wurde über 220 000 überwiegend ägyptische Gastarbeiter berichtet, die zu einem Großteil in das benachbarte Tunesien flohen.[1129] Damit wird zwar deutlich, dass die Auswirkungen auf Drittstaaten nicht allein auf die Maßnahmen der eingreifenden Staaten, sondern insbesondere auf anschwellenden innerstaatlichen Konflikt zurückzuführen waren. Nach Angaben des UN-Flüchtlingshilfswerks UNHCR reduzierte sich die Zahl der in Nachbarstaaten Zuflucht suchenden Menschen nach dem westlichen Eingreifen sogar.[1130] Die Aufständischen wurden aber im Laufe des Konflikts von außen unterstützt, sodass die dadurch bedingte Drittstaatenbeeinträchtigung zumindest mittelbar auch auf die eingreifenden Staaten rückführbar ist. Insbesondere verhinderte die Unterstützung der Aufständischen und der daraus resultierenden Intensivierung des Konflikts die zwischenzeitliche Rückkehr der Flüchtlinge. Ferner war auch die Beeinträchtigungsdauer erheblich. Zwischen den ersten militärischen Maßnahmen am 19. März und der Entmachtung Gaddafis Mitte August vergingen fünf Monate, in denen die Zwangsmaßnahmen durchgehend aufrecht erhalten wurden. Eine Beendigung der Einflussnahme war dabei zu jederzeit nur nach einem Herrschaftsverzicht Gaddafis denkbar. Die Beeinträchtigungen wirkten bzw. wirken schließlich erheblich über die Beendigung der Zwangsmaßnahmen hinaus: Libyen verfügt bis heute über keine stabile Regierung.

1128 FAZ v. 21.10.2011, S. 1.
1129 FAZ v. 12.3.2011, S. 5.
1130 FAZ.NET v. 22.3.2011, „Weitere Attacken Gaddafis gegen Rebellen".

Insgesamt war die Beeinträchtigungsintensität derart massiv, dass die außerhalb der UN-Resolution 1973 liegenden Maßnahmen der agierenden Staaten – so wünschenswert die Beendigung einer Despotenherrschaft aus politischen und moralischen Perspektiven auch sein mag – insgesamt unverhältnismäßig waren und somit gegen das Interventionsverbot verstießen. Der Schutz der libyschen Bevölkerung allein vor der Herrschaft eines repressiv agierenden Regimes stellt kein Interesse von einem solchen Gewicht dar, das eine derart massive Druckausübung rechtfertigen könnte.[1131] Dies gilt umso mehr, wenn sich die verfolgten Ziele vor allem auf eigene, im Verhältnis weit weniger gewichtige politische und wirtschaftliche Interessen beschränken.

III. „Passportization" (Georgien 2002/2008)

Auch im Zusammenhang mit Masseneinbürgerungen wird regelmäßig auf einen möglichen Verstoß gegen das Interventionsverbot hingewiesen.

1. Sachverhalt

Russland betreibt seit dem Fall der Sowjetunion eine aktive extraterritoriale Einbürgerungspolitik, die unter anderem auf die Regionen Südossetien und Abchasien zielt. Beide Regionen beanspruchen seit Anfang der 90er Jahre für sich den Status unabhängiger Staaten und wurden von Russland, Nicaragua, Venezuela und Nauru auch also solche anerkannt. Der weit überwiegende Teil der Staatengemeinschaft verweigerte allerdings bisher seine Anerkennung. Auch unabhängig von der insoweit völkerrechtlich unbedeutsamen Anerkennung[1132] dürfte den Regionen, insbesondere in

---

1131 Vgl. *Merkel*, ZIS 6 (2011), S. 771 (773).

1132 Zur Bedeutung der Anerkennung im Völkerrecht siehe z.B. BVerfGE 36, 1 (22); *von Arnauld*, Völkerrecht, Rdnr. 93-95; *Kau*, in: Graf Vitzthum/Proelß, Völkerrecht, III Rdnr. 178-182; *Stein/von Buttlar*, Völkerrecht, Rdnr. 321-329; *Schweisfurth*, Völkerrecht, 9 Rdnr. 199; *Shaw*, International Law, S. 445-454; *Epping*, in: Ipsen, Völkerrecht, § 5 Rdnrn. 174-177, *Doehring*, Völkerrecht, Rdnr. 941-945; *Verdross/Simma*, Universelles Völkerrecht, § 961-968.

Ermangelung einer effektiven Staatsgewalt, keine Staatsqualität zukommen. Sie sind nach wie vor Bestandteil des georgischen Territoriums.[1133]

Die Bewohner beider Regionen erlangten nach dem Zerfall der Sowjetunion die georgische Staatsangehörigkeit, soweit sie der Verleihung nicht aktiv widersprachen.[1134] Im Sommer des Jahres 2002 begann Russland eine massive Einbürgerungspolitik in beiden Regionen, die ihren Höhepunkt im Anschluss an die kriegerischen Auseinandersetzungen zwischen Georgien und Russland im August 2008 erfuhr. Ermöglicht wurde die extraterritoriale Einbürgerung durch das Inkrafttreten eines neuen russischen Staatbürgerschaftsrechts im Juli 2002, welches die Verleihung der russischen Staatsangehörigkeit nicht mehr von einer bestimmten Aufenthaltsdauer auf russischem Territorium abhängig machte.[1135] Die Einbürgerungen erfolgten teils auf freiwilliger Basis, also mit dem Einverständnis der georgischen Staatsbürger. In anderen Fällen war die Freiwilligkeit in Anbetracht des von Russland auf die Einwohner der in Rede stehenden Gebiete ausgeübten Drucks zumindest zweifelhaft. Im September 2008 schloss Russland Freundschaftsverträge mit beiden Regionen, die am 20. Januar 2009 in Kraft traten und unter anderem eine zukünftige Regelung über eine mögliche doppelte Staatsangehörigkeit der Bewohner in Aussicht stellte. Vor allem aber sehen die Verträge die Wahrnehmung der diplomatischen Vertretung der Bewohner Südossetiens und Abchasiens in Drittstaaten durch Russland vor.[1136] Georgien protestierte bereits 2003 gegen die russische Einbürgerungspolitik.

1133 *Nußberger*, South Ossetia, in: Wolfrum, MPEPIL IX, S. 322 (Rdnr. 22); *Peters*, GYbIL 53 (2010), S. 623 (636).

1134 Vgl. Art. 3 Organic Law of Georgia on Georgian Citizenship: „The following persons shall be considered as citizens of Georgia: a) A person who has been permanently residing in Georgia at least for 5 years and is residing in Georgia by the date of entry into force of this Law, unless he or she declares refusal to be a Georgian citizen in writing within six months; [...]".

1135 Siehe dazu *Peters*, GYbIL 53 (2010), S. 623 (641-644); *Natol*, BostonUIntLJ 28 (2010), S. 389 (391 f.).

1136 Vgl. den gemeinsamen Art. 10 der Freundschaftsverträge (zitiert nach *Peters*, GYbIL 53 (2010), S. 623 (638, Fn. 64): „Each Contracting Party undertakes to ensure civil, political, social, economic and cultural rights and freedom to persons residing on its territory, regardless of their race, sex, language, religion, political or other convictions, national or social origin, property or other status. Each Contracting Party shall protect the rights of its citizens residing on the territory of the other Contracting Party, shall grant them protection and assistance in accordance with generally recognized principles and norms of international

2. Vereinbarkeit mit dem Interventionsverbot

a. Domaine réservé

Die Masseneinbürgerung müsste zunächst den *domaine réservé* Georgiens berühren. Die Handlungen zielen auf die Personalhoheit sowie die territoriale Souveränität Georgiens und somit unzweifelhaft auf Materien, für die im Verhältnis zu Russland keine völkerrechtlichen Verpflichtungen bestanden, aus der eine Öffnung des *domaine réservé* hervorging.

b. Zwangscharakter

Die Einbürgerungspolitik Russlands müsste sodann auf die georgische Handlungsfreiheit eingewirkt haben. Die Feststellung der Einwirkung ist insoweit problematisch, da Russland durch die Masseneinbürgerung vor allem faktisch, also mit *vis absoluta*, in die Souveränitätssphäre Georgiens eingriff und die georgische Handlungsfreiheit, ähnlich der Gewaltanwendung[1137], durch eine eigene Handlung ersetzte. Dennoch wirkt das russische Vorgehen zumindest mittelbar auf die Handlungsfreiheit Georgiens ein. Die Einbürgerung der Bewohner war mit der konkludenten Aufforderung verknüpft, die Unabhängigkeit der streitigen Regionen bzw. deren Zugehörigkeit zu einem anderen Staat anzuerkennen und eigene Hoheitsansprüche aufzugeben. Auch die bilateral vereinbarte Interessenwahrnehmung für die südossetische Bevölkerung in Drittstaaten, womit – wie das militärische Eingreifen Russlands im August 2008 unzweifelhaft gezeigt hat[1138] – auch die Ausübung von Schutzrechten gegenüber Georgien gemeint ist, ist mit einer deutlichen Aufforderung an Georgien verbunden, seine Souveränitätsrechte nicht weiter auszuüben. Dass der angestrebte Er-

---

law. Every citizen of the Republic of Abkhazia [Republic of Ossetia] has a right to protection on the territory of a third state where there is no representation of the Republic of Abkhazia [Republic of Ossetia] on the part of diplomatic missions or consular institutions of the Russian Federation and under the same conditions as citizens of the Russia Federation."

1137 Dazu oben C., VI., 1.

1138 Zu den kriegerischen Auseinandersetzungen zwischen Georgien und Russland im August 2008 siehe z.B. *Nußberger*, South Ossetia, in: Wolfrum, MPEPIL IX, S. 322 (Rdnrn. 26-36); *Luchterhandt*, AVR 46 (2008), S. 435-480.

folg nicht eintrat, ist für die Verwirklichung des Interventionsverbots un-beachtlich. Die Zielgerichtetheit des russischen Handelns ist offenkundig. Somit ist im Weiteren zu prüfen, inwieweit die flächendeckenden Ein-bürgerungen in einem angemessenen bzw. unangemessenen Verhältnis zum georgischen Integritätsinteresse standen. Dafür ist zunächst das Handlungsinteresse Russlands zu bestimmen. Dieses ist anschließend mit der Intensität der Beeinträchtigung der georgischen Handlungsfreiheit ab-zuwägen.

Ähnlich der russischen Druckausübung auf Armenien, Moldau und die Ukraine diente auch die Einwirkung auf die georgische Handlungsfreiheit dem Erhalt bzw. der Erweiterung der russischen Machtsphäre. Die Mas-seneinbürgerung in Südossetien erfüllt dabei eine von der gewöhnlichen Einzeleinbürgerung abweichende Funktion: Das bewusste Ausgreifen der russischen Staatsgewalt auf einen Teil der georgischen Bevölkerung mün-det jedenfalls in einer Erweiterung des politischen Einflussbereichs und „nimmt die hoheitliche Inkooperation [der Gebiete] in die [Russische] Fö-deration partiell, nämlich personell, vorweg".[1139] Insoweit wäre Russland von der avisierten Verhaltensänderung Georgiens, auf eigene Hoheitsan-sprüche zu verzichten, auch betroffen.

Allerdings würde ein Verstoß der flächendeckenden Einbürgerung ge-gen andere Vorschriften des Völkerrechts ein vergleichsweise schwaches Handlungsinteresse indizieren. Vereinzelt wird im Schrifttum ein völker-gewohnheitsrechtliches Verbot der Masseneinbürgerung angenommen[1140], sodass schon deshalb von der Rechtswidrigkeit der russischen Handlungen auszugehen wäre. Darüber hinaus kommt auch ein Verstoß gegen das Ver-bot der Verletzung der (territorialen) Souveränität in Betracht.[1141] Die ter-ritoriale Souveränität Georgiens erstreckte sich zu den fraglichen Zeit-punkten auch auf die von den Einbürgerungen betroffenen Gebiete. Ein Eingriff in die georgische Souveränität (Personalhoheit) durch die Mas-seneinbürgerung ist insoweit offensichtlich.[1142] Da auch dem Tatbestand der Verletzung (territorialer) Souveränität ein dem Interventionsverbot

---

1139 *Luchterhandt*, AVR 46 (2008), S. 435 (468); *von Münch*, Rechtspolitik und Rechtskultur, S. 92.

1140 *Peters*, GYbIL 53 (2010), S. 623 (699); wohl auch *Schweisfurth*, Völkerrecht, 9 Rdnr. 86; für die grundsätzliche Zulässigkeit von Masseneinbürgerungen im Völkerrecht hingegen *Natol*, BostonUIntLJ 28 (2010), S. 389 (411-413).

1141 Dazu oben C., VI., 2.

1142 Vgl. *Luchterhandt*, AVR 46 (2008), S. 435 (467).

vergleichbarer Souveränitätskonflikt zugrunde liegt und nach der vorliegend vertretenen Auffassung auch dieser über eine Abwägung der widerstreitenden Souveränitätsrechte aufzulösen ist, soll an dieser Stelle zur Vermeidung einer Doppelung auf die abschließende Klärung der Rechtmäßigkeit russischen Handelns in Bezug auf die territoriale Souveränität Georgiens verzichtet werden.

Unabhängig von einem Verstoß gegen andere Vorschriften des Völkerrechts ist die Beeinträchtigungsintensität der georgischen Handlungsfreiheit erheblich. In Bezug auf die Beeinträchtigungstiefe ist kaum eine schwerwiegendere Einwirkung denkbar. Die avisierte bzw. durch die Einbürgerung schlichtweg vollzogene Beeinträchtigung der georgischen Handlungsfreiheit greift massiv in die Personalhoheit Georgiens in den streitigen Gebieten ein und führt somit im Ergebnis zum Verlust eines elementaren Bezugspunktes staatlicher Herrschaftsmacht. Dass durch die geschlossenen Freundschaftsverträge in Aussicht gestellte Eingreifen Russlands zum Schutz der eingebürgerten Bevölkerung verstärkt zudem die Qualität der Beeinträchtigung.[1143] Inwieweit sich die Beeinträchtigung auch in die Breite ausgewirkt hat, ist nur schwer ersichtlich. Die Beeinträchtigungsdauer ist wiederum von besonderer Erheblichkeit. Zwar erstreckte sich die hier betrachtete russische Einbürgerungspolitik vor allem auf zwei zeitlich begrenzte Perioden; allerdings wirkt die dadurch bedingte Einflussnahme auf die georgische Handlungsfreiheit zeitlich fort. Die durch die Masseneinbürgerung geschaffene Situation und die durch die in Aussicht gestellte Wahrnehmung von Schutzrechten anhaltende Drohkulisse haben weiterhin Bestand.

In Ansehung der in der Summe massiven Beeinträchtigungsintensität und des – die Existenz eines völkergewohnheitsrechtlichen Verbots der Masseneinbürgerung vorausgesetzt – schwachen Handlungsinteresses Russlands, ist ein Verstoß gegen das Interventionsverbot offensichtlich.[1144] Auch ungeachtet eines Verstoßes gegen weitere Vorschriften des Völkerrechts war bzw. ist die Beeinträchtigungsintensität von einer solchen Qualität, dass an der Unverhältnismäßigkeit des russischen Handelns keine Zweifel bestehen.

1143 Für einen Verstoß gegen das Interventionsverbot durch die in Aussicht gestellte Ausübung von Schutzrechten bereits *Dörr*, Nationality, in: Wolfrum, MPEPIL VII, S. 497 (Rdnr. 20).

1144 So im Ergebnis auch *Luchterhandt*, AVR 46 (2008), S. 435 (466 f.).

IV. Einflussnahme auf Regierungsbildung (Österreich 2000)

Regelmäßig wurde bzw. wird im Zusammenhang mit der Einflussnahme auf die Auswahl des politischen Personals auf eine unzulässige Einmischung in die inneren Angelegenheiten verwiesen. Im Schrifttum wurden vor allem die im Jahr 2000 gegen Österreich ergriffenen Maßnahmen der 14 EU-Mitgliedstaaten breit diskutiert.

1. Sachverhalt[1145]

Bei den Nationalratswahlen in Österreich am 3. Oktober 1999 fielen 26,9 Prozent der abgegebenen Stimmen auf die von Spitzenkandidat Jörg Haider angeführte rechtskonservative Freiheitliche Partei Österreichs (FPÖ), die damit zur zweitstärksten politischen Kraft auf Bundesebene wurde.[1146] Bis zum 3. Dezember 1999 führte der damalige Bundeskanzler und Bundesobmann der Sozialdemokratischen Partei Österreichs (SPÖ), Viktor Klima, ergebnislos Sondierungsgespräche mit allen drei im Nationalrat vertretenen Parteien. Am 9. Dezember 1999 erteilte Bundespräsident Thomas Klestil dem Bundeskanzler den offiziellen Auftrag zur Aufnahme von Regierungsverhandlungen. Daraufhin aufgenommene Verhandlungen der SPÖ mit der Österreichischen Volkspartei (ÖVP) scheiterten allerdings, ebenso wie die anschließenden Verhandlungen mit der FPÖ. Am 24. Januar 2000 beschlossen ÖVP und FPÖ ihrerseits in Koalitionsverhandlungen einzutreten. Am 24. Januar informierte Wolfgang Schüssel in seiner Funktion als Bundesparteiobmann der ÖVP die Öffentlichkeit über die Absicht, mit der FPÖ ein Abkommen über die Regierungsbildung zu schließen.

Nachdem bereits im unmittelbaren Anschluss an die Wahlen von verschiedenen (nicht nur, aber vor allem) europäischen Staaten Bedenken gegen eine Regierungsbeteiligung der FPÖ geäußert wurden, veröffentlichte

---

1145 Die Sachverhaltsdarstellung orientiert sich an dem ausführlichen Sachbericht von *Schorkopf*, Die Maßnahmen der XIV EU-Mitgliedstaaten gegen Österreich, S. 15-52; vgl. auch *Schmahl*, EuR 35 (2000), S. 819 (819-821); *Happold*, ICLQ 49 (2000), S. 953 (953-958).

1146 Ergebnis der Nationalratswahlen 1999 (Wahlbeteiligung 76,13 %): Sozialdemokratische Partei Österreichs (SPÖ) 33,15 %, Freiheitliche Partei Österreichs (FPÖ) 26,91 %, Österreichische Volkspartei (ÖVP) 26,91 %, Die Grünen 7,40 %, Andere 5,63 %.

die portugiesische Präsidentschaft des Rates am 31. Januar 2000 eine Erklärung im Namen der Staatsoberhäupter und Regierungschefs der übrigen
14 EU-Mitgliedstaaten, in welcher der Öffentlichkeit mitgeteilt wurde,
dass der österreichische Präsident, der österreichische Bundeskanzler sowie der österreichische Außenminister in einer diplomatischen Note über
eine gemeinsame Reaktion der Staats- und Regierungschefs informiert
wurden, sollte in Österreich eine Regierung unter Beteiligung der FPÖ gebildet werden.[1147] In der Note wurden folgende Reaktionen angedroht:

„- Governments of XIV Member States will not promote or accept any bilateral official contracts at political level with an Austrian Government integrat-
ing the FPÖ;
- There will be no support in favor of Austrian candidates seeking positions in
international organizations;
- Austrian Ambassadors in EU capitals will only be received at a technical
level"

Der damalige EU-Kommissionspräsident Romano Prodi verlas am 2. Februar 2000 eine Erklärung, in der die Kommission ihre Besorgnis über die
Entwicklungen in Österreich ausdrückte und gleichzeitig auf ihre Hüter-
funktion (in Bezug auf Art. 6 EUV-Amsterdam) hinwies.[1148] Das Europäische Parlament verabschiedete am darauf folgenden Tag eine „Entschließung zu dem Ergebnis der Parlamentswahlen in Österreich und dem Vorschlag zur Bildung einer Koalitionsregierung zwischen der Österreichischen Volkspartei (ÖVP) und der Freiheitlichen Partei Österreichs
(FPÖ)".[1149] In der Entschließung wurde u.a. auf die legitimierende Wirkung der extremen Rechten durch eine Regierungsbeteiligung der FPÖ
hingewiesen.

Ungeachtet der geäußerten Bedenken und in Aussicht gestellten Konsequenzen einigten sich Schüssel und Haider am 3. Februar 2000 auf einen
Koalitionsvertrag. Einen Tag darauf wurde die neue Regierung mit Schüssel als neuem Bundeskanzler vereidigt.

Noch am Tag der Koalitionsvereinbarung wurde das Inkrafttreten der
angekündigten Reaktionen bekanntgegeben. Norwegen, Israel, Kanada,

---

1147 Die Erklärung ist abgedruckt bei *Schorkopf*, Die Maßnahmen der XIV EU-Mit-
      gliedstaaten gegen Österreich, S. 145/146.
1148 Bulletin Quotidien Europe Nr. 7646 v. 2.2.2000, S. 3.
1149 ABl.EG Nr. C 309 v. 27.10.2000, S. 87.

Costa Rica, Argentinien und Tschechien[1150] setzten in den Folgetagen die-
selben Maßnahmen in Kraft. Am 7. Februar 2000 erklärte ein Sprecher
des Auswärtigen Amtes, dass Deutschland auf offizieller Ebene keine bilateralen Kontakte zu Österreich unterhalten und die Mitglieder der neuen
österreichischen Regierung nicht zu Antrittsbesuchen empfangen werde.
Im Europarat wurde der Österreicher Hans Holdhaus Ende März, obzwar
seine Wiederwahl nach der informellen Praxis zu erwarten gewesen wäre,
nicht als stellvertretender Vizepräsident *Antidoping-Monitoring-Group* des
Europarates bestätigt. Zuvor war bereits die österreichische Vizevorsitzen-
de des *Committee for the Development of Sport* des Europarates per Ak-
klamation aus dem Amt gewählt worden. Österreichische Repräsentanten
wurden von internationalen Konferenzen ausgeladen; bilaterale Treffen
wurden abgesagt. Darüber hinaus wurde vereinzelt dazu aufgerufen,
Österreich auch außerhalb der diplomatischen Ebene, etwa in Bezug auf
österreichische Produkte und den Tourismus, zu boykottieren.[1151]

Die österreichische Regierung reagierte auf das Vorgehen mit dem Vorwurf des Eingriffs in seine staatliche Souveränität.[1152] Haider verurteilte
die Einmischung in österreichische Angelegenheiten.[1153] Das griechische
Außenministerium lehnte eine Beteiligung an den „vorauseilenden Sanktionen" unter dem Verweis auf die unzulässige Einmischung in die inneren
Angelegenheiten Österreichs ab.[1154]

Am 27. Juni einigten sich die 14 EU-Mitgliedstaaten auf die Prüfung
der Verbundenheit der österreichischen Regierung mit den gemeinsamen
europäischen Werten durch drei Persönlichkeiten. Bundeskanzler Schüssel
erklärte zwei Tage darauf sein Einverständnis. Nachdem die „Drei Weisen" ihren Bericht[1155], in dem sie eine Fortsetzung der Sanktionen als kon-

---

1150 Anders äußerte sich zuvor der damalige Präsident des tschechischen Parlaments
Klaus, der bereits die Androhung der als „beispiellosen Versuch einer Intervention in die inneren Angelegenheiten eines souveränen Staates" bezeichnete,
NZZ v. 5.2.2000, S. 2; vgl. auch FAZ v. 4.2.2000, S. 4.
1151 Einzelnachweise zu den Reaktionen bei *Schorkopf*, Die Maßnahmen der XIV
EU-Mitgliedstaaten gegen Österreich, S. 24-32.
1152 FAZ v. 2.2.2000, S. 2.
1153 *Happold*, ICLQ 49 (2000), 953 (958 f.).
1154 Die Presse v. 2.2.2000, S. 4; Der Standard v. 2.2.2000, S. 4; vgl. auch die entsprechende Äußerung von EU-Parlamentariern, FAZ v. 2.2.2000, S. 3.
1155 Der Bericht ist abgedruckt bei *Schorkopf*, Die Maßnahmen der XIV EU-Mitgliedstaaten gegen Österreich, S. 163-194; Auszüge finden sich auch in der FAZ
v. 12.9.2000, S. 7.

traproduktiv einstuften, am 8. September 2000 dem französischen Staatpräsidenten übergeben hatten, wurden die diplomatischen Beziehungen 223 Tage nach dem Inkrafttreten der Maßnahmen normalisiert.

2. Vereinbarkeit mit dem Interventionsverbot

Für die vorliegende Untersuchung sind ausschließlich die Handlungen der 14 EU-Mitgliedstaaten relevant. Die kurze Darstellung der Reaktion von Organen der Union dient einerseits der vollständigen Sachverhaltsdarstellung, andererseits illustriert die Gegenüberstellung der ergriffenen Sanktionen durch die Mitgliedstaaten mit der vergleichsweise zurückhaltenden Reaktion der EU-Organe, dass erstere bewusst und erkennbar bilateral als Völkerrechtssubjekte und nicht als Mitglieder des Rates der EU handelten.[1156]

a. Domaine réservé

Im Schrifttum wurde zum Teil angenommen, dass der Rekurs auf das Interventionsverbot im dargelegten Sachverhalt schon daran scheitert, dass Österreich seinen *domaine réservé* durch die Mitgliedschaft in der EU und der damit verbundenen Verpflichtung auf die in Art. 6 Abs. 1 EUV-Amsterdam (entspricht im Wesentlichen dem heutigen Art. 2 EUV)[1157] niedergelegten gemeinsamen Werte geöffnet habe.[1158] Die Annahme einer Öffnung des *domaine réservé* über die Verpflichtung auf gemeinsame Werte – in diesem Fall vor allem auf den „Grundsatz der Demokratie" – überzeugt in Bezug auf die Einflussnahme auf die Regierungszusammensetzung allerdings nicht. Es ist in keiner Weise ersichtlich, dass aus der Verpflichtung auf die Grundsätze der Demokratie eine Verpflichtung der Mitglied-

---

1156 *Schmahl*, EuR 35 (2000), S. 819 (832).

1157 Art. 6 Abs. 1 EUV-Amsterdam: „Die Union beruht auf den Grundsätzen der Freiheit, der Demokratie, der Achtung der Menschenrechte und Grundfreiheiten sowie der Rechtsstaatlichkeit; diese Grundsätze sind allen Mitgliedstaaten gemeinsam."

1158 Siehe z.B. *Schorkopf*, Die Maßnahmen der XIV EU-Mitgliedstaaten gegen Österreich, S. 90 f.; *Schmahl*, EuR 35 (2000), S. 819 (834); anders hingegen *Happold*, ICLQ 49 (2000), S. 953 (961); *Hummer/Obwexer*, Die Wahrung der Verfassungsgrundsätze in der EU, EuZW 11 (2000), S. 485 (490).

staaten folgt, ausschließlich bestimmte Personenkreise an der Regierungsbildung partizipieren zu lassen. Der Grundgehalt des gemeinsamen Wertes
liegt in der Festlegung auf die Demokratie als Regierungsform und somit
vor allem in der Durchführung von freien und geheimen Wahlen in angemessenen Zeitabständen (vgl. Art. 3 ZP I EMRK). Darüber hinaus dürften
vor allem der freie Zugang zu öffentlichen Ämtern, das Recht zur Gründung politischer Parteien und Organisationen sowie bestimmte Rechte ge-
wählter Personen zum Kanon des demokratischen *acquis communautaire*
zählen.[1159] Die Kommission hat weiterhin ausdrücklich auf die politische
Pluralität in Verfassung und Verfassungswirklichkeit sowie die Ermöglichung von Machtwechseln hingewiesen.[1160]

Die Öffnung des *domaine réservé* beschränkt sich also auf die Wahl der
Regierungsform; die personelle Regierungszusammensetzung bleibt hingegen eine innere Angelegenheit. Die Maßnahmen der 14 EU-Mitgliedstaaten zielten allein auf letztere ab und berührten somit den *domaine
réservé* Österreichs.[1161]

b. Zwangscharakter

Die Maßnahmen der 14 EU-Mitgliedstaaten wirkten unmittelbar auf die
Regierungszusammensetzung und somit unzweifelhaft auf die österreichische Handlungsfreiheit ein. Zunächst zielte die Androhung der Isolation Österreichs auf die Verhinderung der Regierungsbildung unter Beteiligung der FPÖ. Nachdem dieses Ziel verfehlt wurde, sollte die neue österreichische Regierung durch die Isolation zur Aufgabe gezwungen werden.[1162] Dass der angestrebte Erfolg nicht eintrat, ist für die Verwirklichung des Interventionsverbots unbeachtlich. An der notwendigen Zielgerichtetheit der Maßnahmen bestehen keinerlei Zweifel.

1159 M.w.N. *Hilf/Schorkopf*, in: Grabitz/Hilf/Nettesheim, Das Recht der Europäischen Union, Art. 2 EUV Rdnr. 29 f.; *Calliess*, in: ders./Ruffert, EUV/AEUV,
Art. 2 EUV Rdnr. 1.
1160 Agenda 2000, Bd. 1, Eine stärkere und erweiterte Union; KOM/97/2000
v. 15.7.1997, S. 52.
1161 Im Übrigen gab es auch keine belastbaren Hinweise darauf, dass die FPÖ das
Ziel eines grundlegenden Umsturzes der bestehenden politischen Ordnung verfolgte; dazu *Happold*, ICLQ 49 (2000), 953 (961).
1162 *Hillgruber*, JRP 8 (2000), S. 288 (289).

Somit ist im Weiteren zu prüfen, inwieweit die Maßnahmen in einem angemessenen bzw. unangemessenen Verhältnis zum österreichischen Integritätsinteresse standen. Dafür ist zunächst das Handlungsinteresse der Mitgliedstaaten zu bestimmen. Dieses ist anschließend mit der Intensität der Beeinträchtigung der österreichischen Handlungsfreiheit abzuwägen.

Die Maßnahmen der 14 EU-Mitgliedstaaten zielten auf die Gewährleistung der in den europäischen Verträgen niedergelegten Werte durch die österreichische Regierung. In Ansehung der engen Zusammenarbeit der Staats- und Regierungschefs sowie der Regierungsmitglieder innerhalb der Organe und Institutionen der EU sowie der inhaltlichen Auswirkungen der Regierungszusammensetzung auf die bilateralen diplomatischen Beziehungen ist die Selbstbetroffenheit der agierenden Staaten in Bezug auf die avisierte Verhaltensänderung offensichtlich.

Eine Indizwirkung für ein gegenüber der Beeinträchtigung zurücktretendes Handlungsinteresse hätte hingegen bestanden, wenn die Maßnahmen bereits aufgrund eines Verstoßes gegen andere völkerrechtliche Vorschriften rechtswidrig gewesen wären. Ein solcher anderweitiger Verstoß lässt sich allerdings nicht über einen möglichen Anspruch Österreichs auf die Unterhaltung diplomatischer Beziehungen in einer bestimmten Form begründen. Nach allgemeiner Auffassung steht die Ausgestaltung der diplomatischen Beziehungen im alleinigen Ermessen eines jeden Staates und unterliegt keiner Rechtspflicht[1163], sodass es sich bei den Maßnahmen „lediglich" um einen unfreundlichen Akt in Gestalt einer Verletzung der diplomatischen Courtoisie handelt. Darüber hinaus haben die Mitgliedstaaten ihre Zuständigkeit für die Ausübung von Sanktionen in den europäischen Verträgen auch nicht vollständig zugunsten der EU aufgegeben. Der in Art. 7 EUV-Amsterdam und Art. 309 EGV-Amsterdam vorgesehene Sanktionsmechanismus entfaltete nach überwiegender Auffassung keine Ausschlusswirkung gegenüber bilateralen Sanktionen durch die Mitgliedstaaten.[1164] Ein Verstoß gegen das gemeinschaftsrechtliche Diskriminierungsverbot aufgrund der Staatsangehörigkeit lag nicht vor, da sich die

---

1163 *Doehring,* Völkerrecht, Rdnr. 287; *Schorkopf,* Die Maßnahmen der XIV EU-Mitgliedstaaten gegen Österreich, S. 89; *Happold,* ICLQ 49 (2000), S. 953 (961 f.); *Hillgruber,* JRP 8 (2000), S. 288 (289); *Hummer/Obwexer,* Die Wahrung der Verfassungsgrundsätze in der EU, EuZW 11 (2000), S. 485 (490).

1164 Vgl. nur *Schmahl,* EuR 35 (2000), S. 819 (832-834); *Hummer/Obwexer,* Die Wahrung der Verfassungsgrundsätze in der EU, EuZW 11 (2000), S. 485 (489).

österreichische Kandidaten diskriminierende Personalauswahl ausschließlich außerhalb der Union vollzog.

Dennoch waren die Maßnahmen zumindest teilweise nicht mit dem Unionsrecht vereinbar.[1165] Durch ihr Verhalten haben die EU-Mitgliedstaaten gegen die aus Art. 10 Abs. 2 EGV-Amsterdam erwachsende Pflicht zur loyalen Zusammenarbeit mit der Union verstoßen, da die diplomatische Isolation auch einen Ausschluss der österreichischen Ratsvertreter von informellen Gespräche zur Folge und somit zumindest mittelbaren Einfluss auf das Funktionieren der Unionsorgane hatte.[1166] Letztlich ist auch ein Verstoß der 14 EU-Mitgliedstaaten gegen den in Art. 6 EUV-Amsterdam niedergelegten „Grundsatz der Demokratie" in Betracht zu ziehen. Die Maßnahmen zielten ausschließlich auf die Verhinderung einer Regierungsbeteiligung der FPÖ und somit auf den Ausschluss einer durch eine – zweifelsfrei demokratische – Wahl legitimierten Partei. Die Maßnahmen stehen somit in einem diametralen Widerspruch zu der von der Kommission geforderten politischen Pluralität in der Verfassungswirklichkeit und der Ermöglichung von Machtwechseln. Insoweit ist von einem gegenüber dem österreichischen Integritätsinteresse zurücktretenden Handlungsinteresse auszugehen.

Darüber hinaus war aber auch die Beeinträchtigungsintensität erheblich. Die Maßnahmen der 14 EU-Mitgliedstaaten führten zu einer weitestgehenden diplomatischen Isolation Österreichs, die sich über den Abbruch informeller Beziehungen bis zum Verlust von Ämtern im Europarat, die durch österreichische Staatsbürger besetzt waren, realisierte. Österreich hätte die Maßnahmen aus eigener Kraft nur durch eine Aufgabe der durch eine demokratische Wahl legitimierten Regierung beenden können. Ausweislich des Weisenberichts haben sich die Maßnahmen auch auf die politische Grundstimmung in Österreich ausgewirkt. Die „drei Weisen" konstatierten insofern, dass die Maßnahmen „nationalistische Gefühle im Land geweckt" hätten (Ziff. 116). Nennenswerte Auswirkungen auf Drittstaaten sind hingegen nicht ersichtlich. Allerdings sind auch die bereits im Handlungsinteresse angedeuteten Auswirkungen auf die Arbeit der Organe und Institutionen der EU zu berücksichtigen. Die Beeinträchtigungsdauer war durch die Aufrechterhaltung der Maßnahmen für einen Zeitraum von 223 Tagen erheblich.

1165 Ausführlich dazu *Schorkopf*, Die Maßnahmen der XIV EU-Mitgliedstaaten gegen Österreich, S. 91-93.
1166 So auch *Leidenmühler*, ZÖR 55 (2000), S. 299 (213 f.).

Nicht nur aufgrund des zuvor festgestellten Verstoßes der Maßnahmen gegen das Unionsrecht sind die Maßnahmen als unverhältnismäßig anzusehen. Die Unverhältnismäßigkeit ergibt sich auch aus der Dauerhaftigkeit der Isolation, welcher Österreich nur durch die Aufgabe einer demokratisch legitimierten Regierung hätte entgehen können. Darüber hinaus ist auch bemerkenswert, dass die Maßnahmen erst auf Anraten der „drei Weisen" aufgehoben wurden, die in ihrem Bericht den Maßnahmen zwar einen gewissen Erfolg attestieren, aber zugleich u.a. feststellten, dass das Verhalten der von der FPÖ gestellten Minister seit ihrem Amtsantritt nicht zu kritisieren sei. Ob sich die mit den Maßnahmen verbundene Befürchtung einer Verletzung europäischer Grundwerte nur deshalb nicht realisiert hat, weil die Maßnahmen ergriffen wurden, ist wohl nicht zu klären. Der Weisenbericht macht aber deutlich, dass sich die Befürchtungen eben nicht realisiert haben. Insbesondere betont der Bericht in seinen allgemeinen Schlussfolgerungen, dass die „Beschreibung der FPÖ als eine rechtspopulistische Partei mit radikalen Elementen" (Ziff. 110) auch zum Zeitpunkt des Berichts noch zutreffend war, sich die von der „FPÖ gestellten Minister im Großen und Ganzen bei der Ausübung ihrer Regierungstätigkeit an die Verpflichtungen der Regierung" hielten (Ziff. 113) und somit auch die in Art. 6 EUV-Amsterdam niedergelegten Werte beachtet haben. In Bezug auf das Handlungsinteresse der Mitgliedstaaten ist in der Retrospektive zumindest fraglich, ob es der ergriffenen Maßnahmen zum Schutz der europäischen Grundwerte überhaupt bedurft hätte. Aber selbst wenn diese Frage positiv beantwortet wird, verstießen die ergriffenen Maßnahmen in Anbetracht des Verstoßes gegen Unionsrecht und der unverhältnismäßigen Beeinträchtigungsintensität gegen das Interventionsverbot.

V. Suspendierung von (Entwicklungshilfe-)Verträgen (Surinam 1982)

Das letzte Anwendungsbeispiel betrifft die bereits eingangs erwähnte Verknüpfung zwischen einer vertraglich vereinbarten Leistung mit einer bestimmten Verhaltenserwartung.

1. Sachverhalt[1167]

Am 25. November 1975 wurde Surinam von den Niederlanden unabhängig. Am Unabhängigkeitstag schlossen beide Staaten – als Ausdruck der niederländischen Verantwortung für ihre ehemalige Kolonie – unter anderem einen Vertrag über die Entwicklungszusammenarbeit.[1168] Dieser sah vor allem die Bereitstellung von Entwicklungshilfeleistungen in Höhe von 3,5 Milliarden Gulden für einen Zeitraum von 10 bis 15 Jahren vor.[1169]

In den folgenden fünf Jahren wurde die Regierungsgewalt in Surinam durch zivile Regierungen ausgeübt. 1980 wurde sie durch einen Staatsstreich durch linksgerichtete Militärs übernommen. 1982 kam es zu zahlreichen Verhaftungen von oppositionellen Rechtsanwälten, Gewerkschaftsführern und Journalisten. Mindestens 15 von ihnen wurden gefoltert und in der Nacht vom 8. auf den 9. Dezember 1982 ohne Verfahren hingerichtet.

Die Niederlande reagierten am 16. Dezember 1982 mit der Übermittlung einer diplomatischen Note, in der unter anderem die Aussetzung des Abkommens über die Entwicklungszusammenarbeit angekündigt wurde.[1170] Begründet wurde die Aussetzung mit der Verletzung von Menschenrechten und den fundamentalen Änderungen der Umstände in Suri-

---

1167 Die Sachverhaltsdarstellung orientiert sich an *Lindemann*, ZaöRV 44 (1984), S. 64 (66-70); vgl. auch FAZ v. 7.2.1983, S. 12.

1168 Overeenkomst tussen het Koninkrijk der Nederlanden en de Republiek Suriname betreffende ontwikkelingssamenwerking v. 25.11.1975, abgedruckt in: *Tractatenblad van het Koninkrijk der Nederlande* 1975 Nr. 140.

1169 Art. 5 des Vertrages: „Het Koninkrijk der Nederlanden stelt voor een periode van 10 tot 15 jaar in totaal Nfl 3500 min beschikbaar voor de uitvoering van het meerjarenontwikkelingsprogranima. [...]".

1170 Vgl. zur Androhung von Sanktionen FAZ v. 13.12.1982, S. 4; Die Note hatte folgenden Wortlaut (zitiert nach der Übersetzung von *Lindemann*, ZaöRV 44 (1984), S. 64 (68, Fn 19): „Die Niederlande sind der Ansicht, dass die Vorfälle, die sich kürzlich in Surinam ereignet haben, nicht ohne Folgen für die zwischen den Niederlanden und Surinam bestehenden Beziehungen bleiben können. Soweit die Beziehungen auf den unten genannten, zwischen den Niederlanden und Surinam geschlossenen Abkommen beruhen, sind die Niederlande insbesondere der Ansicht, dass die derzeit in Surinam herrschenden Umstände sich fundamental von den Umständen unterscheiden, die zur Zeit des Abschlusses der betreffenden Übereinkommen galten. Es ist evident, dass die vertragsschließenden Parteien seinerzeit diese Änderung der Umstände nicht vorhergesehen haben und zugleich, dass die seinerzeit herrschenden Umstände eine essentielle Voraussetzung für den Abschluss dieser Übereinkommen bildeten.

nam seit dem Abschluss des Abkommens. Surinam widersprach der niederländischen Auffassung, dass der Vertrag aus „politischen Gründen" ausgesetzt werden konnte. Die von der niederländischen Regierung angeführten Gründe stünden in keinem Zusammenhang mit dem Entwicklungshilfevertrag, sodass die Suspendierung eine Einmischung in die inneren Angelegenheiten Surinams darstellte.

Während die USA die von ihnen gewährte militärische und wirtschaftliche Hilfe ebenfalls einstellte, lehnten andere Staaten, wie z.B. Belgien, eine Einstellung der Entwicklungshilfe ab. Die EG-Außenminister äußerten ihr Entsetzen über das Vorgehen der surinamischen Regierung und forderten die Machthaber auf, die Menschenrechte zu wahren.

2. Vereinbarkeit mit dem Interventionsverbot

a. Domaine réservé

Bereits die Eröffnung des Anwendungsbereiches des Interventionsverbots ist zum Teil problematisch. Es ist zu differenzieren: Soweit die Niederlande die Suspendierung des Entwicklungshilfevertrages mit der Einhaltung von Menschenrechten, vor allem dem Folterverbot und dem Recht auf Leben, verbunden haben, war der *domaine réservé* Surinams nicht betroffen. Beide Staaten waren zum Zeitpunkt der Suspendierung Parteien des IPbürgR, sodass Surinam sich in Bezug auf die Verletzung der dort niedergelegten Rechte (hier Art. 6, 7 und 14 IPbürgR) nicht auf eine Einmischung in die inneren Angelegenheiten berufen konnte. Zielt der niederländische Rekurs auf die fundamentalen Umstandsänderungen hingegen auf die Wahl der Regierungsform, sodass eine unmittelbare Verknüpfung von Vertragserfüllung und der Existenz demokratischer Strukturen hergestellt wird, ist der surinamische *domaine réservé* betroffen. Es ist, soweit Art. 25 IPbürgR die Parteien nicht mittelbar zur Wahl einer demokratische

---

Die Niederlande werden die Ausführung dieser Verträge dementsprechend mit unmittelbarer Wirkung auf die unten angegebene Weise aussetzen. Dabei sei mit Nachdruck darauf hingewiesen, dass die Niederlande keinen Gebrauch von den Beendigungsvorschriften zu machen wünschen, wie sie in verschiedenen Verträgen enthalten sind, weil sie hoffen, dass die Umstände in Surinam eine solche Wende zum Guten nehmen, dass die Vertragsbeziehungen zu einem solchen Zeitpunkt in vollem Umfang wiederaufgenommen werden können. [...]".

Regierungsform verpflichtet[1171], keine vertragliche Vereinbarung ersichtlich, in der Surinam die Wahl der Regierungsform zu einem Bestandteil
einer völkerrechtlichen Verpflichtung mit den Niederlanden gemacht hat.

b. Zwangscharakter

Somit ist der Zwangscharakter der Suspendierung nur in Bezug auf die
durch die Niederlande zumindest mittelbar artikulierte Forderung nach
einer Rückkehr Surinams zu einer demokratischen Regierungsform zu
prüfen. Die Suspendierung wirkt offenkundig auf die surinamische Handlungsfreiheit ein. Dass durch die Suspendierung der Entwicklungshilfe der
angestrebte Erfolg nicht unmittelbar eintrat (erst 1987 wurde das surinamische Parlament wieder demokratisch gewählt), ist für die Verwirklichung
des Tatbestandes irrelevant. Die Zielgerichtetheit des niederländischen
Handelns ist offenkundig, sodass das niederländische Handlungsinteresse
mit der Beeinträchtigungsintensität abzuwägen ist.

Im Hinblick auf die Selbstbetroffenheit der Niederlande durch die avisierte Verhaltensänderung bestehen ebenfalls keine Zweifel. Zwar schlägt
sich die Wahl der Regierungsform zunächst vornehmlich innerstaatlich
nieder. Wie aber bereits der vorliegende Sachverhalt zeigt, wirkt sich die
gewählte Regierungsform ebenso auf die zwischenstaatlichen Beziehungen aus. Dies gilt umso mehr, wenn vertragliche Beziehungen in Rede stehen, die vornehmlich durch einseitige Zahlungs- und Unterstützungsver-
pflichtungen geprägt sind. Die Auswirkung innerstaatlicher Machtvertei-
lung auf die diplomatischen Beziehungen wurde bereits im Fall der durch
die 14 EU-Mitgliedstaaten ergriffenen Maßnahmen gegen Österreich thematisiert.

Ein Indiz für ein im Zweifel zurücktretendes Handlungsinteresse wäre
die Völkerrechtswidrigkeit der Suspendierung. In Frage kommt vor allem
ein Verstoß gegen das Völkervertragsrecht. Zwar waren zum Zeitpunkt der
Suspendierung weder die Niederlande noch Surinam Parteien der WVK;
die völkergewohnheitsrechtliche Geltung der für den vorliegenden Fall relevanten *clausula rebus sic stantibus* (Art. 62 WVK) hatte der IGH aber

---

1171 Vgl. dazu etwa *Ehm*, Das völkerrechtliche Demokratiegebot, S. 31, *Fulda*, Demokratie und pacta sunt servanda, S. 12.

bereits 1973 festgestellt.[1172] Voraussetzung für eine völkerrechtsmäßige Suspendierung war somit, dass die von den Niederlanden geltend gemachten grundlegenden Umstandsänderungen eine wesentliche Grundlage des Vertrages bildeten, aus der Umstandsänderung eine tiefgreifende Umgestaltung der vertraglichen Verpflichtungen folgte und diese für die Vertragsparteien nicht vorhersehbar war.

Dass auch politische Umstandsänderungen als berücksichtungsfähige Faktoren in Betracht kommen, wurde bereits im Zusammenhang mit dem *domaine réservé* von „failed states" dargelegt.[1173] Daher ist grundsätzlich davon auszugehen, dass der Wechsel der Regierungsform sowie die Verletzung von Menschenrechten und rechtsstaatlichen Grundsätzen eine wesentliche Umstandsänderung darstellen. Zu klären ist also vor allem, inwieweit die benannten innenpolitischen Umstände zur Vertragsgrundlage geworden sind und wie sich deren Änderung auf die vertraglichen Verpflichtungen ausgewirkt hat. Eine ausdrückliche Bezugnahme auf die Regierungsform oder die Achtung der Menschenrechte enthält der Entwicklungshilfevertrag nicht. Allerdings benennt der Vertrag ausdrücklich die mit der Entwicklungshilfe verbundenen Ziele, wie etwa die Verbesserung der sozialen und wirtschaftlichen Bedingungen der surinamischen Bevölkerung (vgl. nur Art. 1 und 2).[1174] Für eine herausragende Bedeutung der innenpolitischen Verhältnisse in Surinam sprechen auch die Umstände des Vertragsschlusses, wie etwa die Tatsache, dass das surinamische Parlament, dem von den Niederlanden bereits vor der Unabhängigkeit eine weitgehende Eigenverantwortung eingeräumt wurde[1175], kurz vor der Unabhängigkeit eine Grundrechte und rechtsstaatliche Grundsätze garantierende Verfassung verabschiedet hatte. Schließlich ist auch die Unausgewogenheit von vereinbarter Leistung und Gegenleistung zu berücksichtigen. Die vornehmlich einseitigen Verpflichtungen der Niederlande stehen in einem unmittelbaren Zusammenhang mit der aus der Kolonialherrschaft begründeten Verantwortung für Surinam. Diese Verantwortungsübernahme ist zwangsläufig unmittelbar mit den innenpolitischen Verhältnissen

---

1172 IGH, *Fisheries Jurisdiction (Germany/Iceland)*, Urt. v. 2.2.1973, ICJ Rep. 1973, S. 49 (63, § 36).

1173 Oben D., II., 2., b., cc., (2).

1174 *Lindemann*, ZaöRV 44 (1984), S. 64 (76).

1175 Siehe etwa Art. 43 Abs. 1 Statut des Königreichs der Niederlande: „Jedes der Länder trägt Sorge für die Verwirklichung der fundamentalen menschlichen Rechte und Pflichten, der Rechtssicherheit und der Tauglichkeit der Regierung."

Surinams verknüpft. Allerdings ist durchaus fraglich, inwieweit aus der Änderung der insoweit zur Vertragsgrundlage gewordenen Umstände eine tiefgreifende Umgestaltung der Vertragspflichten folgt. Schließlich wurde die Zahlung der Entwicklungshilfe durch die Umstandsänderung weder unmöglich, noch hatte letztere Einfluss auf die Höhe der Zahlungsverpflichtung.[1176] Art. 62 Abs. 1 lit. b) WVK erfasst aber auch andere erhebliche Schwierigkeiten bei der Vertragserfüllung, die zu einer Unzumutbarkeit der Leistung führen.[1177] In Anbetracht der weitestgehenden Einseitigkeit der aus dem Vertrag erwachsenden Verpflichtungen und der Zweckgebundenheit der Entwicklungshilfeleistung, deren Erreichung durch eine von Willkür geprägte Machtausübung zumindest teilweise ausgeschlossen ist, ist eine solche Unzumutbarkeit der Vertragserfüllung durch die Niederlande anzunehmen. Schließlich steht die finanzielle Unterstützung, auch wenn sie trotz der Umstandsänderungen zu einem Teil der surinamischen Bevölkerung zugutekam, einer totalitär herrschenden Regierung in einem diametralen Gegensatz zu den im Vertrag genannten Zielen der Entwicklungshilfeleistungen.

Ferner ist auch davon auszugehen, dass die grundlegenden Veränderungen für die Vertragsparteien nicht vorhersehbar waren. Zum Zeitpunkt des Vertragsschlusses waren keine Hinweise ersichtlich, die auf einen Wechsel der Regierungsform oder die Verletzung fundamentaler Menschenrechte hingedeutet hätten. Das surinamische Parlament hatte sich in der bereits erwähnten Verfassung vielmehr ausdrücklich zu rechtsstaatlichen Grundsätzen und Menschenrechten bekannt. Schließlich war die Suspendierung des Vertrages auch nicht deshalb rechtswidrig, weil die Niederlande das in der WVK vorgesehene Suspendierungsverfahren (Art. 65 bis 67 WVK) nicht einhielten. Die Verfahrensvorschriften stellen kein Völkergewohnheitsrecht dar und waren somit für den vorliegenden Fall nicht anwendbar.[1178] Die Suspendierung verstieß also nicht gegen andere Vorschriften des Völkerrechts. Es ist somit allein anhand der Abwägung von Handlungsinteresse und Beeinträchtigungsintensität zu bestimmen, inwieweit die Suspendierung des Vertrages einen für den Interventionstatbestand relevanten Zwangscharakter aufwies.

1176 *Lindemann*, ZaöRV 44 (1984), S. 64 (77).

1177 Vgl. etwa *Giegerich*, in: Dörr/Schmalenbach, Vienna Convention on the Law of Treaties, Art. 62 Rdnr. 61, 63; *Dahm/Delbrück/Wolfrum*, Völkerrecht, Bd. I/3, S. 746.

1178 Dazu bereits oben D., II., 2., b., cc., (3).

Die durch die Suspendierung bedingte Intensität der Einwirkung auf die Handlungsfreiheit war in Anbetracht der weitgehenden Abhängigkeit der surinamischen Wirtschaft von den Niederlanden durchaus erheblich. 1981 beispielsweise betrugen die surinamischen Staatsausgaben insgesamt 713 Millionen Surinam-Gulden. Von diesen wurden nur 490 Millionen Surinam-Gulden aus eigenen Mitteln gedeckt. Nur aufgrund der von den Niederlanden gezahlten Entwicklungshilfe in Höhe von 170 Millionen Gulden hielt sich das Budgetdefizit mit 53 Millionen Surinam-Gulden in Grenzen. Zahlreiche Infrastrukturprojekte wurden ausschließlich durch die Entwicklungshilfe finanziert. Die Auszahlung von Arbeitslöhnen, Renten und der soziale Wohnungsbau waren ebenfalls von den Entwicklungshilfezahlungen abhängig.[1179] Inwieweit sich die Einstellung der Zahlungen auch in die Breite ausgewirkt hat, ist nur schwer zu bestimmen. Die Beeinträchtigungsdauer war hingegen zweifelsohne beträchtlich: Erst als 1987 tatsächlich wieder eine demokratische Wahl stattfand und sich die innenpolitische Lage stabilisierte, setzten die Niederlande die Zahlungen nach einer fünfjährigen Aussetzung fort.

Trotz der hier nur grob skizzierten Auswirkungen, an deren Erheblichkeit insgesamt keine Zweifel bestehen, war die Suspendierung insgesamt verhältnismäßig.[1180] Für die Verhältnis- und somit Rechtmäßigkeit der Verknüpfung der Vertragserfüllung mit der Forderung nach einem Wechsel der Regierungsform streiten vor allem zwei Argumente: Zunächst waren die dem Entwicklungshilfevertrag ausdrücklich bzw. zumindest konkludent zugrunde liegenden Ziele der finanziellen Leistungen mit der Militärregierung nicht zu erreichen; eine bedinglose Fortführung der Zahlungen hätte vielmehr die Unterstützung eines im Bezug auf die Menschenrechtsverletzungen völkerrechtswidrig handelnden Regimes bedeutet. Darüber hinaus ist schon aufgrund der einseitig erwachsenden Verpflichtungen aus dem Vertrag eine deutlich erhöhte Anforderung an die Einwirkungsintensität auf die surinamische Handlungsfreiheit zu fordern. Eine solche lässt sich allein durch die wirtschaftliche Abhängigkeit nicht begründen. Dies gilt umso mehr, da die nach der Suspendierung nicht fortgeführten Entwicklungshilfeprojekte überhaupt erst durch die niederländische Unterstützung ermöglicht wurden. Die Niederlande haben überdies mehrfach

---

1179 Vgl. FAZ v. 17.2.1983, S. 12.
1180 So im Ergebnis auch *Lindemann*, ZaöRV 44 (1984), S. 64 (88-90).

betont, dass sie grundsätzlich zu einer Fortführung der Zahlungen bereit waren.

Die Suspendierung des Entwicklungshilfevertrages war somit verhältnismäßig und verstieß nicht gegen das Interventionsverbot.

G. Zusammenfassung in Thesen

1. Auch wenn die heutigen Strukturen des Interventionstatbestandes, wie etwa die Existenz eines interventionsfreien Eigenbereichs, schon im 19. Jahrhundert angedeutet wurden, entwickelte sich das völkerrechtliche Interventionsverbot, verstanden als von der Gewaltanwendung losgelöste Verbotsnorm des Völkerrechts, erst in der Ära der Vereinten Nationen. Das klassische, von der gewaltsamen Intervention geprägte Normverständnis wurde erst in den Verhandlungen zur UN-Prinzipiendeklaration überwunden. Das Interventionsverbot ist somit eine vergleichsweise junge Norm des Völkerrechts.
2. Auch wenn das Interventionsverbot in Staatenpraxis, Rechtsprechung und Schrifttum regelmäßig als völkerrechtliches Prinzip deklariert wird, handelt es sich in Ansehung seines hypothetisch-konditionalen Charakters und seines finalen Anwendungsmodus doch um eine Regel des Völkerrechts, also eine subsumtionsfähige Norm.
3. In Ermangelung einer entsprechenden *opinio iuris* zählt das Interventionsverbot nicht zum *ius cogens*.
4. Aktiv deliktsfähig sind neben Staaten auch Internationale Organisationen, soweit sie nicht im Verhältnis zu ihren eigenen Mitgliedern tätig werden und somit der speziellere Grundsatz der begrenzten Ermächtigung Anwendung findet.
5. Für Handlungen Privater ergeben sich für das Interventionsverbot keine Besonderheiten. Eine staatliche Verantwortlichkeit kann entweder über eine Zurechnung privaten Handelns oder aus einer Verletzung des auch außerhalb des Umweltvölkerrechts anzuwendenden Vorsorgeprinzips begründet werden.
6. Schutzgut und Ursprung des Interventionsverbots ist nicht die staatliche Souveränität in ihrer Gänze, sondern die souveräne Gleichheit der Staaten. Das Interventionsverbot schützt die für die staatliche Unabhängigkeit unabdingbare Handlungsfreiheit. Dabei begrenzt es sowohl die unbeschränkte (positive) Handlungsfreiheit und schützt zugleich die eigene (negative) Handlungsfreiheit vor Beeinträchtigungen durch Dritte.
7. In Bezug auf die normative Architektur handelt es sich um einen einheitlichen Tatbestand mit zwei Tatbestandsmerkmalen, nämlich dem

Eingriff in den *domaine réservé* durch eine Maßnahme mit *Zwangs-charakter.*

8. Im Verhältnis zu anderen Vorschriften des Völkerrechts ergeben sich hinsichtlich des Anwendungsbereichs Schnittmengen: Eine Über-schneidung mit dem Gewaltverbot ist für die Androhung von Gewalt denkbar, wenn diese mit einem Zwangselement versehen wird. Glei-ches gilt für eine Verletzung der territorialen Souveränität. Mit dem in-soweit spezielleren Prinzip der begrenzten Ermächtigung besteht hin-gegen keine Schnittmenge.

9. Der *domaine réservé* umfasst alle Regelungsmaterien, bezüglich derer ein Staat keine völkerrechtlichen Bindungen eingegangen ist.

10. Dem Tatbestandsmerkmal kommen zwei Funktionen zu: Einerseits be-stimmt es den sachlichen Anwendungsbereich; andererseits den Kreis der passiv deliktsfähigen Völkerrechtssubjekte.

11. Passiv deliktsfähig sind *de lege lata* ausschließlich Staaten (auch sog. „failed states").

12. Der *domaine réservé* ist zeitlich, inhaltlich und personell relativ. Er ist in Abhängigkeit des geltenden Völkerrechts nur zu einem bestimmten Zeitpunkt im Verhältnis der betroffenen Parteien bestimmbar. Das Konzept der Relativität verliert seinen Absolutheitsanspruch allerdings dann, wenn völkerrechtliche Regeln universell gelten.

13. Der quantitative und qualitative Umfang der Öffnung des *domaine réservé* durch völkerrechtliche Verpflichtungen reicht nur so weit wie die materielle Bindung. Die Öffnung des *domaine réservé* erfolgt also ausschließlich nach Maßgabe der jeweiligen Verpflichtungsstruktur.

14. Völkerrechtliche Verbindlichkeiten i.S.d. *domaine réservé* können nur durch klassische Völkerrechtsquellen begründet werden. Eine Bindung durch „soft-law" kommt nur im Fall des Hinzutretens einer Regel mit klassischer Bindungswirkung, wie etwa dem Grundsatz von Treu und Glauben, in Betracht.

15. In personeller Hinsicht folgt die Öffnung des *domaine réservé* unmit-telbar der Erfüllungsstruktur völkerrechtlicher Verträge.

16. Grundsätzlich kann jede Regelungsmaterie Gegenstand einer völker-rechtlichen Verpflichtung sein. Das Völkerrecht setzt der Öffnung des *domaine réservé* keine Grenze.

17. Das Tatbestandsmerkmal Zwangscharakter dient der Auflösung des dem Interventionsverbot zugrundeliegenden Konflikts zwischen Hand-lungsfreiheit und Staatengleichheit.

18. Ein für das Interventionsverbot relevanter Souveränitätskonflikt setzt voraus, dass der handelnde Staat zumindest mittelbar und zielgerichtet auf die Handlungsfreiheit des Opferstaates einwirkt. Dabei existiert kein *numerus clausus* interventionsrelevanter Maßnahmen; vielmehr ist eine Einwirkung durch nahezu jede Handlung vorstellbar. Einer Schädigungs- und/oder Unterwerfungsabsicht bedarf es nicht.

19. Der Souveränitätskonflikt ist – in Parallele zu anderen Vorschriften des Völkerrechts, deren Funktion in der Auflösung vergleichbarer Souveränitätskonflikte besteht – durch eine Verhältnismäßigkeitsprüfung aufzulösen.

20. Die Verhältnismäßigkeitsprüfung vollzieht sich in einer Gesamtabwägung, die im Wesentlichen mit der Angemessenheitsprüfung der deutschen Rechtsdogmatik vergleichbar ist. Dabei ist das Handlungsinteresse des agierenden Staates mit der Beeinträchtigung staatlicher Handlungsfreiheit auf Seiten des Opferstaates abzuwägen.

21. Voraussetzung für ein abwägungsfähiges Handlungsinteresse ist, dass der agierende Staat von der durch die Einwirkung auf die Handlungsfreiheit avisierten Verhaltensänderung selbst betroffen ist bzw. wäre. Ein gleichzeitiger Verstoß der Einwirkungshandlung gegen andere Vorschriften des Völkerrechts indiziert ein im Vergleich zum Integritätsinteresse des Opferstaates zurücktretendes Handlungsinteresse.

22. Die Beeinträchtigungsintensität auf Seiten des Opferstaates ist anhand der Beeinträchtigungstiefe, -breite und -dauer der Einflussnahme auf die staatliche Handlungsfreiheit zu bestimmen. In Bezug auf die Beeinträchtigungstiefe ist der Frage nach der qualitativen Auswirkung der Einmischungshandlung auf die Handlungsfreiheit nachzugehen. Bei der Bestimmung der Beeinträchtigungsbreite sind vor allem die Auswirkungen auf Drittstaaten, die nicht unmittelbar Opfer der Einmischungshandlung sind, zu berücksichtigen. Anhand der zeitlichen Ausdehnung der Einwirkung ist schließlich die Beeinträchtigungsdauer zu bestimmen.

Schriftenverzeichnis

Abass, Ademola/Baderin, Mashood A.: Towards Effective Collective Security and Human Rights Protection in Africa - An Assessment of the Constitutive Act of the New African Union, NILR 49 (2002), S. 1-38

Abi-Saab, Georges: Some Thoughts on the Principle of Non-Intervention, in: Wellens (Hrsg.), International Law: Theory and Practice, Essays in honour of Eric Suy, Den Haag [u.a.] 1998, S. 225-236

Akehurst, Michael: Custom as a Source of International Law, BYbIL 47 (1974/75), S. 1-53

Alexy, Robert: Zur Struktur der Rechtsprinzipien, in: Schilcher/Koller/Funk (Hrsg.), Regeln, Prinzipien und Elemente im System des Rechts, Wien 2000, S. 30-52

Alexy, Robert: Theorie der Grundrechte, 3. Auflage, Frankfurt a.M. 1996

Alexy, Robert: Rechtsregeln und Rechtsprinzipien, in: Archiv für Rechts- und Sozialphilosophie, Beiheft NF 25 (1985), S. 13-29

Alvarez, Alejandro: La Reconstrucción del Derecho de Gentes. El Nuevo Orden y la Renovación Social, Santiago 1944

Alvarez, Alejandro (hier: Alexandre): Le Droit International Américain, Paris 1910

Ambos, Kai: Anmerkung zu BGH, Urt. v. 30.4.1999 - 3 StR 215-98, NStZ 1999, S. 404-405

Anderson, Frank M.: Constitutions and Other selected Documents Illustrative of the History of France, 1789-1907, Minneapolis 1908

Arangio-Ruiz, Gaetano: Le Domaine Reservé, RdC 225 (1990-VI), S. 9-484

Arangio-Ruiz, Gaetano: Human Rights and Non-Intervention in the Helsinki Final Act, RdC 157 (1977), S. 195-331

Arnauld, Andreas von: Völkerrecht, 2. Auflage, Heidelberg [u.a.] 2014

Arnauld, Andreas von: Die moderne Piraterie und das Völkerrecht, AVR 47 (2009), S. 454-480

Aston, Jurij Daniel: Die Bekämpfung abstrakter Gefahren für den Weltfrieden durch legislative Maßnahmen des Sicherheitsrates, ZaöRV 62 (2002), S. 257-291

Athen, Marco: „Hinterm Horizont geht's weiter!" - Einbeziehung des Luftverkehrs in den Handel mit Treibhausgasemissionszertifikaten, EuZW 23 (2012), S. 337-341

Aust, Anthony: Handbook of International Law, 2. Auflage, Cambridge 2010

Baade, Hans W.: Intertemporales Völkerrecht, JIR 7 (1958), S. 229-256

Ballreich, Hans: Nachdenkliches über „soft law" - Seine mögliche Rolle beim internationalen Schutz des geistigen Eigentums, GRURInt 1989, S 383-388

Bär, Rolf: Kartellrecht und Internationales Privatrecht, Karlsruhe 1965

Barthel, David: Die neue Sicherheitsarchitektur der Afrikanischen Union, Heidelberg [u.a.] 2011

Basedow, Jürgen: Entwicklungslinien des internationalen Kartellrechts - Ausbau und Differenzierung des Auswirkungsprinzips, NJW 1989, S. 627-638

Bautze, Kristina: Völkerrecht, Berlin 2012

Beck, Bernhard: Die extraterritoriale Anwendung nationalen Wettbewerbrechts unter besonderer Berücksichtigung länderübergreifender Fusionen, Baden-Baden 1986

Behrmann, Christian: Das Prinzip der angemessenen und vernünftigen Nutzung und Teilhabe nach der VN-Wasserlaufkonvention, Berlin 2008

Benedek, Wolfgang: Drago-Porter Convention, in: Wolfrum (Hrsg.), MPEPIL III, Oxford 2012, S. 234-236.

Bentzien, Joachim: Die völkerrechtlichen Schranken der nationalen Souveränität im 21. Jahrhundert, Frankfurt a.M. 2007

Berber, Friedrich: Lehrbuch des Völkerrechts, Bd. 1, 2. Auflage, München 1975

Bergmann Ávila, Humberto: Theorie der Rechtsprinzipien, Berlin 2006

Bernhardt, Rudolf: Völkerrechtliche Bindungen in den Vorstadien des Vertragsschlusses, ZaöRV 18 (1957/58), S. 652-690

Berstermann, Jost: Das Einmischungsverbot im Völkerrecht, Frankfurt a.M. [u.a.] 1991

Besson, Samantha: Sovereignty, in: Wolfrum (Hrsg.), MPEPIL IX, Oxford 2012, S. 366-391

Beyerlin, Ulrich: Umweltvölkerrecht, 3. Auflage, München 2000

Binder, Christina: Die Veränderung innerstaatlicher Verhältnisse als Nichterfüllungsgrund von völkerrechtlichen Vertragspflichten, AVR 47 (2009), S. 187-219

Blakesley, Christopher L.: Jurisdiction as Legal Protection against Terrorism, Conn. L. Rev. 19 (1987), S. 895-943

Bleckmann, Albert: Völkerrecht, Baden-Baden 2001

Bleckmann, Albert: Allgemeine Staats- und Völkerrechtslehre, Köln [u.a.] 1995

Bleckmann, Albert: Die Rechtsanalogie im Völkerrecht, AVR 31 (1993), S. 353-366

Bleckmann, Albert: Souveränitätsprinzip im Völkerrecht, AVR 23 (1985), S. 450-477

Bleckmann, Albert: Die Völkerrechtsordnung als System von Rechtsvermutungen, in: Achterberg/Krawietz/Wyduckel (Hrsg.), Recht und Staat im sozialen Wandel, Festschrift für Hans Ulrich Scupin, Berlin 1983, S. 407-427

Bleckmann, Albert: Die Analogie im Völkerrecht, AVR 17 (1977/78), S. 161-180

Bleckmann, Albert: Probleme der Anwendung multilateraler Verträge, Berlin 1974

Bleckmann, Albert: Die Nichtrückwirkung völkerrechtlicher Verträge, ZaöRV 33 (1973), S. 38-55

Blumenwitz, Dieter: Die deutsch-tschechische Erklärung vom 21. Januar 1997, AVR 36 (1998), S. 19-43

Bluntschli, Johann Caspar: Das moderne Völkerrecht der civilisierten Staaten als Rechtsbuch dargestellt, 1. Auflage, Nördlingen 1868 sowie 3. Auflage, Nördlingen 1878

Bockslaff, Klaus: Das völkerrechtliche Interventionsverbot, Berlin 1987

Bodin, Jean: De republica libri sex, 1576

Bogdan, Michael: General Principles of Law and the Problem of Lacunae in the Law of Nations, Nordisk Tidsskrift for International Ret 46 (1977), S. 37-53

Bothe, Michael: Friedenssicherung und Kriegsrecht, in: Graf Vitzthum/Proelß (Hrsg.), Völkerrecht, 6. Auflage, Berlin [u.a.] 2013, S. 573-662

Bothe, Michael: „Soft-Law" in den Europäischen Gemeinschaften, in: von Münch (Hrsg.), Staatsrecht - Völkerrecht - Europarecht: Festschrift für Hans-Jürgen Schlochauer, Berlin [u.a.] 1981, S. 761-775

Boutros-Ghali, Boutros: La Ligue des Etats Arabes, RdC 137 (1972), S. 1-81

Bowett, Derek W.: Economic Coercion and Reprisals by States, VJIL 13 (1972) S. 1-12

Boyle, Alan E.: Some Reflections on the Relationship of Treaties and Soft Law, ICLQ 48 (1999), S. 901-913

Breutz, Iris: Der Protest im Völkerrecht, Berlin 1997

Brierly, James L.: The Law of Nations, 5. Auflage, Oxford 1955

Brown, H. Lowell: Extraterritorial Jurisdiction under the 1998 Amendments to the Foreign Corrupt Practice Act: Does the Government's Reach Now Exceed Its Grasp?, NC JIL & Com. Reg. 26 (2001), 239-260

Brownlie, Ian: Principles of Public International Law, 6. Auflage, Oxford 2003

Brownlie, Ian: International Law and the Use of Force by States, Oxford 1963

Bruha, Thomas: Gewaltverbot und humanitäres Völkerrecht nach dem 11. September 2001, AVR 40 (2002), S. 383-421

Brunner, Manuel/Frau, Robert: Die Maßnahmen des Sicherheitsrates der Vereinten Nationen in Bezug auf Libyen 2011, HuV-I 24 (2011), S. 192-201

Bruns, Viktor: Völkerrecht als Rechtsordnung, ZaöRV 1 (1929), S. 1-56

Bryde, Brun-Otto: Die Intervention mit wirtschaftlichen Mitteln, in: von Münch (Hrsg.), Staatsrecht - Völkerrecht - Europarecht: Festschrift für Hans-Jürgen Schlochauer, Berlin [u.a.] 1981, S. 227-245

Buergenthal, Thomas: Law Making in the International Civil Aviation Organization, Syracuse 1969

Buergenthal, Thomas: Human Rights, in: Wolfrum (Hrsg.), MPEPIL IV, Oxford 2012, S. 1021-1031

Buirette, Patricia: Genèse d'un droit fluvial international général (Utilisation à des fins autres que la navigation), RGDIP 95 (1991), S. 5-70

Bungenberg, Marc: Extraterritoriale Strafrechtsanwendung bei Verbrechen gegen die Menschlichkeit und Völkermord, AVR 39 (2001), S. 170-201

Cafritz, Eric/Tene, Omar: Article 113-7 of the French Penal Code: The Passive Personality Principle, Colum. JTL 41 (2002/03), S. 585-599

Calliess, Christian/Ruffert, Matthias: EUV/AEUV, 4. Auflage, München 2011

Canaris, Claus-Wilhelm: Systemdenken und Systembegriff der Jurisprudenz, Berlin 1983

Carlson, Jonathan: Hunger, Agricultural Trade Liberalization and Soft International Law, ILR 70 (1985), S. 1187-1277

Cassese, Antonio: International Law, 2. Auflage, Oxford 2005

Cavaglieri, Arrigo: L'intervento: nella sua definizione giuridica; saggio di diritto internazionale, Bologna 1913

Charme, Joni S.: The Interim Obligation of Art. 18 of the Vienna Convention on the Law of Treaties, G. Washington JIL & Economy 25 (1992), S. 71-114

Cheng, Bin: General Principles of Law as applied by International Courts and Tribunals, London 1953

Chinkin, Christine M.: The Challenge of Soft Law: Development and Change in International Law, ICLQ 38 (1989), S. 850-866

Churchill, Robin Rolf/Lowe, Alan Vaughan: Law of the Sea, 3. Auflage, Manchester 1999

Clarizio, Lynda M.: United States v. Yunis. 681 F.Supp. 896. U.S. District Court, D.D.C., February 12, 1988, AJIL 83 (1989), S. 94-99

Corten, Olivier/Klein, Pierre: Les conventions de Vienne sur le Droit des Traités, Bd. 3, Brüssel 2000

Corten, Olivier/Klein, Pierre: The Vienna Convention on the Law of Treaties, Oxford [u.a.] 2011

Costa, Podesta: Manual de Derecho Internacional Público, Buenos Aires 1947

Crawford, Emily: Proportionality, in: Wolfrum (Hrsg.), MPEPIL VIII, Oxford 2012, S. 533-540

Cunningham, Sarah: Zero Dark Thirty - a Critical Evaluation of the Legality of the Killing of Osama bin Laden under International Humanitarian Law, HuV-I 26 (2013), S. 56-63

D'Amato, Anthony: It's a Bird, It's a Plane, It's Jus Cogens, Connecticut JIL 6 (1990), S. 1-6

D'Amato, Anthony: The concept of custom in international law; Ithaca (NY) [u.a.] 1971

Dahm, Georg: Völkerrecht, Bd. 1, 1. Auflage, Stuttgart 1958

Dahm, Georg/Delbrück, Jost/Wolfrum, Rüdiger: Völkerrecht, Bd. I/1, 2. Auflage, Berlin 1989 sowie Bd. I/3, 2. Auflage, Berlin 2002

Dehaussy, Jacques: Le problème de la classification des traités et le projet de convention établi par la Commission du Droit international des Nations Unies, in: Faculté de Droit de l'Université de Genève (Hrsg.), Recueil d'études de droit international en hommage à Paul Guggenheim, Genf 1986, S. 305-326

Denza, Eileen: Diplomatic Law - Commentary on the Vienna Convention on Diplomatic Relations, 3. Auflage, Oxford 2008

Derpa, Rolf Michael: Das Gewaltverbot der Satzung der Vereinten Nationen und die Anwendung nichtmilitärischer Gewalt, Bad Homburg 1970

Dicke, Detlev C.: Die Intervention mit wirtschaftlichen Mitteln, Baden-Baden 1978

Dillard, Hardy Cross: Some Aspects of Law and Diplomacy, RdC 91 (1957), S. 449-552

Dinstein, Yoram: War, Agression and Self-Defence, 5. Auflage, Cambridge 2012

Dittmar, Falko: Angriffe auf Computernetzwerke, Berlin 2005

Doehring, Karl: Allgemeine Staatsrechtslehre, Heidelberg 2004

Doehring, Karl: Völkerrecht, 2. Auflage, Heidelberg 2004

Dohna, Bernt zu: Die Grundprinzipien des Völkerrechts über die freundschaftlichen Beziehungen und die Zusammenarbeit zwischen den Staaten, Berlin 1973

Dörr, Oliver: Kompendium völkerrechtlicher Rechtsprechung, 2. Auflage, Tübingen 2015

Dörr, Oliver/Grote, Rainer/Marauhn, Thilo (Hrsg.): EMRK/GG Konkordanzkommentar, Bd. 1, 2. Auflage, Tübingen 2013

Dörr, Oliver/Schmalenbach, Kirsten (Hrsg.): The Vienna Convention on the Law of Treaties, Heidelberg [u.a.] 2012

Dörr, Oliver: Nationality, in: Wolfrum (Hrsg.), MPEPIL VII, Oxford 2012, S. 496-510.

Dörr, Oliver: Die Inkorporation als Tatbestand der Staatensukzession, Berlin 1995

Dupuy, Pierre-Marie: Soft Law and the International Law of the Environment, MJIL 12 (1991), S. 420-435

Dworkin, Ronald: Is law a system of rules?, in: ders., The Philosophy of Law, Oxford 1977

Dworkin, Ronald: Taking Rights Seriously, London 1977

Ehm, Frithjof: Das völkerrechtliche Demokratiegebot, Tübingen 2013

Epiney, Astrid: Das "Verbot erheblicher grenzüberschreitender Umweltbeeinträchtigungen": Relikt oder konkretisierungsfähige Grundnorm?, AVR 33 (1995), S. 309-360

Epiney, Astrid: Die völkerrechtliche Verantwortlichkeit von Staaten für rechtswidriges Verhalten im Zusammenhang mit Aktionen Privater, Baden-Baden 1992

Erler, Jochen: Rechtsfragen der ICAO, Köln [u.a.] 1967

Esser, Josef: Grundsatz und Norm in der richterlichen Fortbildung des Privatrechts, 4. Auflage, Tübingen 1990

Fabela, Isidro: Intervention, Paris 1961

Fauchille, Paul: Traité de droit international public, 8. Auflage, Bd. 1, Teil 1, Paris 1922

Fawcett, J.E.S.: Intervention in International Law, RdC 103 (1961-II), 343-421

Fezer, Karl-Heinz/Koos, Stefan: Staudingers Kommentar zum Bürgerlichen Gesetzbuch, Bd. 7 - Internationales Wirtschaftsrecht, 15. Auflage, Berlin 2010

Fiedler, Wilfried: Zur Verbindlichkeit einseitiger Rechtsakte im Völkerrecht, GYBIL 19 (1976), S. 35-72

Fitzmaurice, Malgosia A.: International Protection of the Environment, RdC 293 (2001), S. 9-488

Frenzel, Matthias: Sekundärrechtssetzungsakte Internationaler Organisationen, Tübingen 2011

Friedmann, Wolfgang: The changing Strucuture of International Law, London 1964

Fuentes, Ximena: The Criteria for the Equitable Utilization of International Rivers, BYbIL 67 (1996), S. 337-412

Fulda, Christian B.: Demokratie und pacta sunt servanda, Norderstedt 2003

Funke, Andreas: Souveränität, in: Schöbener [Hrsg.], Völkerrecht - Lexikon zentraler Begriffe und Themen, Heidelberg [u.a.] 2014, S. 391-394

Gardam, Judith Gail: Necessity, Proportionality and the Use of Force, Cambridge [u.a.] 2004

Geffcken, Friedrich H.: Das Recht der Intervention, in: von Holtzendorff (Hrsg.), Handbuch des Völkerrechts, Bd. 4, Hamburg 1889, S. 131-168

Geiger, Rudolf: Grundgesetz und Völkerrecht, 5. Auflage, München 2010

Geiß, Robin/Kashgar, Maral: UN-Maßnahmen gegen Libyen, VN 59 (2011), S. 99-104

Geiß, Robin: „Failed States" - die normative Erfassung gescheiterter Staaten, Berlin 2005

Gerber, David J.: Beyond Balancing: International Law Restraints on the Reach of Nationals Law, Yale JIL 10 (1984/85), S. 185-221

Gerlach, Axel: Die Intervention. Versuch einer Definition, Hamburg 1967

Giegerich, Thomas: Vorbehalte zu Menschenrechtsabkommen - Zulässigkeit, Gültigkeit und Prüfungskompetenzen von Vertragsgremien, ZaöRV 55 (1995), S. 713-782.

Gill, Terry D.: Non-Intervention in the Cyber Context, in: Ziolkowksi (Hrsg.), Peacetime Regime for State Activities in Cyberspace, Tallinn 2012, S. 217-238

Grabitz, Eberhard/Hilf, Meinhard/Nettesheim, Martin (Hrsg.): Das Recht der Europäischen Union, München 2016 (58. Ergänzungslieferung)

Graf Vitzthum, Wolfgang: Begriff, Geschichte und Rechtsquellen des Völkerrechts, in: ders./Proelß (Hrsg.), Völkerrecht, 6. Auflage, Berlin [u.a.] 2013, S. 1-59

Graham, David E.: Cyber Threats and the Law of War, Journal of National Security Law & Policy 4 (2010), S. 87-102

Gray, Christine: The Use of Force and the International Legal Order, in: Evans (Hrsg.), International Law, 3. Auflage, Oxford 2010, S. 615-650

Grewe, Wilhelm: Epochen der Völkerrechtsgeschichte, 2. Auflage, Baden-Baden 1988

Grewe, Wilhelm: Fontes Historiae Iuris Gentium, Bd. II, Berlin [u.a.] 1988 sowie Bd. III, Berlin [u.a.] 1992

Grotius, Hugo: De Jure Belli ac Pacis, 1625

Gruchalla-Wesierski, Tadeusz: A Framework for Understanding „Soft-Law", McGill LJ 30 (1984), S. 37-88

Haas, Peter M.: Choosing to Comply - Theorizing from International Relations and Comparative Politics, in: Shelton, Commitment and Compliance, Oxford 2000, S. 43-64

Haedrich, Heinz: Interzession, in: Strupp/Schlochauer, Wörterbuch des Völkerrechts, Bd. 2, 2. Auflage, Berlin 1961, S. 147-148

Hafner, Gerhard: Kodifikation und Weiterentwicklung des Völkerrechts, in: Cede/Sucharipa-Behrmann (Hrsg.), Die Vereinten Nationen, Wien 1999, S. 131-142

Haggenmacher, Peter: Grotius et la doctrine de la guerre juste, Paris 1983

Haltern, Ulrich: Was bedeutet Souveränität?, Tübingen 2007

Happold, Matthew: Security Council Resolution 1373 and the Constitution of the United Nations, LJIL 16 (2003), S. 593

Happold, Matthew: Fourteen Against One: The EU Member States' Response to Freedom Party Participation in the Austrian Government, ICLQ 49 (2000), S. 953-963

Heffter, August Wilhelm: Das europäische Völkerrecht auf den bisherigen Grundlagen, 6. Auflage, Berlin 1873 sowie 7. Auflage, Berlin 1881

Herdegen, Matthias: Internationales Wirtschaftsrecht, 10. Auflage, München 2014

Herdegen, Matthias: Völkerrecht, 12. Auflage, München 2013

Herdegen, Matthias, Der Wegfall effektiver Staatsgewalt im Völkerrecht: "The failed state", in: Thürer/Herdegen/Hohloch, Der Wegfall effektiver Staatsgewalt: "The failed state", Berichte DGVR 34 (1996), S. 49-86

Hermann, Christoph/Weiß, Wolfgang/Ohler, Christoph: Welthandelsrecht, 2. Auflage, München 2007

Hershy, Amos Shartle: The Essential of International Public Law, New York 1923

Herzog, Stephen: Revisiting the Estonian Cyber Attacks: Digital Threats and Multinational Responses, Journal of Strategic Security 4 (2011), S. 49-60

Hettlage, Karl: Die Intervention in der Geschichte der Völkerrechtswissenschaft und im System der modernen Völkerrechtslehre, Niemeyer's Zeitschrift für Internationales Recht 37 (1927), S. 11-88

Heusel, Wolfgang: „Weiches" Völkerrecht. Eine vergleichende Untersuchung typischer Erscheinungsformen, Baden-Baden 1991

Higgins, Rosalyn: Time and the Law: International Perspectives on an Old Problem, ICLQ 46 (1997), S. 501

Hillgenberg, Hartmut: A Fresh Look at Soft Law, EJIL 10 (1999), S. 499-515

Hillgruber, Christian: Souveränität - Verteidigung eines Rechtsbegriffs, JZ 2002, S. 1072-1080

Hillgruber, Christian: Die Zukunft des völkerrechtlichen Interventionsverbots, JRP 8 (2000), S. 288-297

Hirschberg, Lothar: Der Grundsatz der Verhältnismäßigkeit, Göttingen 1981

Hobe, Stephan: Einführung in das Völkerrecht, 10. Auflage, Tübingen 2014

Hobe, Stephan: Bewaffneter Angriff, in: Schöbener [Hrsg.], Völkerrecht - Lexikon zentraler Begriffe und Themen, Heidelberg [u.a.] 2014, S. 45-48

Höfer, Martin Felix: Gezielte Tötungen, Tübingen 2013

Hoffmann, Leonard Hubert: The Influence of the European Principle of Proportionality Upon UK Law, in: Ellis [Hrsg.], The Principle of Proportionality in the Laws of Europe, Oxford [u.a.] 1999, S. 107-116

Hofmeister, Hannes: „Ceterum censeo Carthaginem esse delendam" - Eine Analyse des völkerrechtlichen Gewaltandrohungsverbots, AVR 48 (2010), S. 248-265

Hold-Ferneck, Alexander: Lehrbuch des Völkerrechts, 2. Teil, Leipzig 1932

Hummer, Waldemar/Obwexer, Walter: Die Wahrung der Verfassungsgrundsätze in der EU, EuZW 11 (2000), S. 485-496

Hyde, Charles Cheney: International Law - Chiefly as Interpreted and Applied by the United States, Bd. 1, 2. Auflage, Boston 1947

Immenga, Ulrich/Mestmäcker, Ernst-Joachim: Wettbewerbsrecht, Bd. 2, GWB, 4. Auflage, München 2007

Ipsen, Knut: Völkerrecht, 6. Auflage, München 2014 (sowie 5. Auflage, München 2004)

Jakob, Carin Thinam: Sanktionen gegen vertragsbrüchige Mitgliedstaaten der Europäischen Gemeinschaft (EWG), Berlin 1988

Janik, Cornelia: Die Bindung internationaler Organisationen an internationale Menschenrechtsstandards, Tübingen 2012

Janik, Ralph, Das Interventionsverbot im Zeitalter der Demokratie, in: Bockley/Kriebaum/Reinisch (Hrsg.), Nichtstaatliche Akteure und Interventionsverbot, Frankfurt a.M. 2015, S. 107-129

Jamnejad, Maziar/Wood, Michael: The Principle of Non-Intervention, Leiden JIL 22 (2009), S. 345-381

Jenks, C. Wilfried: The Common Law of Mankind, London 1958

Jessup, Philip C.: Modernes Völkerrecht, 1. Auflage, Wien 1950 (Übersetzt von Amethe von Zeppelin. Originaltitel: A modern Law of Nations, 2. Auflage, New York 1949)

Joecks, Wolfgang/Miebach, Klaus (Hrsg.): Münchener Kommentar zum StGB, Bd. 8 - Nebenstrafrecht, 2. Auflage, München 2013

Joecks, Wolfgang/Miebach, Klaus (Hrsg.): Münchener Kommentar zum Strafgesetzbuch, Bd. 1, 2. Auflage, München 2011 sowie Bd. 6/2 - Völkerstrafgesetzbuch, München 2009

Kadelbach, Stefan: Anmerkung zu BVerfG, Beschluss vom 12.12.2000 - 2 BvR 1290/99, JZ 2001, S. 981-983

Kaffanke, Joachim: Grenzen der intraterritorialen Rechtsanwendung mit extraterritorialen Auswirkungen, Baden-Baden 1990

Kaffanke, Joachim: Nationales Wirtschaftsrecht und internationale Wirtschaftsordnung - Anwendungsgrenzen nationalen Rechts bei internationalen Sachverhalten, Baden-Baden 1990

Kaffanke, Joachim: Nationales Wirtschaftsrecht und internationale Sachverhalte, AVR 27 (1989), S. 129-155

Kaiser, Joseph H.: Internationale und nationale Zuständigkeit im Völkerrecht der Gegenwart, in: ders./von Münch/Jaenicke/Wiethölter, Internationale und nationale Zuständigkeiten im Völkerrecht der Gegenwart, Berichte DGVR Heft 7 (1965), S. 1-25

Kämmerer, Jörn Axel: Kriegsrepressalie oder Kriegsverbrechen?, AVR 37 (1999), S. 283-317

Kau, Marcel: Der Staat und der Einzelne als Völkerrechtssubjekte, in: Graf Vitzthum/ Proelß (Hrsg.), Völkerrecht, 6. Auflage, Berlin [u.a.] 2013, S. 131-235

Keber, Tobias O./Roguski, Przemyslaw Nick: Ius ad bellum electronicum, AVR 49 (2011), S. 399-434

Kegel, Gerhard/Schurig, Klaus: Internationales Privatrecht, 9. Auflage, München 2004

Kelsen, Hans: Principles of International Law, New York 1952

Kelsen, Hans: The Law of the United Nations, New York 1951

Kelsen, Hans: Das Problem der Souveränität und die Theorie des Völkerrechts, 2. Auflage, Aalen 1981 (2. Neudruck d. 2. Auflage, Tübingen 1928)

Kempen, Bernhard/Hillgruber, Christian: Völkerrecht, 2. Auflage, München 2012

Kettemann, Matthias C.: Das Internet als internationales Schutzgut: Entwicklungsperspektiven des Internetvölkerrechts anlässlich des Arabischen Frühlings, ZaöRV 72 (2012), S. 469-482

Kevekordes, Johannes: Auslandszusammenschlüsse im internationalen und materiellen Kartellrecht, Heidelberg 1986

Kewenig, Wilhelm A.: Die Anwendung wirtschaftlicher Zwangsmaßnahmen im Völkerrecht, in: ders./Heini (Hrsg.), Die Anwendung wirtschaftlicher Zwangsmaßnahmen im Völkerrecht und im internationalen Privatrecht, Berichte DGRV 22 (1981), S. 7-36

Kindiki, Kithure: The Normative and Institutional Framework of the African Union Relating to the Protection of Human Rights and the Maintenance of International Peace and Security, AHRLJ 3 (2003), S. 97-117

Kirchhof, Paul: Der Staat als Organisationsform politischer Herrschaft und rechtlicher Bindung, DVBl. 1999, S. 637-657

Klabbers, Jan: An Introduction to International Institutional Law, 2. Auflage, Cambridge 2009

Klabbers, Jan: The Concept of Treaty in International Law, Den Haag 1996

Klein, Eckart/Schmahl, Stefanie: Die Internationalen und Supranationalen Organisationen, in: Graf Vitzthum/Proelß (Hrsg.), Völkerrecht, 6. Auflage, Berlin [u.a.] 2013, S. 237-349

Klein, Eckart: Die Vereinten Nationen und die Entwicklung des Völkerrechts, in: Volger (Hrsg.), Grundlagen und Strukturen der Vereinten Nationen, München [u.a.] 2007, S. 21-66

Klein, Eckart: Gegenmaßnahmen, in: Fiedler/Klein/Schnyder, Gegenmaßnahmen, Berichte DGVR 37 (1997), S. 39-71

Kloepfer, Michael: Internationalrechtliche Probleme grenznaher Kernkraftwerke, AVR 25 (1987), S. 277-293

Kment, Martin: Grenzüberschreitendes Verwaltungshandeln, Tübingen 2010

Knauff, Matthias: Der Regelungsverbund: Recht und Soft Law im Mehrebenensystem, Tübingen 2010

Kohen, Marcelo: The Prinicple of Non-Intervention 25 Years after the Nicaragua Judgement, Leiden JIL 25 (2012), S. 157-164

Kohler, Josef: Grundlagen des Völkerrechts, Stuttgart 1918

Koivurova, Timo: Due Diligence, in: Wolfrum (Hrsg.), MPEPIL III, Oxford 2012, S. 236-246

Kokott, Juliane: Sovereign Equality of States (States, Sovereign Equality), in: Wolfrum (Hrsg.), MPEPIL IX, Oxford 2012, S. 571-587

Kolb, Robert: Du Domaine Réservé - Réflexions sur la théorie de la compétence nationale, RGDIP 110 (2006), S. 597-630

Kolb, Robert: Principles as Sources of International Law (With Special Reference to Good Faith), NILR 53 (2007), S. 1-36

Korovin, Evgenij A.: Das Völkerrecht der Übergangszeit, Berlin 1929

Kradolfer, Matthias: Verpflichtungsgrad sozialer Menschenrechte, AVR 50 (2012), S. 255-284

Krause-Ablaß, Wolf-Dietrich: Intertemporales Völkerrecht, Hamburg 1968

Krieger, Heike: Krieg gegen anonymous, AVR 50 (2012), S. 1-20

Krugmann, Michael: Der Grundsatz der Verhältnismäßigkeit im Völkerrecht, Berlin 2004

Krylov, Serge Borisovitch: Les notions principales du droit des gens (La doctrine soviétique du droit international), in: RdC 70 (1947-I), S. 407-476

Kunig, Philip: Prohibition of Intervention (Intervention, Prohibition of), in: Wolfrum (Hrsg.), MPEPIL VI, Oxford 2012, S. 289-299

Kunig, Philip: Das völkerrechtliche Delikt, Jura 1986, S. 344-352

Kunig, Philip: Das völkerrechtliche Nichteinmischungsprinzip, Baden-Baden 1981

Larenz, Karl: Methodenlehre der Rechtswissenschaft, 6. Auflage, München 1991

Larenz, Karl: Richtiges Recht, München 1979

Laskowski, Silke Ruth: Das Menschenrecht auf Wasser, Tübingen 2010

Laufhütte, Heinrich Wilhelm (Hrsg.): Strafgesetzbuch, Leipziger Kommentar, Bd. 1, 12. Auflage 2007

Lawrence, T. J.: The Principles of International Law, 7. Auflage, bearb. von Percy H. Winfield; Boston [u.a.] 1923

Leidenmühler, Franz: Zur Legalität der Maßnahmen gegen die österreichische Bundesregierung. Rechtsfragen aus Anlaß der internationalen Reaktionen auf die Regierungsbildung eines Mitgliedstaates der EU, ZÖR 55 (2000), S. 299-322

Lesaffer, Randall: Kellog-Briand-Pact, in: Wolfrum (Hrsg.), MPEPIL VI, Oxford 2012, S. 579-584

Lindemann, Hans-Heinrich: Die Auswirkungen der Menschenrechtsverletzungen in Surinam auf die Vertragsbeziehungen zwischen den Niederlanden und Surinam, ZaöRV 44 (1984), S. 64-93

Liszt, Franz von/Fleischmann, Max: Das Völkerrecht, Berlin 1925

Loewenheim, Ulrich/Meessen, Karl/Riesenkampff, Alexander: Kartellrecht, 2. Auflage, München 2009

Luchterhandt, Otto: Völkerrechtliche Aspekte des Georgien Krieges, AVR 46 (2008), S. 435-480

Lüder, Rolf: Eröffnung der deutschen Gerichtsbarkeit für den Völkermord im Kosovo?, NJW 2000, S. 269-270

Malanczuk, Peter: Zur Repressalie im Entwurf der International Law Commission zur Staatenverantwortlichkeit, ZaöRV 45 (1985), S. 293-323

Malanczuk, Peter: Akehurst's modern Introduction to International Law, 7. Auflage, London [u.a.] 2000

Maluwa, Tiyanjana: Fast-Tracking African Unity or making haste slowly? A Note to the Amendments to the Constitutive Act of the African Union, NILR 51 (2004), S. 195-236

Marquardt, Bernd: Staat, Verfassung und Demokratie in Hispano-Amerika seit 1810, Bd. 1, Das liberale Jahrhundert: 1810-1916, Bogotá 2008

Marquier, Julia: Soft-Law: Das Beispiel des OSZE-Prozesses, Bonn 2003

Marsch, Anna-Catharina: Strukturen der internationalen Korruptionsbekämpfung, Marburg 2010

Martens, Friedrich von: Völkerrecht - Das internationale Recht der civilisierten Nationen, Bd. 1, Berlin 1883

Maunz, Theodor/Dürig, Günter: Grundgesetz Kommentar, München 2014 (71. Ergänzungslieferung)

McCaffrey, Stephen C.: An Overview of the U.N. Convention on the Law of the Use of the Non-Navigational Uses of International Watercourses, J. Land Resources & Envtl. Law (= Utah Environmental Law Review) 20 (2000), S. 57-74

McCarthy, John G.: The Passive Personality Principle and its Use in Combating International Terrorism, Fordham ILJ 13 (1989/1990), S. 298-327

McCorquodale, Robert/Dixon, Martin: Cases and Materials on International Law, 4. Auflage, Oxford 2003

McDade, Paul V.: The Interim Obligation between Signature and Ratification of a Treaty, NILR 32 (1985), S. 5-47

Meessen, Karl Matthias: Zu den Grundlagen des internationalen Wirtschaftsrechts, AöR 110 (1985), S. 323-335

Meessen, Karl Matthias: Antitrust Jurisdiction under Customary International Law, AJIL 78 (1984), S. 783-810

Meessen, Karl Matthias: Völkerrechtliche Grundsätze des internationalen Kartellrechts, Baden-Baden 1975

Meng, Werner, Wirtschaftssanktionen und staatliche Jurisdiktion - Grauzonen im Völkerrecht, ZaöRV 57 (1997), S. 269-327

Meng, Werner: Extraterritoriale Jurisdiktion im Öffentlichen Wirtschaftsrecht, Berlin [u.a.] 1994

Meng, Werner: Internationale Organisationen im völkerrechtlichen Deliktsrecht, ZaöRV 45 (1985), S. 324-371

Meng, Werner: Völkerrechtliche Zulässigkeit und Grenzen wirtschaftsverwaltungsrechtlicher Hoheitsakte mit Auslandswirkung, ZaöRV 44 (1984), S. 675-783

Menk, Thomas M.: Gewalt für den Frieden, Berlin 1992

Menzel, Eberhard: Völkerrecht, München [u.a.] 1962

Merkel, Reinhard: Der Intervention der NATO in Libyen, ZIS 6 (2011), S. 771-783

Meyns, Peter: Afrikanische Lösungen für afrikanische Probleme? Sicherheitspolitische Entwicklungen unter der Ägide der Afrikanischen Union, in: Engel u.a. (Hrsg.), Navigieren in der Weltgesellschaft, Festschrift für Rainer Tetzlaff, Münster 2005, S. 112-124

Morvay, Werner: The Obligation of a State not to Frustrate the Object of a Treaty Prior to its Entry into Force, ZaöRV 27 (1967), S. 451-462

Mosler, Hermann: Völkerrecht als Rechtsordnung, ZaöRV 36 (1976), S. 6-49

Mosler, Hermann/Bräutigam, Hans Otto: Staatliche Zuständigkeit, in: Strupp/Schlochauer, Wörterbuch des Völkerrechts, Bd. 3, 2. Auflage, Berlin 1962, S. 317-323

Müller, Jörg Paul: Vertrauensschutz im Völkerrecht, Köln [u.a.] 1971

Müller-Graff, Peter-Christian: Das „Soft Law" der europäischen Organisationen, EuR 47 (2012), S. 18-33

Münch, Ingo von: Rechtspolitik und Rechtskultur - Kommentare zum Zustand der Bundesrepublik Deutschland, Berlin 2011

Münch, Ingo von: Internationale und nationale Zuständigkeit im Völkerrecht der Gegenwart, in: Kaiser/von Münch/Jaenicke/Wiethölter, Internationale und nationale Zuständigkeiten im Völkerrecht der Gegenwart, Berichte DGVR Heft 7 (1965), S. 27-62

Natol, Kristopher: Weaponizing Nationality - An Analysis of Russia's Passport Policy in Georgia, BostonUIntLJ 28 (2010), S. 389-417

Neuhold, Hanspeter, Die Prinzipien des „KSZE-Dekalogs" und „Friendly Relations Declaration" der UNO-Generalversammlung, in: Simma/Blenk-Knocke (Hrsg.), Zwischen Intervention und Zusammenarbeit, Berlin 1979, S. 441-502

Neuhold, Hanspeter: Die Intervention aus völkerrechtlicher Sicht, in: Czempiel/Link (Hrsg.), Interventionsproblematik aus politikwissenschaftlicher, völkerrechtlicher und wirtschaftswissenschaftlicher Sicht, Kehl a. R. 1984, S. 33-53

Neuhold, Hanspeter: Internationale Konflikte - verbotene und erlaubte Mittel ihrer Austragung, Wien [u.a.] 1977

Nolte, Georg: Article 2(7), in: Simma/Khan/Nolte/Paulus (Hrsg.), The Charter of the United Nations, Volume I, 3. Auflage, München 2012

Nolte, Georg: Das Weltrechtsprinzip in Zivilverfahren - Notizen zum Urteil des US-Supreme Court im Fall Sosa v. Alvarez-Machain, in: Grote (Hrsg.), Die Ordnung der Freiheit - Festschrift für Christian Starck, Tübingen 2007, S. 847-856

Nolte, Georg: Eingreifen auf Einladung, Berlin u.a. 1999

Nordmann, Eberhard: Die Beschaffung von Beweismitteln aus dem Ausland durch staatliche Stellen, Berlin 1979

Nussbaum, Arthur: Geschichte des Völkerrechts in gedrängter Darstellung, 2. Auflage, München 1960

Nußberger, Angelika: Das Verhältnismäßigkeitsprinzip als Strukturprinzip richterlichen Entscheidens in Europa, NVwZ-Beilage 2013, S. 36-44

Nußberger, Angelika: Auf der Suche nach einem europäischen Konsens - zur Rechtsprechung des Europäischen Gerichtshofs für Menschenrechte, Rechtswissenschaft 2012, S. 197-211

Nußberger, Angelika: South Ossetia, in: Wolfrum (Hrsg.), MPEPIL IX, Oxford 2012, S. 322-329

O'Connor, J. F.: Good Faith in International Law, Aldershot [u.a.] 1991

Odendahl, Kerstin: Regimewechsel im Lichte des Interventionsverbots, in: Ruffert (Hrsg.), Dynamik und Nachhaltigkeit des Öffentlichen Rechts, Festschrift für Meinhard Schröder, Berlin 2012, S. 57-72

Odendahl, Kerstin: Regimewechsel und Interventionsverbot, AVR 50 (2012), S. 318-347

Oehler, Dietrich: Anmerkung zu BayObLG, Beschluss vom 30.3.1981, JR 1982, S. 160

Oeter, Stefan: Souveränität - ein überholtes Konzept?, in: Cremer [Hrsg.], Tradition und Weltoffenheit des Rechts: Festschrift für Helmut Steinberger, Berlin [u.a.] 2002, S. 259-290

Ohler, Christoph: Die Kollisionsordnung des Allgemeinen Verwaltungsrechts - Strukturen des deutschen internationalen Verwaltungsrechts, Tübingen 2005

Oppenheim, Lassa Francis/Lauterpacht, Hersch: International Law, Bd. 1, 8. Auflage, London 1955

Oppermann, Thomas: Nichteinmischung in innere Angelegenheiten, AVR 14 (1969/70), S. 321-342

Oxman, Bernard: Jurisdiction of States, in: Wolfrum (Hrsg.), MPEPIL VI, Oxford 2012, S. 546-557

Pernice, Ingolf: Billigkeit und Härtefallklauseln im öffentlichen Recht, Baden-Baden 1991

Peters, Anne: Extraterritorial Naturalizations - Between the Human Right to Nationality, State Sovereignty and Fair Principles of Jurisdiction, GYbIL 53 (2010), S. 623-725

Pfeil, Julia: Die völkerrechtliche Praxis der Bundesrepublik Deutschland in den Jahren 2000 bis 2002, ZaöRV 64 (2004), S. 1105-1178

Pilloud, Claude/Sandoz, Yves/Swinarski, Christophe/Zimmermann, Bruno (Hrsg.): Commentary on the Additional Protocols of 8 June 1977 to the Geneva Conventions of 12 August 1949, Nijhoff 1987

Preuss, Lawrence: The International Court of Justice, the Senate, and Matters of Domestic Jurisdiction, AJIL 40 (1946), S. 720-736

Pyhälä, Minna /Brusendorff, Anne Christine/Paulomäki, Hanna: The Precautionary Principle, in: Fitzmaurice/Ong/Merkouris, Research Handbook on International Environmental Law, Cheltenham 2010, S. 203-226

Randelzhofer, Albrecht/Dörr, Oliver: Article 2(4), in: Simma/Khan/Nolte/Paulus (Hrsg.), The Charter of the United Nations, Volume I, 3. Auflage, München 2012

Randelzhofer, Albrecht/Nolte, Georg: Article 51, in: Simma/Khan/Nolte/Paulus (Hrsg.), The Charter of the United Nations, Volume II, 3. Auflage, München 2012

Randelzhofer, Albrecht: Staatsgewalt und Souveränität, in: Isensee/Kirchhof (Hrsg.), Handbuch des Staatsrechts, Bd. 2, 3. Auflage Heidelberg 2004, S. 143-162

Rehbinder, Eckard: Extraterritoriale Wirkungen des deutschen Kartellrechts, Baden-Baden 1965

Reszat, Philipp: Gemeinsame Naturgüter im Völkerrecht: Eine Studie zur Knappheit natürlicher Ressourcen und den völkerrechtlichen Regeln zur Lösung von Nutzungskonflikten, München 2004

Reydams, Luc: Universal Jurisdiction - International and Municipal Legal Perspectives, Oxford 2006

Richtsteig, Michael: Wiener Übereinkommen über diplomatische und konsularische Beziehungen, 2. Auflage, Baden-Baden 2010

Riedel, Eibe H./Arend, Jan Michael: Article 55(c), in: Simma/Khan/Nolte/Paulus (Hrsg.), The Charter of the United Nations, Volume II, 3. Auflage, München 2012

Ritterband, Charles E.: Universeller Menschenrechtsschutz und Interventionsverbot, Bern [u.a.] 1982

Rivier, Alfons: Lehrbuch des Völkerrechts, Stuttgart 1889

Rodriguez Cedeño, Victor/Torres Cazorla, Maria Isabel: Unilateral Acts of States in International Law, in: Wolfrum (Hrsg.), MPEPIL X, Oxford 2012, S. 163-172

Rogoff, Martin A.: The International Legal Obligations of Signatories to an Unratified Treaty, Maine LR 32 (1980), S. 263-299

Roos, Stefanie Ricarda: Die Weltbank als Implementierungsgarant menschenrechtsschützender Völkerrechtsnormen, ZaöRV 63 (2003), S. 1035-1062

Roscini, Marco: Threats of Armed Force and Contemporary Law, NILR 54 (2007), S. 229-277

Rosenstock, Robert: The Declaration of Principles of International Law concerning Friendly Relations, AJIL 65 (1971), S. 713-735

Rosenthal, Gregor: Umweltschutz im internationalen Luftrecht, Köln 1998

Rossi, Matthias: Extraterritorial geschlossene Verwaltungsverträge, AVR 45 (2007). S. 115-135

Rousseau, Charles: Droit international public, 1. Auflage, Paris 1953

Rozakis, Christos L.: Treaties and Third States: A Study in the Reinforcement of the Consensual Standards in International Law, ZaöRV 35 (1975), S. 1-40

Rozental, Andres: The Charter of Economic Rights and Duties of States and the New International Economic Order, VJIL 16 (1975-1976), S. 309-322

Ruffert, Matthias/Walter, Christian: Institutionalisiertes Völkerrecht, 2. Auflage, München 2015

Sadurska, Romana: Threats of Force, AJIL 82 (1988), S. 239-268

Sauer, Wilhelm: System des Völkerrechts, Bonn 1952

Saurer, Johannes: Der kompetenzrechtliche Verhältnismäßigkeitsgrundsatz im Recht der Europäischen Union, JZ 2014, S. 281-286

Schachter, Oscar: International Law in Theory and Practice, Dordrecht [u.a.] 1991

Schachter, Oscar: The Right of States to use Armed Force, Mich. LR 82 (1983/84), S. 1620-1646

Schätzel, Walter: Die Klassiker des Völkerrechts, Bd. III, Tübingen 1959

Schaumann, Wilfried: Die Gleichheit der Staaten, Wien 1957

Scheuner, Ulrich: Die großen Friedensschlüsse als Grundlage der europäischen Staatenordnung zwischen 1648 und 1815, in: ders., Schriften zum Völkerrecht, Berlin 1984

Scheuner, Ulrich: Die Haltung Dritter Staaten im Bürgerkrieg, in: Kipp/Mayer/Steinkamm (Hrsg.), Um Recht und Freiheit. Festschrift für F.A. Freiherr von der Heydte, Berlin 1977, S. 515-534

Schliesky, Utz: Souveränität und Legitimität von Herrschaftsgewalt, Tübingen 2004

Schmahl, Stefanie: Die Reaktionen auf den Einzug der Freiheitlichen Partei Österreichs in das österreichische Regierungskabinett
- Eine europa- und völkerrechtliche Analyse, EuR 35 (2000), S. 819-835

Schmolinsky, Cornelia: Friedenssicherung durch regionale Systeme kollektiver Sicherheit, Berlin 2000

Schöbener, Burkhard: Universelles Gewaltverbot, in: ders. (Hrsg.), Völkerrecht - Lexikon zentraler Begriffe und Themen, Heidelberg [u.a.] 2014, S. 126-133

Schöbener, Burkhard: Völkerrechtliche Verantwortlichkeit, in: ders. (Hrsg.), Völkerrecht - Lexikon zentraler Begriffe und Themen, Heidelberg [u.a.] 2014, S. 483-490

Schorkopf, Frank: Grundgesetz und Überstaatlichkeit - Konflikt und Harmonie in den auswärtigen Beziehungen Deutschlands, Tübingen 2007

Schorkopf, Frank: Die Maßnahmen der XIV EU-Mitgliedstaaten gegen Österreich - Möglichkeiten und Grenzen einer 'streitbaren Demokratie' auf europäischer Ebene, Berlin 2002

Schorlemer, Sabine von: Die Vereinten Nationen und die Entwicklung des Völkerrechts, in: Opitz (Hrsg.), Die Vereinten Nationen, München 2002, S. 199-222

Schröder, Hinrich: Die völkerrechtliche Verantwortlichkeit im Zusammenhang mit failed und failing States, Baden-Baden 2007

Schröder, Meinhard: Völkerrechtsentwicklung im Rahmen der UN, in: Wolfrum (Hrsg.), Handbuch Vereinte Nationen. 2. Auflage, München 1991, S. 1020-1028

Schultz, Nikolaus: Ist Lotus verblüht? - Anmerkung zum Urteil des IGH vom 14. Februar 2002 im Fall betreffend den Haftbefehl vom 11. April 2000, ZaöRV 62 (2002), S. 703-758

Schwarze, Jürgen: EU-Kommentar, 3. Auflage, Baden-Baden 2012

Schwarze, Jürgen: Soft Law im Recht der Europäischen Union, EuR 46 (2011), S. 3-18

Schwarze, Jürgen: Dimensionen des Rechtsgrundsatzes der Verhältnismäßigkeit, in: Ipsen/Stüer (Hrsg.) Europa im Wandel, Festschrift für Hans-Werner Rengeling, Köln [u.a.] 2008, S. 633-644

Schwarze, Jürgen: Die Jurisdiktionsabgrenzung im Völkerrecht, Baden-Baden 1994

Schwarzenberger, Georg: The Fundamental Principles of International Law, RdC 87 (1955-I), S. 191-386

Schweisfurth, Theodor: Völkerrecht, Tübingen 2006

Seah, Daniel: The Treaty of Amity and Cooperation in Southeast Asia - The Issue of Non-Intervention and its Accession by Australia and the USA, Chinese JIL 11 (2012), S. 785-822

Seidel, Gerd: Völkerrechtliches Interventionsverbot, in: Dupuy (Hrsg.), Völkerrecht als Wertordnung, Festschrift für Christian Tomuschat, Kehl [u.a.] 2006, S. 829-845

Seidl-Hohenveldern, Ignaz: Die „Charta" der wirtschaftlichen Rechte und Pflichten der Staaten, RIW/AWD 21 (1975), S. 237-239

Seiler, Christian: Der souveräne Verfassungsstaat zwischen demokratischer Rückbindung und überstaatlicher Einordnung, Tübingen 2004

Shaw, Malcolm N.: International Law, 6. Auflage, Cambridge 2008

Shelton, Dinah: International Law and ,Relative Normativity', in: Evans (Hrsg.), International Law, 3. Auflage, Oxford 2010, S. 141-171

Sibert, Marcel: Traité de droit international public. Le droit de la paix, Bd. 1, Dalloz 1951

Simma, Bruno: Zum Rücktrittsrecht wegen Vertragsverletzung nach der Wiener Konvention von 1969, in: Kipp/Mayer/Steinkamm (Hrsg.), Um Recht und Freiheit. Festschrift für F.A. Freiherr von der Heydte, Berlin 1977, S. 615-630

Simma, Bruno: Das Reziprozitätselement im Zustandekommen völkerrechtlicher Verträge, Berlin 1972

Sinclair, Ian: Principles of International Law Concerning Friendly Relations and Cooperation among States, in: Nawaz (Hrsg.), Essays on International Law in Honour of Krishna Rao, Leyden 1976, S. 107-140

Skubiszewski, Krzysztof: Elements of Custom and the Hague Court, ZaöRV 31 (1971), S. 810-854

Spiecker genannt Döhmann, Indra: Staatliche Entscheidungen unter Unsicherheit - juristische und ökonomische Vorgaben, in: J. Lege (Hrsg.), Gentechnik im nichtmenschlichen Bereich - was kann und was sollte das Recht regeln?, Berlin 2001, S. 51-85

Stadtmüller, Georg: Geschichte des Völkerrechts, Bd. 1, Hannover 1951

Starke, J.G.: An Introduction to International Law, 10. Auflage, London 1989

Stein, Torsten/Buttlar, Christian von: Völkerrecht, 13. Auflage, München 2012

Stein, Torsten: Proportionality Revisited, Überlegungen zum Grundsatz der Verhältnismäßigkeit im internationalen Recht, in: Dicke [u.a.], Weltinnenrecht: liber amicorum Jost Delbrück, Berlin 2005, S. 727-738

Stemberg, Harald: Die Charta der wirtschaftlichen Rechte und Pflichten der Staaten, Berlin 1983

Strisower, Leo: Intervention, in: Strupp (Hrsg.), Wörterbuch des Völkerrechts und der Diplomatie, Bd. 1, Berlin [u.a.] 1924, S. 581-591

Strupp, Karl: Grundzüge des positiven Völkerrechts, 5. Auflage, Bonn [u.a.] 1932

Suy, Eric: Les actes juridiques unilatéreaux en droit international public, Paris 1962

Szasz, Paul C.: The Security Council starts Legislating, AJIL 96 (2002), S. 901-905

Talmon, Stefan: The Security Council as World Legislature, AJIL 99 (2005), S. 175-193

Thomas, Ann van Wynen/Thomas A. J.: Non-Intervention, Dallas 1956

Thomas, Ann van Wynen/Thomas A. J.: The Cyprus Crisis 1974-75 – Political-Juridical Aspects, Sw. LJ 29 (1975), S. 513-546

Thürer, Daniel: Soft Law, in: Wolfrum (Hrsg.), MPEPIL IX, Oxford 2012, S. 269-278

Thürer, Daniel: Der Kosovo Konflikt im Lichte des Völkerrechts: Von drei - echten und scheinbaren - Dilemmata, AVR 38 (2000), S. 1-22

Thürer, Daniel: „Soft Law" - eine neue Form von Völkerrecht, ZSR NF 104 (1985), S. 429-453

Tiewul, S. Azadon; The United Nations Charter of Economic Rights and Duties of States, Int'l L & Econ. 10 (1975), S. 645-688

Tomuschat, Christian: Neuformulierung der Grundregeln des Völkerrechts durch die Vereinten Nationen: Bewegung, Stillstand oder Rückschritt?, EA 23 (1983), S. 729-738

Tomuschat, Christian; Die Charta der wirtschaftlichen Rechte und Pflichten der Staaten, ZaöRV 36 (1976), S. 444-491

Tomuschat, Christian: Repressalie und Retorsion, ZaöRV 33 (1973), S. 179-222

Tonkin, Hannah: State Control over Private Military and Security Companies in Armed Conflict, Cambridge 2011

Trautner, Tobias: Die Einmischung in innere Angelegenheiten und die Intervention als eigenständige Verbotstatbestände im Völkerrecht, Frankfurt a.M. [u.a.] 1999

Trindade, Cançado: The Domestic Jurisdiction of States in the Practice of the United Nations and Regional Organizations, ICLQ 25 (1976), S. 715-765

Tsagourias, Nicholas: Security Council Legislation, Article 2(7) of the UN Charter, and the Principle of Subsidiarity, LJIL 24 (2011), S. 539-559

Ullmann, Emanuel: Völkerrecht, Tübingen 1908 (Neubearbeitung v. 1898)

Vattel, Emre de: Le droit des gens ou principes de la loi naturelle, 1758

Verdross, Alfred: Entstehungsweisen und Geltungsgrund des universellen völkerrechtlichen Gewohnheitsrechts, ZaöRV 29 (1969), S. 635-653

Verdross, Alfred/Simma, Bruno/Geiger, Rudolf: Territoriale Souveränität und Gebietshoheit - Zur völkerrechtlichen Lage der Oder-Neiße-Gebiete, Bonn 1980

Verdross, Alfred/Simma, Bruno: Universelles Völkerrecht, 3. Auflage, Berlin 1984

Verhoeven, Joe: Droit International Public, Brüssel 2000

Verlage, Christopher: Responsibilty to Protect, Tübingen 2009

Villiger, Mark E.: Commentary on the 1969 Vienna Convention on the Law of Treaties, Leiden [u.a.] 2009

Villiger, Mark E.: Customary International Law and Treaties, Dordrecht [u.a.] 1985

Vincent, John: Non-Intervention and International Order, Princeton 1974

Vlasic, Marc V.: Assassination & Targeted Killing - A Historical and Post-bin Laden Legal Analysis, Georgetown JIL 43 (2011/2012), S. 259-333

Voigt, Christina: The Role of General Principles in International Law and their Relationship to Treaty Law, Nordisk Juridisk Tidsskrift 31 (2008), S. 3-25

Vöneky, Silja/Rau, Markus: Völkerrechtliche Praxis der Bundesrepublik Deutschland im Jahre 1999, ZaöRV 61 (2001), S. 877-1105

Vranes, Erich: Der Verhältnismäßigkeitsgrundsatz, AVR 47 (2009), S. 1-35

Wagner, Jürgen: Der Libyen-Krieg und die Interessen der NATO, in: Becker/Sommer (Hrsg.) Der Libyen-Krieg. Das Öl und die „Verantwortung zu schützen", 2. Auflage, Berlin 2013, S. 113-134

Wagner, Markus: Die wirtschaftlichen Maßnahmen des Sicherheitsrates nach dem 11. September 2001 im völkerrechtlichen Kontext - Von Wirtschaftssanktionen zur Wirtschaftsgesetzgebung?, ZaöRV 63 (2003), S. 879-920

Wagner, Niklas/Raasch, Holger/Pröpstl, Thomas: Wiener Übereinkommen über diplomatische Beziehung vom 18. April 1961 - Kommentar für die Praxis, Berlin 2007

Waldkirch, Eduard von: Das Völkerrecht in seinen Grundzügen dargestellt, Basel 1926

Waldock, Humphrey M.: The Plea of Domestic Jurisdiction before International Legal Tribunals, BYbIL 31 (1954), S. 96-142

Wandscher, Christiane: Internationaler Terrorismus und Selbstverteidigungsrecht, Berlin 2006

Watson, Geoffrey R.: The Passive Personality Principle, Tex. ILJ 28 (1993), S. 1-46

Wehser, Eckart: Die Intervention nach gegenwärtigem Völkerrecht, in: Simma/Blenk-Knocke (Hrsg.), Zwischen Intervention und Zusammenarbeit, S. 23-54

Weil, Prosper: Towards Relative Normativity in International Law, AJIL 77 (1983), S. 413-442

Weil, Prosper: Vers une normativité rélative en droit international?, RGDIP 86 (1982), S. 5-47

Weiß, Wolfgang: Völkerstrafrecht zwischen Weltprinzip und Immunität, JZ 2002, S. 696-704

Wendt, Reinhard: Vom Kolonialismus zur Globalisierung, Paderborn [u.a.] 2007

Wengler, Wilhelm: Völkerrecht, Bd. I und II Berlin [u.a.] 1964

Werle, Gerhard: Völkerstrafrecht, 2. Auflage, Tübingen 2007

Westlake, John: International Law, Vol. 1 - Peace, Cambridge 1910

White, Nigel D./Cryer, Robert: Unilateral Enforcement of Resolution 687: A Threat too Far, Cal. WILJ 29 (1998-1999), S. 243-282

Wiese, Walter: Die Europäische Sozialcharta, JIR 16 (1976), S. 328-353

Wildhaber, Luzius: Multinationale Unternehmen und Völkerrecht, in: ders./Großfeld/Sandrock/Birk (Hrsg.), Internationalrechtliche Probleme multinationaler Korporationen, Berichte DGRV 18 (1978), 7-72

Winkler, Martin: Gleichheitsprinzip, in: Schöbener (Hrsg.), Völkerrecht - Lexikon zentraler Begriffe und Themen, Heidelberg [u.a.] 2014, S. 133-135

Wolf, Ursula: Aristoteles' "Nikomachische Ethik", Darmstadt 2002

Wolff, Christian: Jus Gentium Methodo Scientifica Pertractatum, zitiert nach: Marcel Thomann, Christian Wolff - Gesammelte Werke, Hildesheim 1972

Wolfrum, Rüdiger/Stoll, Peter-Tobias (Hrsg.): Max Planck Commentaries on World Trade Law, Bd. 5 - Trade in Goods, Leiden [u.a.] 2011

Wolgast, Ernst: Völkerrecht, Berlin 1934

Wong, Meagan S.: Targeted Killings and the International Legal Framework: With Particular Reference to the US Operation against Osama Bin Laden, Chinese JIL 11 (2012), S. 127-163

Wood, Michael: State Practice, in: Wolfrum (Hrsg.), MPEPIL IX, Oxford 2012, S. 509-517

Zander, Joakim: The Application of the Precautionary Principle in Practice, New York 2010

Zannini, Walter: Dell' intervento, Pavia 1950

Zemanek, Karl: What Is „State Practice" and who Makes It?, in: Beyerlin/Bothe/ Hofmann (Hrsg.), Recht zwischen Umbruch und Bewahrung: Völkerrecht, Europarecht Staatsrecht. Festschrift für Rudolf Bernhardt, Berlin 1995, S. 289-306

Ziegenhain, Hans-Jörg: Extraterritoriale Rechtsanwendung und die Bedeutung des Genuine-Link-Erfordernisses: eine Darstellung der deutschen und amerikanischen Staatenpraxis, München 1992

Ziegler, Karl-Heinz: Völkerrechtsgeschichte, 2. Auflage, München 2007

Ziegler, Karl-Heinz: Zur Entwicklung von Kriegsrecht und Kriegsverhütung im Völkerrecht des 19. und frühen 20. Jahrhunderts, AVR 42 (2004), S. 271-293

Ziegler, Katja S.: Domaine Réservé, in: Wolfrum (Hrsg.), MPEPIL· III, Oxford 2012, S. 206-215

Zimmermann, Andreas (Hrsg.): The Statute of the International Court of Justice, Oxford [u.a.] 2006

Ziolkowski, Katharina: Computer Network Operations and the Law of Armed Conflict, Mil. L. & L. War Rev. 49 (2010), S. 47-94

Ziolkowski, Katharina: Computernetzwerkoperationen und die Zusatzprotokolle zu den Genfer Abkommen, HuV-I 21 (2008), S. 202-213